머신러닝·딥러닝의 기본적인 동작 구조

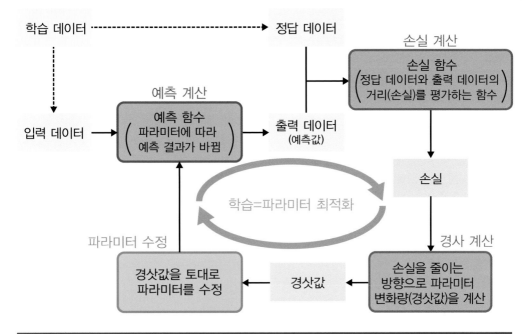

학습 데이터 ┄┄┄┄┄┄┄► 정답 데이터

손실 계산

예측 계산

손실 함수
(정답 데이터와 출력 데이터의
거리(손실)를 평가하는 함수)

예측 함수
(파라미터에 따라
예측 결과가 바뀜)

입력 데이터 → 출력 데이터
(예측값)

손실

학습=파라미터 최적화

파라미터 수정

경사 계산

경삿값을 토대로
파라미터를 수정

경삿값

손실을 줄이는
방향으로 파라미터
변화량(경삿값)을 계산

파이토치로 구현하는 방법

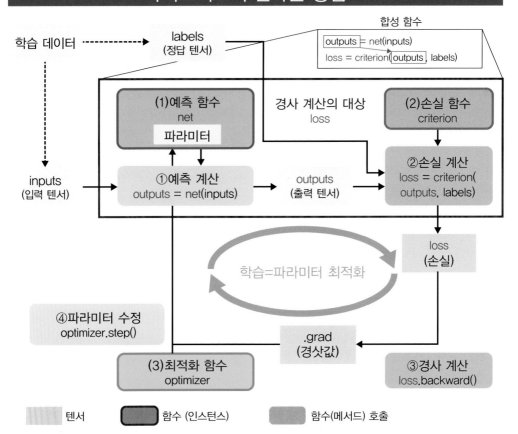

합성 함수

outputs = net(inputs)
loss = criterion(outputs, labels)

학습 데이터 ┄┄┄┄┄┄┄► labels
(정답 텐서)

(1)예측 함수
net
파라미터

경사 계산의 대상
loss

(2)손실 함수
criterion

②손실 계산
loss = criterion(
outputs, labels)

inputs
(입력 텐서)

①예측 계산
outputs = net(inputs)

outputs
(출력 텐서)

loss
(손실)

학습=파라미터 최적화

④파라미터 수정
optimizer.step()

.grad
(경삿값)

(3)최적화 함수
optimizer

③경사 계산
loss.backward()

텐서   함수 (인스턴스)   함수(메서드) 호출

·········· 기초편 ··········

1장 딥러닝에 꼭 필요한 파이썬의 개념

- 개념 합성 함수
- 개념 수치 미분
- 개념 객체 지향 프로그래밍

2장 파이토치의 기본 기능

- 클래스 텐서
- 개념 자동 미분
- 개념 계산 그래프

3장 처음 시작하는 머신러닝

- 개념 경사 하강법
- 개념 예측 계산
- 개념 손실 계산
- 개념 경사 계산
- 최적화 함수 optim.SGD

4장 예측 함수 정의하기

- 개념 레이어 함수
- 개념 예측 함수
- 개념 활성화 함수

·········· 머신러닝

5장 선형

- 개념 머신러닝 모델 커스텀 클래
- 클래스 부모 클래스(nn.Module)
- 레이어 함수 nn.Linear(선형 함수
- 손실 함수 nn.MSELoss(평균

6장 이진

- 개념 정확도(Accuracy)
- 개념 훈련 데이터와 검증 데이터
- 개념 과학습
- 레이어 함수 nn.Sigmoid(시그모
- 손실 함수 nn.BCELoss(이진

7장 다중

- 개념 여러 개의 분류기
- 개념 가중치 행렬
- 손실 함수 nn.CrossEntropyL
  (softmax함수+다중
- 손실 함수 nn.NLLLoss(정답
- 레이어 함수 nn.LogSoftmax
  (softmax함수+로그

8장 MNIST를 활용

- 개념 미니 배치 학습법
- 클래스 Transforms(데이터 전처리
- 클래스 DataSet(학습 데이터 가져
- 클래스 DataLoader
  (미니 배치 학습을 위한 데
- 레이어 함수 nn.ReLU(램프 함수

실전편

회귀

서로 정의하기

)

제곱 오차)

분류

이드 함수)

교차 엔트로피 함수)

분류

oss

교차 엔트로피 함수)

요소 추출 함수)

함수)

한 숫자 인식

)

오기)

이터셋 생성)

)

이미지 인식 실전편

9장 CNN을 활용한 이미지 인식

레이어 함수 nn.Conv2d(합성곱 처리)

레이어 함수 nn.MaxPool2d(풀링 처리)

레이어 함수 nn.Flatten(1계 텐서화)

10장 튜닝 기법

개념 과학습 대책

최적화 함수 optim.Adam

레이어 함수 nn.Dropout(드랍 아웃)

레이어 함수 nn.BatchNorm2d
　　　　　　 (Batch Normalization)

클래스 RandomHorizontalFlip(좌우 반전)

클래스 RandomErasing(사각형 영역을 삭제)

11장 사전 학습 모델 활용하기

개념 파인 튜닝

레이어 함수 nn.AdaptiveAvgPool2d
　　　　　　 (적응형 평균 풀링)

클래스 ResNet-18

클래스 VGG-19-BN

12장 사용자 정의 데이터를 활용한 이미지 분류

개념 전이 학습

클래스 ImageFolder(직접 수집한 이미지로 학습)

GOAL!
파이토치 프로그램을 자유자재로!

차근차근 실습하며 배우는
파이토치 딥러닝 프로젝트
파이썬부터 머신러닝 기초, 이미지 인식, 파인 튜닝까지

차근차근 실습하며 배우는

파이토치 딥러닝 프로젝트

파이썬부터 머신러닝 기초, 이미지 인식, 파인 튜닝까지

지은이 아카이시 마사노리

옮긴이 하승민

펴낸이 박찬규   엮은이 최용   디자인 북누리   표지디자인 Arowa & Arowana

펴낸곳 위키북스   전화 031-955-3658, 3659   팩스 031-955-3660

주소 경기도 파주시 문발로 115 세종출판벤처타운 311호

가격 32,000   페이지 508   책규격 188 x 240mm

초판 발행 2022년 08월 17일

ISBN 979-11-5839-344-1 (93000)

등록번호 제406-2006-000036호   등록일자 2006년 05월 19일

홈페이지 wikibook.co.kr   전자우편 wikibook@wikibook.co.kr

차근차근 실습하며 배우는

파이토치 딥러닝 프로젝트

파이썬부터 머신러닝 기초, 이미지 인식, 파인 튜닝까지

아카이시 마사노리 지음 / 하승민 옮김

위키북스

딥러닝 프레임워크로 유명한 파이토치(PyTorch)를 본격적으로 공부하기 시작한 것은, 지난 2021년 1월부터 시간적인 여유가 생겼기 때문이다. 최신 딥러닝 연구 논문의 구현에는 이미 파이토치가 많이 쓰이고 있으며, 기업에서도 실무적으로 활용도가 높아지고 있다는 얘기는 익히 들어서 알고 있었다. 하지만 회사를 다니면서 인터넷으로 가볍게 기사를 접하는 정도로는 실력이 늘지 않았고, 그렇다고 따로 공부할 시간을 내기도 힘들었다. 그러던 차에 개인적인 여유가 생겨서 파이토치를 제대로 공부해보기로 했다.

파이토치를 공부하기 시작한 지 얼마 되지 않았을 때는, 텐서플로(TensorFlow)와 케라스(Keras)보다 이해하기 힘들었고, 코드 구현이 쓸데없이 길어지기만 하는 불친절한 프레임워크라는 인상이 강했다. 그러나 공부를 계속하면서 파이토치가 더 편하다는 사실을 알게 됐다. 한편, 텐서플로/케라스에 비해 참고할 정보가 적은 데다, 처음으로 접할 수 있는 자료라고 해봐야 공식적인 API 레퍼런스뿐이어서 배우기 힘들다고 느꼈다. 좋은 프레임워크임에도 참고할 수 있는 정보의 양과 질이 떨어지는 것이 안타까웠고, 초급자를 위해 알기 쉬운 참고서를 만들면 이 프레임워크를 더 많은 사람들이 적극적으로 활용할 수 있으리라는 생각이 들었다.

이전에 책을 집필한 경험이 있어서, 기본적인 스킬을 알기 쉽게 전달하는 데는 자신이 있었다. 그 경험을 살려, 이번에는 파이토치에 관해 좋은 책을 써보자고 생각했다.

이 책의 목표는 **파이토치로 딥러닝 프로그램을 작성하는 법**을 익히는 것이다. '최단기 코스'라고는 하지만, **초급자에 가까운 독자라 할지라도 다른 참고서를 보지 않고, 이 책 한 권으로 파이토치 프로그램을 통달**하는 것을 목표로 했기 때문에 분량이 많이 늘어난 것이라고 이해해 주면 고맙겠다.

이 책을 집필하며 전체적으로 신경 쓴 부분은, '겉보기에만 프로그램을 완성한 것'처럼 보이도록 하는 것이 아니라 '딥러닝 알고리즘의 원리부터 확실하게 이해'시키려고 했다는 점이다. 필자는 이 책을 다 쓰고 나서도, 파이토치는 원리를 이해하기 위한 목적으로 사용하기에 매우 좋은 프레임워크라고 다시 한번 느꼈다. 얼핏 생각하면, 파이토치의 단점은 케

---

1 (엮은이) 이 책의 원제는 《最短コースでわかる PyTorch &深層学習プログラミング(최단 코스로 알아보는 PyTorch & 심층학습 프로그래밍)》이다.

라스에 비해 장황할 수도 있다는 것인데, **'작동하는 원리를 이해'하는 것을 목표로 삼는다면 그 점을 오히려 장점으로 볼 수도 있다**는 것이 매력적이다.

이 책의 대상

이 책은 주로 다음과 같은 독자를 위해 집필되었다.

1. 기업에서 딥러닝 프로그램을 실제 사용하고 있거나 앞으로 사용하려는 IT 엔지니어 및 연구자.

   기존에 텐서플로/케라스를 사용하던 사람이라도, 앞으로 파이토치를 알아야 할 때가 올 것이다.

2. 입문서를 접하고 머신러닝이나 딥러닝 알고리즘을 구현할 아이디어가 있지만, 파이토치 활용에는 서툰 사람.

3. 연구를 위해 딥러닝 프로그램을 개발해야 하는 이공계 대학생, 대학원생.

   앞서 말했듯이, 최근에는 연구의 많은 부분이 파이토치로 개발되어 있으며, 그 프로그램의 의미를 확실하게 파악해야 한다.

4. 아직 파이썬이나 케라스/텐서플로를 사용해 본 경험이 없지만, 딥러닝 프로그램을 앞으로 공부해보고 싶은 사람.

이와 같은 독자에게 전하고 싶은 이 책만의 특징을 아래에 소개한다.

1번 유형의 독자

필자는 바로 이 유형에 해당하는 사람이었는데, 파이토치를 직접 학습하면서 **가장 힘들었던 점을 꼽자면, 파이토치만의 정책에서 유래하는 다중 분류 모델에서 사용하는 손실 함수의 독특함을 이해하는 것**이었다. 이 내용은 6~7장에서 매우 자세하게 설명했다. 지금까지 이 부분을 잘 몰랐던 독자들은 중점적으로 학습해보기 바란다.

2번 유형의 독자

9~12장의 '이미지 인식 실전편'에서는 **소량의 학습 데이터로 학습을 가능케 하는 '전이 학습'**을 설명한다. 12장까지 도달하게 된다면, 독자가 **직접 수집한 이미지 데이터를 가지고 분류 모델을 만들 수 있게 될 것**이다.

그리고 8장까지의 내용은 파이토치로 프로그램을 작성하는 방법을 이해하면서, 지금까지 **다른 입문서들을 통해 익힌 머신러닝이나 딥러닝 알고리즘을 복습하는 과정**이기도 하다.

3번 유형의 독자

논문에 공개된 코드를 목적에 맞게 수정해 이용하려는 사람이 많을 텐데, 이 경우는 공개된 코드를 상당히 어려운 레벨까지 이해해야 한다. 이 책은 **딥러닝에 필요한 수학을 그림으로 나타내어 설명**하므로, 독자가 **코드를 깊이 이해**하는 데 도움이 될 것이다.

4번 유형의 독자

파이토치는 파이썬(Python) 언어로 되어 있으므로, 파이토치 코드를 이해하려면 파이썬에 관한 기본 지식이 필요하다. 이 책의 부록에 **파이썬 기본 문법과 넘파이(Numpy), 매트플롯립(Matplotlib)에 관해 최소한으로 필요한 기능을 약 60페이지로 간추려 설명했다.**

아무 내용도 모르는 상태에서 딥러닝 프로그램을 공부하고 싶은 독자라면, 사전 지식으로 파이썬과 넘파이, 매트플롯립까지 알아야 한다는 말에 걱정이 앞설지도 모르겠다. 그러나 필자의 경험으로는, 딥러닝을 목적으로 한다면 **이 책의 부록에서 설명한 개념과 기능을 이해하는 것으로 충분**하다. 초심자일지라도 **부록을 읽고 이해할 수 있다면, 딥러닝을 본격적으로 배우기 위한 출발선에 이미 서있다고** 생각해 주기 바란다.

이 책 전체를 통해 필자가 특히 강조하고 싶은 점은, '새로운 개념을 한 번에 습득하려 하지 말고, 가능한 한 세분화해서 한 걸음씩 확실하게 이해해 나가야 한다'는 것이다. 서장('미리보기 & 이미지 인식 시작하기')에서는 이 책의 최종 목표라고도 할 수 있는 **이미지 분류 프로그램을 가지고 늑대와 시베리안 허스키를 분류**하는 (전이 학습을 사용한) 실습을 해볼 것이다. 40장의 이미지만 가지고 학습해도, 딥러닝은 놀랄만한 분류 결과를 가져온다. 필자가 눈으로 거의 구별하지 못했던 이미지들을 딥러닝 모델은 모두 올바로 분류해낸다.

서장에서 설명하는 딥러닝 프로그램의 개요를 처음 읽을 때는 거의 이해하지 못해도 괜찮다. 하지만 이 책을 끝까지 읽은 후에 다시 서장으로 돌아가 코드를 한 번 더 확인해본다면, 그때는 모든 코드의 의미를 이해했을 뿐 아니라 다른 사람에게도 설명할 수 있을 정도가 되어있을 것이다. 그러한 수준으로 독자 여러분을 끌어올리는 것이 이 책의 목표다.

수학을 대하는 방식

'딥러닝 알고리즘'이라는 테마를 얘기할 때 피할 수 없는 것이 바로 '수학'을 어떻게 다룰 것인가이다. 이 책에서 수학을 어떻게 다룰지를 설명하겠다.

딥러닝의 학습 알고리즘이란, 결국 수학 그 자체다. AI, 머신러닝 계열의 책을 몇 권이나 집필해온 필자의 입장에서 생각해 보자면, 그중에서도 가장 중요한 포인트는 **미분**, **합성 함수**, **경사 하강법**까지 세 가지라고 할 수 있다. 이 세 가지에 관해서는, **수식에 의존하지 않는 프로그래밍과 상상을 통한 이해**를 목표로 했다.

파이토치 프레임워크의 가장 큰 특징이라 할 수 있는 'Define by Run'은 미분을 간단하게 수행하기 위한 장치다. 1~2장에서 직접 수치 미분을 구현하는 것을 시작으로, 파이토치의 자동 미분을 사용하면 어떻게 간단하게 구현이 가능한지 실습을 통해 이해해 본다.

합성 함수에 관해서는, 우선 수학에서 말하는 합성 함수의 개념이 파이썬 코드로 어떻게 구현되는지에 관해 1장에서 설명한다. 코드만 보면 단순해서 의식하지 못하고 넘어갈 수 있지만, 이 책의 설명을 접하면 딥러닝을 구현한 코드에 얼마나 많은 합성 함수가 사용되는지를 실감하게 될 것이다.

파이토치의 **계산 그래프 자동 생성 기능**은 **자동 미분을 실현하는 수단**으로 구현됐지만, 수학의 관점에서는 **합성 함수의 구조를 자동으로 만들어내는 기능**이다. 그러나 파이토치 자체 기능만으로 전체 계산 그래프를 제대로 알기란 쉽지 않다. 따라서 이 책은 make_ dot이라는 계산 그래프 시각화 도구를 활용해서, **합성함수의 이미지를 다음 그림처럼 최대한 이해하기 쉬운 형태로 제공**한다. 이 그림을 해석하는 방법에 관한 설명을 읽고 나면, 그림으로 표현된 합성 함수의 미분을 이해하게 될 것이다.

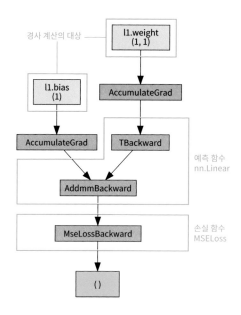

'**미분**', '**합성 함수**'와 같은 개념은 파이토치의 기능을 활용해 효율적으로 설명이 가능했다고 생각한다.

세번째 포인트인 **경사 하강법**은 미분의 응용문제로서 **머신러닝 알고리즘의 근거라 할 수 있는 수학적인 이론**이다. 이 부분을 수식을 사용하지 않고 이해시키는 것은 매우 어려운 일이긴 하나, 이 책의 3장에서는 **산꼭대기에 오르는 과정**에 빗대어 설명했다. 수식 없이 단순화했으므로 엄밀한 증명은 아니지만, '**이런 식으로 작동하겠구나**'라고 이해할 수 있게 쉽게 설명할 수 있었다. 지금까지 다른 책에서 경사 하강법에 관한 설명이 너무 어려웠던 독자라면 이 책의 3장을 읽어 보기를 권한다.

이상으로 수학적인 측면에서 중요한 세 가지 포인트를 주로 설명했지만, 그 외의 수학에 관해서는 **본문에는 될 수 있으면 수식을 넣지 않고, 어쩔 수 없이 필요한 것은 칼럼에 따로 설명**하는 것을 원칙으로 삼았다. 어쩔 수 없이 본문에 수식이 들어간 곳도 있지만, 수식을 이해하지 못하더라도 읽는 데 지장이 없게 했다. 따라서, 이해하지 못한 부분은 건너 뛰고 읽어나가기 바란다[2].

감사 말씀

이 책의 편집을 담당해주신 닛케이 BP의 안도 카즈마 님께 감사의 말을 전한다. 이전 책에서도 똑같이 언급했지만, 책은 필자 혼자의 힘으로 만들어지는 것이 아니라 편집자와의 공동 작업을 통해 비로소 완성될 수 있음을 다시 한번 느꼈다. 또한 쿠보타 히로시 님은 필자가 기획 단계에서 고민하고 있을 때, 어떤 식으로 풀어 나갈지에 대해 좋은 의견을 많이 주셨다.

필자는 2021년 3월에 액센츄어로 이직해서, AI를 비즈니스에 활용하는 업무를 주로 맡고 있다. 이 책은 필자가 이 회사에 오기 전에 습득한 경험과 지식을 토대로 썼다.

집필은 직장과 무관한 개인적 활동이지만, 액센츄어에서 AI 그룹을 총괄하는 호시나 가쿠세 님께서 이 책의 내용을 상세하게 검토해주셨다. 또한, 이전 회사 동료인 야나기 히데오 님도 독자의 눈높이에서 매우 유익한 코멘트를 많이 해주셨다. 그리고 대학원생 시절부터 친구인 야나이 히로부미는 이 책에 관한 기사의 일부를 체크해주었다.

이 책에 도움을 주신 모든 분들께 깊은 감사의 말씀을 전한다.

---

2   한편, 표면적인 설명만으로 납득을 할 수 없고, 조금 더 수학적으로 깊게 파고 싶어 하는 독자들도 있으리라 생각한다. 필자가 2019년에 집필한 《딥러닝을 위한 수학》(위키북스)이 바로 그런 유형의 독자를 위한 책이다. 이 책과 함께 읽는다면, 딥러닝에 관한 이해가 훨씬 깊어지게 될 것이다. 물론, 본서 《파이토치 딥러닝 프로그래밍》부터 읽더라도 전혀 문제는 없다.

기초편

머신러닝 실전편

머신러닝 실전편

예제코드 다운로드

실습용 Notebook 파일은 아래 위키북스 깃허브에서 내려받을 수 있습니다. 책을 살펴보다가 문제가 발생하거나 질문이 있다면 아래 깃허브의 이슈나 위키북스 홈페이지를 통해 올려주시면 최대한 빠르게 답변드리겠습니다.

- 위키북스 깃허브:

  https://github.com/wikibook/pytorchdl2

- 위키북스 홈페이지:

  https://wikibook.co.kr/pytorchdl2/

미리보기 & 이미지
인식 시작하기

이 책은 최근에 특히 주목받는 딥러닝 프레임워크인 '파이토치(PyTorch)'에 관한 입문 서적이다.

파이토치를 사용하면 실로 다양한 딥러닝 모델을 만들 수 있다. 이미지 인식을 주 소재로 삼아 파이토치의 장점을 이해하고, 독자가 직접 파이토치 프로그램을 파이썬(Python)으로 구현할 수 있게 돕는 것이 이 책의 목표다.

파이토치의 장점을 이해하기 위해서는 실제 코드를 실행시켜 보는 것이 가장 쉽고 빠른 방법일 것이다. 이번 장에서는 이 책의 마지막 장에서 다시 마주하게 될 이미지 분류 코드를 실행시켜 볼 것이다. 원리를 이해하는 것은 잠시 뒤로 미루고, 파이토치로 작성한 딥러닝 모델의 장점을 실감해 보는 것을 목표로 한다.

이 책에서는 코드의 실행 환경으로 클라우드 AI 실행기반인 '구글 코랩(Google Colaboratory)'을 사용한다. 독자가 코드를 직접 실행시켜 보는 것을 매우 중요하게 생각해서, 구글 코랩의 사용법에 대해서도 자세하게 설명한다. 우선은 실습을 통해 구글 코랩 사용법부터 익히자.

1 이 책의 목적

파이토치와 마찬가지로 유명하고 사용하기 쉬운 딥러닝 프레임워크로는 케라스(Keras)가 대표적이다. 케라스와 비교할 때, 파이토치는 다음과 같은 장단점이 있다.

장점

- 학습용 데이터 수집 등, 기능이 풍부하고 확장성이 높음.
- 필요에 따라 독자적인 기능을 간단하게 개발할 수 있음.

단점

- 머신러닝 모델을 정의하는 방법 등이 다소 복잡하고 입문이 어려움.
- 케라스라면 함수(fit) 하나로 구현이 가능한 머신러닝 모델의 학습 처리를 직접 작성해야 함.

이 책은 파이토치에 입문하기 위해 넘어야 할 문턱을 세세하게, 차근차근 이해할 수 있도록 집필한 점이 가장 큰 특징이라 할 수 있다.

이번 장에서 예시로 든 실습은 이 책의 마지막 장에서 다루게 될 내용을 요약한 것이라서, 파이토치를 처음 접하는 독자라면 코드의 의미를 이해하기도 벅찰 것이다. 지금은 코드를 전혀 이해하지 못하더라도 문제없다. 이 책을 끝까지 읽고 나면 모든 코드의 의미를 완전히 파악할 수 있을 것이다. 그 뒤에 다시 한번 이번 장의 내용을 접하게 되면, 막힘없이 이해하는 자신의 모습에 놀라게 될 것이다.

이제부터 미리보기에서 살펴볼 실습에서는 필자가 직접 모은 이미지 데이터를 사용해 분류를 해 볼 것이다. 이미지 데이터셋을 자신이 직접 수집한 것들로 교체하기만 하면 당장이라도 자기만의 이미지 분류 모델을 만들어 낼 수 있을 만큼, 범용성이 매우 높은 코드다. **'범용성이 높은 코드의 모든 행의 의미를 완전히 이해하고, 필요에 따라 수정까지 할 수 있을 것'**. 이것이 이 책의 가장 큰 목표라 할 수 있다.

2　이 책을 읽는 법

이 책을 학습하기에 앞서, 독자에게 당부하고 싶은 점이 있다.

이 책은 챕터 단위로 실습용 코드가 준비돼 있으며, 깃허브(GitHub)에 공개돼 있어 손쉽게 얻을 수 있다. 실행은 구글 코랩으로 알려진 클라우드 환경에서 이뤄진다. 지메일(Gmail) 계정을 가지고 있는 독자라면 별도의 준비과정 없이 이 환경을 무료로 사용할 수 있다[1].

이번 장의 코드를 실습하는 구체적인 방법을 곧 자세히 설명한다. 독자는 각 챕터를 읽기에 앞서, 해당 노트북(Notebook)을 구글 코랩에서 열어 두고 노트북을 실행하면서 학습해 나가길 바란다. 프로그램이 실제로 작동하는 모습을 지켜보면 새로운 개념도 쉽게 이해할 수 있을 것이다. 또한, 파이썬이나 파이토치에 특히 관심이 있는 독자는 노트북에서 셀과 셀의 사이에 빈 셀을 추가해 변수의 상태를 따로 확인해보거나 파라미터 값을 바꿔보는 등의 시도를 해 본다면, 코딩 스킬도 분명히 향상될 것이다.

3　구글 코랩 사용법

이제 구글 코랩을 사용해 보자. 구글 코랩을 사용하기 위해서는 '지메일 계정을 가지고 있을 것'이 전제조건이다. 지메일 계정을 만드는 데 특별히 어려운 점은 없으므로 자세한 설명은 생략한다. 지메일 계정이 없다면 노트북을 열어보는 것까지는 문제가 없지만, 프로그램을 실행할 수 없다는 점에 주의하기 바란다.

1　정확히는 무료 계정에는 시간 제한이 걸려있다. 그러나 실습 프로그램을 실행하는 정도라면 이 제한이 문제가 되진 않을 것이다.

브라우저로는 크롬(Chrome)을 추천한다. 크롬에서 지메일을 열어 둔 채로 다른 탭에서 다음의 URL로 접속해 보기 바란다. 이 책의 서포트 사이트의 노트북 목록 페이지다.

https://github.com/wikibook/pytorchdl2/blob/master/notebooks.md

그림 1의 파란색 사각형으로 표시된 링크를 클릭한다[2].

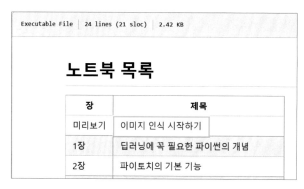

그림 1 서포트 페이지의 노트북 목록

다음의 그림 2와 같은 페이지가 열리면 노트북을 성공적으로 불러온 것이다.

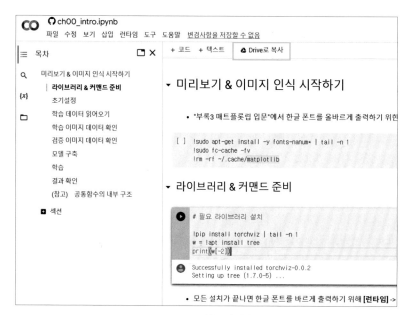

그림 2 노트북 초기화면

---

2   1장 이후의 실습도 같은 순서로 노트북의 선택만 바꿔주면 된다.

이어서 그림 2의 오른쪽 상단 파란색 사각형 안의 '드라이브로 복사' 링크를 클릭한다. 다음의 그림 3과 같이 페이지가 표시되면, 자신의 구글 드라이브(Google Drive)로 노트북 파일이 성공적으로 복사되었음을 의미하며, 직접 수정이 가능하다.

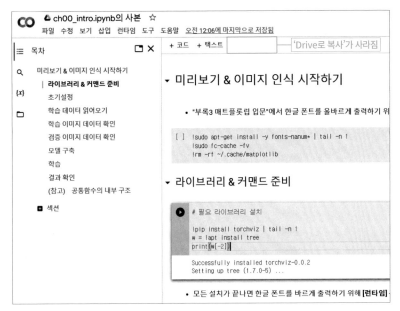

그림 3 수정이 가능한 드라이브로 복사가 완료된 노트북

4 실습 따라하기

위의 노트북으로 실습을 시작해 보자.

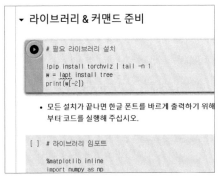

그림 4 노트북의 가장 처음 셀을 선택

우선 그림 4와 같이 노트북의 초기화면에서 코드가 있는 곳에 마우스 포인터를 갖다놓으면 그림 4의 왼쪽 파란 동그라미로 표시된 실행 모양의 아이콘이 나타난다.

노트북에서는 '셀(cell)'이라는 상자 단위로 프로그램을 실행한다. 실행 모양의 아이콘은 현재 선택한 '셀'의 실행을 의미한다. 이 상태로 [Shift] + [Enter] 키를 입력하면 선택한 셀이 실행된다. 프로그램 실행에 다소 시간이 걸리기도 하지만, 최종적으로 그림 5와 같은 결과를 얻게 된다.

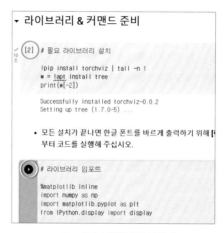

그림 5 셀을 실행한 직후의 상태

그림 5에서는 위에서 설명한 실행 모양 아이콘이 있던 자리에 [2]라는 숫자가 표시돼 있다. 이 숫자는 몇 번째로 실행한 셀인지 나타낸다. 그리고 바로 아래 셀이 선택된다.

이하 모든 셀에 대해서 노트북의 가장 아래("참고"라고 씌여진 셀)의 바로 전까지 [Shift] + [Enter]를 반복해서 입력해 모든 셀을 실행한다. 지금은 코드의 의미를 이해하지 못해도 상관없다. 그 대신, 아래에서 어떤 것을 실행하는지 그 개요에 대해 알아보자.

초기설정

다음의 코드 1에서 초기설정에 해당하는 코드의 일부를 살펴보자. 딥러닝의 연산을 빠르게 처리하기 위해 'GPU'를 사용하는지를 체크하거나, 이 책에서 정의한 공통함수를 호출한다.

코드 1 초기설정의 일부

```
# 초기설정

# 기본 폰트 사이즈 변경
plt.rcParams['font.size'] = 14

# warning 표시 끄기
Import warnings
Warnings.simplefilter('ignore')

# 디바이스 할당 (8장에서 자세히 설명)

device = torch.device("cuda:0" if torch.cuda.is_available() else "cpu")
print(device)
```

```
cuda: 0
```

```
# 공통함수 읽어오기 (9장에서 자세히 설명)

# 공통함수 다운로드
!git clone https://github.com/wikibook/pythonlibs.git

# 공통함수 임포트
from pythonlibs.torch_lib1 import *

# 공통함수 체크
print(README)
```

```
Cloning into 'pythonlibs'...
remote: Enumerating objects: 84, done.
remote: Counting objects: 100% (84/84), done.
remote: Compressing objects: 100% (42/42), done.
remote: Total 84 (delta 37), reused 65 (delta 21), pack-reused 0
Unpacking objects: 100% (84/84), done.
Common Library for PyTorch
Author: M. Akaishi
```

학습 데이터 불러오기

이번 실습에서 실제로 이용할 학습 데이터의 구조를 코드 2에서 살펴본다.

코드 2 학습 데이터 구조

```
# 압축해제 결과 트리 구조 보기
!tree dog_wolf
```

```
2021-03-20 05:44:23 (116 MB/s) - 'dog_wolf.zip' saved [21493752/21493752]
  inflating: dog_wolf/train/wolf/wolf-09.png
dog_wolf
├── test
│   ├── dog
│   │   ├── dog-21.png
│   │   ├── dog-22.png
│   │   ├── dog-23.png
│   │   ├── dog-24.png
│   │   └── dog-25.png
│   └── wolf
│       ├── wolf-21.png
│       ├── wolf-22.png
│       ├── wolf-23.png
│       ├── wolf-24.png
│       └── wolf-25.png
└── train
    ├── dog
    │   ├── dog-01.png
    │   ├── dog-02.png
```

여기서 소개하는 분류 모델의 목적은 필자가 모은 이미지를 분류하는 것이다. '개'와 '늑대' 이미지를 모아 놓고 그 두 가지를 구분한다. '개' 중에서도 언뜻 보면 늑대와 매우 흡사한 '시베리안 허스키'를 분류 대상으로 선정했다.

'dog_wolf'라는 디렉터리(폴더)에 'test', 'train' 디렉터리가 있다. 머신러닝 모델에서 사용하는 데이터는 크게 두 가지로 나눌 수 있다. 모델을 학습하기 위한 훈련용 데이터와, 그렇게 만들어진 모델의 좋고 나쁜 정도를 확인하기 위한 검증용 데이터다. 여기서는 훈련용 데이터가 train 디렉터리에, 검증용 데이터가 test 디렉터리에 들어있다.

이미지 데이터는 모두 'Pixabay[3]'라는 사진 공유 사이트에서 "상업적 용도로 사용 가능", "출처 안 밝혀도 됨"으로 표시된 것만 선정했다.

독자가 자신만의 분류 모델을 만들고 싶은 경우에는, 위와 같은 구조로 디렉터리를 만들고 이미지 데이터를 준비하면 된다.

훈련용 이미지 데이터 확인

이번 예시에서는 개 20장과 늑대 20장을 포함해 총 40장의 이미지를 훈련 데이터로 사용한다. 그림 6에서 40장의 훈련 데이터를 모두 확인할 수 있다.

그림 6 훈련 데이터 전체

검증용 이미지 데이터 확인

학습에 사용하지 않은 검증용 이미지 10장을 모두 표시한 결과는 그림 7과 같다.

그림 7 검증용 데이터

노트북에서는 그림 7과 같이 정답을 뺀 이미지만을 표시하고, 그다음 셀에서 정답을 표시하고 있다(아직 노트북을 보고 있지 않은 독자라면, 이 그림에 대한 정답은 잠시 후 공개된다).

그림 6의 학습용 데이터를 참고해서 검증용 데이터가 '개'인지 혹은 '늑대'인지를 예상해 보기 바란다. 10장 중 몇 장이나 정답을 맞혔는가? 적어도 필자에게는 모두 같은 동물로 보여, 전혀 구별할 수 없었다.

과연 AI는 이 두 가지 동물을 간파해낼 수 있는지, 지금부터 실습을 통해 확인해 보자.

모델 구축

아래의 코드 3은 이번 분류 모델을 정의하는 근간이 되는 부분이다.

코드 3 모델의 정의

```
# 사전에 학습이 끝난 모델을 이용해서 모델을 구축 (11장에서 자세히 설명)

# 사전에 학습이 끝난 모델 불러오기
from torchvision import models
net = models.vgg19_bn(pretrained = True)

# 전이 학습을 위해 required_grad 그래프를 False로 설정
for param in net.parameters():
    param.requires_grad = False

# 난수 고정
torch_seed()

# 마지막 노드의 출력을 2로 변경
in_features = net.classifier[6].in_features
```

```
net.classifier[6] = nn.Linear(in_features, 2)

# AdaptiveAvgPool2d 함수 제거
net.avgpool = nn.Identity()

# GPU 사용
net = net.to(device)

# 학습률
lr = 0.001

# 손실 함수로 교차 엔트로피 사용
criterion = nn.CrossEntropyLoss()

# 최적화 함수 정의
# 파라미터 수정 대상을 마지막 노드로 제한함
optimizer = optim.SGD(net.classifier[6].parameters(), lr=lr, momentum=0.9)

# history 파일을 동시에 초기화
history = np.zeros((0, 5))
```

위 코드의 의미를 완전하게 파악하지 못한 부분이 많을 수 있지만, 지금은 넘어가도록 하자.

이 모델은 '**사전에 학습이 끝난 모델**'을 이용해서 '**전이 학습**'이라 불리는 방법으로 구현되고 있다. 이 책에서 자세히 설명해 나가겠지만, 이 방법을 활용하면, 본래라면 수만 장의 훈련 데이터가 필요한 이미지 분류 모델이, **수십 장(이번 실습에서는 총 40장)의 훈련 데이터만으로 딥러닝 모델을 만들 수 있게 된다.**

학습

코드 4는 실제로 학습이 진행되는 양상을 보여준다.

코드 4 **학습의 실행**

```
# 학습 (9장)
# 반복 횟수
num_epochs = 10
```

```
# 학습 (공통함수)
history = fit(net, optimizer, criterion, num_epochs, train_loader, test_loader, device, history)

100%  ████████████        8/8 [00:02<00:00, 3.55it/s]
Epoch [1/10], loss: 0.12321 acc: 0.67500 val_loss: 0.07607, val_acc: 1.00000
100%  ████████████        8/8 [00:00<00:00, 8.39it/s]
Epoch [2/10], loss: 0.07298 acc: 0.85000 val_loss: 0.04549, val_acc: 1.00000
100%  ████████████        8/8 [00:03<00:00, 2.43it/s]
Epoch [3/10], loss: 0.03993 acc: 0.95000 val_loss: 0.05354, val_acc: 0.90000
100%  ████████████        8/8 [00:02<00:00, 3.64it/s]
```

적은 훈련 데이터로도 학습이 가능하다는 것뿐만 아니라, 학습에 소요되는 시간을 단축할 수 있다는 것이 전이 학습의 특징이다. 실제로 코드 4를 실행해 보면, 수 초 정도로 매우 짧은 시간 안에 학습이 끝나는 것을 확인할 수 있다.

결과 확인

학습이 끝난 모델로 그림 7에서 소개한 10장의 검증용 데이터를 분류한 결과를 그림 8에 나타낸다.

그림 8 예측 결과와 정답 표시

이 그림에서는 각 이미지의 상단에 '[정답]:[예측]'과 같은 형식으로 예측 결과를 표시하고 있다. 놀랍게도, 10개 이미지 모두 정답임을 확인할 수 있다. 독자는 앞에서 미리 생각해 본 자신의 정답과 비교해 보기 바란다.

공통 함수(fit 함수)의 내부 구조

앞서 설명한 실습 코드에서는 공통 함수로 정의되어 눈에 보이지 않았지만, 파이토치에서는 학습용 코드도 자신이 직접 구현해야 한다. 이와 관련된 부분이 코드 5에 구현되어 있다.

코드 5 학습 코드 중 일부

```python
for inputs, labels in tqdm(train_loader):
    count += len(labels)
    inputs = inputs.to(device)
    labels = labels.to(device)

    # 경사 초기화
    optimizer.zero_grad()

    # 예측 계산
    outputs = net(inputs)

    # 손실 계산
    loss = criterion(outputs, labels)
    train_loss += loss.item()

    # 그라이언트 계산
    loss.backward()

    # 파라미터 수정
    optimizer.step()

    # 예측 라벨 산출
    predicted = torch.max(outputs, 1)[1]

    # 정답을 맞춘 수 산출
    train_acc += (predicted == labels).sum()

    # 평균 손실값과 정확도 계산
    avg_train_loss = train_loss / count
    avg_train_acc = train_acc / count
```

지금으로서는 이해하기 어렵겠지만, 이 책의 7장까지 그림 9를 보며 코드를 라인 단위로 그 의미를 자세하게 설명할 것이므로, 결과적으로 독자 여러분은 반드시 모두 이해하게 될 것이다.

그림 9는 이 책에서 가장 중요하게 여기는 콘텐츠다. 이 내용이 머릿속에 남아 있다면, 파이토치를 자유자재로 사용할 수 있게 될 것이다.

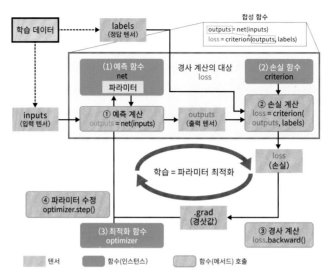

그림 9 파이토치로 작성한 머신러닝 프로그램의 전체상

5 이 책의 구성

이 책은 크게 '기초편', '머신러닝 실전편', '이미지 인식 실전편'으로 구성돼 있다. 각 파트의 개요는 다음과 같다.

기초편

첫 번째 파트인 '기초편'은 다음 네 장으로 이뤄져 있다.

- 1장 딥러닝에 꼭 필요한 파이썬의 개념
- 2장 파이토치의 기본 기능
- 3장 처음 시작하는 머신러닝
- 4장 예측 함수 정의하기

1장은 파이썬에 관한 설명이지만, 아주 기초적인 문법에 관한 내용은 책의 말미에 별도로 준비한 '부록 1'을 참조하기 바란다. 1장에서 주로 다루게 되는 내용은 **객체 지향 프로그래밍**으로 대표되는 문법이다.

1장에서 설명한 문법을 이해하지 못한다면 파이토치를 사용한 프로그램을 이해하기 어려울 수 있으므로 꼼꼼하게 읽길 바란다.

2장은 파이토치에 관한 문법이다. 파이토치 문법에서 중요한 점은 **텐서**(Tensor)라 불리는 독특한 데이터 구조(정확하게는 클래스)와 **경사(구배, 그레이디언트)계산**이다. 2장은 이 두 가지에 초점을 두고 자세한 설명을 이어간다. 특히, '**Define by Run**'으로 알려진, 파이토치의 최대 특징인 경사 계산에 관해서는, **계산 그래프의 시각화**를 포함해 차근차근 설명한다.

3장에서는, 2장에서 설명한 파이토치의 경사 계산의 원리를 이용해 가장 단순한 머신러닝 모델인 '**선형 회귀**'를 구현한다. 이 단계에서 파이토치의 고유 클래스를 사용한 모델의 정의는 생략했지만, **경사 하강법** 알고리즘을 이해하는 것을 주 목적으로 실습을 이어간다.

파이토치를 사용해 딥러닝 모델을 개발할 때 가장 중요한 것은, **다양한 요소를 조합해 복잡한 예측 모델을 구축해 나가는** 부분이다. 그림 9에서의 "**(1) 예측 함수**"를 정의하는 것과 같다. 4장에서는 이 부분을 준비하는 단계로, **예측 함수를 정의하는 방법과 그 구조**에 관해 설명한다.

머신러닝 실전편

두 번째 파트인 '머신러닝 실전편'은 다음 네 장으로 이뤄져 있다.

- 5장 선형 회귀
- 6장 이진 분류
- 7장 다중 분류
- 8장 MNIST를 활용한 숫자 인식

5장에서 7장까지는 파이토치 클래스 정의로 예측 모델을 구축하는 방법을 선형 회귀, 이진 분류, 다중 분류에 대해 구현한다. 그리고 머신러닝 패턴(**선형 회귀, 이진 분류, 다중 분류**)이 바뀌면, '**손실 함수**'가 **어떻게 변하는지, 그 차이점을 이해**하는 것이 주된 목적이다. 따라서, 그림 9에서 "**(2) 손실 함수**"가 핵심이 되는 부분이다.

8장의 '숫자 인식'은, 이전까지 사용한 데이터가 수치 데이터에서 이미지 데이터로 바뀐다는 것이 가장 큰 차이다. 머신러닝 패턴으로 보면, 7장과 같은 다중 분류이긴 하지만, 입력 데이터의 차원수와 학습용 데이터의 수가, 앞 세 장에서 든 예제와 비교해 매우 크게 늘어나게 된다. 이로 인해 발생하는 과제와 대응 방법에 대해 이해하고, 처음으로 '은닉층'이 있는 모델을 구축해 보며, 딥러닝을 이해하는 첫걸음을 내딛게 될 것이다.[4]

이미지 인식 실전편

마지막 파트 '이미지 인식 실전편'은 다음 네 장으로 이뤄져 있다.

- 9장 CNN을 활용한 이미지 인식
- 10장 튜닝 기법
- 11장 사전 학습 모델 활용하기
- 12장 사용자 정의 데이터를 활용한 이미지 분류

9~11장에서는, 'CIFAR-10'으로 알려진 컬러 이미지 데이터셋을 학습 데이터로 사용한다. **'머신러닝 실전편'에서는 '(2) 손실 함수'에 초점을 맞추고 있었지만, '이미지 인식 실전편'에서는 '(1) 예측 함수'의 내부 구조가 포인트다.**

CIFAR-10을 데이터로 사용하면, 'CNN'으로 알려진 이미지 처리에 특화된 '부품'을 사용한 모델을 만들어야 한다. 9장에서는, 일단 CNN을 사용하지 않는 모델을 구축해 보고 그 한계를 이해한 뒤, CNN으로 얼마나 개선이 가능한지 실습을 통해 이해해 본다.

10장과 11장에서도 9장과 마찬가지로 CIFAR-10을 학습용 데이터로 사용하면서, 모델의 정확도를 높이는 여러 방법을 설명한다.

마지막 12장은, 이번 미리보기 장에서 경험한 것처럼 학습용으로 공개된 데이터셋이 아닌, 독자가 직접 준비한 이미지 데이터를 사용해 분류 모델을 만드는 방법에 관해 살펴본다.

이상으로, 지금부터 12개 장에 걸친 파이토치의 학습 커리큘럼을 소개했다. 장이 바뀔 때마다 새로운 개념이 등장하겠지만, 실습을 통해 직접 프로그램의 동작을 확인하며 차근차근 이해해 나간다면, 반드시 정상에 다다르게 될 것이다. 부디 12장까지 학습해서 자신이 원하는 대로 딥러닝 프로그램을 작성할 수 있도록 되길 희망하는 바이다.

---

4 이 네 개의 장에서 다루게 될 예제는, 이전에 집필한 《딥러닝을 위한 수학》(위키북스)과 완전히 동일한 조건에서 작성되었다. 이 책의 독자는 프레임워크(파이토치)를 사용하면, 동일한 모델이 어떤 식으로 구현되는지 확인해 보는 것도 하나의 좋은 포인트라고 생각한다.

기초편

01

딥러닝에 꼭 필요한
파이썬의 개념

이 책의 최대 목표는 파이토치로 딥러닝 프로그램을 작성하는 데 도움을 주는 것이다.

이번 장에서는 파이썬과 넘파이(NumPy), 매트플롯립(Matplotlib)에 관한 기본 개념을 가진 독자를 대상으로[1], 파이썬에서 비교적 이해하기 어려운 개념과 문법에 대해 설명한다. 파이토치를 이해하는 데 꼭 필요한 것만 간추려 놓았다.

딥러닝을 이해하는 데 필요한 수학적인 개념 중에서도 특히 중요한 '합성 함수'와 '미분'을 파이썬으로 구현하는 방법에 관해서도 1.3절과 1.4절에서 해설한다. 객체 지향 프로그래밍 등 파이썬 프로그래밍에 익숙하더라도 반드시 읽어 보기 바란다.

이번 장의 내용을 얼마나 확실하게 이해했는지에 따라, 2장 이후의 코드에 대한 이해도가 달라질 것이다.

1.1 이 장의 중요 개념

이번 장의 1.2~1.6절에 걸쳐 주로 설명할 중요한 개념에 관해 간단하게 알아보자.

1.2절에서는 파이썬을 다루면서 필자가 겪은, 실수하기 쉬운 사례를 먼저 소개한다. 실수가 일어나는 근본적인 이유는, 파이썬의 저변에는 '객체 지향'이라는 개념이 자리 잡고 있기 때문이다. 여기서 그냥 지나치기 쉬운 **'컨테이너 타입'** 데이터에 관해 설명한다.

1.3절과 1.4절은 딥러닝을 이해하는 데 꼭 필요한 수학적인 개념으로 **'합성 함수'**와 **'미분'**, 그리고 파이썬을 활용해 이 개념들을 구현하는 방법에 관해 설명한다.

1.3절에서 '합성 함수'는 프로그래밍의 관점에서 특별히 어려운 요소는 없지만, 딥러닝 모델을 프로그래밍할 때 자주 접하는 구현 패턴이므로, 이 점을 독자가 의식할 수 있도록 필자가 의도적으로 추가했다.

1.4절은 **'함수의 함수'**를 작성하는 등, 프로그래밍이 익숙하지 않은 독자에겐 상당히 어려운 내용일 수도 있다. 파이썬을 처음 접하는 독자라면, 구현 로직을 모두 이해하지 못하더라도, '파이썬에서는 이런 식의 구현도 가능하구나'라는 정도로 기억해 두면 문제는 없을 것이다.

파이토치로 프로그램을 작성하기에 앞서 **객체 지향 프로그래밍**에 관한 이해는 반드시 필요하다. 1.5절에서 객체 지향 프로그래밍의 개념을 필요한 만큼 최소한으로 압축해서 설명한다.

---

[1] 파이썬과 넘파이, 매트플롯립의 기본을 컴팩트하게 정리한 해설은 이 책 말미의 부록으로 실었다. 기본부터 이해하고 싶은 독자라면 부록을 먼저 학습하길 바란다.

또한, 파이썬이라는 언어는 클래스로부터 생성한 **인스턴스 변수를 함수처럼 사용**하는 특징이 있다. 파이토치에서도 역시 다양한 상황에서 이 성질을 활용하고 있다. 1.6절에서는 이와 관련된 내용을 설명한다.

1.2 컨테이너 타입 변수에 주의

머신러닝 프로그래밍에서 넘파이와 같은 배열(array, 어레이)은 자주 등장한다. '리스트'나 '넘파이 배열'처럼, 이름으로부터 실제 데이터에 액세스하기 위해 인덱스를 거쳐야 하는 데이터를 '컨테이너 타입'으로 부르기도 한다.

이와 관련해 파이썬에서 범하기 쉬운 실수를 설명하기 위해, 필자가 겪었던 사례를 소개한다. 아래의 코드 1-1을 보자.

코드 1-1 넘파이 샘플 코드

```python
# 넘파이 배열 x를 정의
x = np.array([5, 7, 9])

# 변수 y에 x를 대입
y = x

# 결과 확인
print(x)
print(y)
```

```
[5 7 9]
[5 7 9]
```

얼핏 보면 매우 간단한 샘플 코드다. 변수 x에 넘파이 배열을 준비하고, 언제든지 다른 용도로 이것을 사용하려고 x를 y에 대입했다. 그러나 코드 1-2에서 문제가 발생한다.

코드 1-2 넘파이 샘플 코드

```python
# x의 특정 요소를 변경
x[1] = -1
```

```
# y도 따라서 값이 바뀜
print(x)
print(y)
```

```
[5 -1 9]
[5 -1 9]
```

y에 대입한 다음, 변수 x의 특정 요소를 수정하면, y에서도 해당 요소 값이 같이 바뀐다.

물론, 상황에 따라서는 이처럼 바뀌는 편이 유용한 경우도 있고, 프로그래밍 단계에서 이런 동작을 의도하기도 한다. 그러나 필자는 이와 같은 작동을 의도하지 않았으므로, 문제 원인을 찾는 데 긴 시간을 허비하고 말았다.

그렇다면 어째서 이런 문제가 발생하는 것일까? 아래의 그림 1-1을 살펴보자.

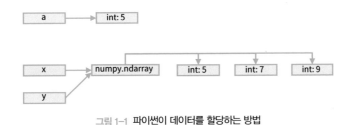

그림 1-1 파이썬이 데이터를 할당하는 방법

예를 들어, 'a=5'라는 코드를 작성하면, 파이썬 내부에서는 어떤 식으로 데이터를 할당하는지 그림으로 표현한 것이 그림 1-1의 윗부분이다. 우선, 'int:5'(클래스가 int이고 값이 5)라는 상자가 오른쪽에 만들어지고, 'a'라는 상자에는, 오른쪽 상자를 가리키는 포인터(변수의 위치를 나타내는 주소와 같은 것)가 저장된다.

다음으로, 'x = np.array([5, 7, 9])'라는 코드에서의 데이터 할당을 그림 1-1의 아랫부분에 표현했다. 우선 int: 5, int: 7, int: 9까지 세 값을 넣을 상자가 준비된다. 다음으로 numpy.ndarray 클래스의 상자가 만들어지고, 이 상자에서 앞 3개의 상자로 향하는 포인터가 이어진다. 마지막으로 x라는 상자가 만들어지고, numpy.ndarray로 향하는 포인터가 저장된다.

그다음 'y = x'에서는 새로운 상자를 다시 만들지 않고, x가 향하는 부분과 같은 부분을 y도 향할 수 있게 설정해주기만 한다. 이 그림을 보고 나면 코드 1-2의 실행 결과를 납득할 수 있을 것이다. 이처럼 도중에 한 단계를 더 거치는 데이터가 바로 컨테이너 타입이고, 여기에 데이터를 대입할 때는 주의가 필요하다. 그렇다면 의도적으로 값을 변하게 하지 않으려면 어떻게 해야 하는지 코드 1-3을 확인해 보자.

코드 1-3 넘파이 샘플 코드 (버그 수정 버전)

```python
# y도 동시에 변하면 안 되는 경우는, 대입 시 copy 함수를 이용함
x = np.array([5, 7, 9])
y = x.copy()

# x의 특정 요소 값이 변해도, y에는 영향이 없음
x[1] = -1
print(x)
print(y)
```

```
[5 -1 9]
[5 7 9]
```

이와 같은 문제에 대응하기 위해 넘파이의 copy 함수를 사용한다. y에 대입할 때 copy 함수의 호출을 한 세트로 정의하면 내부적으로 y용으로 새로운 박스가 준비되므로, x값을 변경해도 그 행위가 y에게 영향을 주지 않게 된다.

2장에서 설명하겠지만, 파이토치에서 접하는 데이터는 '텐서(Tensor)'로 불리는 클래스의 인스턴스[2]에 저장된다. 텐서와 넘파이는 서로 간의 데이터 변환이 가능하지만, 텐서와 넘파이처럼 별개의 클래스 사이에서도 위와 같은 문제가 발생하는 예시를 코드 1-4, 코드 1-5에 나타냈다.

코드 1-4 텐서로부터 넘파이 변수를 생성

```python
import torch

# x1: shape=[5]가 되는 모든 값이 1인 텐서
x1 = torch.ones(5)

# 결과 확인
print(x1)

# x2: x1로부터 생성한 넘파이 배열
x2 = x1.data.numpy()

# 결과 확인
print(x2)
```

---

2 '클래스'와 '인스턴스'에 관해서는 1.5절에서 설명한다. 클래스는 '틀', 인스턴스는 '틀'을 이용해 생성한 '구체적인 예'와 같은 느낌이다.

```
tensor([1., 1., 1., 1., 1.])
[1. 1. 1. 1. 1.]
```

텐서의 자세한 문법에 관해서는 2장에서 설명하므로 지금은 이해하지 못하더라도 상관없지만, 다음 두 코드는 이해하고 넘어가자.

- x1 = torch.ones(5) : 1이라는 값을 5개 가진 텐서가 만들어진다.

- x2 = x1.data.numpy() : 텐서로부터 같은 값을 가진 넘파이 변수가 생성된다.

문제는 다음의 코드 1-5에 있다.

코드 1-5 텐서 값과 넘파이 값의 관계

```
# x1의 값을 변경
x1[1] = -1

# x2의 값도 같이 변함
print(x1)
print(x2)
```

```
tensor([1., -1., 1., 1., 1.])
[1. -1. 1. 1. 1.]
```

텐서의 특정 요소 값을 변경하면, 넘파이까지 연동되어 값이 변하고 만다. 이 경우의 대처법도 마찬가지로 copy 함수를 사용하는 것이다. 구현은 코드 1-6과 같다.

코드 1-6 넘파이 변수를 만드는 안전한 방법

```
# 안전한 방법

# x1: 텐서
x1 = torch.ones(5)

# x2: x1를 copy한 넘파이
x2 = x1.data.numpy().copy()

x1[1] = -1

# 결과 확인
```

```
print(x1)
print(x2)
```

```
tensor([1., -1., 1., 1., 1.])
[1. 1. 1. 1. 1.]
```

이전과 같이 copy해 두면 다른 영향은 전혀 고려하지 않아도 된다.

머신러닝 프로그램에서 잘 모르는 현상이 발생한다면, 여기서 설명한 내용들도 어쩌면 원인일 수 있으니 반드시 체크해 보기 바란다.

1.3 '합성 함수'를 파이썬으로 구현하기

파이썬에서도 다른 언어와 마찬가지로 '함수'라는 구조가 있으며[3], 수학의 '함수'와도 매우 밀접한 관계가 있다.

이번 절에서는 먼저, **수학에서 등장하는 함수와 파이썬의 함수와의 관계**를 정리해보고, 여러 개의 함수를 조합한 수학에서의 **'합성 함수'**가 파이썬에서는 어떤 식으로 구현되는지 알아볼 것이다. 이 책을 통해 조금씩 이해해 나가겠지만, 딥러닝의 예측 알고리즘을 한마디로 표현하자면, **'막대한 파라미터를 가진 복잡한 합성 함수'**이다. 이 합성 함수를 파이썬에서는 어떻게 구현하는지 지금부터 자세히 설명한다.

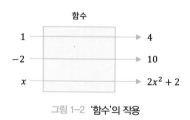

그림 1-2 '함수'의 작용

그림 1-2는 수학에서 등장하는 '함수'의 개념을 그림으로 나타낸 것이다. 함수란, 수치를 입력하면 그에 대응하는 수치가 출력되는 일종의 블랙박스로 표현할 수 있다.

그림 1-2에 쓰여진 '함수'는 1을 입력하면 4가, -2를 입력하면 10이 나오기 때문에, x를 입력하면 $2x^2+2$를 출력하는 것을 $f(x) = 2x^2+2$로 표기한다는 것을 배운 적이 있을 것이다.

---

[3] "부록 1." 참조

그렇다면, 이와 같은 함수를 파이썬에서 어떻게 구현하는지 복습해 보자. 코드 1-7에 같은 함수를 파이썬으로 정의했다.

코드 1-7 함수 $f(x)$의 정의

```python
def f(x):
    return (2 * x**2 + 2)
```

다음으로 넘파이를 이용해서 구간 [-2, 2]를 0.25 간격으로 변수 x로 정의하고, $f(x)$의 결과를 한 번에 계산해 보자. 구현 결과는 코드 1-8에 나와있다.

코드 1-8 넘파이 배열을 활용한 x의 정의와 $f(x)$의 계산 결과

```python
# 넘파이 배열로 x를 정의

x = np.arange(-2, 2.1, 0.25)
print(x)
```

```
[-2. -1.75 -1.5 -1.25 -1. -0.75 -0.5 -0.25 0. 0.25 0.5 0.75 1. 1.25 1.5 1.75 2. ]
```

```python
# f(x)의 결과를 y에 대입

y = f(x)
print(y)
```

```
[10. 8.125 6.5 5.125 4. 3.125 2.5 2.125 2. 2.125 2.5 3.125 4. 5.125 6.5 8.125 10. ]
```

이번에는 값 $(x, f(x))$를 플롯해서 2차함수 그래프를 그려보자. 구현은 코드 1-9와 같다.

코드 1-9 함수를 그래프로 그리기

```python
# 함수를 그래프로 그리기

plt.plot(x, y)
plt.show()
```

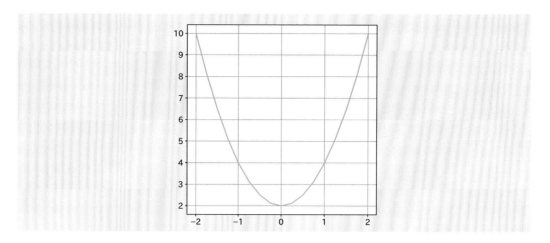

수학시간에 배운 함수와 거의 유사한 표기로 파이썬의 함수도 구현할 수 있다. 다음으로, 합성 함수는 파이썬에서는 어떻게 표현되는지 생각해보자.

수학에서 '합성 함수'는, '**함수 f_1과 f_2가 존재할 때, '함수 f_1의 출력을 함수 f_2가 입력으로 받을 수 있도록 합쳐진 새로운 함수 g**'를 의미한다. $f_1(x)=x^2$과 $f_2(x)=2x$를 대상으로 합성 함수 $g(x)$를 정의하는 방법을 그림 1-3에 나타냈다.

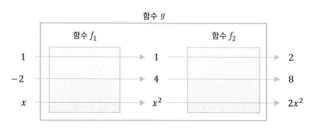

그림 1-3 합성 함수의 원리

앞서 설명한 2차 함수 $f(x)=2x^2+2$를 조금 더 세세한 요소로 분해해서, 각 요소들의 합성 함수로 표현하는 과정을 생각한다. 구체적으로는 다음처럼 세 개의 함수를 만들고 나서 합성 함수 $f(x)$를 새롭게 정의할 것이다[4].

---

4 너무도 당연한 사실을 일부러 분해해서 생각하려는 이유는, 2장에서 파이토치의 계산 그래프를 자동으로 생성하는 기능에 대해 설명하겠지만, 파이토치의 내부는 이처럼 분해된 함수의 합성 함수로 2차함수가 정의되기 때문이다.

$$f_1(x) = x^2$$
$$f_2(x) = 2x$$
$$f_3(x) = x + 2$$

위 세 함수의 조합으로 정의한 합성 함수를 나타내면 그림 1–4와 같다.

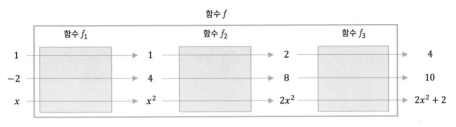

그림 1–4 합성 함수로 재정의한 함수 $f(x) = 2x^2 + 2$

그림 1–4의 표현을 따라 세 함수의 합성 함수로 $f(x)$가 정의되었음을 스스로 확인해 보기 바란다.

다음으로, 파이썬에서 합성 함수를 구현하는 방법에 대해 확인한다. 그림 1–4와 똑같은 과정을 파이썬으로 구현한 결과가 코드 1–10이다.

코드 1–10 합성 함수로 정의한 2차 함수 $f(x)$

```python
# 세 가지 기본 함수의 정의

def f1(x):
    return(x**2)

def f2(x):
    return(x*2)

def f3(x):
    return(x+2)

# 합성 함수 만들기

x1 = f1(x)
x2 = f2(x1)
y = f3(x2)
```

이 코드에서 합성 함수를 구성하는 주요 부분만을 표시하면 그림 1-5와 같다.

```
# 합성 함수 작성
x1 = f1(x)
x2 = f2(x1)
y = f3(x2)
```

그림 1-5 파이썬으로 구현한 합성 함수

여기서 포인트는, 함수 f_1의 출력인 x_1이 그대로 다음 함수 f_2의 입력값이 되고, f_2의 출력 x_2도 그대로 f_3으로 입력된다는 점이다. 그림 1-4에서 표현한 것처럼, 수학적인 의미의 합성 함수는 파이썬에서 위와 같이 구현할 수 있다.

이 책에서는 생략하고 있지만, 이번 장의 노트북(Notebook)에는, 합성 함수의 계산 결과 y를 표시한 셀과, 함수의 그래프를 표시한 셀이 있다. 각 실행 결과를 코드 1-8, 코드 1-9의 결과와 비교해보면, 합성 함수를 활용한 정의 방식으로도, 앞서 언급한 2차함수와 똑같은 결과를 얻을 수 있음을 알 수 있다.

그림 1-5와 같은 **파이썬의 합성 함수 구현 패턴은, 이 책에서 앞으로 줄곧 등장**하게 될 것이다. 코드에서 이와 같은 구현 패턴을 발견하게 되면 '이 부분에서도 합성 함수를 사용하고 있구나' 하고 되새겨 주길 바란다.

1.4 '미분'과 파이썬의 '수치 미분' 구현하기

이 책을 읽다 보면 자연스럽게 알게 되겠지만, **수학적인 관점에서 딥러닝 알고리즘은 합성 함수와 미분으로 이뤄졌다고** 생각하면 거의 틀리지 않다.

이전 절에서 '합성 함수'에 관해 그 수학적인 의미와 파이썬에서는 이를 어떻게 구현하는지를 설명했다. 이번 절에서는 '미분'이라는 중요한 개념에 대해 간단히 복습하고, 파이썬에서는 이 개념이 '수치미분'의 형태로 구현된다는 사실을 중점적으로 설명한다.

먼저, '함수의 함수'라는 개념을 짚고 넘어가자. '함수의 함수', 즉, **함수를 인수로 하는 함수**'를 그림으로 나타내면 다음과 같다.

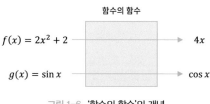

함수의 함수

$f(x) = 2x^2 + 2$ → $4x$

$g(x) = \sin x$ → $\cos x$

그림 1-6 '함수의 함수'의 개념

그림 1-6에서 블랙박스에 대해 수치가 아닌, $f(x)$나 $g(x)$와 같은 함수를 입력한다. 그리고 출력되는 것 또한 함수다. 게다가, 입력과 출력을 주의 깊게 비교해 보면, 어떤 규칙이 있음을 알 수 있다. 그림 1-6의 블랙박스는 사실, 입력되는 함수에 대해 '미분 계산'을 거친 결과를 출력한다.

이처럼 **'함수를 인수로 받아서 함수를 반환'**하는 것이 **'함수의 함수'**인 것이다. 파이썬에서 다루는 모든 변수는 단순히 이름에 지나지 않고, 별도의 장소에 있는 실체를 가리키는 포인터임을 설명했다(1.2절). 이 설명은 변수에 한하지 않고, 파이썬에서 정의한 함수에 대해서도 유효하다. 그리고 이 성질을 잘 활용하면 '함수를 인수로 받는 함수'도 정의할 수 있다. 이번 절에서는 '함수의 함수'의 예시로 **함수를 인수로 받아서 도함수를 반환하는 함수**를 실제로 구현한다.

그렇다면, '미분 계산'은 파이썬에서는 어떤 식으로 구현하는 것일까? 파이토치가 실제로 사용하는 방법이 바로 **'수치 미분'**이다.

고등학교 수학 교과서에 등장하는 미분의 정의는 다음과 같다.

$$f'(x) = \lim_{h \to 0} \frac{f(x+h) - f(x)}{h}$$

수치 미분이란, 미분을 수식상에서 직접 계산($2x^2+2$를 미분해서 $4x$를 얻음)하는 것이 아니라, 미분 계산식을 토대로 h에 매우 작은 값(예를 들어, 0.000001)을 넣어, 수치 계산을 통해 근사치를 구하는 방법을 뜻한다. 실제로 근사치를 조금 더 정확하게 계산하려면 아래의 식을 사용하는 것이 좋다.

$$f'(x) \fallingdotseq \frac{f(x+h) - f(x-h)}{2h}$$

어째서 이런 근사식이 성립하는지 궁금한 독자는 이번 장 말미에 수록된 칼럼의 해설을 참조하기 바란다. 지금은, **'어떤 함수 $f(x)$가 있고, 그 함수의 미분 결과를 알고 싶을 때, h에 매우 작은 값을 넣은 상태에서 위의 근사식을 계산'**하는 것이 올바른 전제이며, 이 근사식을 파이썬에서 어떻게 구현할 것인지에 초점을 맞춰 설명한다. 코드 1-11에 이 함수의 정의를 나타냈다.

코드 1-11 미분을 계산하는 함수 fdiff

```python
# 함수를 미분하는 함수 fdiff의 정의

def fdiff(f):
    # 함수 f를 인수로 미분한 결과 함수를 diff로 정의
    def diff(x):
        h = 1e-6
        return (f(x+h) - f(x-h)) / (2*h)

    # fdiff의 반환은 미분한 결과 함수 diff
    return diff
```

함수 fdiff는, 그림 1-6과 같이 '함수 f를 인수로 받아서 미분결과 함수 diff를 반환'하는 함수다. 미분을 계산하는 부분에서, 앞서 설명한 근사식을 사용한다.

정말 이것으로 미분계산 함수가 올바르게 정의된 것인지, 이전에 등장한 함수 $f(x)$를 이용해 확인해보자. 코드 1-12에 그 결과가 나와있다.

코드 1-12 함수 fdiff의 호출과 그 결과

```python
# 2차 함수의 수치 미분

# f의 미분 결과 함수 diff를 취득
diff = fdiff(f)

# 미분 결과를 계산하고 y_dash에 대입
y_dash = diff(x)

# 결과 확인
print(y_dash)
```

```
[-8. -7. -6. -5. -4. -3. -2. -1. 0. 1. 2. 3. 4. 5. 6. 7. 8.]
```

우선, fdiff를 이용해 f를 미분한 결과의 함수인 diff를 얻었다. 다음으로, 함수 diff에 [-2, 2] 구간의 배열값 x를 넘겨주고, 미분 결괏값을 구했다.

실제로 $f(x) = 2x^2 + 2$일 때, $f'(x)$를 계산하면 $f'(x) = 4x$를 얻는다. 앞서 값 x는 구간 [-2, 2]에서 0.25 간격으로 존재했으므로, 해석적인 미분결과와 수치미분함수 diff의 결과[5]가 일치하고 있음을 알 수 있다. 반환된 y_dash 값을, 앞에서 계산한 y값과 함께 그래프로 그려보자. 구현 및 결과는 코드 1-13과 같다.

코드 1-13 **2차함수와 수치미분의 결과 그래프**

```
# 결과 그래프 출력

plt.plot(x, y, label=r'y = f(x)', c='b')
plt.plot(x, y_dash, label=r"y = f '(x)", c='k')
plt.legend()
plt.show()
```

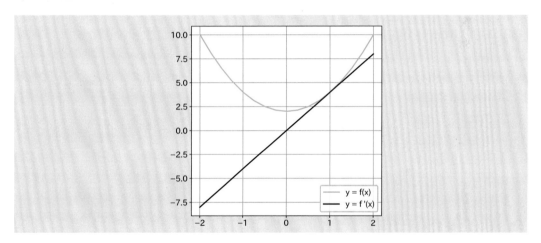

이처럼, 수치 미분 함수 diff는 2차함수에 대해 올바른 미분을 계산하고 있음을 확인했다. 그렇다면, 조금 더 복잡한 임의의 함수에서도 이 방법이 유효한 것일까?

이 의문점을 확인해보기 위해, 다음으로 '**시그모이드 함수**'를 예로 들어보자.

머신러닝을 처음 공부하는 사람이라면 접해보지 못한 함수일 수 있으나, 머신러닝을 공부해본 사람에게는 꽤나 익숙한 함수일 것이고, 이 책에서도 앞으로 계속 마주하게 될 것이다.

$$g(x) = \frac{1}{1 + \exp(-x)}$$

---

5 '해석적 미분'과 '수치 미분'의 차이는 이번 장의 칼럼에 설명해 두었기 때문에, 해당 단어의 의미를 이해하고 싶은 독자는 참조하기 바란다.

시그모이드 함수를 파이썬에서는 코드 1-14와 같이 구현할 수 있다.

코드 1-14 시그모이드 함수의 정의

```
# 시그모이드 함수의 정의

def g(x):
    return 1 / (1 + np.exp(-x))
```

이전과 마찬가지로, [-2, 2] 구간에 간격으로 존재하는 값 x에 대해 시그모이드 함수 값을 계산하면 코드 1-15 와 같다.

코드 1-15 시그모이드 함수 값 계산

```
# 시그모이드 함수 계산

y = g(x)
print(y)
```

```
[0.1192 0.14805 0.18243 0.2227 0.26894 0.32082 0.37754 0.4378 2 0.5 0.56218 0.62246 0.67918 0.73106
0.7773 0.81757 0.85195 0.8808
```

정확히 가운데인 점(x=0)에서 0.5를 취하고 있다. 그래프를 출력해보자.

코드 1-16 시그모이드 함수의 그래프

```
# 그래프 출력

plt.plot(x, y)
plt.show()
```

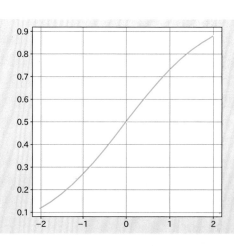

그렇다면, 이 시그모이드 함수에 대해서도 앞서 정의한 '미분함수' fdiff를 사용해도 되는 것일까? 실제로 확인해보자. 코드 1-17에서 그 결과를 확인할 수 있다.

코드 1-17 시그모이드 함수를 '미분함수 fdiff'에 적용한 결과

```
# 시그모이드 함수의 수치 미분

# g를 미분한 함수 취득
diff = fdiff(g)

# diff를 사용해 미분 결과 y_dash를 계산
y_dash = diff(x)

# 결과 확인
print(y_dash)
```

```
[0.10499 0.12613 0.14915 0.1731 0.19661 0.21789 0.235 0.2461 3 0.25 0.24613 0.235 0.21789 0.19661
0.1731 0.14915 0.12613 0.1049 9]
```

이 결과에 관해서도 마찬가지로 그래프를 그려보자.

코드 1-18 시그모이드 함수와 미분 결과의 그래프 플롯

```
# 결과 그래프 출력

plt.plot(x, y, label=r'y = f(x)', c='b')
plt.plot(x, y_dash, label=r"y = f '(x)", c='k')
plt.legend()
plt.show()
```

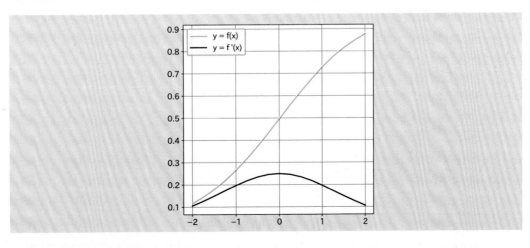

diff 함수에 적용한 결과, 점 $x=0$에서 최댓값인 0.25를 취하고 있음을 확인할 수 있다. 사실, 시그모이드 함수의 도함수(해석적인 미분)는 원래의 함수 y로 나타내면 $y(1-y)$로 표현할 수 있다[6]. $y(1-y)$는 y의 2차함수로, $y=0.5$일 때 최댓값 0.25를 취한다. 이 결과와 그래프는 일치하며, 시그모이드 함수와 같이 복잡한 형태의 함수에서도 수치미분함수 fdiff는 올바르게 동작함을 알게 됐다.

지금까지의 내용을, 파이썬 문법을 잘만 활용하면 '함수의 함수'는 간단히 정의할 수 있고, 예를 들어 '함수의 미분계산'까지도 간단하게 얻을 수 있다고 하는 정도의 내용으로 생각할지도 모르겠다. 사실은 그것만이 다가 아니다. 이 책에서 계속 설명해 나가겠지만, 딥러닝의 학습 알고리즘은 '**손실**'이라고 하는 **방대한 파라미터를 가진 복잡한 합성 함수의 미분계산**을 수행하고, 그 계산 결과를 이용해서 **최적의 파라미터 값을 구하는 구조**다. 때문에, **파이토치는 수치미분을 사용한 미분계산을 간단히 처리하는 구조를 내장**하고 있는 것이다. 이번 절은 파이토치의 수치미분기능을 작동원리까지 샅샅이 거슬러 살펴본 것으로 볼 수 있고, 지금까지 설명한 내용은 파이토치 안에서 반복해 사용되는 수학적인 원리인 것이다.

1.5 커스텀 클래스 정의하기

파이썬 프로그래밍과 객체 지향의 관계는, 크게 세 가지 수준으로 나눌 수 있다. 가장 간단하게는 '**객체(오브젝트)**'라는 개념과 전혀 무관하게 프로그램을 작성하는 수준이다. 다음 단계는, 객체는 사용하지만, 어디까지나 기존 클래스의 **인스턴스**를 생성해서 사용하는 수준이다. 예를 들어, 파이토치에 필적하는 인기 프레임워크인 '사이킷런(scikit-learn)'을 사용한 머신러닝 모델을 구축하는 경우가 여기에 해당한다. 가장 높은 수준은, 사용자의 프로그램 안에 **독자적인 클래스를 정의**하는 패턴이다. 독자적인 클래스의 정의는 '**커스텀 클래스 정의**'라고도 한다.

파이토치로 머신러닝 또는 딥러닝 모델을 구축하려는 경우, 이 마지막 패턴, 즉, 커스텀 클래스의 정의가 필요하다. 객체 지향 프로그래밍의 기본적인 내용을 파악하지 못한 상태라면, 구현된 코드의 의미를 이해하지 못할 것이다. 이번 절은, 이 부분을 커버하는 것을 목표로 한다. 따라서, 파이썬의 객체 지향 프로그래밍의 기본적인 내용을 이미 알고 있는 독자는 건너뛰어도 괜찮을 것이다.

---

6 어째서 이런 결과가 나오는지에 관해서는 《딥러닝을 위한 수학》(위키북스)에 자세히 설명했다. 관심 있는 독자는 그 책을 참조하기 바란다.

객체 지향의 기초 개념

객체 지향 프로그래밍에서 '**클래스**'와 '**인스턴스**'라는 개념은 매우 중요하다.

클래스는 '틀'에 해당하는 개념이고, 인스턴스는 이 '틀'로부터 생성된 개별적인 실체다. 클래스는 '**속성**'이라고 하는 **클래스 안의 변수**를 갖는다. 또한, '**함수**' 또는 '**메서드**'라고 하는 처리 기능도 존재한다.

속성으로 불리는 클래스 안의 변숫값은, 인스턴스마다 다르다.

지금까지의 설명은 매우 추상적이고, 이와 같은 내용을 처음 접하는 독자에겐 꽤나 이해하기 어려운 것이 당연하다.

지금부터 구체적인 파이썬 코드를 통해 각 개념에 관해 설명을 할 것이므로, 새로운 용어를 마주하게 되면, 위의 정의로 다시 거슬러 올라가 확인해 보기 바란다.

클래스 정의하기

먼저 Point라는 클래스를 정의해보자. Point란 말 그대로 2차원 평면상의 '점'을 뜻하는 클래스다. Point 클래스의 속성 x와 y는, 점의 x 좌표와 y 좌표로 이해할 수 있다. 그리고 draw 함수는 점을 그래프로 출력한다. 다음 그림에 Point 클래스의 개념을 나타냈다.

그림 1-7 Point 클래스의 개념도

여기서 설명한 클래스의 정의를 파이썬에서는 어떻게 구현하는지 코드 1-19를 통해 알아보자.

코드 1-19 Point 클래스의 구현

```
# 그래프 출력을 위한 라이브러리
import matplotlib.pyplot as plt

# 원을 그리는 데 필요한 라이브러리
import matplotlib.patches as patches
```

```python
# Point 클래스 정의
class Point:
    # 인스턴스 생성 시에 두 개의 인수 x와 y를 가짐
    def __init__(self, x, y):
        # 인스턴스 속성 x에 첫 번째 인수를 할당
        self.x = x
        # 인스턴스 속성 y에 두 번째 인수를 할당
        self.y = y

    # draw 함수 정의(인수 없음)
    def draw(self):
        # (x, y)에 점을 그림
        plt.plot(self.x, self.y, marker='o', markersize=10, c='k')
```

이 코드는 중요하므로 각 라인을 상세하게 설명한다.

우선, 가장 첫 행의 class Point:를 보자. 파이썬에서 함수를 정의할 때 def <name>:이라고 하는 것과 마찬가지로, 클래스의 정의 역시 class <name>:의 형식을 취한다.

그다음 행에서는 클래스 안에 __init__이라는 함수가 정의돼 있다. 이 함수는 사실 매우 중요한데, 클래스로부터 인스턴스를 생성할 때, 초기화 처리를 위해 반드시 호출되는 함수다. 그리고 __init__ 함수의 첫 번째 인수로 self라는 변수가 있는데, 이것 역시 중요하다. 이 변수는, 클래스로부터 인스턴스를 생성할 때, 인스턴스 자신을 가리킨다. 그다음으로 self.x = x라는 행이 이어지는데, 이것은, '인스턴스의 속성 x(=self.x)에 __init__ 함수의 파라미터로 값 x를 대입'한다는 의미다. 이때, 파라미터 x는 인스턴스를 생성할 때의 인수로부터 온 것이다.

클래스 정의의 마지막에는 draw 함수의 정의가 있다.

여기서는 매트플롯립의 plot 함수를 사용해서 '자신의 좌표 위치에 점을 찍는' 처리를 한다.

한 가지 주의해야 할 점은, __init__ 함수와 draw 함수 모두 첫 인수가 self로 되어 있는데, 실제로 함수를 호출할 때 이 인수는 지정하지 않는다는 것이다. 따라서, draw 함수를 호출하는 경우는 인수가 없는 draw()와 같은 형태가 된다.

인스턴스 생성하기

방금 정의한 Point 클래스로 코드 1-20과 같이 두 개의 인스턴스 p1과 p2를 생성해 보자.

코드 1-20 인스턴스 p1과 p2의 생성

```
# Point 클래스로 인스턴스 변수 p1과 p2 생성

p1 = Point(2,3)
p2 = Point(-1, -2)
```

인스턴스를 생성할 때는, 코드 1-20과 같이 '클래스명(인수 리스트)'의 형태를 취해야 한다. **인수 리스트의 인수는, __init__ 함수 정의의 인수에서 self를 제외한 것이다. Point 클래스의 경우는, x와 y 총 두개로**, 각 인스턴스의 x 좌표와 y 좌표를 의미한다.

인스턴스의 속성으로 접근

다음으로, 생성한 인스턴스 p1과 p2의 속성에 접근해 보겠다. 구현은 코드 1-21과 같다.

코드 1-21 p1과 p2의 속성으로 접근

```
# p1과 p2의 속성 x, y

print(p1.x, p1.y)
print(p2.x, p2.y)
```

```
2 3
-1 -2
```

이 코드로부터 알 수 있듯이, 인스턴스 내부의 속성에 접근하려면 〈인스턴스명〉.〈속성명〉의 형식을 취해야 한다. p1.x처럼 각 점의 x 좌표와 y 좌표를 print 함수가 넘겨받는다.

draw 함수의 호출

이제 마지막으로, 인스턴스 내부의 draw 함수를 호출해 보자. 앞서 설명한 것처럼, 호출할 때 self는 포함시키지 않으므로, draw 함수는 인수를 기재할 필요가 없다. 구현 코드는 코드 1-22와 같다.

코드 1-22 p1과 p2에 대해 draw 함수를 호출

```
# p1과 p2의 draw 함수를 호출하고, 두 개의 점을 출력함

p1.draw()
p2.draw()
plt.xlim(-4, 4)
plt.ylim(-4, 4)
plt.show()
```

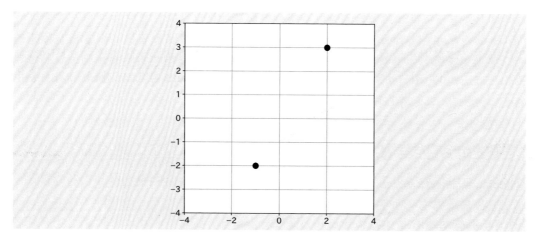

좌표 (2, 3)과 (−1, −2)에 점이 출력됐다.

여기까지, 객체 지향 프로그래밍의 기본이라 할 수 있는 '클래스', '인스턴스', '속성', '함수'의 개념과 동작하는 원리에 대해 이해했을 것이다. 이제, 한 가지 더 중요한 '**클래스의 상속(승계)**'의 개념에 대해 짚어보기로 한다.

Circle1 클래스 정의하기

Circle이라는 클래스를 예로 들어보자. 명칭대로 이것은 원을 의미하는 클래스이며, 중심점의 x, y 좌표와 더불어 반경을 의미하는 속성 r을 추가로 갖는다. 여기서도 x와 y에 관해서는 좌표를 의미하므로 Point 클래스의 정의를 똑같이 사용할 수 있다. 이처럼 정의를 **자연스럽게 재사용하는 것**이 '**클래스의 상속**'이다. 구체적으로 재사용이란 Circle 클래스를 Point 클래스의 자식 클래스로 정의하는 것을 일컫는다. 상속의 개념을 그림 1-8에 나타냈다.

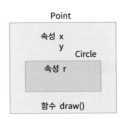

그림 1-8 Circle 클래스의 개념

그림 1-8과 같이 Circle 클래스를 파이썬으로 구현해 보자. 자세한 구현 방법은 코드 1-23과 같다. 여기서 Circle 클래스에 조금씩 개선사항을 추가해 나갈 것이므로, 초기 버전의 클래스를 Circle1로 명명하겠다.

코드 1-23 Circle1 클래스의 정의

```python
# Point의 자식 클래스 Circle 정의 1

class Circle1(Point):
    # Circle은 인스턴스 생성 시에 인수 x, y, r을 가짐
    def __init__(self, x, y, r):
        # x와 y는 부모 클래스의 속성으로 설정
        super().__init__(x, y)
        # r은 Circle의 속성으로 설정
        self.r = r

    # 이 단계에서 draw 함수는 정의하지 않음
```

Point 클래스와는 조금 생김새가 다르지만, 어쨌든 가장 처음은 class를 선언하는 행이다.

이번에는 class Circle1(Point):와 같이, 다른 클래스의 이름이 인수가 된다. 이것이 클래스의 상속을 의미한다. 이 경우에는, **Circle1 클래스가 Point 클래스의 자식 클래스로 정의된다**는 뜻이다.

다음으로 __init__ **함수**는 self 이외에 세 개의 파라미터 x, y, r을 추가로 취한다. 이 중에서 세번째 파라미터 r은 새롭게 추가된 원의 반경을 의미하는 속성이다.

그다음 super().__init__(x, y)에서는 Point 클래스의 __init__ 함수를 호출하고 있다. 이로 인해 x와 y의 값이 설정된다. 속성 r은 자식 클래스만이 갖는 속성이므로, 그다음 행의 self.r = r을 통해 스스로 값을 설정한다.

일련의 처리를 그림 1-8과 비교해 보면, 상속의 원리를 정확하게 이해할 수 있을 것이다.

Circle1 인스턴스 생성과 속성의 확인

앞에서 정의한 Circle1 클래스에서 인스턴스를 생성한 다음, 그 속성까지 확인해 보자. 구현 코드는 코드 1-24와 같다.

코드 1-24 Circle1 인스턴스의 생성과 속성의 확인

```
# Circle1 클래스에서 인스턴스 변수 c1_1을 생성
c1_1 = Circle1(1, 0, 2)

# c1_1의 속성 확인
print(c1_1.x, c1_1.y, c1_1.r)
```

```
1 0 2
```

코드 1-24의 인스턴스 c1_1은, 이전에 봤던 p1, p2와는 달리, 인스턴스 생성 시 3개의 인수를 취한다. 그리고 세번째 인수는 c1_1.r이라는 속성에 저장돼 있다.

draw 함수의 호출

이번에는 c1_1 인스턴스에 대해서도 draw 함수를 호출해 볼 것이다. 구현과 그 결과는 코드 1-25에 나와있다. 그래프는 방금 언급한 두 개의 점 (p1, p2)와 함께 출력했다.

코드 1-25 c1_1 인스턴스에 대한 draw 함수의 호출

```
# p1, p2, c1_1의 각 draw 함수를 호출

ax = plt.subplot()
p1.draw()
p2.draw()
c1_1.draw()
plt.xlim(-4, 4)
plt.ylim(-4, 4)
plt.show()
```

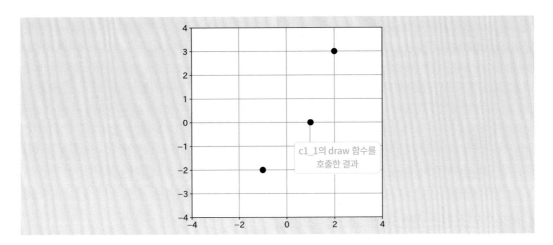

이 코드의 결과로부터, Circle1 인스턴스에 대해 draw 함수를 호출하면, 새로운 Point 클래스로 정의한 draw 함수를 불러오는 것을 확인할 수 있다. 이 동작을 그림 1-8을 사용해 설명한다. draw 함수가 호출되었을 때, 최초에는 짙은 음영으로 표시된 Circle1 클래스의 내부에 이 함수가 존재하는지 검색한다. 그러나 현 단계에서 draw 함수는 존재하지 않는다. 이런 경우, 새로운 Point 클래스로 같은 함수가 있는지를 검색한다. 여기서는 해당 함수가 존재하므로, 이곳으로 옮겨 제어가 이뤄진 셈이다.

이왕 Circle이라는 이름의 클래스를 정의했으니, draw 함수로 점이 아닌 원을 그려보자. 이를 위해 Circle 클래스의 내부에도 draw 함수를 정의한다. 아래의 새로운 버전의 Circle2 클래스에서는 이 부분을 실제로 시험해 본다.

Circle2 클래스 정의하기

이어서 바로 Circle2 클래스를 정의하는 구현을 코드 1-26을 통해 살펴보자.

코드 1-26 Circle2 클래스의 정의

```
# Point의 자식 클래스 Circle의 정의 2

class Circle2(Point):
    # Circle은 인스턴스 생성 시에 인수 x, y, r을 가짐
    def __init__(self, x, y, r):
        # x와 y는 부모 클래스의 속성으로 설정
        super().__init__(x, y)
        # r은 Circle의 속성으로 설정
        self.r = r
```

```
# draw 함수는 자식 클래스만 따로 원을 그림
def draw(self):
    # 원 그리기
    c = patches.Circle(xy=(self.x, self.y), radius=self.r, fc='b', ec='k')
    ax.add_patch(c)
```

Circle1 클래스를 정의했던 코드와 비교해보면, __init__ 함수의 정의는 똑같고 draw 함수의 정의가 추가된 점만 다르다. 이 draw 함수는 patches.Circle을 호출해, 중심 (x, y), 반경 r인 원을 그린다.

Circle2 인스턴스 생성과 draw 함수의 호출

다음으로 Circle2 클래스의 인스턴스를 생성하고, 그 draw 함수를 호출해 보자. 구현 및 결과는 코드 1–27과 같다.

코드 1–27 Circle2 인스턴스의 생성과 draw 함수의 호출

```
# Circle2 클래스로부터 인스턴스 변수 c2_1를 생성
c2_1 = Circle2(1, 0, 2)

# p1, p2, c2_1의 각 draw 함수를 호출

ax = plt.subplot()
p1.draw()
p2.draw()
c2_1.draw()
plt.xlim(-4, 4)
plt.ylim(-4, 4)
plt.show()
```

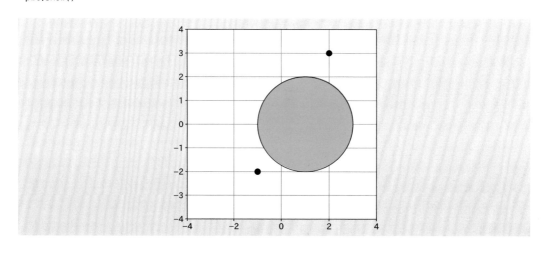

Circle2 클래스의 인스턴스인 c2_1에 대해 draw 함수를 불러온 결과는 점이 아닌 원으로, 의도했던 결과를 얻었다.

여기까지 다룬 내용의 개념을 그림 1-9와 같이 나타낼 수 있다.

그림 1-9 Circle2 클래스의 개념도

이번에는 Circle 클래스의 내부에 draw 함수가 정의돼 있었으므로, Point 클래스의 draw 함수가 호출되지 않고 내부의 draw 함수만이 호출됐다. 이처럼, **부모 클래스와 같은 이름의 함수를 자식 클래스에서 역할을 달리 정의하는 것**을 객체 지향 프로그래밍의 용어로 '**오버라이드**'라 부르며, 객체 지향에서는 매우 중요한 개념이다.

Circle3 클래스의 구현

Circle2 클래스를 통해 해보고 싶은 것들은 거의 다 구현할 수 있었으나, 한 가지 추가해 볼만한 것이 남아있다. 바로, 원을 그릴 때 원의 중심을 점으로 표시하는 것이다.

애초에 새로운 Point 클래스에서 이 기능을 가지고 있었다. 즉, 자식 클래스의 draw 함수의 내부에서 새 클래스의 draw 함수를 불러올 수 있다면 실현이 가능하다. 이 개념을 그림 1-10에 나타냈다.

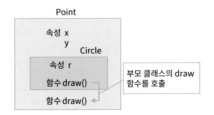

그림 1-10 Circle3 클래스의 개념도

구체적인 구현은 코드 1-28을 참조하기 바란다.

코드 1-28 Circle3 클래스의 정의

```python
# Point의 자식 클래스 Circle의 정의 3


class Circle3(Point):
    # Circle은 인스턴스 생성 시에 인수 x, y, r을 가짐
    def __init__(self, x, y, r):
        # x와 y는 부모 클래스의 속성으로 설정
        super().__init__(x, y)
        # r은 Circle의 속성으로 설정
        self.r = r

    # Circle의 draw 함수는 부모의 함수를 호출한 다음, 원 그리기를 독자적으로 수행함
    def draw(self):
        # 부모 클래스의 draw 함수 호출
        super().draw()

        # 원 그리기
        c = patches.Circle(xy=(self.x, self.y), radius=self.r, fc='b', ec='k')
        ax.add_patch(c)
```

코드 1-26의 Circle2 클래스의 정의와 비교해 보면, 박스로 표시한 부분이 다른 점이다. 이 부분에서 부모 클래스의 draw 함수를 불러오고 있다.

Circle3 인스턴스 생성과 draw 함수 호출

마지막으로, Circle3 클래스에서도 인스턴스의 생성과, draw 함수를 호출해 보자. 구현과 결과는 코드 1-29를 참조하기 바란다.

코드 1-29 Circle3의 인스턴스 생성과 draw 함수 호출

```python
# Circle3 클래스로부터 인스턴스 변수 c3_1를 생성
c3_1 = Circle3(1, 0, 2)

# p1, p2, c3_1의 각 draw 함수를 호출

ax = plt.subplot()
p1.draw()
```

```
p2.draw()
c3_1.draw()
plt.xlim(-4, 4)
plt.ylim(-4, 4)
plt.show()
```

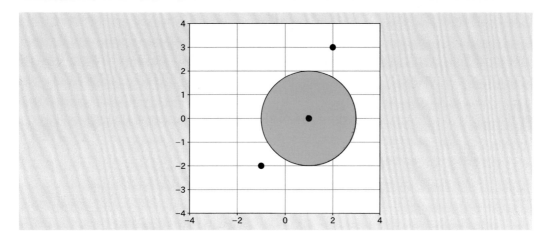

이번에는, 원의 중심에 해당하는 좌표 (1,0)에 점이 표시되었고, 의도한 대로 원과 함께 출력됐다.

1.6 인스턴스를 함수로 사용하는 방법

이번 절에서는, 앞에서 설명한 객체 지향 프로그래밍의 비교적 어려운 응용 문제로, **'클래스에서 생성한 인스턴스를 호출 가능한 함수로 만드는 방법'**에 대해 소개한다.

파이토치 라이브러리 내부에서는 다양한 부분에서 이 방법을 이용하고 있으며, 그 원리를 제대로 알고 있지 않다면, 코드를 해석하는 데 어려움을 겪기도 한다.

이 방법은 파이썬으로 간단하게 구현할 수 있다. 클래스 정의 안에서 __call__이라는 함수를 정의하고, 이 함수에 원하는 내용을 기술하는 것만으로 충분하다.

우선, 다음 코드 1-30에서 구현한 내용을 살펴보자.

코드 1-30 호출 가능한 클래스 H의 정의와 인스턴스의 생성

```
# 함수 클래스 H의 정의

class H:
    def __call__(self, x):
        return 2*x**2 + 2
```

클래스 H 안에서 __call__ 함수를 정의하고, 함수의 거동은 1.3절에서 예로 들었던 2차함수 $f(x)$로 설정했다.

이 클래스로 생성한 인스턴스를 정말 함수로 사용이 가능한지, 아래의 코드 1-31에서 확인할 수 있다.

코드 1-31 인스턴스 h를 함수로 호출

```
# h가 함수로 동작하는지 확인

# 넘파이 배열 x를 정의
x = np.arange(-2, 2.1, 0.25)
print(x)

# H 클래스의 인스턴스로 h를 생성
h = H()

# 함수 h 호출
y = h(x)
print(y)
```

```
[-2. -1.75 -1.5 -1.25 -1. -0.75 -0.5 -0.25 0. 0.25 0.5 0.75 1. 1.25 1.5 1.75 2.]
[10. 8.125 6.5 5.125 4. 3.125 2.5 2.125 2. 2.125 2.5 3.125 4. 5.125 6.5 8.125 10.]
```

분명 h는 함수처럼 작동하는 것을 알 수 있다. 함수의 계산 결과를 코드 1-32를 통해 그래프로도 확인해 보자.

코드 1-32 함수 h의 계산 결과를 그래프로 출력

```
# 그래프 출력

plt.plot(x, y)
plt.show()
```

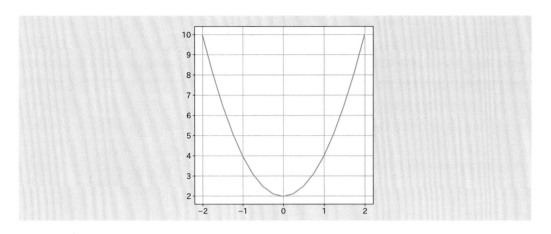

이처럼 h는 2차함수라는 사실을 그래프를 통해서도 확인했다. **'클래스로 생성한 인스턴스를 함수로 사용하는'** 테크닉은 파이토치의 여러 부분에서 자주 등장하므로, 파이토치를 제대로 다루기 위한 필수 지식 중 하나다.

칼럼 **수치 미분의 근사식이 성립하는 이유에 관해**

고등학교 수학 과정에서 설명하는 미분의 정의는 아래와 같다.

$$f'(x) = \lim_{h \to 0} \frac{f(x+h) - f(x)}{h}$$

이번 칼럼에서는 미분의 정의가 아니라, 어째서 다음 근사식을 사용하는지에 대해 설명한다.

$$f'(x) \fallingdotseq \frac{f(x+h) - f(x-h)}{2h}$$

아래의 그림 1–11을 보자.

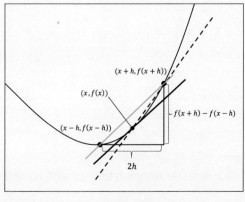

그림 1–11 **수치 미분의 근사식**

이 그림에서는,

검은 실선: 함수 $y=f(x)$의 x에서의 접선

검은 점선: 본래의 미분 정의에 의한 직선

$$f'(x) = \lim_{h \to 0} \frac{f(x+h) - f(x)}{h}$$

파란 실선: 다음 식으로 미분을 정의했을 때의 직선

$$f'(x) \fallingdotseq \frac{f(x+h) - f(x-h)}{2h}$$

을 나타낸다.

여기서 주목해야 할 점은, 검은 실선의 기울기(접선)에 더 가까운 기울기를 가진 선이 검은 점선인가 혹은 파란 실선인가 하는 점이다. 파란 실선이 검은 실선에 더 가깝다는 사실을 그래프로부터 직관적으로 알 수 있다[7].

파란 실선의 식이 원래의 미분 값에 더 가까워서, 수치 미분에서는 위와 같은 근사식이 자주 사용되는 것이다.

칼럼 '해석적 미분'과 '수치 미분'

함수 $f(x)$의 미분은 형식적으로

함수 $f(x)$의 그래프 위의 두 점 $(x, f(x))$와 $(x+h, f(x+h))$이 있을 때, 이 두 점을 한없이 가까이했을 때(h를 한없이 0으로 가까이했을 때) 두 점을 잇는 직선의 기울기

로 정의한다. 극한을 나타내는 기호 lim을 사용해 수식으로 나타내면 다음과 같다.

$$f'(x) = \lim_{h \to 0} \frac{f(x+h) - f(x)}{h}$$

$f(x)$가, 1.4절에서 예로 든 다항식의 경우, 위의 극한은 간단하게 계산할 수 있다. 구체적으로는 다음과 같다.

$$f(x+h) - f(x) = (2(x+h)^2 + 2) - (2x^2 + 2))$$
$$= (2x^2 + 4xh + 2h^2 + 2) - (2x^2 + 2) = 4xh + 2h^2$$

따라서 위의 극한을 계산하면 다음이 성립한다.

---

[7] 수학에서는 검은 실선과 검은 점선의 기울기는 1차 미소량분 만큼의 차이가 있지만, 검은 실선과 파란 실선의 기울기는 2차 미소량분의 차이밖에 나지 않는다고 표현한다.

$$f'(x) = \lim_{h \to 0} \frac{f(x+h) - f(x)}{h} = \lim_{h \to 0} \frac{4xh + 2h^2}{h} = \lim_{h \to 0} (4x + 2h) = 4x$$

이상이 1.4절에서 언급한 "$f(x) = 2x^2 + 2$일 때, $f'(x)$를 계산하면 $f'(x) = 4x$를 얻는" 상세한 과정이다.

일반적으로 n을 자연수라고 생각한다면, 함수

$$f(x) = ax^n$$

에 관해, 그 미분 계산의 결과는

$$f'(x) = anx^{n-1}$$

이라는 사실은 고등학교 과정의 수학에서 배운 미분 공식이다.

이처럼 **공식을 사용해 수식에서 미분을 직접 계산**하는 것을, '**해석적 미분 계산**'이라고 한다. 미분을 계산하는 또 다른 방법은, 이전 칼럼에서 설명한 '수치 미분 계산'이다. 수식에서 계산한 해석적 미분이 이해하기 쉬우나, 컴퓨터의 경우 수치 계산은 가능해도, 수식 계산에는 비교적 적합하지 않다[8]. 적어도 파이토치는, 수식 수준의 미분 계산 기능을 가지고 있지는 않다. 파이토치를 포함한 여타 딥러닝 프레임워크에서는 보통 미분을 수치 계산에 기반하고 있다[9].

---

[8] 수식의 계산을 전혀 하지 못하는 것은 아니라, 매스매티카(Mathematica)라는 소프트웨어나 파이썬의 SymPy와 같은 라이브러리를 사용하면 수식 레벨의 미분 계산이 가능하다.

[9] 《딥러닝을 위한 수학》에서 미분 계산은 모두 해석적이었다. 이책의 5장부터 8장까지는 《딥러닝을 위한 수학》과 같은 예제를 풀고 있는데, 결과적으로 '수치 미분에 의한 머신러닝'과 '해석적 미분에 의한 머신러닝'을 비교하는 것으로 볼 수 있다.

02

파이토치의
기본 기능

1장에서는 파이토치를 사용해 딥러닝 프로그램을 작성함에 앞서, 특히 중요한 파이썬의 기능에 관해 설명했다. 이번 장에서는 파이토치의 고유 기능 중 중요한 것들을 짚어 볼 것이다. 일부 수학적인 내용도 있지만, 딥러닝 프로그래밍에서 반드시 알아야 할 지식이므로 끝까지 읽어 보기 바란다.

2.1 이 장의 중요 개념

파이토치는 **텐서**(Tensor)라는 고유 클래스로 데이터를 표현한다. 다음 2.2절에서 보게 될 내용은 바로 텐서라는 클래스의 특징이다. 동시에 텐서와 관련된 데이터의 변환에 관해서도, 이 책에서 자주 사용하게 될 전형적인 방법을 소개한다.

파이토치의 최대 특징은 **자동 미분 기능**이다. 자동 미분 기능에 관해서는 **계산 그래프**의 개념을 포함해 2.3절에서 자세하게 설명한다. 그리고 2.4절과 2.5절에서 2차함수, '시그모이드 함수'를 소재로 실제 미분 계산의 양상을 확인해 본다.

2.2 텐서

파이토치에서 연산 대상 데이터는 모두 '텐서(Tensor)'라고 하는 파이토치 고유의 형식으로 되어 있어야 한다[1]. 이번 절에서는 텐서를 다루는 간단한 방법을 실습 코드와 함께 설명한다.

다양한 형식의 텐서를 만드는 방법에 관해 설명한 다음, `view` 함수, `item` 함수, `max` 함수와 같은 중요한 함수들의 사용법을 익히고, 마지막으로 텐서가 넘파이 변수와 어떤 관계인지까지 알아보기로 한다. `view` 함수는 텐서의 계수[2]를 변환해 주는, 넘파이에서 reshape와 같은 역할을 한다. `item` 함수는 손실을 계산하고 나온 텐서 값을 가져올 때, `max` 함수는 다중 분류의 예측 결과로부터 예측 라벨 값[3]을 가져오는 데 사용하는 중요한 함수들이다.

---

1 텐서(Tensor)는 수학이나 물리학에서 등장하는 개념이기도 하지만, 이 책에서 '텐서'는 모두 파이토치의 클래스를 지칭한다. 일반적으로 쓰이는 의미에 관해서는 이번 장 말미의 칼럼을 참조하기 바란다.
2 (옮긴이) 여기서 계수는 텐서의 rank를 의미함.
3 다중 분류 모델이란, 예를 들어 입력값으로부터 0, 1, 2 중 어느 종류의 붓꽃인가를 예측하는 모델이다. 이 경우, '1'처럼 대상이 어느 종류인지를 나타내는 값을 '예측 라벨 값'이라 부른다. 7장에서 자세히 설명한다.

라이브러리 임포트

먼저, 파이토치 라이브러리를 임포트한다.

코드 2-1 파이토치 라이브러리 임포트

```
# 파이토치 라이브러리

import torch
```

파이토치 라이브러리의 명칭은 torch다. 앞으로 필요한 라이브러리가 점차 추가될 예정이나, 2장에서 필요한 라이브러리는 이것만으로 충분하다.

다양한 계수의 텐서 만들기

다양한 '계수'의 텐서를 만들어 보자. 여기서 등장하는 '**2계 텐서**'와 같은 용어는 이번 장 끝 부분의 칼럼에서 자세히 설명한다. 확실하게 이해하고 싶은 독자는 칼럼을 먼저 읽어 보기 바란다. 간단히 말하자면, 0계 텐서는 스칼라(즉, 수치), 1계 텐서는 벡터, 2계 텐서는 행렬을 뜻한다.

우선 0계 텐서(스칼라)를 만들어 보자. 구현은 코드 2-2와 같다.

코드 2-2 0계 텐서(스칼라)

```
# 0계 텐서(스칼라)
r0 = torch.tensor(1.0).float()

# type 확인
print(type(r0))

# dtype 확인
print(r0.dtype)
```

```
<class 'torch.Tensor'>
torch.float32
```

텐서 변수를 만드는 가장 간단한 방법은 torch.tensor 함수를 사용하는 것이다. 인수에 수치를 넣으면, 위의 코드처럼 0계 텐서(스칼라)를 얻을 수 있다.

텐서 변수가 생성될 때는 반드시 뒤에 float 함수를 호출해서, dtype(텐서 변수 요소의 데이터 형식)을 강제로 float32(32비트 부동소수점)으로 변환하자. 만일 넘파이 변수에 대해 이 처리를 잊어버리면 dtype은 float64(64비트 부동소수점)가 되고, 머신러닝에서 사용하는 라이브러리의 'nn.Linear'와 같은 부분에서 에러를 발생시키기 때문이다.

지금 만든 변수 r0의 shape(요소의 수)와 데이터 내부를 확인해 보자.

코드 2-3 shape와 data의 확인

```
# shape 확인
print(r0.shape)

# 데이터 확인
print(r0.data)
```

```
torch.Size([])
tensor(1.)
```

넘파이와 마찬가지로 텐서 변수도 shape 속성을 가지고 있다. 단, 결과를 보여주는 방식에 다소 차이가 있는데, print 함수를 사용하면 torch.Size([])와 같이 표기된다. 이번에는 0계 텐서이므로, [] 내부는 비어 있으나, 예를 들어 2행 3열인 행렬(2계 텐서)이었다면, Torch.Size([2, 3])을 얻게 될 것이다.

뒤에서 설명하겠지만 텐서 변수는 단지 수치에 지나지 않고, 여러 역할을 가진다. 그런 부분들을 제외하고 순수하게 수치만 얻고 싶을 때는 data 속성을 이용하면 된다[4]. 예를 들면, 매트플롯립을 통해 그래프로 출력해 보고 싶은 경우 등에 이용할 수 있다.

다음으로 1계 텐서, 즉, 벡터를 정의해 보자. 이번에는 정의와 확인을 하나의 셀로 정리했다. 구현은 코드 2-4와 같다.

코드 2-4 1계 텐서의 정의와 확인

```
# 1계 텐서(벡터)

# 1계 넘파이 변수 작성
```

---

4 코드 2-2에서 만든 변수 r0라면, data 속성을 붙이거나 또는 붙이지 않더라도 결과는 다르지 않다. 그러나 뒤에서 설명할 requires_grad=True 속성을 갖는 텐서 변수라면, 매트플롯립으로 그래프를 그리고 싶은 경우 등, data 속성의 지정이 필요하다.

```
r1_np = np.array([1, 2, 3, 4, 5])
print(r1_np.shape)

# 넘파이에서 텐서로 변환
r1 = torch.tensor(r1_np).float()

# dtype 확인
print(r1.dtype)

# shape 확인
print(r1.shape)

# 데이터 확인
print(r1.data)
```

```
(5, )
torch.float32
torch.Size([5])
tensor([1., 2., 3., 4., 5.])
```

여기서 torch.tensor 함수의 인수로 넘파이 배열을 사용했다. 텐서 변수와 넘파이 변수는 비슷한 점이 많으며, 서로 변환이 가능하다. 코드 2-4는 넘파이 변수를 텐서 변수로 변환하는 예시이기도 하다. 이 패턴은 앞으로 이 책의 실습 코드에서 자주 접하게 될 것이다.

또한, 이 예시에서 shape는 torch.Size([5])를 반환했다.

다음으로 2계 텐서(행렬)의 경우를 코드 2-5에서 살펴보자.

코드 2-5 2계 텐서(행렬)의 정의와 확인

```
# 2계 텐서(행렬)

# 2계 넘파이 변수 작성
r2_np = np.array([[1, 5, 6], [4, 3, 2]])
print(r2_np.shape)

# 넘파이에서 텐서로 변환
r2 = torch.tensor(r2_np).float()
```

```
# shape 확인
print(r2.shape)

# 데이터 확인
print(r2.data)
```

```
(2, 3)
torch.Size([2, 3])
tensor([[1., 5., 6.],
        [4., 3., 2.]])
```

넘파이 변수에서 텐서를 생성하는 등의 접근 방식은 위와 동일하므로 자세한 설명은 생략한다. 코드 2-6 과 코드 2-7에서 3계, 4계 텐서의 정의를 예시로 들었다.

코드 2-6 3계 텐서 정의 예

```
# 3계 텐서

# 난수 seed 초기화
torch.manual_seed(123)

# shape=[3,2,2]의 정규분포 텐서 작성
r3 = torch.randn((3, 2, 2))

# shape 확인
print(r3.shape)

# 데이터 확인
print(r3.data)
```

```
torch.Size([3, 2, 2])
tensor([[[-0.1115, 0.1204],
         [-0.3696, -0.2404]],

        [[-1.1969, 0.2093],
         [-0.9724, -0.7550]],

        [[ 0.3239, -0.1085],
         [ 0.2103, -0.3908]]])
```

코드 2-7　4계 텐서 정의 예

```
# 4계 텐서

# 요소가 모두 1인 shape=[2,3,2,2] 텐서 작성
r4 = torch.ones((2, 3, 2, 2))

# shape 확인
print(r4.shape)

# 데이터 확인
print(r4.data)
```

```
torch.Size([2, 3, 2, 2])
tensor([[[[1., 1.],
          [1., 1.]],

         [[1., 1.],
          [1., 1.]],
         (생략)

         [[1., 1.],
          [1., 1.]]],

         [[1., 1.],
          [1., 1.]]],

         [[1., 1.],
          [1., 1.]]]])
```

점점 넘파이 배열에서 텐서를 만드는 방식이 까다로워져서, 데이터를 정의할 때 코드 2-6에서는 torch.randn 함수를, 코드 2-7에서는 torch.ones 함수를 이용했다. 어느 쪽이든 인수로 shape를 넘기면, 원하는 shape의 텐서를 바로 얻을 수 있다. 값은, randn 함수는 평균이 0, 분산이 1인 정규분포 난수가, ones 함수는 모든 곳에 1.0이 들어간다. 코드 2-6에서 결과를 책과 일치시키려고 난수의 시드값을 사전에 지정했다.

정숫값을 갖는 텐서 만들기

파이토치의 대부분의 계산은 부동소수점 수치형(dtype=float32)을 사용한다.

그러나 한 가지 예외가 존재한다. '다중 분류'에서 사용하는 손실함수[5]인 nn.CrossEntropyLoss와 nn.NLLLoss는 손실함수를 호출할 때, 두번째 인수로 정수 타입을 지정해야 한다. 정수형으로 변환하는 샘플 코드는 코드2-8과 같다.

코드 2-8 정수형 텐서로 변환

```
r5 = r1.long()

# dtype 확인
print(r5.dtype)

# 값 확인
print(r5)
```

```
torch.int64
tensor([1, 2, 3, 4, 5])
```

코드 2-8의 r1은, 코드 2-4에서 정의한 부동소수점형 데이터를 값으로 하는 1계 텐서다. 이 텐서에 long 함수를 적용하면, dtype으로 torch.int64를 갖는 정수형 텐서가 정의된다.

view 함수

책의 마지막 "부록 2."에서도 설명하고 있듯이, 넘파이에서 reshape 함수를 사용해 원래의 넘파이 변수의 계수 변환이 가능하다. 텐서의 경우, 같은 역할을 하는 함수로 view 함수가 있다.

다음의 코드 2-9는 view 함수를 사용해 3계 텐서를 2계 텐서로 변환하고 있다.

코드 2-9 2계 텐서로 변환

```
# 2계화
# 요소 수를 -1로 지정하면 이 수를 자동으로 조정함
r6 = r3.view(3, -1)
```

---

5 손실함수에 관해서는 3장에서 설명한다.

```
# shape 확인
print(r6.shape)
```

```
# 값 확인
print(r6.data)
```

```
torch.Size([3, 4])
tensor([[-0.1115, 0.1204, -0.3696, -0.2404],
        [-1.1969, 0.2093, -0.9724, -0.7550],
        [ 0.3239, -0.1085, 0.2103, -0.3908]])
```

코드 2-9에서 변환하기 전인 r3 텐서는 코드 2-6에서 정의한 [3, 2, 2] shape의 3계 텐서다. view 함수의 인수로 새로운 텐서의 shape을 넘겨줄 때, 넘파이의 reshape 함수처럼 인숫값 중 한 개는 −1로 지정할 수 있다. −1이 넘겨지면, 나머지 인숫값들을 통해 올바른 수를 자동적으로 계산한다. 지금의 예에서는 $3 \times 2 \times 2 = 12$이므로, 총 12개의 요소가 있다. −1이 위치한 요소 수를 x라고 한다면, $3 \times x = 12$, 즉 −1로 넘겨지는 부분의 요소 수는 4로 결정되는 것이다.

다음의 코드 2-10에서 같은 대상의 텐서 r3을 1계 텐서로 변환해 보자.

코드 2-10 **1계 함수로 변환**

```
# 1계화
# 남은 자리에 -1을 지정하면 이 수를 자동으로 조정함
r7 = r3.view(-1)
```

```
# shape 확인
print(r7.shape)
```

```
# 값 확인
print(r7.data)
```

```
torch.Size([12])
tensor([-0.1115, 0.1204, -0.3696, -0.2404, -1.1969, 0.2093, -0.9724, -0.7550,
         0.3239, -0.1085, 0.2103, -0.3908])
```

이번에도 같은 방식으로, −1이 위치한 곳에 12가 결정된다. 이 코드에서 설명한 2계 이상의 텐서를 1계 텐서로 변환하는 활용 예시는, 앞으로 실습 코드에서 자주 마주치게 될 것이다.

그 밖의 속성

지금까지는 텐서라는 데이터의 성질과 그 사용법에 관해 설명했다. 텐서를 클래스의 측면에서 보면 몇 가지 추가적인 속성이나 함수가 있다. 우선, 자주 사용하는 속성을 소개한다. 구현은 코드 2-11과 같다.

코드 2-11 텐서의 속성

```
# requires_grad 속성
print('requires_grad: ', r1.requires_grad)

# device 속성
print('device: ', r1.device)
```

```
requires_grad: False
device: cpu
```

required_grad 속성은 2.3절에서 설명한 자동 미분 기능과 관계가 있으므로, 자세한 설명은 잠시 미뤄두기로 한다. device 속성은 GPU 계산과 관련이 있다. 8장에서 처음으로 GPU를 사용한 계산을 해 볼 것이므로, 이 속성 역시 8.5절에서 설명하기로 한다.

item 함수

스칼라(0계 텐서)에 대해서는, 텐서에서 파이썬 본래 클래스의 수치(float 또는 int)를 꺼낼 때 item 함수를 사용한다. 딥러닝 구현 코드의 측면에서 말하자면, 텐서로 이뤄진 loss 계산 결과(손실, 구체적인 설명은 다음 장)에서 데이터 기록을 위한 값을 추출하는 데 자주 사용된다. 구현 예시는 코드 2-12와 같다.

코드 2-12 item 함수로 값 가져오기

```
# 스칼라 텐서(0계 텐서)는 item 함수로 값을 꺼낼 수 있음

item = r0.item()

print(type(item))
print(item)
```

```
<class 'float'>
1.0
```

이 코드에서는 item 함수로 취득한 변수 item 클래스가 float로 되어 있어, 수치를 문제없이 취득할 수 있다.

이 함수를 사용할 때 주의점은, 1계 이상의 텐서는 대상이 아니라는 점이다. 무리해서 사용하면 다음과 같은 결과를 얻게 된다.

코드 2-13 1계 이상의 텐서에 item 함수를 적용한 결과

```
# 스칼라 이외의 텐서에 item 함수는 무효함

print(r1.item())
```

```
-----------------------------------------------------------------------
ValueError                                    Traceback (most recent call last)
<ipython-input-16-19b2fc013c51> in <module>()
      1 # 스칼라 이외의 텐서에 item 함수는 무효함
      2
----> 3 print(r1.item())

ValueError: only one element tensors can be converted to Python scalars
```

단, 예외로 shape가 [1]이나 [1, 1]처럼 1계나 2계 텐서라도 요소가 한 개밖에 없는 경우는 사용이 가능하다. 구체적인 예시는 코드 2-14와 같다.

코드 2-14 요소가 한 개밖에 없는 1계 텐서의 경우

```
# 요소 수가 하나뿐인 1계 텐서는 OK
# (2계 이상에서도 마찬가지)
t1 = torch.ones(1)

# shape 확인
print(t1.shape)

# item 함수 호출
print(t1.item())
```

```
torch.Size([1])
1.0
```

max 함수

텐서 클래스는 수치 연산에 관한 함수도 다양하게 가지고 있다. 그 전형적인 예시로 최대치를 가져오는 max 함수를 코드 2-15를 통해 확인해 보자

코드 2-15 max 함수의 사용 예시

```
# 텐서 r2 확인
print(r2)

# max 함수를 인수 없이 호출하면, 최댓값을 얻음
print(r2.max())
```

```
tensor([[1., 5., 6.],
    [4., 3., 2.]])
tensor(6.)
```

이 코드에서는 [2, 3] shape를 갖는 2계 텐서에 대해, max 함수를 어떠한 인수도 없이 호출했다. 이와 같은 호출 방식의 경우, 6개의 요소 전체에 관한 최댓값을 반환한다. 최솟값(min), 평균값(mean) 등의 함수도 같은 방식으로 사용한다.

또 다른 max 함수의 호출로는, 지금의 예시처럼 클래스 안에서의 호출이 아닌, torch.max 함수를 호출하는 방식이 있다. 다음의 코드 2-16은, 이 함수에서 축을 의미하는 '1'을 두번째 인수로 설정한 호출 결과다[6].

코드 2-16 축을 지정한 torch.max 함수의 호출

```
# torch.max 함수
# 두번째 인수는 기준이 되는 축을 의미함
print(torch.max(r2, 1))
```

```
torch.return_types.max(
values=tensor([6., 4.]),
indices=tensor([2, 0]))
```

---

6 대상이 2계 텐서인 경우, 축=1은 행 방향의 집계를, 축=0은 열 방향의 집계를 의미한다.

결과에 나와 있듯이, 이 호출 방식의 경우, 최댓값(value) 그 자체뿐만 아니라, 어떤 index에서 최댓값을 가져왔는지(indices)도 반환한다. 그림 2-1에서 구체적인 동작 과정을 나타냈다.

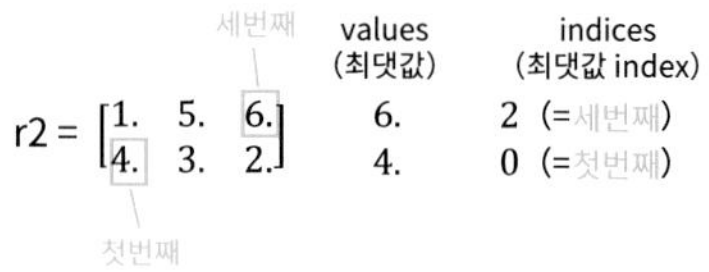

그림 2-1 torch.max 함수의 동작 방식

위의 코드에 [1]을 뒤에 붙이면, 코드 2-17처럼 indices만을 집어낼 수 있다.

코드 2-17 최댓값이 위치하는 index 가져오기

```
# 몇 번째 요소가 최댓값인지 indices 확인을 통해 알 수 있음
# 아래 계산은 다중 분류에서 예측 라벨을 구할 때 자주 사용되는 패턴임
print(torch.max(r2, 1)[1])
```

```
tensor([2, 0])
```

코드 2-17은 7장 이후의 다중 분류 모델에서 자주 등장하는 패턴이다. **'여러 개의 예측기의 출력 중, 가장 큰 값을 낸 예측기의 index가 예측 결과의 라벨이 된다'**는 사실을 파이토치 프로그램으로 구현할 것이다. 자세한 내용은 7장의 실습 코드에서 설명한다. 지금은 이런 패턴으로 코딩이 가능하다는 것 정도만 기억해 두자.

넘파이 변수로 변환

파이토치의 텐서와 넘파이 변수는 밀접한 관계가 있다. 이번 절의 처음 부분에서 넘파이를 텐서로 변환하는 방법 중 하나로, torch.tensor 함수를 소개했으나, 그 역변환은 어떻게 해야 가능할까.

다음의 코드 2-18에 그 정답이 나와있다.

코드 2-18 텐서를 넘파이로 변환

```
# 넘파이로 변환
r2_np = r2.data.numpy()

# type 확인
```

```
print(type(r2_np))

# 값 확인
print(r2_np)
```

```
<class 'numpy.ndarray'>
[[1. 5. 6.]
 [4. 3. 2.]]
```

방법은 r2.data.numpy()와 같이 함수를 호출하면 간단하게 넘파이 변수를 얻을 수 있다. 한 가지 주의해야 할 점은, 이 형태로 변수에 대입하면 텐서 변수와 넘파이 배열이 같은 데이터를 바라보기 때문에, 텐서 값을 바꾸면 넘파이 배열도 같이 값이 바뀌게 된다는 점이다. 이 같은 거동이 있어서는 안 될 경우는 r2.data.numpy().copy()를 이용해 데이터의 사본을 만들어 둬야 한다. 이것은 1.2절의 후반부에 설명했던 내용이다.

2.3 자동 미분 기능

이번 절은 파이토치에서 중심적인 기능이라 할 수 있는 **'자동 미분 기능'**에 관해 설명한다.

그림 2-2에 주목해 보자. 이것이 파이토치에서 자동 미분을 사용하는 경우 연산 처리의 흐름이다. 이후, **'경사'**라는 단어를 자주 사용하게 될 것이다. 이것은 파이토치에서는 표준화된 용어지만, 수학에서는 **미분**(정확히는 '편미분')과 같은 의미다[7].

---

7 '경사'라는 단어의 의미에 관해서는 이번 장 말미의 두번째 칼럼에서 설명해 두었으니, 궁금한 독자는 칼럼을 참조하기 바란다.

그림 2-2 자동 미분 기능

그림 2-2의 각 스텝에 관해 설명한다.

우선 개념적인 설명이라서, 한 번에 개념을 잡기는 어려울지도 모르겠다. 2.4절과 2.5절에서는, (1.4절에서 수치미분의 예를 들었던 것과 같은 방식으로) 2차함수와 시그모이드 함수를 사용해 각 스텝의 구현과 결과를 순차적으로 확인해 볼 것이다. 실습의 순서와 서로 비교해 보면서 각 스텝에 관해 이해를 넓혀보길 바란다.

(1) 경사 계산용 변수의 정의

경사(미분) 계산을 해야 하는 변수는, 2.1절에서 설명했듯이 텐서 변수로 정의한다. 중요한 것은, requires_grad 속성을 True로 설정해야 한다는 점이다. 이 설정은 (2) 이후 스텝의 전제조건이다.

(2) 텐서 변수 간의 계산

다른 텐서 변수와 연산을 할 때, 계산식을 통해 값을 계산함과 동시에, 보이지 않는 다른 쪽에서는 '**계산 그래프**'가 생성된다. 이 기능은 특히 Define by Run[8]으로 잘 알려져 있다.

---

8 머신러닝 프레임워크 업계에선 유명한 단어로, 나중에 다시 설명하기로 한다.

'계산 그래프'에 관해서는, 이어질 실습에서 자세히 설명하겠지만, 현 단계에서는 그림 2–3과 같이 '데이
터와 그에 대한 연산의 순서를 정의한 것'이라는 점만 기억해 두면 되겠다.

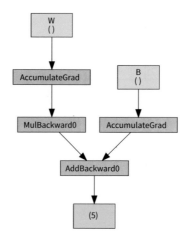

그림 2–3   계산 그래프의 예시

(3) 계산 그래프 시각화

이 스텝은 경사 계산 그 자체와는 관계가 없지만, 파이토치 내부에서 일어나는 과정을 확인하기 위해 필
요하다. make_dot 함수를 사용하면, 스텝 (2)에서 자동 생성한 계산 그래프를 시각화할 수 있다. 2.4절과
2.5절의 실습에서 계산 그래프도 확인해 볼 것이다.

(4) 경사 계산

경사 계산은 계산 결과를 저장한 텐서 변수(스칼라일 것)에 backward 함수를 호출해서 이뤄진다. 이때,
파이토치 내부에서는 계산 그래프를 기반으로 1.4절에서 설명한 수치 미분이 작용해서 경사 계산이 이
뤄진다.

(5) 경삿값 가져오기

경사 계산(수치 미분)의 결과는 파이토치에서 **'경삿값'**으로 불린다. 경삿값은 텐서 변수의 grad 속성으로
가져올 수 있다.

(6) 경삿값의 초기화

grad 속성에 저장된 경삿값은, 사용이 끝나면 값을 초기화해야 한다(이유는 나중에 설명). 초기화를 하기 위해 zero_ 함수를 사용한다.

2.4 2차 함수의 경사 계산

이제 앞에서 정의했던 2차함수 $y=2x^2+2$의 자동 미분 계산을 실행해 보자.

(1) 경사 계산용 변수 정의

1장과 마찬가지로, [−2, 2] 구간을 0.25 간격으로 나눈 값 x를 토대로 경사를 계산한다. 코드 2-19는 이 계산을 위한 변수 x를 정의한 것이다.

코드 2-19 경사 계산용 변수의 정의

```
# x를 넘파이 배열로 정의
x_np = np.arange(-2, 2.1, 0.25)

# x값 표시
print(x_np)
```

```
[-2. -1.75 -1.5 -1.25 -1. -0.75 -0.5 -0.25 0. 0.25 0.5 0.75 1. 1.25 1.5 1.75 2. ]
```

```
# (1) 경사 계산용 변수 정의

# requires_grad = True로 설정
x = torch.tensor(x_np, requires_grad=True,
    dtype=torch.float32)

# 결과 확인
print(x)
```

```
tensor([-2.0000, -1.7500, -1.5000, -1.2500, -1.0000, -0.7500, -0.5000, -0.2500,
         0.0000,  0.2500,  0.5000,  0.7500,  1.0000,  1.2500,  1.5000,  1.7500,
         2.0000], requires_grad=True)
```

일단 넘파이 배열로 x_np를 정의하고, 다음으로 이 변수를 텐서 x로 변환한다[9]. 정의할 때는 requires_grad 속성을 True로 설정한다.

(2) 텐서 변수로 계산

텐서 변수 x를 출발점으로 2차함수를 계산한 다음 그 결과를 y에 대입한다. 다시 말해, y도 자동적으로 텐서 변수가 되는 것이다.

코드 2-20 2차함수의 계산

```
# 2차 함수의 계산
# 계산 그래프는 내부에서 자동 생성됨

y = 2 * x**2 + 2

# y의 계산 결과 확인

print(y)
```

```
tensor([10.0000,  8.1250,  6.5000,  5.1250,  4.0000,  3.1250,  2.5000,  2.1250,
         2.0000,  2.1250,  2.5000,  3.1250,  4.0000,  5.1250,  6.5000,  8.1250,
        10.0000], grad_fn=<AddBackward0>)
```

계산 결과를 이용해서 그래프까지 출력해 보자. requires_grad 속성이 True인 텐서 변수는 그 자체로는 매트플롯립에서 사용할 수 없지만, data 속성을 넘겨주면 그래프로 표출할 수 있다. 이 구현은 코드 2-21 과 같다.

코드 2-21 2차함수의 그래프 출력

```
# 그래프 출력

plt.plot(x.data, y.data)
plt.show()
```

---

9 데이터 x를 float32로 변환하기 위해, float 함수를 호출하는 것이 아니라, dtype 파라미터를 지정한다. float 함수를 불러오면, 계산 그래프에서 copy 함수의 호출이 뒤따르고, x가 더 이상 경삿값이 계산 가능한 리프 노드가 아니게 되기 때문이다(리프 노드에 대해서는 나중에 설명함). 보통 머신 러닝에서는 파라미터가 미분 대상이고, x를 직접 미분하는 경우는 없다. 이번에는 경사 계산 기능을 알기 쉽게 설명하기 위해 x를 미분 대상으로 두었고, 이런 경우에 한해서만 필요한 대응이다.

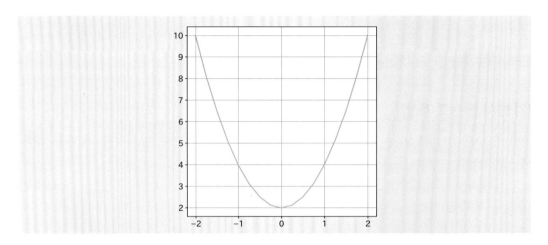

지금부터, 파이토치의 기능을 사용해 경사 계산을 수행하는데, 계산 대상의 함수는 스칼라일 필요가 있다. 이 조건을 만족시키기 위해, y 값을 sum 함수로 모두 더한 다음, 그 결과를 새로운 텐서 변수 z에 대입한다(코드 2-22).

코드 2-22 sum 함수로 스칼라 값 z를 계산

```
# 경사 계산을 위해 최종 값은 스칼라일 필요가 있으므로, 더미로 sum 함수를 붙임

z = y.sum()
```

(3) 계산 그래프 시각화

다음으로 변수 z를 사용해 계산 그래프를 시각화한다. 구현과 결과는 코드 2-23과 같다. 시각화 함수 make_dot의 호출은 자동 미분의 원리를 이해하는 데 매우 좋은 참고가 되므로, 다음 장 이후에서도 자주 사용할 것이다. 따라서, 호출과 결과를 해석하는 방법에 관해 상세하게 설명한다.

코드 2-23 계산 그래프의 시각화

```
# (3) 계산 그래프 시각화

# 필요한 라이브러리 임포트
from torchviz import make_dot

# 시각화 함수 호출
g= make_dot(z, params={'x': x})
display(g)
```

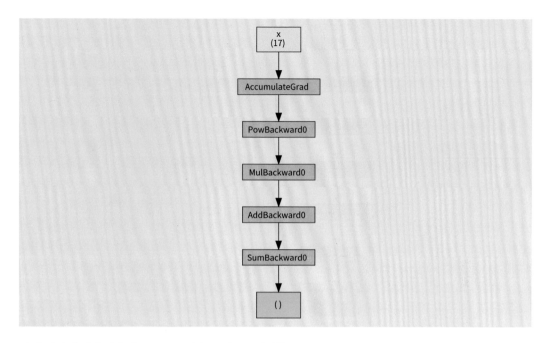

먼저 시각화에서 사용한 make_dot 함수를 임포트한다[10].

make_dot 함수를 호출할 때, 첫번째 인수는 시각화하려는 계산 그래프의 대상이 될 변수(여기서는 z), 두 번째 인수인 params로는 미분 계산 대상의 변수(여기서는 x)를 딕셔너리 형식의 파라미터 리스트로 넣어 준다. 그 결과, 코드 2-23과 같은 계산 그래프가 표시된다.

여기서 x를 텐서 변수가 아닌 넘파이 변수라고 생각해 보자. 이 경우에도, 완전히 같은 방법의 함수 호출 (y = 2*x**2 + 2, z = y.sum())로 인해 같은 계산 결과를 얻게 된다. 그러나 이 경우에는 출발점 x에서 어떤 계산을 통해 z를 얻었는지를 계산 결과 z와 입력 x만으로 유추하기는 힘들다.

이 점에 대해, 지금의 실습처럼 **출발점 x를 텐서 변수로 하고, 동시에 requires_grad 그래프를 지정 해 두면, 계산 과정이 자동적으로 기록된다.** 따라서, 코드 2-23과 같이, z와 x만을 인수로, 그 과정을 시 각화할 수 있는 것이다. 그리고 **값을 계산해 나가며 계산 과정을 자동적으로 기록하는 기능**을 일컬어 **'Define by Run'**이라 부른다. 이것이 파이토치의 가장 큰 특징이라 할 수 있는 기능이다[11].

이제, 그래프를 보는 방법을 설명한다(그림 2-4).

---

10 이번에는 이 함수를 사용하는 것이 처음이기 때문에, 명시적으로 import문을 표기했지만, 다음 장 이후에서는 Notebook 상단의 import문에 포함시 켜 두었다.
11 Define by Run에 관해, 이번 장 말미의 마지막 칼럼을 참조하기 바란다.

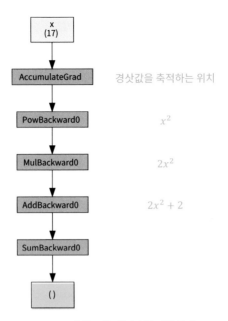

그림 2-4 계산 그래프와 수식의 대응 관계

계산 그래프를 표시하면, 맨 위의 노드가 하늘색, 맨 아래 노드가 연두색이고, 그 밖의 노드는 모두 회색으로 되어 있다. 맨 위의 하늘색 노드는 make_dot 함수의 호출시 params로 지정한 변수에 해당하고, **리프 노드**라고도 불린다. **경삿값의 계산이 가능한 변수**를 의미한다. 맨 위와 맨 아래 노드에 기재된 (17)과 ()은 각 변수의 shape를 나타낸다. 맨 위 노드의 텐서 x는 1계 17차원 텐서이고, 맨 아래 노드는 0계, 즉, 스칼라이다.

x의 바로 아래 AccumulateGrad는 마지막 단의 리프 노드의 바로 아래에 배치되어, **경삿값을 축적하는 위치**를 나타낸다.

그 아래에 위치한 PowBackward0는 지수 함수의 호출이다('Backward0' 부분은 무시). 구체적으로는, x에 대해 지수함수 pow(power(x, 2)=x^2)가 호출됐음을 의미한다.

이하, 같은 방식으로 곱셈 함수인 mul이 호출되었다. 이 단계에서 수식은 $2x^2$이 계산되었다. 그다음의 add 함수에서 정수 2가 더해져서 $2x^2+2$가 계산된다. 마지막으로 y에서 스칼라 z를 만들기 위해 총합을 계산하는 sum 함수가 사용된다.

이처럼 최종적인 함수 값(지금의 경우는 z)을 계산하기 위해서, 어떤 종류의 함수가 어떤 순서로 호출되는지를 나타내는 것이 '**계산 그래프**'다. '계산 그래프'가 있으면, x 값을 조금씩 움직였을 때, z 값이 어떻게 변화하는지를 파이토치가 자동적으로 알려주게 된다. 이 원리를 사용해 수치 미분을 수행하는 것이, 지금부터 설명할 '**backward 함수를 통한 경사 계산**'인 것이다.

여기서 나타냈던 계산 그래프는, 2차함수 $f(x)=2x^2+2$, 지수함수, 곱셈 함수, 더하기 함수들로 이뤄진 합성 함수로 인식해, 그 결과로부터 자동 생성된 것이다(마지막 sum은 제외). 이 조합은 1.3절에서 설명한 $f(x)=2x^2+2$를 간단한 함수의 합성 함수로 표기한 결과와 같다는 것을 알 수 있다(코드 1-10 참조). 파이토치가 코드 2-20의 계산식(y = 2*x**2 + 2)을 분석해, 합성 함수의 조합을 자동적으로 도출해 주는 것이다.

(4) 경사 계산

파이토치의 기능을 사용하면 결과 변수 z에 대해서 backward 함수를 호출하는 것만으로 경사 계산이 매우 간단해진다. 짧은 코드지만, 중요하기 때문에 한 개 셀에서 독립적으로 실행시켜 보자.

코드 2-24 경사 계산의 실행

```
# (4) 경사 계산

z.backward()
```

(5) 경삿값 가져오기

경사 계산이 완료되면 grad 속성에 해당 결과가 저장된다. 다음의 코드 2-25에서 그 결과를 print 함수로 표시하고 있다.

코드 2-25 경삿값 가져오기

```
# (5) 경삿값 가져오기
print(x.grad)
```

```
tensor([-8., -7., -6., -5., -4., -3., -2., -1., 0., 1., 2., 3., 4., 5., 6., 7., 8.])
```

위의 계산 결과를 앞서 가져온 y값과 함께 코드 2-26에서 그래프로 표시해 보자.

코드 2-26 **2차함수와 경삿값의 그래프 출력**

```python
# 원래 함수와 경사 그래프

plt.plot(x.data, y.data, c='b', label='y')
plt.plot(x.data, x.grad.data, c='k', label='y.grad')
plt.legend()
plt.show()
```

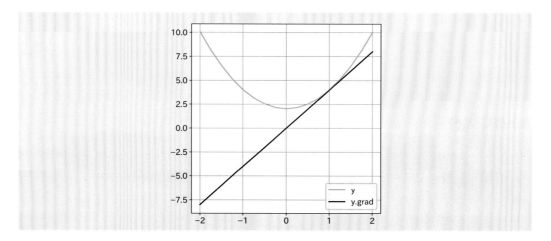

1.4절 코드 1-13의 결과와 비교하면 알 수 있듯이, 정확히 같은 그래프가 출력됐다. 이것으로, backward 함수로 올바른 경사 계산(수치 미분)이 이뤄졌음을 알 수 있다.

(6) 경삿값의 초기화

초기화 처리가 필요한 이유를 확인하기 위해, 스텝 (5) 직후에 아래의 코드 2-27을 실행해 보자.

코드 2-27 **경삿값을 초기화하지 않고 두번째 경사 계산을 실행한 예**

```python
# 경사를 초기화하지 않고 두번째 경사를 계산

y = 2 * x**2 + 2
z = y.sum()
z.backward()

# x의 경사 확인
print(x.grad)
```

```
tensor([-16., -14., -12., -10., -8., -6., -4., -2., 0., 2., 4., 6.,
         8., 10., 12., 14., 16.])
```

마지막의 x.grad의 출력 결과에 주목하자. 전과 정확히 같은 처리의 반복이므로, 결과도 코드 2–25와 일치해야만 하지만, 값은 전과 비교해 정확히 두 배가 되었다.

사실 x.grad는, 최신 경사 계산 결과가 그대로 입력되는 것이 아니라, 지금까지의 경사 계산 결과를 합산한 값이 입력된다[12]. 따라서, 조건을 바꿔 새로운 경삿값을 취득하고 싶다면, 경삿값을 초기화해야 한다. 그 순서는 코드 2–28과 같다.

코드 2-28 **경삿값의 초기화**

```
# (6) 경삿값의 초기화는 zero_( ) 함수를 사용함

x.grad.zero_()
print(x.grad)
```

```
tensor([0., 0., 0., 0., 0., 0., 0., 0., 0., 0., 0., 0., 0., 0., 0., 0.])
```

코드 2-28에서 x.grad의 zero_ 함수를 호출했다. 이것이 경삿값의 초기화를 실행해 주는 함수다. 이후 x.grad 값을 표시해 보면, 모든 값이 0이 되어 있고, 의도한 대로 초기화가 동작했다.

2.5 시그모이드 함수의 경사 계산

이번 절에서는 1장에서도 예로 들었던 시그모이드 함수의 경사 계산을 알아보자. 흐름은 앞 절과 거의 흡사하므로 차이점 위주로 설명한다. (1) 경사 계산용 변수 x의 정의는 앞 절에서 사용한 것을 그대로 가져왔다.

(1) 시그모이드 함수의 정의

시그모이드 함수는 머신러닝에서 자주 사용되는 함수이므로 파이토치에서도 함수로 정의돼 있다. 이번에는 파이토치의 시그모이드 함수를 사용한다.

---

12 이 성질을 그대로 사용해, 더욱 복잡한 머신러닝 모델을 만들 수 있다.

코드 2-29 시그모이드 함수의 정의

```
# 시그모이드 함수의 정의

sigmoid = torch.nn.Sigmoid()
```

(2) 텐서 변수로 y값의 계산

코드 2-30에서 y값을 위에서 정의한 시그모이드 함수를 사용해 계산한다.

코드 2-30 y값의 계산

```
# (2) y값의 계산

y = sigmoid(x)
```

그래프 출력

다음 코드 2-31에서 그래프를 출력해 보자.

코드 2-31 시그모이드 함수의 그래프 출력

```
# 그래프 출력

plt.plot(x.data, y.data)
plt.show()
```

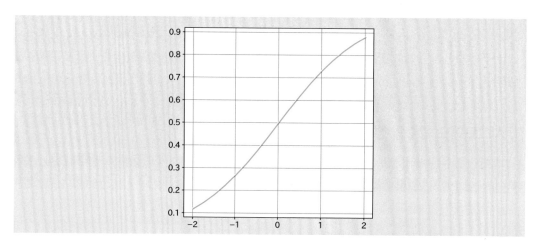

최종 결과를 스칼라값으로 변환

전과 마찬가지로, 결괏값을 스칼라로 변환한다.

코드 2-32 sum 함수로 스칼라 값 z를 계산

```
# 경사 계산을 위해 최종 값은 스칼라일 필요가 있으므로, 더미로 sum 함수를 붙임

z = y.sum()
```

(3) 계산 그래프 시각화

이것으로 경사 계산을 위한 준비를 완료했다. 우선, make_dot 함수로 계산 그래프를 시각화한다. 구현과 결과는 코드 2-33과 같다.

코드 2-33 계산 그래프 시각화

```
# (3) 계산 그래프 시각화

g = make_dot(z, params={'x': x})
display(g)
```

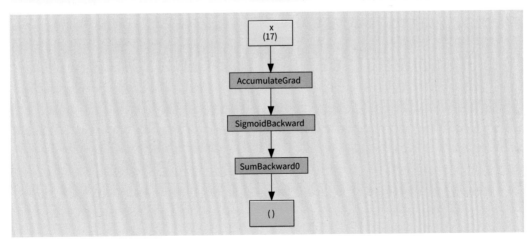

여기서 사용한 시그모이드 함수는, 파이토치가 제공하는 함수를 사용했으므로, 계산 그래프상에서 'Sigmoid'라는 단위로 처리가 표시되었다.

노트북의 마지막에는, 직접 시그모이드 함수를 정의한 경우의 구현을 포함했다. 이 경우는, 훨씬 복잡한 계산 그래프가 생성된다. 관심이 있는 독자는 참조해 보기 바란다.

(4) 경사 계산, (5) 경삿값 가져오기

앞 절과 같은 구현이기 때문에, 여기서는 이 두 가지 처리를 한 번에 실행한다. 구현과 결과는 코드 2-34
와 같다.

코드 2-34 경사 계산과 결과 확인

```python
# (4) 경사 계산
z.backward()

# (5) 경삿값 확인
print(x.grad)
```

```
tensor([0.1050, 0.1261, 0.1491, 0.1731, 0.1966, 0.2179, 0.2350, 0.2461, 0.2500,
        0.2461, 0.2350, 0.2179, 0.1966, 0.1731, 0.1491, 0.1261, 0.1050])
```

마지막으로 경사 계산 결과를 포함한 그래프를 출력한다.

코드 2-35 시그모이드 함수와 경삿값의 그래프 출력

```python
# 원래 함수와 경사 그래프

plt.plot(x.data, y.data, c='b', label='y')
plt.plot(x.data, x.grad.data, c='k', label='y.grad')
plt.legend()
plt.show()
```

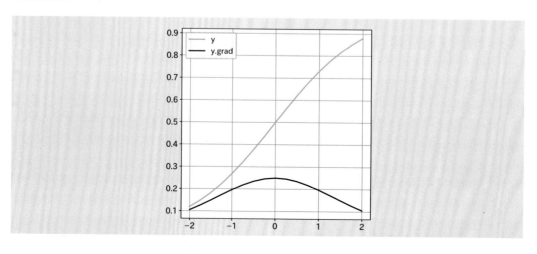

02. 파이토치의 기본 기능 | 77

이번에도 1.4절 코드 1-18과 동일한 그래프가 출력되었다. 따라서 시그모이드 함수가 대상이라 해도, 파이토치의 backward 함수는 올바른 경사를 계산해 준다는 점을 확인했다.

칼럼 **'텐서'라는 수학용어에 관해서**

텐서는 2.2절에서 설명한 것처럼 파이토치의 데이터 클래스다. 그러나 이 단어는 사실 수학이나 물리학에서 사용하는 용어이기도 하다. 이 칼럼에서 수학·물리학에서 사용하는 텐서와의 관계에 대해 설명한다.

수학과 물리학에서 등장하는 '텐서'라는 전문용어에는 수많은 정의 방식이 있으며, 모두 이해하기 어려운 개념들이다. 예를 들어, 전자기학을 기술하기 위한 '전자기 텐서'나 일반 상대성이론에서 등장하는 '리치(Ricci) 텐서' 등이 있는데, 이처럼 어려운 텐서들은 설명을 생략하기로 한다.

이처럼 텐서는 분야와 목적에 따라 정의 방식이 다르지만, 가장 단순하게 생각하면 **다차원 배열**이라는 의미를 공통으로 갖는다. **프로그램에서 다루는 텐서는, 모두 이 케이스에 해당**한다. 그러므로 이하 '다차원 배열'의 관점에서의 텐서에 관해 설명한다.

값들이 열거해 있는 다차원 배열의 관점에서 본 텐서는, 첨자가 몇 개인지에 따라 텐서의 **계수**가 결정된다. 특히, 계수가 2 이하인 경우는 다음과 같은 고유 명칭이 존재한다.

- 값 한 개 : **스칼라** (0계 텐서, 일반적으로 실수와 같다고 생각해도 됨.)
- 첨자 한 개 : **벡터** (1계 텐서)
- 첨자 두 개 : **행렬** (2계 텐서)

첨자의 의미에 대해 간략하게 추가 설명을 하면 다음과 같다. 예를 들어, 첨자를 2개 보유한 텐서, 즉, 행렬 A_{ij}는 다음과 같이 정의할 수 있다[13].

$$A_{ij} = \begin{pmatrix} A_{11} & A_{12} & A_{13} \\ A_{21} & A_{22} & A_{23} \\ A_{31} & A_{32} & A_{33} \end{pmatrix}$$

이 정의에 따르면, 첨자 i와 j는 모두 1부터 3까지를 선택할 수 있으므로, 이 행렬의 성분은 모두 9개임을 알 수 있다. 그러나 텐서를 사용하려는 목적에 따라, 각 첨자는 충분하게 범위를 취할 수 있으며, 예를 들어, 화질이 좋은 이미지 등을 넘파이 배열로 읽어오면, 각 첨자의 성분은 1,024나 2,048개가 될 수도 있는 것이다.

첨자 3개 이상은 스칼라, 벡터, 행렬과 같은 용어가 없으며, 3계, 4계 텐서와 같이 부른다. 만약, 첨자가 3개인 3계 텐서 A_{ijk}가 있다고 한다면, 위와 같이 지면상에 표기하는 것은 무리가 있으나, 각 성분이 3차원 모양의 큐브 안에 줄지어 있는 듯한 모양일 것이라 추측해 볼 수 있다.

---

13 (옮긴이) 여담으로, 이와 같은 성분 표기법은 주로 전자기학에서 등장한다. 일반적으로 알파벳 소문자를 첨자로 쓴 경우는 숫자 1부터 3까지, 그리스 문자를 첨자로 쓴 경우는 숫자 0부터 3까지 차례로 성분을 표기하는 것이 물리학에서는 기본 약속처럼 굳어져 있다. 따라서 A_{ij}의 성분을 따로 표기하지 않더라도 이는 3x3 행렬임. A_{ij}가 아니라 $A_{\mu\nu}$로 표기된 행렬은 4x4 행렬임을 알아차려야 한다. 예를 들어, $A_{\mu\nu}$와 같은 행렬은 0 또는 3 성분을 시간 축으로 생각하는 특수 또는 일반상대성 이론에서 계량(Metric) 텐서 등을 기술할 때 사용한다.

이처럼 2계 텐서까지는 쉬운 구조이지만, 3계 이상이 되면 구체적인 모양새가 잘 떠오르지 않을 것이다. 하지만, 첨자에 의미를 하나씩 부여할 수만 있다면, 그 텐서의 본질을 이해하는 것은 결코 어렵지 않다. 9장 이후의 CNN 등의 이미지 처리에서 4계 텐서의 학습용 데이터를 기본적인 입력으로 사용하게 될 것이다. 그 이유와 의미를 아래의 그림 2-5에 나타냈다.

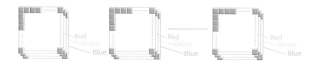

그림 2-5 4계 텐서 형태의 이미지 데이터

그림 2-5의 이미지 데이터는 가로와 세로 2차원의 넓이를 가지므로, 최소 2개의 첨자가 이미 존재한다. 그리고 컬러 이미지의 경우, RGB 각 채널마다 2차원 배열이 총 3장 필요하다. 이 채널을 표기하려면 새로운 첨자 한 개가 추가로 필요하다.

그리고 학습 데이터는 1장이 아닌 여러 장을 한 번에 다뤄야 한다. 즉, 컬러 이미지에 '서로 다른 데이터'임을 표기하는 데 첨자 한 개가 더 필요한 것이다. 이와 같은 이유로, 학습용 이미지 데이터는 총 4개의 첨자를 갖는 4계 텐서로 이해해야 한다. 이 개념은 파이토치에서뿐만 아니라, 케라스나 텐서플로에서도 똑같이 적용된다.

칼럼 '경사'와 '기울기'와 '미분'의 관계

이 책에서 '경사'라는 단어가 매우 자주 등장하나, 일반적인 용어로는 사용하지 않는다. 이와 비슷한 표현으로 '기울기'나 '미분'이 있다. 이 칼럼에서는, 이 세 단어의 관계에 관해 정리해 보겠다.

'기울기'란?

아마 세 단어 중에서 독자에게 가장 익숙한 단어가 '기울기'가 아닐까 싶다. 중학교 수학시간에 배운 '직선의 기울기'에 대해 잠시 복습해 보자.

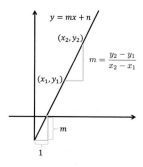

$$y = mx + n$$

$$(x_2, y_2)$$

$$m = \frac{y_2 - y_1}{x_2 - x_1}$$

$$(x_1, y_1)$$

$$m$$

$$1$$

그림 2-6 직선의 기울기

직선의 **기울기**란 그림 2-6에서 x가 1 증가할 때 y가 변화하는 크기라고 배웠을 것이다. 또는, 직선상의 두 점을 (x_1, y_1)과 (x_2, y_2)이라 했을 때, 다음 식으로 정의할 수 있다.

$$m = \frac{y_2 - y_1}{x_2 - x_1}$$

그리고 '**미분**'이란 그림 2-7과 같이 함수의 그래프상의 **접선의 기울기** 또는 x_2를 무한히 x_1에 가까이 했을 때 $m = \frac{y_2 - y_1}{x_2 - x_1}$의 값으로, '**기울기**'와 연관이 있다.

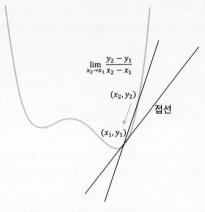

그림 2-7 함수의 그래프와 '미분'

'경사'란?

그렇다면 **경사**'란 무엇일까? 일상생활에서 가장 자주 쓰이는 '경사'는 언덕길의 가파른 정도를 나타내는 개념일 것이다. '이 언덕의 경사는 20% 정도로 가파르니 주의하십시오'라고 자주 사용된다. 여기서 20%의 의미는 그림 2-8을 통해 확인할 수 있다.

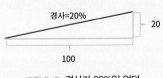

그림 2-8 경사가 20%인 언덕

얼핏 생각하면, 기울기나 경사나 직각 삼각형의 빗변과 높이의 비율을 값으로 나타낸 것으로, 단순히 퍼센티지 표기 여부에 따라 단어의 쓰임새가 달라지는 것으로 보일 수 있다. 그러나 자세히 생각해 보면 미묘한 차이가 있다.

그림 2-7에 나타낸 그림은 2차원 공간이고, 좌표는 x와 y밖에 존재하지 않는다. 함수로 표현하면, $y=f(x)$의 단일 변수 함수의 공간인 것이다.

그러나 실제 언덕길은 3차원 공간에 존재하므로, 대상이 정말 우연하게 언덕길에 난 반듯한 도로일 때 '도로를 따라 난 방향의 경사'였다면 변수는 한 개지만, 일반적으로 도로가 아닌 산의 경사면을 상상했을 때는, '북쪽 방향의 경사'와 '동쪽 방향의 경사' 두 개의 독립된 수치가 존재한다. 산을 오르기 위한 목적의 관점에서 '경사'라면 '북쪽(또는 동쪽)으로 나아갈 때 얼마나 산을 오를 수 있는가'로 표현할 수 있는 것이다.

이것을 방금 전의 함수로 나타내면, (x_1, x_2) 두 값으로부터 높이 L이라는 함수 값을 정하는 **2변수 함수** $L(x_1, x_2)$가 된다. 그리고 이와 같은 다변수 함수의 경우, 미분은 **편미분**으로 그 개념이 확장된다. 경사가 두 방향으로 있다는 말은, 수학적으로 표현하면 '**2변수 함수의 편미분 결과로 2차원 벡터를 얻는다**'고 할 수 있다.

여기서 '경사'라는 단어를 한 번 더 되돌아보자. 사실 경사(gradient)는 수학이나 물리학에서 쓰이는 용어이기도 하다. 위의 예는 ∇L로 표기하고[14], L을 변수 x_1과 x_2로 편미분한 결과로 얻은 벡터를 수학적으로 '경사'라고 한다.

머신러닝에서 사용하는 파라미터가 한 개뿐이라고는 할 수 없으므로, 가장 단순한 선형 단일 회귀 모델이라 하더라도 파라미터는 W와 B까지 두 개 존재한다. 즉, **미분은 반드시 편미분일 수밖에 없다**. 여기까지 이해했다면, 손실 함수의 미분 계산을 '경사'라고 부르는 이유에 동의할 것이다.

칼럼 **케라스, 텐서플로와 파이토치**[15]

비록 이 책에서는 다루고 있지 않지만, 이미 많은 사람들이 알고 있는 케라스나 텐서플로와 같은 딥러닝 프레임워크에 관해 짧게 코멘트한다.

케라스는 사이킷런과 인터페이스가 매우 비슷해서, 딥러닝·머신러닝을 처음 공부하는 사람들에게 매우 적합한 프레임워크다. 케라스 이전에는 씨아노(Theano, 2007)라는 딥러닝용 수치 계산 라이브러리가 이미 개발되어 있었으며, 프랑소와 숄레(Francois Chollet) 현 구글의 AI 연구원이 씨아노의 래퍼로 개발한 것이 케라스의 시작으로 알려져 있다. 이후 2015년도에, 구글 브레인팀이 개발한 텐서플로가 등장하고 나서 케라스는 백엔드로 대부분 씨아노 또는 텐서플로 중 하나를 선택해서 사용되기 시작했다[16].

현재의 텐서플로는 2022년 2월 기준, 2.8 버전을 사용할 수 있으며, 이미 2.0 버전을 기준으로 몇 가지 큰 변화를 맞게 되었다. 첫 번째로, 프랑소와 숄레는 "TensorFlow Dev Summit 2017"을 통해 본격적으로 **케라스가 텐서플로에 통합**될 것임을 발표했는데, 실제로 텐서플로 1.4부터 통합된 케라스를 지원하기 시작해서 2.0부터는 본격적으로 tf.keras를 유일한 고수준 API로 표준화했고, 여전히 케라스는 간편한 문법을 통해 딥러닝에 입문한 초심자들을 지원하고 있다.

또 다른 주요한 변경점으로는 텐서플로 2.0이 되면서 Eager mode(또는 Eager execution)를 기본으로 채택했다는 것이다. Eager mode를 이해하려면 Define-and-run과 Define-by-run의 차이점을 이해해야 한다.

- Define-and-run : 계산 그래프를 먼저 정의(Define)한 다음 데이터를 흘려보내(run) 결과를 얻음.
- Define-by-run : 데이터를 계산하는 과정(run)에서 동적으로 계산 그래프가 정의(Define)됨.

코드의 예시를 포함한 자세한 설명은 생략하겠으나, 텐서플로 1.x 버전은 플레이스 홀더와 세션을 통해 계산 그래프를 만들어 놓은 다음, 코드를 실행하는 시점에서 데이터를 흘려보내는 Define-and-run 방식이었고, 이를 다른 표현으로 Lazy execution이라고도 한다. 다시 말해, 텐서플로 2.0부터는 Define-by-run 방식으로 설계된 파이토치와 같은 메커니즘을 지향하고 있음을 알

---

14 (옮긴이) 역삼각형 모양의 연산자는 나블라(nabla)라고 부르며, 3차원상의 공간이라면 다음과 같이 벡터 형식으로 나타낼 수 있다.

$$\nabla := \left(\frac{\partial}{\partial x}, \frac{\partial}{\partial y}, \frac{\partial}{\partial z} \right)$$

15 (옮긴이) 케라스는 고수준의 모델 레벨의 라이브러리로서, 예를 들어, 텐서 변수 간의 곱연산과 같은 저수준 처리를 백엔드 엔진(기본으로 텐서플로가 설정되어 있음)에 의존한다.

수 있다. 이러한 이유로, 텐서플로 2.0이 릴리스되기 이전까지 파이토치를 Define-by-Run, 텐서플로를 Define-and-run 방식의 대표격으로 자주 비교했던 것이다. 따라서, 앞으로 이 책에서 배우게 될 프로그래밍은 Define-by-run 방식이며, 이미 텐서플로 1.x 버전을 사용해 본 경험이 있는 독자라면 이 방식의 구현이 훨씬 간단하면서 디버그가 쉽다는 것을 프로그램을 통해 직접 실감해보기 바란다.

---

16 (옮긴이) 해당 칼럼은 옮긴이가 직접 작성한 것으로, 원작자의 의견이나 지식과는 관계없음을 알려 드린다.

03

처음 시작하는
머신러닝

2장에서는 파이토치의 핵심 기능이라 할 수 있는 경사 계산(자동 미분)에 관해 설명했다.

3장에서는 경사 계산 기능을 이용해 단순한 '선형 회귀' 문제를 머신러닝으로 풀어 볼 것이다. 문제 그 자체는 매우 단순하지만, 이번 장에서 다루게 될 **경사 하강법**에 관한 이해는 고도의 딥러닝에서도 그대로 마주하게 될 가장 중요한 개념이다.

3.1 문제 정의하기

다섯 명의 사람이 있고, 그들의 신장과 체중은 다음과 같다고 하자(신장은 cm, 체중은 kg 단위). 이 데이터를 기반으로, 주어진 신장으로부터 체중을 예측하는 머신러닝 모델을 만들어 보는 것이 이번 장의 목표다.

$$(166, 58.7), (176, 75.7), (171, 62.1), (173, 70.4), (169, 60.1)$$

신장을 x축, 체중을 y축으로 설정하면, 위 데이터를 '산포도'로 나타내면 그림 3-1과 같다. 산포도란 대상 데이터의 두 요소를 2차원 평면상에 점으로 출력해 데이터 전체를 그래프로 나타낸 그림이다.

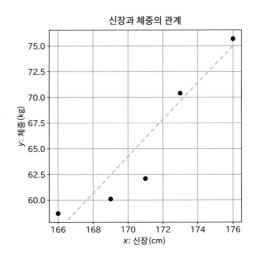

그림 3-1 신장과 체중의 산포도

이 산포도에서 신장과 체중 사이에는 일정한 관계가 있어 보이기 때문에, 그림 3-1에서는 일반적으로 점만을 출력하는 산포도에 점선을 같이 그렸다. 이번에 사용한 데이터는, 이 점선과 같은 직선(1차함수)로 근사할 수 있을지도 모른다. 이때, '다섯 개의 점에 가장 가까운 1차 함수를 구하는 것'이 선형 회귀라고 불리는 가장 단순한 형태의 머신러닝 모델이다.

머신러닝 모델에서는 이처럼 주어진 입력값(신장)에서 출력값(체중)을 예측하는 함수(이 예에서는 1차 함수)를 예측 함수라 한다.

이번 장에서는 이 문제를 '경사 하강법'이라는 알고리즘을 사용해 파이토치로 직접 풀어본다.

3.2 이 장의 중요 개념

이 장에서 배우게 될 중요한 개념은 머신러닝/딥러닝의 기본 알고리즘인 경사 하강법이다. 경사 하강법의 개념에 관해서는 3.3절에서, 구현에 관해서는 3.4절에서 설명한다.

경사 하강법을 이루는 네 개의 중요한 스텝인 '예측 계산', '손실 계산', '경사 계산', '파라미터 수정'들에 관해서는 3.6절에서 3.9절까지 파이토치로 실제 코드를 작성하며 설명한다.

경사 하강법의 기본적인 이해 방법은, 이 네 가지의 스텝을 반복해서 예측 함수 안의 파라미터(1차함수라면 기울기와 절편)를 가장 적합한 값으로 도달하게 만드는 것이다. 3.10절에서는 네 스텝의 반복 처리를 구현하는 방법에 대해 설명하고, 3.11절은 경사 하강법을 적용한 예측 함수가 예상대로 작용하는지 확인한다.

경사 하강법에서 한 가지 더 중요한 개념으로, '파라미터 수정' 스텝을 발전시킨 '최적화 함수'가 있다. 3.12절에서는 최적화 함수를 사용한 경우의 경사 하강법을, 최적화 함수를 사용하지 않은 버전과 비교, 구현하며 살펴본다.

3.3 경사 하강법 이해하기

이 책을 통해 익히게 될 머신러닝 · 딥러닝 프로그래밍은, 수학적으로는 '경사 하강법'으로 불리는 알고리즘에 기반한다. 그 원리를 확실하게 이해하려면 편미분이나 선형대수와 같은 수학적 지식이 필요하다.

이번 절에서는, 이와 같은 수학적 지식은 생략하고, 직감적인 이해가 가능한 범위에서 경사 하강법을 설명한다.

한 가지 사고 실험으로, 다음과 같은 상황을 상상해 보자. 당신은 어느 산꼭대기에 올라야만 하는 과제를 받았다. 그 산은 나무나 바위처럼 이동을 방해하는 장애물은 하나도 없는 벌거숭이이며, 어느 쪽이든 원하는 방향으로 이동할 수 있다. 그러나 공교롭게도 안개 때문에 시야가 흐려져 1m 앞 정도까지 밖에 볼 수 없다. 따라서 당신의 시야만으로 산의 꼭대기를 찾아가는 것은 불가능한 상황이다.

그 대신, 당신은 방향과 위치를 정확하게 측정할 수 있는 컴퍼스와 1m 길이를 측정할 수 있는 자와 현재 고도를 수cm 단위로 측정할 수 있는 고성능 GPS를 가지고 있다[1].

여기서, 당신은 다음과 같은 방안을 생각해 냈다.

1. 현 위치에서 컴퍼스와 자를 사용해 정확하게 동서남북으로 1m씩 이동해, 각 지점에서 고도를 측정하고, 현 위치를 기준으로 고도의 증감을 기록한다(그림 3-2).

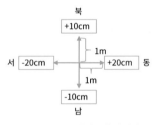

그림 3-2 고도 변화의 측정 결과

2. 그림 3-2로부터, 가장 효율적으로 고도를 높일 수 있는 방향은 북동쪽이라고 유추할 수 있다. 이때, 동쪽으로 20, 북쪽으로 10의 길이 성분을 가진 직각 삼각형을 그리고, 그 빗변 방향을 따라 산을 오르기로 한다(그림 3-3).

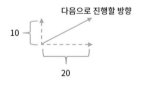

그림 3-3 진행해야 하는 방향의 산출

3. 2에서 결정한 방향을 따라, 사전에 계획한 적당한 거리(예를 들면, 100m)만큼 산을 오르고 나면, 다시 (1)에서 했던 조작을 반복한다.

---

1 여담으로, RTK로 알려진 차세대 GPS는 위치와 고도를 수 cm 정도의 오차 이내로 계측할 수 있다고 한다.

당신은 이와 같은 방법으로 놀랍게도 산꼭대기에 오르게 되었다. 어째서 이와 같은 방법이 성공했는지는, 나중에 입수한 그림 3-4와 같은 등고선이 그려진 지도를 통해 직관적으로 이해할 수 있었다고 한다.

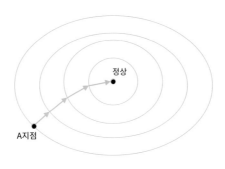

그림 3-4 등고선이 그려진 지도

수학적인 증명은 생략하지만, 그림 3-3에서 결정한 방향은 그림 3-4에 나타낸 것처럼 정상까지 꽤나 효율적으로 오를 수 있는 방향인 것이다.

이동 중에 정상은 볼 수 없는 상황이었다. 그러나 현 시점에서 동서남북으로 이동했을 때, 어느 정도 고도가 변했는지, 다시 말해, 동서남북 방향의 **경사**(기울어진 정도)는 수집되었다. 바로 이 경사가 가장 가파른 방향을 꼭대기로 향하는 지름길이라 판단하고 이동했다. 이것이 꼭대기까지 효율적으로 오르는 경로였던 셈이다.

다음 절에서 설명할 '경사 하강법의 구현 방법'이란, 정확히 지금까지 설명한 '꼭대기에 오르기 위한 알고리즘'을 프로그래밍으로 표현한 것이라고 생각할 수 있다.

산을 오르는 사고실험에서 가장 핵심은 '**정밀하게 고도를 측정할 수 있는 GPS**'였는데, 경사 하강법에서는 '**손실**'로 불리는 값이, 이 고도계에 해당한다. 손실은 머신러닝ㆍ딥러닝 모델로 예측한 값과 정답 사이의 '**오차를 수치화**'한 것이다. 사고실험의 목적은 가장 높은 고도, 즉, '최댓값을 구하는 문제'였는데, 경사 하강법에서는 가장 작은 손실(오차)값을, 다시 말해, '**최솟값을 구하는 문제**'로 바뀐다.

그림 3-3의 남북 방향과 동서 방향의 각 성분의 경사는, '**손실의 경사**(또는 기울기)'로 불린다. 경사 하강법은 손실의 경사를 따라서 **파라미터 값을 수정**해 나가며(사고실험에서 **위치의 이동에 해당**함), 효율적으로 손실이 최소가 되는 지점을 구하는 것이다.

수학적으로 설명하자면, '**경사**'는 '**손실의 편미분 벡터**'이며, 이 값은 1.4절에서 설명한 '**수치 미분**' 또는 2.3절에서 설명한 자동 미분 기능으로 구할 수 있다. 수치 미분의 계산은 두 지점의 함수 값의 차이에 기반하므로, 결국, 경사 하강법의 원리는 '**가로세로 방향으로 차츰차츰 값을 옮겨가며 함수 값을 계산해서, 가장 효율적인 다음 이동 방향을 찾는 것**'이라 할 수 있겠다. 결국, 산을 오르는 원리와 거의 일치함을 알 수 있다.

3.4 경사 하강법의 구현 방법

이 절에서는 앞 절에서 설명한 '꼭대기에 오르기 위한 알고리즘'을 어떻게 프로그램으로 작성할지에 대해 생각해 본다.

아래의 그림 3-5를 보자.

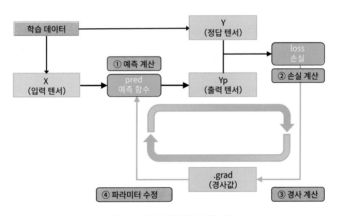

그림 3-5 경사 하강법의 구현 개요

예측 계산

머신러닝 모델은 위 그림에서 '예측 함수' pred로 쓰여 있는 부분이다. **입력 텐서** X가 들어가면 예측 결과로 **출력 텐서** Yp가 나온다고 하자. 이번 장의 예제에서 예측 함수는 다음과 같은 1차함수다.

$$Yp = W * X + B$$

예측 함수를 통해 예측 값으로 Yp를 구하는 것을 '예측 계산'이라 한다. 예측 함수는 계수 W와 정수 B[2]를 파라미터로 가지므로, 이 파라미터 값이 바뀌면 '예측 계산'의 결과도 달라진다.

손실 계산

이번 장의 예제와 같은 '지도 학습'에서 학습 데이터는 일반적으로 입력과 정답을 모두 포함하므로, 정답 열만을 분리해서 **정답 텐서** Y를 만든다[3].

예측 계산의 결과인 Yp와 정답 Y는 값이 다를 수밖에 없다. 얼만큼 차이가 나는지를 평가하기 위해, 두 텐서를 입력으로 받는 '**손실**'을 정의한다. Yp와 Y의 차가 작을수록 작아지는 함수(손실 함수)를 선택해, 그 계산 결과를 손실 값으로 한다. 다시 말해, 머신러닝의 목표는 손실이 가장 작아지게 하는 파라미터 W와 B를 찾아내는 것이다. 이를 계산하는 과정이 경사 하강법의 두번째 스텝인 '손실 계산'이다.

손실 함수는 예측 함수의 성질에 따라 적절한 것을 고른다. 이번에는 **값을 예측하는 회귀 모델**[4]이므로 Y와 Yp의 차의 제곱[5]을 이용한다. 정확히는, 모든 데이터 계열의 차이를 제곱해서 그 평균을 계산한 함수인 '**평균 제곱 오차**'를 선택한다. 만약 Y와 Yp가 모든 데이터 계열에서 완전히 일치한 경우라면 손실 값은 0이 되고, 두 값의 차가 크면 클수록 손실 값도 커진다.

이 손실이 3.3절에서 예로 든 '고정밀 GPS'에 해당하는 개념이다.

경사 계산

예측 함수를 구성하는 파라미터 W와 B의 값을 조금씩 바꿔가며, 그때 변화한 손실의 정도(**경사**)를 살펴본다. 이 과정이 '**경사 계산**'이다. 손실 함수의 최젓값(산의 꼭대기)을 목표로 하는, W와 B를 옮길 가장 좋은 방향이 경사에 해당한다.

파라미터 수정

경삿값(경사 계산의 결과)에 작은 정수(**학습률**) lr을 곱해, 그 값만큼 W와 B를 동시에 줄여 나간다. 이 과정이 '**파라미터 수정**'이다. 3.3절에서 고도의 변화량을 기반으로 100m만큼 걸어 나간 과정과 같다.

---

2 Weight와 Bias의 앞 글자로, 이 알파벳이 자주 인용된다.
3 처음부터 입력과 정답이 별도로 관리된 경우에 이 과정은 불필요하다.
4 회귀 모델 이외에, 이미지가 개인지 고양이인지 판별하는 등의 '분류 모델'이 있으며, 보통 이 두 가지가 머신러닝의 주요 모델이다.
5 Yp와 Y의 제곱을 계산하면, Yp − Y의 계산 결과가 양수나 음수에 관계없이, Yp와 Y의 차의 정도를 측정할 수 있다.

이상의 과정을 그림 3-6에 나타냈다.

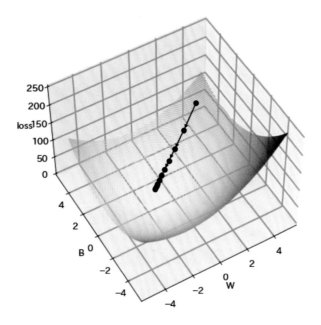

그림 3-6 경사 하강법의 구현 이미지

그림 3-6은 파라미터 W, B와 손실의 관계를 3차원 그래프로 나타낸 것이다. 손실은 그래프의 형태가 산이 아닌 절구 모양으로, 가장 낮게 패인 곳을 향해 조금씩 파라미터가 변화하는 양상을 보여준다.

이번 장의 남은 부분에서, 경사 하강법 알고리즘이 올바르다는 전제로, 파이토치로 어떻게 프로그램을 작성하면 경사 하강법을 구현할 수 있는지 설명한다.

3.5 데이터 전처리

이제 구글 코랩에서 구현한 실습 코드를 설명한다[6]. 우선, 데이터 전처리[7]를 살펴보자. 코드 3-1과 같이, 다섯 쌍의 (신장, 체중) 데이터를 학습 데이터로 설정한다.

---

6 노트북에서는 이번 절의 실습으로 그림 3-6을 그려보는 프로그램을 포함하고 있지만, 주제에서 벗어나므로 건너뛰어도 무방하다.
7 머신러닝에서는 학습이 수월하게끔 데이터를 가공하는 과정은 흔히 볼 수 있다. 이러한 처리를 '전처리'라고 부른다.

코드 3-1 다섯 쌍의 학습 데이터

```python
# 샘플 데이터 선언
sampleData1 = np.array([
    [166, 58.7],
    [176.0, 75.7],
    [171.0, 62.1],
    [173.0, 70.4],
    [169.0,60.1]
])
print(sampleData1)
```

```
[[166.  58.7]
 [176.  75.7]
 [171.  62.1]
 [173.  70.4]
 [169.  60.1]]
```

첫번째 전처리로, 그림 3-5에 나온 것처럼, 코드 3-2에서 학습 데이터를 입력 데이터 x와 정답 데이터 y로 분할한다.

코드 3-2 학습 데이터를 입력 데이터와 정답 데이터로 분할

```python
# 머신러닝 모델에서 사용하기 위해, 신장을 변수 x로, 체중을 변수 y로 함

x = sampleData1[:,0]
y = sampleData1[:,1]
```

그리고 이 데이터의 산포도를 출력한다.

코드 3-3 산포도 출력

```python
# 산포도 출력 확인

plt.scatter(x, y, c='k', s=50)
plt.xlabel('$x$: 신장 (cm) ')
plt.ylabel('$y$: 체중 (kg)')
plt.title('신장과 체중의 관계')
plt.show()
```

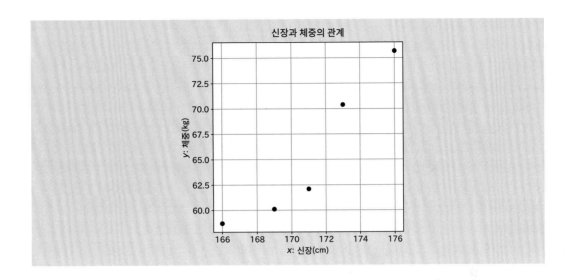

데이터 변환

경사 하강법의 대상이 될 값은 절댓값이 1을 넘지 않는 비교적 작은 값이 필요하다는 사실은 이미 알고 있다. 학습 데이터는 신장도 체중도 1에 비하면 큰 수치이므로, 각 평균값(mean 함수로 계산)을 데이터에서 빼면 경사 하강법이 수월해진다. 이렇게 데이터를 변환한 다음의 산포도를 다시 출력한다. 구현과 결과는 코드 3-4와 같다. 원래의 값을 작은 알파벳 x와 y로, 변환 후 값을 X와 Y로 표기한다.

코드 3-4 데이터 변환

```
X = x - x.mean()
Y = y - y.mean()

# 산포도를 통해 결과 확인
plt.scatter(X, Y, c='k', s=50)
plt.xlabel('$X$')
plt.ylabel('$Y$')
plt.title('데이터 가공 후 신장과 체중의 관계')
plt.show()
```

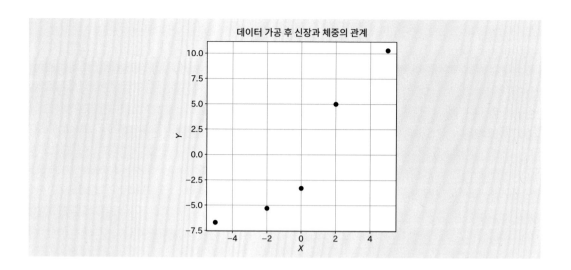

3.6 예측 계산

예측 계산에서는 우선 변환한 데이터 X와 Y를 텐서 변수로 바꿔준다.

코드 3-5 X와 Y를 텐서 변수로 변환

```
# X와 Y를 텐서 변수로 변환

X = torch.tensor(X).float()
Y = torch.tensor(Y).float()

# 결과 확인

print(X)
print(Y)
```

```
tensor([-5., 5., 0., 2., -2.])
tensor([-6.7000, 10.3000, -3.3000, 5.0000, -5.3000])
```

다음으로 1차함수의 계수에 해당하는 변수 W와 정수항 B도 텐서 변수로 정의한다.

코드 3-6 W와 B의 정의

```
# 파라미터 정의
# W와 B는 경사 계산을 위해, requires_grad=True로 설정함

W = torch.tensor(1.0, requires_grad=True).float()
B = torch.tensor(1.0, requires_grad=True).float()
```

두 변수는 초깃값을 1.0으로 설정한다. 그리고 이 변수들은 경사 하강법의 직접 대상이므로, 2.3절에서 설명한 것처럼 자동 미분이 가능하도록 required_grad 속성을 True로 설정한다.

이것으로 예측을 위한 준비가 끝났다. 예측 값을 Yp라 하면,

$$Yp = W * X + B$$

라는 1차함수 식으로, 예측 값이 계산된다. 이 과정을 예측 함수 pred를 거치는 표현으로 정리한 것이 코드 3-7이다.

코드 3-7 예측 값 Yp의 계산

```
# 예측 함수는 1차 함수

def pred(X):
    return W * X + B

# 예측 값 계산
Yp = pred(X)

# 결과 확인
print(Yp)
```

```
tensor([-4., 6., 1., 3., -1.], grad_fn =<AddBackward0>)
```

그리고 이때의 예측 값 Yp를 파라미터 W, B를 입력으로 하는 계산 그래프로 표현하면, 코드 3-8과 같다.

코드 3-8 예측 값 Yp의 계산 그래프

```
# 예측 값의 계산 그래프 표시

params = { 'W': W, 'B': B}
```

```
g = make_dot(Yp, params=params)
display(g)
```

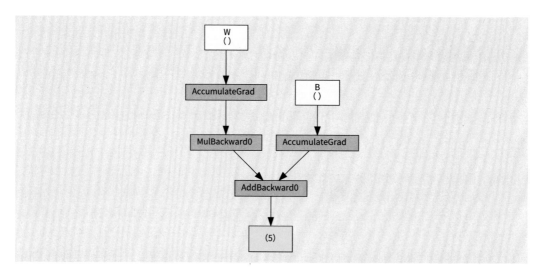

3.7 손실 계산

경사 하강법에서 예측 계산의 다음 스텝은 손실 계산이다. 먼저, 손실 함수를 정의한다. 손실 함수로는 MSE(**평균 제곱 오차**)를 사용하기로 한다. 이 함수는 코드 3-9에서 mse라는 이름의 함수로 구현했다.

코드 3-9 손실 함수(mse)의 정의

```
# 평균 제곱 오차 손실함수


def mse(Yp, Y):
    loss = ((Yp - Y) ** 2).mean()
    return loss
```

다음으로 예측 값 Yp와 정답 Y를 인수로 갖는 mse 함수를 계산한 결과를 '손실'을 의미하는 loss라는 변수에 대입한다. 이것이 '손실 계산'에 해당하는 과정이다. 구현은 코드 3-10과 같다.

코드 3-10 손실 계산

```
# 손실 계산


loss = mse(Yp, Y)
```

```
# 결과 표시

print(loss)
```

```
tensor(13.3520, grad_fn=<MeanBackward0>)
```

이 과정에서 얻은 손실(loss)은, 1차 함수의 계수인 W와 정수항 B의 함수일 것이다. 이 사실을 확인하기 위해 코드 3-11에서 계산 그래프를 그려 보기로 한다.

코드 3-11 손실 계산 그래프 출력

```
# 손실 계산 그래프 출력

params = {'W': W, 'B': B}
g = make_dot(loss, params=params)
display(g)
```

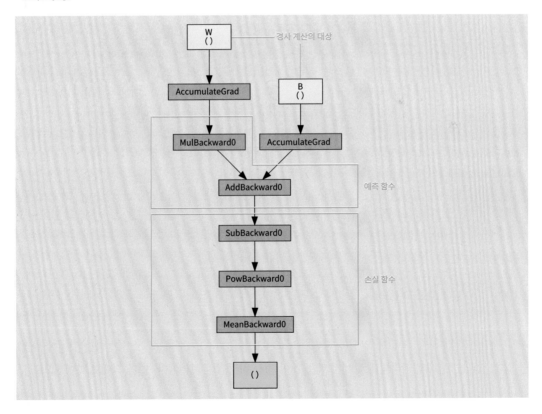

여기서 '손실'이란 '예측 함수'와 '손실 함수'의 합성 함수이며, 이에 따라 '손실'은 예측 함수의 거동을 결정 짓는 파라미터(W와 B)의 함수라는 점을 특히 의식해야 한다. 이 책의 후반부에서 설명하게 될 딥러닝에서도 역시, 지금 설명한 '손실'의 성질은 변함없다. 제아무리 복잡한 모델이라 할지라도 동일한 방법(다음에 설명할 경사 계산)으로 최적의 모델을 구할 수 있다.

이상으로 경사 하강법에 필요한 모든 준비가 완료됐다. 다음은 경삿값을 계산하고, 그 결과에 따라 파라미터 W, B의 값을 수정해 주는 과정만 남았다.

3.8   경사 계산

손실 계산까지 준비가 끝이 났다면, 경사 계산은 매우 간단하다. 구현은 코드 3–12와 같이 backward 함수를 호출하는 것으로 끝이다. 경사 계산의 결과도 print 함수로 확인해 보자.

코드 3–12 손실(loss)에 대한 W와 B의 경사 계산 결과

```
# 경사 계산

loss.backward()

# 경삿값 확인

print(W.grad)
print(B.grad)
```

```
tensor(-19.0400)
tensor(2.0000)
```

3.9   파라미터 수정

경사 계산이 끝났다면, 그 값에 일정한 학습률 lr[8](0.01이나 0.001 같은 값으로 설정하는 것이 일반적)을 곱한 결과를, 원래의 파라미터 값에서 빼는 것이 경사 하강법의 기본이다. 이를 그대로 파이썬으로 구현한 것이 코드 3–13이다.

---

8   learning rate의 약어.

코드 3-13 파라미터 값을 계산한 그대로 갱신하는 경우

```
# 학습률 정의

lr = 0.001

# 경사를 기반으로 파라미터 수정

W -= lr * W.grad
B -= lr * B.grad
```

그러나 이 셀을 실행하면 그림 3-7과 같은 에러가 발생한다.

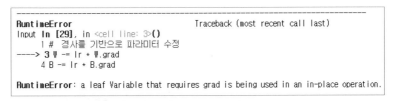

```
-------------------------------------------------------------------
RuntimeError                              Traceback (most recent call last)
Input In [29], in <cell line: 3>()
      1 # 경사를 기반으로 파라미터 수정
----> 3 W -= lr * W.grad
      4 B -= lr * B.grad

RuntimeError: a leaf Variable that requires grad is being used in an in-place operation.
```

그림 3-7 에러 메시지

경사 계산을 하는 도중의 변수(W와 B)는 외부에 영향을 끼치므로 마음대로 값을 수정할 수 없는 것이다. 이와 같은 경우에, with torch.no_grad()라는 컨텍스트를 설정해 두면, 이 컨텍스트 내부에서는 일시적으로 계산 그래프 생성 기능이 작동하지 않으며, 변수를 수정할 수 있다[9]. 구체적인 구현은 코드 3-14와같다.

코드 3-14 올바른 파라미터 수정 방법

```
# 경사를 기반으로 파라미터 수정
# with torch.no_grad() 작성 필요

with torch.no_grad():
    W -= lr * W.grad
    B -= lr * B.grad

    # 계산이 끝난 경사값을 초기화함
```

9   여기서는 파라미터 수정의 흐름을 기록하기 위해, 일부러 귀찮은 방식으로 구현하고 있지만, 3.12절에서 with torch.no_grad()를 사용하지 않고 W 와 B를 갱신할 수 있는 자연스러운 방식을 소개할 것이다.

```
    W.grad.zero_()
    B.grad.zero_()
```

코드 3-14는 경삿값을 사용해 파라미터 값을 갱신한 다음, 다음 경사 계산을 준비하기 위한 zero_ 함수로 경삿값을 초기화까지 하고 있다.

이 코드를 실행한 다음의 W와 B, 그리고 각 경삿값의 기록을 확인해 보자. 구현과 결과는 코드 3-15와 같다.

코드 3-15 W, B의 값과 경삿값 확인

```
# 파라미터와 경삿값 확인

print(W)
print(B)
print(W.grad)
print(B.grad)
```

```
tensor(1.0190, requires_grad=True)
tensor(0.9980, requires_grad=True)
tensor(0.)
tensor(0.)
```

W와 B의 초깃값은 모두 1.0이었으므로, W는 증가하는 방향으로, B는 감소하는 방향으로 조금씩 변화한 것을 볼 수 있다. 이 계산을 반복해서 W와 B를 최적의 값으로 수렴시키는 것이 경사 하강법인 것이다.

3.10 반복 계산

이제, 3.9절까지 확인한 결과를 토대로 실제 계산을 반복해 보자. 이번 절에서는 초기화를 수행하는 셀과 계산을 반복하는 셀을 나눠 설명한다.

먼저, 코드 3-16으로 파라미터 초기화를 수행한다.

코드 3-16 반복 계산의 초기화 처리

```
# 초기화

# W와 B를 변수로 사용
W = torch.tensor(1.0, requires_grad=True).float()
B = torch.tensor(1.0, requires_grad=True).float()

# 반복 횟수
num_epochs = 500

# 학습률
lr = 0.001

# history 기록을 위한 배열 초기화
history = np.zeros((0, 2))
```

1차함수의 계수와 정수항 W와 B는, 다시 한번 초기 상태로 되돌렸다. 반복 계산하는 횟수는 num_epochs 라는 이름의 변수로 총 500회를 설정했다. 그리고 학습률 lr은 0.001이다[10].

다음 코드 3-17은, 조금 길지만, 루프 처리의 구현이다.

코드 3-17 루프 처리 구현

```
# 루프 처리

for epoch in range(num_epochs):

    # 예측 계산
    Yp = pred(X)

    # 손실 계산
    loss = mse(Yp, Y)

    # 경사 계산
    loss.backward()
```

---

10 반복 계산 횟수와 학습률은 케이스-바이-케이스로, 가장 적합한 값을 선택해야 한다. 이번 실습에서는, 가장 적합한 값을 모두 서치한 것으로 간주하자.

```python
with torch.no_grad():
    # 파라미터 수정
    W -= lr * W.grad
    B -= lr * B.grad

    # 경삿값 초기화
    W.grad.zero_()
    B.grad.zero_()

# 손실 기록
if (epoch %10 == 0):
    item = np.array([[epoch, loss.item()]])
    history = np.vstack((history, item))
    print(f'epoch = {epoch} loss = {loss:.4f}')
```

루프 처리의 내부 코드는 대부분 이미 3.9절 이전까지 설명한 바와 같다. 유일하게 설명을 하지 않은 부분은, 마지막 '손실 기록' 부분이다. 이 부분은, 다음 절의 결과 평가에서 '학습 곡선'이라 불리는 그래프를 출력하기 위한 데이터를 주기적(여기서는 10회 반복할 때마다 한 번)으로 기록하는 부분이다. 기록하는 값은, 몇 회 째의 반복인지와 그때의 손실 값이다[11].

3.11 결과 평가

이제, 반복 계산의 결과를 여러 각도에서 평가해 볼 것이다.

가장 먼저 W와 B의 최종 결괏값과, 시작과 종료 시점의 손실 값을 확인해 보자. 구현과 결과는 코드 3-18 과 같다.

코드 3-18 최종 파라미터 값과 손실 값 출력

```python
# 최종 파라미터 값
print('W = ', W.data.numpy())
print('B = ', B.data.numpy())

# 손실 확인
```

---

11 여기서 사용한 vstack 함수에 대해서는 이 책의 "부록 2"에서 설명한다.

```
print(f'초기상태 : 손실 :{history[0,1]:.4f}')
print(f'최종상태 : 손실 :{history[-1,1]:.4f}')
```

```
W = 1.820683
B = 0.3675114
초기상태 : 손실 :13.3520
최종상태 : 손실 :4.6796
```

손실은 초기 13.35에서 최종 4.67까지 줄어들었음을 알 수 있다.

손실이 어떤 식으로 감소했는지 확인하기 위해, 그래프를 그려 보기로 한다. 구현과 결과는 코드 3-19와 같다.

코드 3-19 손실 값을 통한 학습 곡선의 출력

```
# 학습 곡선 출력(손실)

plt.plot(history[:,0], history[:,1], 'b')
plt.xlabel('반복 횟수')
plt.ylabel('손실')
plt.title('학습 곡선(손실)')
plt.show()
```

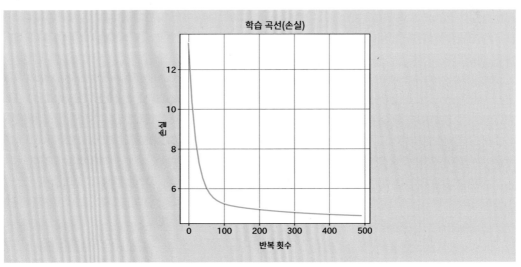

가로 축을 반복 계산의 횟수, 세로 축을 손실로 출력해 보면 예쁜 곡선이 그려진 것을 알 수 있다. 이 결과는, 경사 하강법으로 학습이 성공적으로 진행되었음을 나타낸다. 이 곡선은 '**학습 곡선**'으로 불리며, 앞으로 이 책에서 계속 등장하게 될 그래프다.

이제, 반복 계산을 통해 구한 W와 B 값으로부터 직선의 식을 산출하고, 산포도에 겹쳐 그려보자. 구현이 조금 복잡해서, 일부 코드는 생략하고 결과 그래프를 코드 3-20에서 출력한다.

코드 3-20 산포도와 상관 직선 동시 출력

```
# 그래프 출력

plt.scatter(X, Y, c='k', s=50)
plt.xlabel('$X$')
plt.ylabel('$Y$')
plt.plot(X_range.data, Y_range.data, lw=2, c='b')
plt.title('신장과 체중의 상관 직선(가공 후)')
plt.show()
```

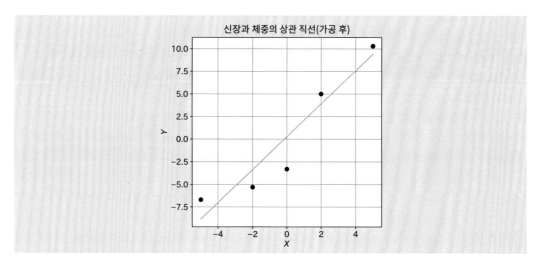

마지막으로, 평균값을 뺀 (X, Y)를 원래의 (x, y)로 값을 되돌려 같은 산포도를 표시한 결과가 코드 3-21이다.

코드 3-21 원래 좌표계에서 출력한 상관 직선

```
# 그래프 출력

plt.scatter(X, Y, c='k', s=50)
plt.xlabel('$X$')
plt.ylabel('$Y$')
plt.plot(X_range.data, Y_range.data, lw=2, c='b')
plt.title('신장과 체중의 상관 직선(가공 전)')
plt.show()
```

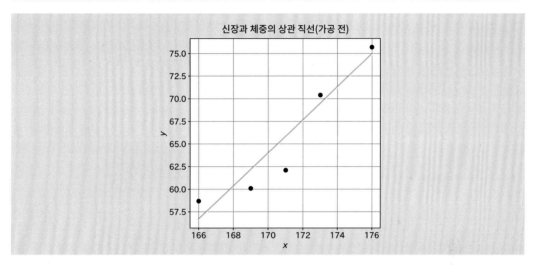

그래프처럼 꽤나 좋은 모양의 근사 결과가 출력되었고, 따라서 학습이 성공적으로 진행되었음을 알 수 있다.

3.12 최적화 함수와 step 함수 이용하기

앞 절까지 '머신러닝 모델의 구현'을 대략 마쳤지만, 한 단계 더 발전시킨 모델을 구현해 보자. 지금까지는, 파라미터 W와 B의 변경을 코드에서 직접 수행했지만, 일반적인 머신러닝 모델은 '최적화 함수'라는 것을 사용한다. 앞서 사용한 코드에서 이에 해당하는 부분을 개선해 볼 것이다.

우선은 초기화 처리 부분이다. 전체 과정을 코드 3-22에 나타냈다.

코드 3-22 최적화 함수를 이용한 초기화 처리

```
# 초기화

# W와 B를 변수로 사용
W = torch.tensor(1.0, requires_grad=True).float()
B = torch.tensor(1.0, requires_grad=True).float()

# 반복 횟수
num_epochs = 500

# 학습률
lr = 0.001

# optimizer로 SGD(확률적 경사 하강법)을 사용
import torch.optim as optim
optimizer = optim.SGD([W, B], lr=lr)

# history 기록을 위한 배열 초기화
history = np.zeros((0, 2))
```

이전에 본 코드와 다른 점은 사각형으로 감싼 부분이다. SGD라는 클래스의 인스턴스를 생성하고, optimizer라는 변수로 저장한다. 이 optimizer라는 변수가 **최적화 함수**이며, 앞으로 반복 계산을 할 때 자주 사용하게 될 것이다.

사실, 경사 하강법에는 수많은 알고리즘이 있다. 그중에서도 이번에 사용한 'SGD라는 클래스는 가장 심플한 알고리즘'이다.

그렇다면, 이 경우의 반복 계산은 어떻게 처리하는지 코드 3-23을 통해 알아보자.

코드 3-23 최적화 함수를 이용한 반복 계산

```
# 루프 처리

for epoch in range(num_epochs):

    # 예측 계산
    Yp = pred(X)
```

```
# 손실 계산
loss = mse(Yp, Y)

# 경사 계산
loss.backward()

# 파라미터 수정
optimizer.step()

# 경삿값 초기화
optimizer.zero_grad()
```

```
# 손실 기록
if (epoch %10 == 0):
    item = np.array([epoch, loss.item()])
    history = np.vstack((history, item))
    print(f'epoch = {epoch} loss = {loss:.4f}')
```

이번에도 변경점을 사각형으로 감싸 표시했다.

이전에 W와 B 값을 직접 변경했던 부분을 step 함수의 호출로 대신하고 있다. 이것이, 이번 절 처음에 설명했던 '**최적화 함수를 이용해 파라미터 값을 간접적으로 변경하는**' 부분에 해당한다.

그리고 경삿값의 초기화도 zero_grad 함수를 호출해서 심플하게 구현하고 있다.

한 가지 더 주목해야 할 점을 코드 3-24를 통해 확인해 보자.

코드 3-24 **최적화 함수를 적용했을 때의 최종 결과.**

```
# 최종 파라미터 값
print('W = ', W.data.numpy())
print('B = ', B.data.numpy())

# 손실 확인
print(f'초기상태 : 손실 :{history[0,1]:.4f}')
print(f'최종상태 : 손실 :{history[-1,1]:.4f}')
```

```
W = 1.820683
B = 0.3675114
```

```
초기상태 : 손실 :13.3520
최종상태 : 손실 :4.6796
```

여기에 표시된 값은 이전 버전의 결과와 다르지 않음을 알 수 있다. 사실, SGD라는 최적화 함수에 내장된 기본값으로 사용하는 것은, 아래와 같은 계산식으로 파라미터를 변경하는 것과 다르지 않다.

코드 3-25 직접 작성한 파라미터 변경 로직

```python
with torch.no_grad():
    # 파라미터 수정
    # 프레임워크를 사용하는 경우는 step 함수가 이를 대신함
    W -= lr * W.grad
    B -= lr * B.grad
```

다음 장 이후의 모델부터는 파라미터 갱신에 최적화 함수(SGD)를 이용하기로 한다. 최적화 함수 내부에는 위와 같은 코드가 구현되어 있음을, 지금까지 내용을 통해 검증되었다고 할 수 있겠다.

최적화 함수 튜닝

이번 절의 예제로, 학습에 최적화 함수를 도입해서 학습의 구현이 다소 단순해진다는 것을 확인했다. 그렇다면, 이번 예제에서 최적화 함수를 도입한 효과는 단지 그것뿐일까?

그렇지 않다. 최적화 함수를 도입하면, 학습에 관해 여러 튜닝도 따라서 간편해진다. 이번 장의 마지막은 이에 관한 구체적인 예시를 들어 볼 것이다. 우선, 아래의 코드 3-26에 주목해 보자. 이코드가 **최적화 함수의 튜닝 버전**이다.

코드 3-26 최적화 함수를 튜닝한 경우의 초기화 처리

```python
# 초기화

# W와 B를 변수로 사용
W = torch.tensor(1.0, requires_grad=True).float()
B = torch.tensor(1.0, requires_grad=True).float()

# 반복 횟수
num_epochs = 500
```

```
# 학습률
lr = 0.001

# optimizer로 SGD(확률적 경사 하강법)을 사용
import torch.optim as optim
optimizer = optim.SGD([W, B], lr=lr, momentum=0.9)

# history 기록을 위한 배열 초기화
history2 = np.zeros((0, 2))
```

새로운 버전에서는, 밑줄로 표시한 momentum=0.9 옵션을 최적화 함수의 인스턴스 optimizer를 생성할 때 설정하고 있다(앞의 학습 결과와 비교해 보기 위해, history 변수도 history2로 다시 설정했다).

새로운 버전의 최적화 함수로 학습한 학습 곡선을, 이전 버전의 학습 곡선에 겹쳐 출력한 결과는 코드 3-27과 같다.

코드 3-27 최적화 함수 튜닝 전후의 학습 곡선 비교

```
# 학습 곡선(손실) 출력

plt.plot(history[:,0], history[:,1], 'b', label='기본값 설정')
plt.plot(history2[:,0], history2[:,1], 'k', label='momentum=0.9')
plt.xlabel('반복 횟수')
plt.ylabel('손실')
plt.legend()
plt.title('학습 곡선(손실)')
plt.show()
```

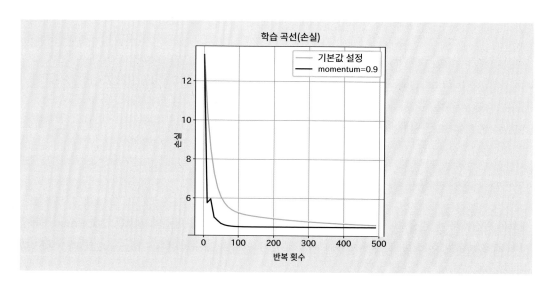

검정 곡선이 최적화 함수를 튜닝했을 때의 곡선이다. 튜닝한 경우가 학습 속도가 빨라졌음을 확인할 수 있다.

SGD라는 최적화 함수 클래스에는 momentum으로 불리는 학습을 빠르게 해 주는 알고리즘이 구현돼 있어, 파라미터 값을 지정해 주면 그에 해당하는 알고리즘이 작동한다. 10장에서 더욱 자세히 설명하겠지만, 머신러닝 · 딥러닝의 튜닝 기법 중 하나가 최적화 함수의 선택이다. **최적화 함수, 또는 그 파라미터 값의 변경으로 간편하게 알고리즘을 최적화할 수 있다**는 사실이, 최적화 함수를 사용하는 장점 중 하나인 것이다.

칼럼 **국소적 최적화 문제**

3.3절에서 정상에 오르는 알고리즘에 관한 설명을 읽고, 센스가 뛰어난 독자는 다음과 같은 생각을 했을지도 모른다.

그림 3-4의 등고선이 그려진 산은 굴곡진 곳이 없어서 이와 같은 알고리즘으로 정상에 오르는 데 문제가 없다. 그렇지만 설악산 같은 산을 오르는 데도 이 알고리즘을 사용한다면, 출발 지점에 따라서는 중턱에 있는 휴게소로 빠지는 경우도 있지 않을까?

이와 같은 지적은 매우 날카로운데, '**국소적인(local) 최적해**'라고 불리는 근처의 작은 언덕밖에 오르지 못하고, 가장 높은 산의 정상, 즉 '**전역적인(global) 최적해**'를 발견하지 못할 가능성이 있다는 것이 경사 하강법의 최대 문제점이기 때문이다.

최솟값을 구하는 손실 함수에서, 알기 쉽게 변수 한 개만을 사용한 예시를 그림 3-8에 나타냈다.

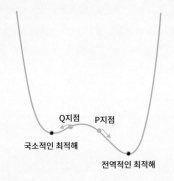

그림 3-8 국소적인 최적해와 전역적인 최적해

이 그림에서, P지점을 출발해서 경사 하강법을 적용하면, 전역적인 최적해를 쉽게 발견하게 될 것이다. 그러나 운이 나빠서 Q지점에서 출발하는 경우라면, 국소적인 최적해로 먼저 빠져버릴 가능성이 있다.

이에 관한 대책도 여러 가지 아이디어가 있지만, 그중에서도 가장 많이 사용되는 것이 '미니 배치 학습법'이다. 구체적인 내용은 8.7절에서 설명한다.

04

예측 함수
정의하기

이전 장에서는 머신러닝 구현의 전체상에 관해 알아보았다. 딥러닝 프로그램이라면, 구현에서 특히 중요한 부분은 '**예측 함수**'다. 예측 함수의 영역에서는 용어의 정의가 다소 애매한 부분이 있고, 그것이 머신러닝 모델을 이해하는 데 어려움을 겪는 요인이기도 하다.

이번 장에서는 그림 4-1에서 사각형으로 감싼 '예측 함수'의 영역에 포함된 개념들의 용어를 명확하게 정의한 다음, 어떤 방법으로 복잡한 모델(예측 함수)을 만들어 나갈 것인지에 대해 생각해 본다.

4.1 머신러닝 알고리즘의 전체상과 예측 함수

이전 장에서 머신러닝 알고리즘에 관해 알아보았으나, 매우 중요한 개념이므로 그림 4-1을 통해 구현의 개요를 다시 한번 확인해보자.

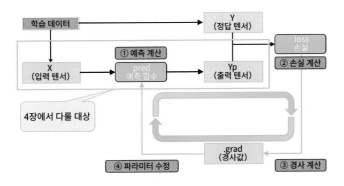

그림 4-1 경사 하강법의 구현 개요

우선, 입력 텐서로부터 출력 텐서를 계산하는 **예측 함수**를 정의했다. 이전 장에서 예측 함수는 파라미터 W와 B를 갖는 함수였다.

다음으로 정답 텐서 Y와 출력 텐서 Yp의 값을 사용해 오차의 크기를 평가하는 **손실 함수**를 정의했다. **경사 하강법**이란 '예측 함수'와 '손실 함수'의 합성 함수인 '손실'의 **경사값(미분값)**을 사용해 W와 B의 값을 반복 수정하는 계산을 통해 최적의 값을 구해내는 방법이었다.

이전 장에서 가장 간단한 머신러닝 모델로 대표되는 선형 회귀에 관해 다뤘지만, 사실은 딥러닝을 포함해, 이 책에서 다루는 모든 머신러닝 모델의 최적화의 원리는, 그림 4-1과 같은 방식을 따른다. 이전 장의 모델과 딥러닝 모델을 비교했을 때, 가장 **본질적으로 다른 점은 예측 함수의 내부 구조에 있다**. 이 책을 통해 점차 이해하게 되겠지만, 예측의 구조는 지금보다 점차 복잡해질 것이다.

이와 관련해서 파이토치에는 다음과 같은 해결책이 준비돼 있다. 예측 함수를 세세한 기능 단위로 나눠, 각 기능에 대응하는 부품을 준비하고, 그 부품들을 조합해 복잡한 함수를 만드는 방법(빌딩 블록[1]이라고도 함)이다.

이때 사용하는 부품을 파이토치에서는 '레이어(Layer)' 또는 '모듈'이라 한다. 그러나 이 책에서는 '**레이어 함수**'로 부르기로 한다. '레이어'라는 단어 뒤에 '함수'를 붙인 이유는, 다음 절에서 상세하게 설명하겠지만, 신경망 그림에서 주로 등장하는 '입력층', '출력층', '은닉층' 등과 같은 용어와 혼동하지 않기 위함이다. 그리고 '모듈'이라는 용어는 너무 일반적이기에 사용하지 않기로 했다.

앞 장에서 소개한 모델의 경우, 1차 함수,

$$Yp = W * X + B$$

가 예측 함수였다. 이 1차 함수를 일반화한 것을 '**선형 함수**'라고 하며, 앞으로 실습에서 자주 등장하게 될 매우 중요한 레이어 함수다. 다음 장에서 자세하게 소개하겠지만, 파이토치에는 'nn.Linear'라는 부품이 있다. 선형 함수라는 레이어 함수를 한 개의 부품으로 사용한, 가장 간단한 머신러닝 모델(앞 장의 선형 회귀)을 이 책에서는 다음과 같은 그림으로 표현할 수 있다.

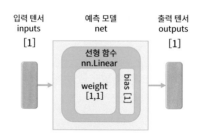

그림 4-2 선형 함수를 한 개 사용한 머신러닝 모델

선형 함수는 '웨이트(weight)'와 '바이어스(bias)'라고 하는 2개의 **파라미터**를 갖는다(1차 함수의 W와 B에 상응함).

---

1 빌딩 블록은 파이토치만의 고유한 아이디어는 아니며, 케라스나 텐서플로 등 다른 딥러닝 프레임워크에서도 쓰이는 표현이다.

일반적인 머신러닝 모델은, 보통 이와 같은 레이어 함수 여러 층을 조합해서 예측 함수를 구성한다. 예를 들어, 8장에서 설명할 예정인 머신러닝 모델을 그림 4-3에서 확인할 수 있다.

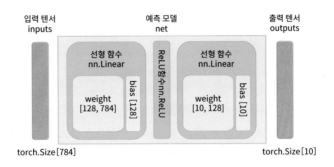

그림 4-3 일반적인 머신러닝 모델

그림 4-3의 예측 모델은 세 개의 레이어 함수를 조합했다. '선형 함수'를 두 번 사용하고, 'ReLU 함수'라는 함수도 사용했다[2].

이번 장에서는 예측 함수와 관련된 중요한 개념으로, 4.3절에서 설명할 '레이어 함수'와 4.4절의 '예측 함수의 내부 구조', 4.5절의 '외부에서 본 예측 함수의 거동' 그리고 4.7절의 '활성화 함수'에 관해 알아보기로 한다.

4.2 신경망의 개념과 파이토치 프로그래밍 모델의 관계

AI를 조금이라도 공부해 봤던 독자라면, 그림 4-4와 같은 신경망 그림과 마주쳐 본 적이 있을 것이다.

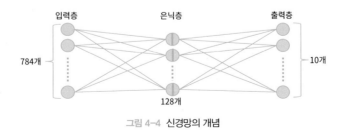

그림 4-4 신경망의 개념

---

2 이미 케라스 등으로 딥러닝 구현 경험이 있는 독자라면, 그림 4-3의 두번째 층의 선형함수 뒤에 활성화 함수가 없다는 점을 의심할 지도 모른다. 이는 파이토치에서 매우 이해하기 어려운 점으로, 이 책에서는 7장에서 자세한 이유와 함께 설명할 예정이다. 지금은 그저 '부품을 조합해 예측 모델을 만들 수 있다'라는 점만 기억해 두자.

사실, 그림 4–3과 그림 4–4는 서로 다른 구조가 아니며, 바라보는 시점에 따라 다르게 표현한 것뿐이다. 이를 설명하기 위해, 두 그림에서 생략된 요소를 부연 설명한 다음, 대응 관계를 알기 쉽도록 좌우 위치에 주의해서 표현한 것이 다음의 그림 4–5이다.

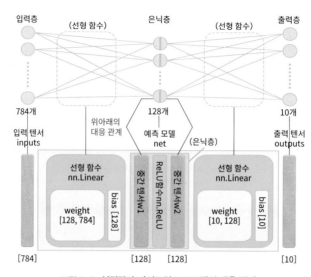

그림 4–5 신경망과 파이토치 프로그램의 대응 관계

그림 4–5에서는, 윗부분에 원래 쓰여 있지 않은 선형 함수를 추가했고, 아랫부분에서도 역시 생략되었던 2개의 '중간 텐서'를 추가로 기입했다.

그림 4–3과 같은 모델 프로그램에서 생각해보면 크게 의식하지 않는 것이 보통이긴 하나, 레이어 함수라는 각 부품에는, 중간 출력(중간 텐서)이 존재한다. 그림 4–5의 윗부분과 비교하면 알 수 있듯이 중간 텐서가 바로 '은닉층'의 정체인 것이다.

그림 4–4(그림 4–5의 상단)의 '**입력층**', '**은닉층**' 그리고 '**출력층**'의 동그란 모양의 원들은 원래 뇌 신경 세포로부터 유래하는 표현으로, 이 그림의 핵심이기도 하다. 필자는 사실 이런 그림이 AI를 학습할 때 가장 큰 혼란을 일으키는 부분이라고 생각한다.

그림 4–3에서 표현한 것처럼, 머신러닝 프로그램의 주역은 이 책에서 '**레이어 함수**'로 불리는 함수군(부분군)이다. 그러나 그림 4–4에서 이 '레이어 함수'를 어떻게 표현했는지 찾아볼 수 없다.

이 책은 파이토치라는 프레임워크를 사용해 머신러닝 모델을 수월하게 개발할 수 있도록 도움을 주기 위한 서적이다. 다시 말해, 그림 4–3과 같은 측면에서 모델을 이해하는 것이 목적이다. 따라서, 앞으로 이어질 모델에 관한 언급은 되도록이면 그림 4–3의 용어로 설명하고 있다.

그림 4-4의 신경망에서 층(레이어)은 데이터(텐서)를 나타내지만, 그림 4-3의 모델 프로그램에서 층은 함수를 나타내며, 두 의미는 전혀 다르다. 두 그림을 비교해 보며 그 차이점에 관해 이해해 보기 바란다.

4.3 파이토치 프로그래밍에 필요한 용어 정의

먼저, 예측 함수의 구축과 관련된 중요한 용어들을 정리하자. 이 중에서 일부는 엄밀하게 정의한 나머지 일반적으로 사용하지 않는 용어나 정의도 있지만, 되도록이면 오해가 빚어지지 않도록 했다. 이 개념들을 먼저 이해한 다음에 이 책을 읽어 나가길 바란다.

레이어 함수 :

텐서를 입력으로 하고, 텐서를 출력하는 함수군. 머신러닝 모델은 여러 레이어 함수들을 부품으로 조합해서 만들어진다. 파이토치 온라인 문서에서는 ReLU 함수와 같은 **활성화 함수**[3]는 레이어 함수로 정의하고 있지 않지만, 이 책에서는 구별하지 않고 활성화 함수도 레이어 함수와 같은 부류로 취급하기로 한다.

이 정의에 따르면, 그림 4-3에는 '선형 함수'와 'ReLU 함수'가 '레이어 함수'에 해당한다.

이 책에서 주로 취급하게 될 레이어 함수를 아래의 표 4-1에 정리했다.

표 4-1 이 책에서 주로 사용하게 될 레이어 함수 목록

함수명	파라미터 유무	명칭	장	모델 종류
nn.Linear	있음	선형 함수	5	회귀
nn.Sigmoid	없음	시그모이드 함수	6	이진 분류
nn.LogSoftmax	없음	소프트맥스 함수 + 로그함수	7	다중 분류
nn.ReLU	없음	ReLU 함수	8	숫자 인식
nn.Conv2d	있음	컨볼루션 함수	9	이미지 인식
nn.MaxPool2d	없음	풀링 함수		이미지 인식
nn.Flatten	없음	1계화 함수		이미지 인식
nn.Dropout	없음	드롭 아웃 함수	10	이미지 인식
nn.BatchNorm2d	있음	배치 규격화 함수		이미지 인식
nn.AdaptiveAvgPool2d	없음	적응형 평균 풀링 함수	11	사전 학습 모델

---

3   딥러닝 모델에서 중요한 역할을 하는 활성화 함수에 관해서는 4.7절에서 설명한다.

파라미터 :

레이어 함수의 내부에서 가지고 있는 입력 텐서 이외의 데이터[4]. **학습이란 레이어 함수의 파라미터 값을 조정하는 행위를 의미**한다.

모든 레이어 함수가 파라미터를 갖는 것은 아니다. 표 4-1에서 정리했듯이, 이 책에서 다루는 레이어 함수 중 파라미터를 갖는 것은, '**선형 함수**', '**컨볼루션 함수**', '**배치 규격화 함수**'까지 총 세 개다.

입력 텐서 :

머신러닝 모델 전체를 하나의 함수(합성 함수)로 간주한다면, 함수의 입력이 되는 텐서. 신경망의 개념에서 '입력층'에 해당한다.

출력 텐서 :

머신러닝 모델 전체를 한 개의 함수(합성 함수)로 본다면, 함수의 출력이 되는 텐서. 신경망의 개념에서 '출력층'에 해당한다.

머신러닝 모델 :

여러 개의 레이어 함수를 조합해(한 개의 레이어 함수인 경우도 있음), 입력 텐서에 대해 바람직한(정답 데이터에 되도록 가깝게) 출력 텐서를 출력해 주는 합성 함수.

학습 :

바람직한 출력 텐서를 얻을 수 있도록 레이어 함수 내부의 파라미터 값을 조정하는 행위[5]. 구체적인 수단으로, 경사 하강법 등의 최적화 함수를 이용한다.

AI를 공부해 본 경험이 있는 독자라면, 특히 후반부의 '머신러닝 모델', 또는 '학습'과 같은 정의가 자신이 생각했던 것과 약간 차이가 있다고 느낄지도 모르겠다. 그러나 '파이토치를 사용해 머신러닝 모델을 개발'하는 목적이라면, 이와 같은 정의도 문제없을 것이다. 이 책에서는, 위 정의들을 전제로 머신러닝에 관한 설명을 이어 나간다.

---

4   파이토치에서 계산은 모두 텐서끼리 이뤄지기 때문에, 파라미터도 역시 텐서의 형태를 갖는다.
5   케라스나 사이킷런과 같은 머신러닝 프레임워크로 학습을 수행하는 함수에는, fit이라는 이름이 붙여져 있다. '학습'이라고 하면, 마치 어린 학생들을 공부시키는 듯한 이미지가 떠오르지만, 머신러닝에서 학습이란 '파라미터의 조정'이다. 따라서 'fit'이라는 단어는 이미지와 잘 들어맞는다.

4.4 예측 함수의 내부 구조

그림 4–3의 모델은 8장에서 한 번 더 설명하게 될 것이라고 언급했다. 구체적으로는, 손으로 쓴 숫자가 무엇인지 맞추는 예측 모델이다. 이 모델은 다음 장에서 설명하게 될 '커스텀 클래스'로 구축된 형태가 될 것이다. 앞서 설명한 '레이어 함수를 조합해 합성 함수를 만들고 예측'하는 느낌을 갖기 위해, 예측 부분만을 떼어 낸 유사한 코드로 예측 함수를 만드는 방법을 실습을 통해 알아보기로 한다.

우선은 부품 역할을 할 레이어 함수를 인스턴스로 정의한다. 구현은 코드 4–1과 같다[6].

코드 4–1 레이어 함수의 정의

```
# 레이어 함수 정의

# 첫번째 선형 함수
# 784 입력 수
# 128 출력 수
l1 = nn.Linear(784, 128)

# 두번째 선형 함수
# 128 입력 수
# 10 출력 수
l2 = nn.Linear(128, 10)

# 활성화 함수
relu = nn.ReLU(inplace=True)
```

이 코드는 그림 4–3에 있는 2개의 선형 함수와 한 개의 활성화 함수(ReLU 함수)를 정의하고 있다. 주목해야 할 점은, 첫번째 선형 함수의 두번째 파라미터 값(128)이 두번째 선형 함수의 첫번째 파라미터 값과 같다는 점이다. **이 128이라는 값이 바로 '은닉층'의 노드 수에 해당**한다.

코드 4–2는 이 세 함수를 조합해서 입력 텐서로부터 출력 텐서를 계산하는 구현 예시를 나타낸다.

---

6 각 함수가 어떤 역할을 하는지는 다음 장 이후에서 자세히 설명할 것이므로, 현재는 이해하지 못해도 상관없다. 지금은 '세 개의 함수를 조합해 합성 함수를 구성'한다는 점에 주목하기로 한다.

코드 4-2 예측 함수의 간략한 구현 예시

```python
# 입력 텐서로부터 출력 텐서를 계산

# 더미 입력 데이터 작성
inputs = torch.randn(100, 784)

# 중간 텐서 1 계산
m1 = l1(inputs)

# 중간 텐서 2 계산
m2 = relu(m1)

# 출력 텐서 계산
outputs = l2(m2)

# 입력 텐서와 출력 텐서 shape 확인
print('입력 텐서', inputs.shape)
print('출력 텐서', outputs.shape)
```

```
입력 텐서 torch.Size([100, 784])
출력 텐서 torch.Size([100, 10])
```

먼저 100행 784열의 2계 텐서(행렬)를 준비한다. 머신러닝에서는 원칙적으로 여러 건의 데이터를 동시에 다룬다. **입력 텐서의 가장 첫번째 인덱스는 언제나 '여러 데이터 가운데 몇 번째의 데이터인가'를 의미한다.**

[100, 784]라는 shape는, '784개의 요소를 갖는 1계 텐서(벡터)의 데이터가 100건이 있다'라고 해석한다. 지금은 shape의 변화를 살피는 것이 목적이므로, 간단하게 더미 데이터를 만들기 위한 방법으로 randn 함수(난수 생성 함수)를 사용했다.

inputs라는 입력에 대해 l1, relu, l2 함수가 순서대로 작용하고, 도중의 m1과 m2 텐서를 거쳐, 최종적으로 shape [100, 10]의 텐서 outputs를 얻게 된다. 물론 현재는, 함수 내부의 파라미터도 모두 난수이기에 올바른 예측은 할 수 없지만, 파라미터 값만 정확하게 조정한다면(이 과정이 바로 '학습'이다), 지금 만든 틀 안에서 바람직한 예측이 가능할 것이다.

코드 4-2의 구현은 1.3절의 코드 1-10에서 살펴본 합성 함수의 구현과 같은 패턴이다. 1.3절에서 합성 함수에 관해 자세히 해설했던 까닭은, 파이토치에서 예측 함수를 구현하기 위해 반드시 갖춰야 할 지식이었기 때문이다.

사실, 이와 같이 직렬로 이어지는 합성 함수는 nn.Sequential이라는 부품을 통해 더욱 간결하게 구현이 가능하다. 다음의 코드 4-3을 보자.

코드 4-3 nn.Sequential의 사용 예시

```
# nn.Sequential을 사용해 전체를 합성 함수로 정의
net2 = nn.Sequential(
    l1,
    relu,
    l2 )


outputs2 = net2(inputs)

# 입력 텐서와 출력 텐서의 shape 확인
print('입력 텐서', inputs.shape)
print('출력 텐서', outputs2.shape)
```

```
입력 텐서 torch.Size([100, 784])
출력 텐서 torch.Size([100, 10])
```

이전 구현에서는 m1, m2라는 이름으로 보였던 중간 텐서는 더 이상 코드에서 보이지 않는다. 그림 4-3에서 중간 텐서를 생략한 것은, 실제 파이토치 프로그램에서는 nn.Sequential을 활용해 중간 텐서가 명시적으로 출현하지 않는 경우가 많기 때문이다.

4.5 외부에서 본 예측 함수의 거동

다음 장부터는 점차 복잡한 구조를 가진 머신러닝 모델을 개발해 나갈 예정이다. 그 내부 구조에 관해서도 점차 설명하겠지만, 정말로 4.3절에서 정의한 형태의 머신러닝 모델인지 확인하기 위해, 외부에서 본 모델의 거동을 표 4-2에 정리했다.

표 4-2 다음 장 이후에 등장하는 모델의 거동[7]

장	모델의 명칭	입력 텐서의 shape	출력 텐서의 shape	예측하려는 값
5	단일 회귀	[1]	[1]	수치
5	단일 회귀	[2]	[1]	수치
6	이진 분류	[2]	[1]	라벨 (0, 1)
7	다중 분류	[2]	[3]	라벨 (0, 1, 2)
8	숫자 인식	[784]	[10]	라벨 (0~9)
9	이미지 인식	[3, 32, 32]	[10]	라벨 (0~9)

입력 텐서와 출력 텐서의 shape는 각 장의 내용에 따라 다르다. 그러나 그것과 관계없이 '여러 개의 레이어 함수를 조합해서 입력 텐서에 대해 바람직한(정답 데이터에 되도록 가까운) 텐서를 출력하는 합성 함수'라는 머신러닝의 정의에는 잘 들어 맞는다.

4.6 파이토치 머신러닝 프로그램의 전체상

미리보기 장에서 다뤘던, 이 책의 첫 부분에 별도로 수록한 그림을, 그림 4-6에서 다시 한번 살펴보자. 이 그림은 파이토치로 개발하는 머신러닝 모델에 대해, 학습에서 특히 중요한 텐서와 함수 간의 관계를 표현한 것이다.

구조는 이번 장의 초반부에 소개한 그림 4-1과 닮아 있지만, 각 요소의 클래스명, 변수명, 함수명 등이 다르다. 이 책에 수록한 머신러닝 모델에는 그림 4-6에 나타낸 클래스, 변수, 함수를 표준으로 사용한다. 그림 4-1과 비교해 보면서 각 대응 관계를 먼저 이해해 보기 바란다.

---

7 앞서 설명한 것처럼, 텐서의 첫번째 인덱스는 '몇 번째 데이터인가'를 나타내므로 shape 란에서 첫번째 인덱스를 생략했다.

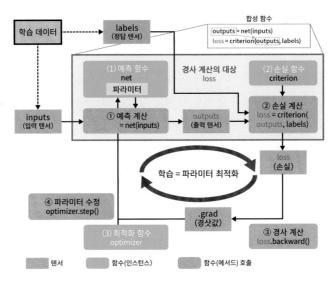

그림 4-6 **파이토치 머신러닝 프로그램의 전체상**

일부 아직 설명하지 않은 내용이 들어가 있어서 하나씩 자세한 설명은 하지 않겠으나, 파이토치를 활용한 머신러닝 프로그램은 이 그림에서 표현한 것처럼 '(1) 예측 함수', '(2) 손실 함수', '(3) 최적화 함수'의 세 부분으로 나눌 수 있다.

그리고 반복 처리의 순서라는 관점에서는 '① 예측 계산', '② 손실 계산', '③ 경사 계산', '④ 파라미터 수정'을 순환하는 형태다.

이번 장에서는 이 중에서도 '(1) 예측 함수'와 그 함수를 통해 계산되는 '① 예측 계산'의 구현 방식에 대해 설명한다. '(2) 손실 함수'에 대해서는 3.7절에서, '(3) 최적화 함수'의 사용 방법에 대해서는 3.12절에서 설명했으므로, 이로써 주요한 구성 요소를 한 번씩은 훑어본 셈이다.

한 번에 모든 개념을 이해하기는 어렵지만, 5장 이후에서 이 개념들을 반복해서 설명한다. 이 책을 읽어 나감에 따라 머신러닝에 관한 전체적인 이미지가 조금씩 자리 잡게 될 것이다.

4.7 활성화 함수의 목적

이번 장에서 '활성화 함수'라는 단어와 마주했을 것이다. 다음 장 이후에 이 함수의 구체적인 역할에 관해 살펴보겠지만, 이번 절에서 활성화 함수가 어떤 목적을 가지고 있는지에 관해 간단히 설명한다. 이를 위해, 유사한 모델 세 개를 작성해 각 모델의 거동을 확인해보기로 한다[8].

우선 아래 세 그림에 주목하자.

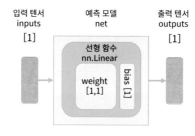

(그림 4-2를 다시 실음) 선형 회귀 모델

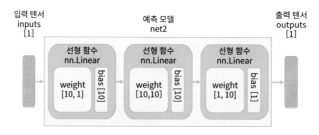

그림 4-7 2개의 은닉층을 가진 회귀 모델(활성화 함수 없음)

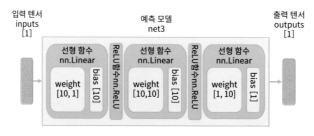

그림 4-8 2개의 은닉층을 가진 회귀 모델(활성화 함수 사용)

8 이번 절에서는, 코드 전체가 노트북에 포함되어 있으나, 현재 단계에서 모두 이해할 필요는 없다. 책에 실린 그림의 의미를 이해하면 충분하므로, 노트북의 구현은 어디까지나 '참고' 정도로 생각해 주기 바란다.

그림 4-2는 이전 장에서 다뤘던 '선형 회귀' 모델이다. 한 층의 선형 함수로 이뤄진 단순한 모델이다.

다음의 그림 4-7은 그림 4-2와 똑같은 입출력을 갖지만, 세 개 층의 선형 함수를 내부 구조로 하는, 언뜻 딥러닝처럼 보일 수 있는 '잘못 작성된' 모델이다. 여기서 **활성화 함수는 하나도 사용하지 않았다.** 마지막 그림 4-8은, 그림 4-7 모델과 달리 **선형 함수 사이에 활성화 함수를 추가한 올바른 형태의 딥러닝 모델이** 다(여기서는 'ReLU 함수'를 활성화 함수로 사용했다).

각 모델에서 약간의 난수 요소를 부여한 2차 함수 값을 학습 데이터로 사용해, 2차 함수를 어느 정도까지 근사할 수 있는지를 시험해 봤다. 학습 데이터 작성 코드와 그 결과의 산포도는 코드 4-4 및 코드 4-5와 같다. 코드 4-5의 그래프에서는 '학습 데이터'와 '검증 데이터'를 다른 색과 모양으로 구분했다.

코드 4-4 학습용 데이터를 생성하는 프로그램

```
# 훈련 데이터, 검증 데이터 계산
np.random.seed(123)
x = np.random.randn(100,1)

# y는 x^2에 난수를 1/10만큼 더한 값
y = x**2 + np.random.randn(100,1) * 0.1

# 데이터를 50건씩 훈련용과 검증용으로 나눔
x_train = x[:50,:]
x_test = x[50:,:]
y_train = y[:50,:]
y_test = y[50:,:]
```

코드 4-5 학습 데이터의 산포도 출력

```
# 산포도 출력
plt.scatter(x_train, y_train, c='b', label='훈련 데이터')
plt.scatter(x_test, y_test, c='k', marker='x', label='검증 데이터')
plt.legend()
plt.show()
```

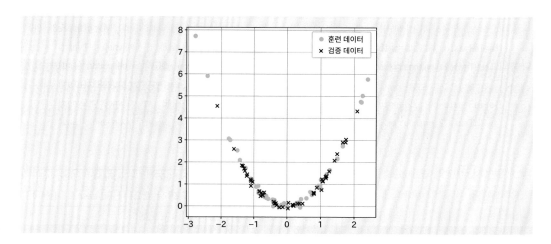

세 개의 예측 모델을 훈련 데이터로 학습하고, 검증 데이터를 통해 예측한 결과를 산포도에 표시한 결과가 이어지는 그림 4-9부터 그림 4-11까지다. 각 산포도에서 파란 점이 모델의 예측 값, 검은 점이 정답이다. 코드 4-5와 닮은 그래프지만, '예측 값'과 '정답'을 다른 색과 모양으로 구분하고 있다는 점에 주의하기 바란다.

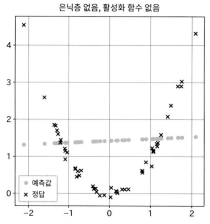

그림 4-9 선형 회귀 모델로 2차 함수를 근사한 결과

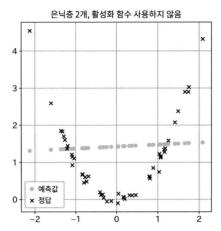

그림 4-10 활성화 함수를 사용하지 않은 유사 딥러닝 모델로 2차 함수를 근사한 결과

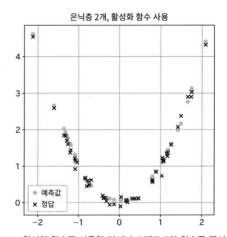

그림 4-11 활성화 함수를 사용한 딥러닝 모델로 2차 함수를 근사한 결과

선형 회귀 모델은 1차 함수에 의한 근사이므로, 2차 함수를 무리해서 근사시키려 하면, 그림 4-9와 같이 직선이 될 것이란 것은 사전에 충분히 예상할 수 있다.

그림 4-7처럼 선형 함수를 세 개 겹친 모델을 작성하면, 2차 함수라도 근사가 가능해 보일 수 있다. 그러나 '단순히 선형 함수를 합성해 놓기만 한 함수는, 결국 한 개 층의 선형 함수와 같다'라는 것은 이미 수학적으로 증명된 사실이다. 그림 4-10의 산포도는 그 사실을 검증한 결과다.

이에 반해 그림 4-11은 선형 함수 사이에 활성화 함수를 끼워 넣은 올바른 형태의 딥러닝 모델로 학습한 결과다. 이 그림에서는, 학습에 사용하지 않은 검증 데이터로 2차 함수의 정답이 올바르게 근사되었다. **이것이 활성화 함수의 효과다.** '비선형 함수'로 불리는 활성화 함수를 선형 함수의 사이에 넣어야 비로소 **깊은 층을 가진 딥러닝 모델이 의미를 갖게 되는 것**이다. 이런 목적으로 사용되는 대표적인 활성화 함수로, 이번 실험에서는 ReLU 함수(램프(Ramp) 함수로 부르기도 함)를 사용했다[9].

자세한 설명은 뒤에서 하겠지만, 활성화 함수에는 한 가지 또 다른 역할이 있다. 그것은 모델 출력의 가장 마지막 단에 활성화 함수를 배치해서, **선형 함수의 출력값을 정형화**하는 사용 패턴이다. 구체적으로 이진 분류 모델에는 **시그모이드 함수**를, 다중 분류 모델에는 **소프트맥스 함수**를 이 목적으로 사용하고, **모델의 출력을 0부터 1 사이의 값을 가진 '확률값'으로 만든다.** 이 책에서는, 6장과 7장에서 이것의 구체적인 케이스에 관해 설명한다.

여기까지 설명한 활성화 함수의 역할을 알기 쉽게 예를 들자면, 마치 요리에서 식자재(선형 함수)의 특징을 살리기 위한 필수적인 '조미료'나 '향신료'가 가지는 의미 정도일 것이라 생각한다.

---

9 (지은이) 8장에서 설명할 예정이나, ReLU 함수는 $x<0$ 범위에서, $y=0$, $x>0$ 범위에서 $y=x$로 표현되는 두 종류의 1차 함수를 점 $x=0$에서 이어 붙인 매우 단순한 함수다. 이 함수를 사이에 넣는 것만으로, 모델의 거동이 완전히 변해버리는 것 역시 딥러닝에서만 볼 수 있는 기이한 성질 중 하나라고 생각한다.

머신러닝
실전편

05

선형 회귀

이번 장부터 드디어 '머신러닝 실전편'에 들어간다. 3장에서도 간단한 머신러닝 모델은 작성했지만, '머신러닝 실전편'에서는 조금 더 본격적인 모델을 만들어 볼 것이다.

3장에서 작성한 모델은 주로 경사 하강법 알고리즘의 이해를 돕는 것이 목적이어서, 예측 함수나 손실 함수에 관해서는 프레임워크에 전혀 의존하지 않는 구현 방식을 취했다.

이와 대조적으로 이번 장에서는 3장과 동일한 선형 회귀 모델을 재현하되, 예측 함수나 손실 함수에 관해서는 모두 파이토치 표준 프레임워크가 제공하는 방식을 따를 것이다. 그만큼 3장과 비교해 다소 이해가 어려운 부분이 생길지도 모르지만, 하고자 하는 것은 3장과 다르지 않다. 모르는 부분은 3장과 비교해 다시 읽어보면서 스스로 해결해 보자.

5.1 문제의 정의

이번 장의 실습 주제로 활용하게 될 데이터셋은 주로 '보스턴 주택 데이터셋'으로 알려져 있다[1]. 미국 인구 조사국이 보스턴 메사추세츠 지역의 주택 정보를 수집해 놓은 것으로, URL에 접속해 보면 그림 5-1과 같은 페이지가 나타난다.

The Boston Housing Dataset

A Dataset derived from information collected by the U.S. Census Service concerning housing in the area of Boston Mass.

Delve

●●

This dataset contains information collected by the U.S Census Service concerning housing in the area of Boston Mass. It was obtained from the StatLib archive (http://lib.stat.cmu.edu/datasets/boston), and has been used extensively throughout the literature to benchmark algorithms. However, these comparisons were primarily done outside of **Delve** and are thus somewhat suspect. The dataset is small in size with only 506 cases.

그림 5-1 '보스턴 주택 데이터셋' 공개 웹 페이지
URL: https://www.cs.toronto.edu/~delve/data/boston/bostonDetail.html

보스턴 근교를 506개의 지역으로 분할해서, 각 지역에서 다양한 관점으로 통계 정보를 수집했다. 그중 **'평균 주택 가격'**이라는 항목이 존재하며, **'다른 항목으로부터 평균 주택 가격을 예상'**하는 **회귀 모델 주제**에 자주 인용된다.

---

1 5장에서 8장까지의 실습은, '딥러닝의 수학'과 완전히 같은 주제(공개 데이터셋)를 예로 들었다. 이전 저서의 독자는 두 구현을 비교해 보면서 수월하게 이해할 수 있을 것이다. 단, 이 책은 완전히 독립적인 형태로 집필했기 때문에, 전 저서를 읽지 않은 독자라도 크게 걱정할 필요는 없다.

이번 장의 실습에서는, 입력 항목 중 **'방의 평균 개수'**를 의미하는 RM이라는 항목을 사용해, 목적 변수인 부동산의 가격을 예측하는, **단일 회귀** 모델을 작성한다. 예측 함수로는 3장에서와 마찬가지로 1차 함수를 사용하므로, 엄밀하게 말하자면 **'선형 단일 회귀'** 모델인 것이다.

실습의 후반부에서는, '저소득자 비율'을 의미하는 LSTAT라는 항목을 하나 더 추가해서, 두 항목을 입력으로 하는 모델을 작성한다. 이 모델은 단일 회귀와 구분하기 위해 **다중 회귀'**로 불리기도 한다. 그리고 앞서 언급한 단일 회귀와 다중 회귀를 통틀어 **'선형 회귀'**로 부른다.

1차 함수는 파이토치의 레이어 함수로 말하자면, **선형 함수**(nn.Linear)에 해당한다. 선형 회귀 모델은 다른 레이어 함수와 조합하지 않고, nn.Linear라는 단독 레이어 함수로 모델을 구현할 수 있다. 다시 말해, 가장 간단한 구성으로 실현할 수 있는 머신러닝 모델인 것이다. 이번 장에서 가장 먼저 구현해 볼 단일 회귀 모델의 개념을 그림 5-2에 나타냈다.

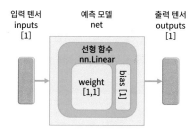

그림 5-2 단일 회귀 모델의 파이토치 구현 개념도

5.2 이 장의 중요 개념

이 장에서 중요하게 다루고 있는 개념으로는 다음과 같은 것들이 있다.

- **선형 함수**(nn.Linear)
- **'커스텀 클래스 정의'**를 활용한 머신러닝 모델의 작성
- 평균 제곱 오차 계산에 손실 함수 클래스(nn.MSELoss)를 이용

이번 장에서는 이전 장에서 설명한 '**레이어 함수**'의 첫 번째 타자로 선형 함수(nn.Linear[2])를 소개한다. 앞으로 자주 마주하게 될 매우 중요한 함수이므로, 5.3절에서 자세하게 설명한다.

3장에서는 간단한 방법으로 머신러닝 모델을 작성했지만, 파이토치가 추구하는 진정한 머신러닝 모델의 개발은 '**커스텀 클래스 정의**'를 활용한 방법에서 출발한다. 5.4절에서는 이와 관련해서 중요한 포인트를 정리한다.

3장에서 머신러닝 모델을 개발할 때, 직접 정의한 함수를 손실 함수로 사용했다. 일반적인 머신러닝 모델 개발은 **기존의 클래스를 이용하는 형태로 손실 함수를 정의**한다. 5.5절에서 이 점에 관해 설명한다.

5.3 선형 함수(nn.Linear)

이번 절에서는 1차 함수[3]를 프로그램상에서 실현하기 위한 선형 함수(nn.Linear)에 관해 설명한다.

인스턴스를 생성하기 위한 구현은 다음과 같다.

코드 5-1 선형 함수의 인스턴스 생성

```
# 입력 :2, 출력 :3 선형 함수의 정의

l3 = nn.Linear(2, 3)
```

이 레이어 함수는 인스턴스의 생성을 위해 2개의 인수가 필요하다. 첫번째 인수는 입력 텐서의 차원수, 두번째 인수는 출력 텐서의 차원수를 의미한다. 다시 말해, 위 구현 예시는 2차원 텐서를 입력받아 3차원 텐서를 출력하는 함수인 것이다.

1입력 1출력

그렇다면, 가장 간단한 1입력 1출력 선형 함수 l1을 작성해 보자. 이것은 이번 장의 첫 실습에서 다뤘던 단일 회귀에 해당한다.

코드 5-2에서는 생성한 인스턴스를 print 함수를 통해 자세히 확인하고 있다.

---

2 nn은 'Neural Network'를 의미한다.
3 수학적으로 정확하게는 아핀 변환(Affine Transformation)이라 한다. 1차 함수의 다변수 버전(입출력 모두 복수 차원 가능) 정도로 생각할 수 있다.

그다음 줄에서는 loss에 대해 2.3절에서 등장한 **backward 함수**를 호출한다. 이 함수를 호출하면 **loss 에 대한 경사 계산**이 이뤄지고, '③ **경사 계산**'이 이에 해당하는 과정이다.

이 책에서 사용하게 될 손실 함수를 표 5-1에 정리했다. 앞으로 새로운 손실 함수가 나올 때마다 해당 함수가 어떤 계산을 하고, 어째서 그 계산 결과로 오차를 평가할 수 있는지 알아볼 것이다.

표 5-1 각 실습에서 이용하게 될 손실 함수

장	모델 종류	손실 함수	처리 개요
5	회귀	MSELoss	평균 제곱 오차
6	이진 분류	BCELoss	이진 분류용 교차 엔트로피 함수
7~11	다중 분류	CrossEntropyLoss	다중 분류용 교차 엔트로피 함수
12	이진 분류	CrossEntropyLoss	다중 분류용 교차 엔트로피 함수

이번 절에서, **손실이란 '예측 함수'와 '손실 함수'의 합성 함수**라고 언급했다. 이 개념을 파이썬으로 구현한 부분을 다시 한번 정리해 보자.

코드 5-16 손실(loss)의 계산 방법

```
# 예측 계산
outputs = net(inputs)

# 손실 계산
# "딥러닝을 위한 수학"의 결과와 일치시키기 위해 2로 나눈 값을 손실로 함
loss = criterion(outputs, labels1) / 2.0
```

1.3절에서 설명한 '합성 함수' 패턴을 여기서도 확인할 수 있는데, 파이썬 코드상에서도 손실은 예측 함수와 손실 함수의 합성 함수임을 명확하게 확인할 수 있다.

5.6 데이터 준비

이제 실습 코드에 관한 설명을 시작한다. 가장 먼저 데이터를 준비한다.

우선, 공개 데이터셋을 사이킷런 라이브러리를 통해 가져온다. 구체적인 코드는 코드 5-17에 나타냈다.

코드 5-17 학습용 데이터 준비

```
# '보스턴 데이터셋'은 현재 사이킷런 라이브러리에서 가져올 수 있지만,
# 사이킷런에서 앞으로 이 데이터를 사용할 수 없기 때문에 웹 url에서 직접 수집

data_url = "http://lib.stat.cmu.edu/datasets/boston"
raw_df = pd.read_csv(data_url, sep="\s+",
    skiprows=22, header=None)
x_org = np.hstack([raw_df.values[::2, :],
    raw_df.values[1::2, :2]])
yt = raw_df.values[1::2, 2]
feature_names = np.array(['CRIM', 'ZN', 'INDUS', 'CHAS', 'NOX',
    'RM', 'AGE', 'DIS', 'RAD', 'TAX', 'PTRATIO','B', 'LSTAT'])

# 결과 확인
print('원본 데이터', x_org.shape, yt.shape)
print('항목명: ', feature_names)
```

```
원본 데이터 (506, 13) (506,)
항목명:  ['CRIM' 'ZN' 'INDUS' 'CHAS' 'NOX' 'RM' 'AGE' 'DIS' 'RAD' 'TAX' 'PTRATIO' 'B' 'LSTAT']
```

다음으로, 입력 데이터에서 단일 항목으로 방의 평균 개수(RM)만을 골라낸다.

코드 5-18 입력 데이터 추출

```
# 데이터 추출(RM 항목)
 x = x_org[:,feature_names == 'RM']
print('추출 후', x.shape)
print(x[:5,:])

# 정답 데이터 y 표시
print('정답 데이터')
print(yt[:5])
```

```
추출 후 (506, 1)
[[6.575]
 [6.421]
 [7.185]
 [6.998]
```

```
[7.147]]
정답 데이터
[24. 21.6 34.7 33.4 36.2]
```

마지막으로 골라낸 x와 정답 yt의 관계를 산포도를 통해 확인한다.

코드 5-19 **산포도 출력**

```
# 산포도 출력

plt.scatter(x, yt, s=10, c='b')
plt.xlabel('방 개수')
plt.ylabel('가격')
plt.title('방 개수와 가격의 산포도')
plt.show()
```

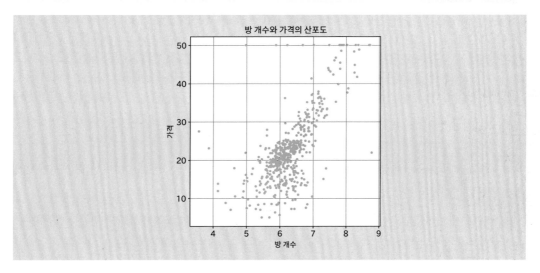

선형 단일 회귀는, 이 산포도에 나타난 많은 점들을 가장 좋은 방향으로 근사하는 직선을 구하는 문제라고 할 수 있다.

5.7   모델 정의

이번 절에서는 모델을 정의하는 구현 방법에 관해 설명한다.

변수 정의

가장 먼저, 변수를 준비한다.

코드 5-20   변수 정의

```
# 변수 정의

# 입력 차원수
n_input= x.shape[1]

# 출력 차원수
n_output = 1

print(f'입력 차원수: {n_input}   출력 차원수: {n_output}')
```

입력 차원수: 1 출력 차원수: 1

우선, n_input과 n_output에 관해 설명한다. 머신러닝 또는 딥러닝 모델은 바꿔 말하면 **'입력 벡터에 대해 출력 벡터를 반환하는 함수'**로 표현할 수 있다. 이 책에서는 머신러닝 모델을 변수 net, 입력을 inputs, 출력을 outputs로 나타낸다. 그리고 입력 inputs의 차원수를 n_input, 출력 outputs의 차원수를 n_output으로 나타내기로 한다(그림 5-4).

그림 5-4   모델 변수 net의 구현 이미지

이번 모델은 코드 5-20의 결과로부터 알 수 있듯이, 1입력 1출력으로 아주 심플한 모델이다.

머신러닝 모델(예측 모델)의 클래스 정의

아래의 코드 5-21은 머신러닝 모델의 클래스 구조를 정의하는 구현 중 가장 중요한 부분이다.

코드 5-21 머신러닝 모델(예측 모델)의 클래스 정의

```python
# 머신러닝 모델(예측 모델)의 클래스 정의

class Net(nn.Module):
    def __init__(self, n_input, n_output):

        # 부모 클래스 nn.Module의 초기화 호출
        super().__init__()

        # 출력층 정의
        self.l1 = nn.Linear(n_input, n_output)

        # 초깃값을 모두 1로 설정
        # "딥러닝을 위한 수학"과 조건을 맞추기 위함
        nn.init.constant_(self.l1.weight, 1.0)
        nn.init.constant_(self.l1.bias, 1.0)

    # 예측 함수 정의
    def forward(self, x):
        x1 = self.l1(x)  # 선형 회귀
        return x1
```

- 커스텀 클래스 Net을 nn.Module의 자식 클래스로 정의함

- __init__ 함수로 초기화 처리를 함

- 인스턴스 생성 시는 n_input과 n_output 두 값을 인수로 취함

- __init__ 함수의 내부에서 부모 클래스의 __init__ 함수를 호출함

이상이 위 코드로부터 알 수 있는 사실들이다. 파이썬으로 커스텀 클래스를 정의하는 방법에 관해서는 1.5절에서 설명했으니, 복습이 필요한 독자는 1.5절에서 다시 한번 확인하기 바란다.

여기서는, '# 출력층의 정의' 이하의 행에 관해 자세히 설명한다. 우선 다음 행을 살펴보자.

```
self.l1 = nn.Linear(n_input, n_output)
```

선형 함수 nn.Linear에 관해서는 5.3절에서 자세히 설명했다. 이 함수가 클래스 안의 변수 l1으로 초기설정이 되어있다.

그리고 입력 1차원, 출력 1차원이므로, 가중치 l1.weight는 shape=[1, 1]인 2계 텐서, 바이어스 l1.bias는 shape=[1]인 1계 텐서다.

그다음으로, nn.init.constant_로 시작하는 2개의 행은, weight와 bias의 초깃값 설정을 위한 처리다. 지정하지 않아도 모델은 동작하지만, 결과를 항상 일정하게, 그리고 《딥러닝을 위한 수학》에서 기술한 파라미터의 초기조건과 일치시키기 위해 지정했다.

마지막으로 forward 함수의 정의가 이어진다. 이 처리는 매우 중요하다. 파이토치에서는, **모델용 클래스의 내부에서 반드시 forward 함수를 정의해서, 입력 텐서인 inputs을 받아 출력 텐서 outputs를 반환하기 위한 처리를 기술하는**, 하나의 규칙으로 자리매김한다. 이 처리의 이미지를 그림 5-4에서 다시 한번 확인해보기 바란다.

모델의 예측 방법은 위에서 정의한 선형 함수인 l1 그 자체의 처리이므로, l1 함수의 결과를 그대로 반환하도록 구현했다. 그러나 더욱 복잡한 머신러닝 모델이라면 forward 함수의 처리도 함께 복잡해진다.

인스턴스 생성

아래의 코드 5-22에서는 Net 클래스로부터 인스턴스 변수 net을 생성하고 있다.

코드 5-22 인스턴스 생성

```
# 인스턴스 생성
# 1입력 1출력 선형 모델

net = Net(n_input, n_output)
```

인스턴스를 생성할 때는 입력 차원수(=1)와 출력 차원수(=1)를 인수로 넘겨받는다.

Net 클래스의 인스턴스인 net 변수를 정의하면, 다음과 같은 호출 방식으로 **입력 텐서로부터 예측 값인 출력 텐서를 얻을 수 있다.**

```
outputs = net(inputs)
```

이것이 파이토치라는 머신러닝 모델 프레임워크에서 예측 계산을 작성하는 가장 기본적인 방법이다.

모델 내부의 변숫값 표시

위에서 생성한 모델을 나타내는 net 변수에는, 부모 클래스의 nn.Module 안에 정의된 편리한 기능(함수)을 이용할 수 있다. 그중 한 가지 예로, 모델 안의 변수명과 그 값을 가져오는 named_parameters 함수를 소개한다. 구체적인 구현은 코드 5-23과 같다.

코드 5-23 **모델 안의 파라미터 목록 표시**

```
# 모델 안의 파라미터를 확인
# 모델 안의 변수를 가져오기 위해 named_parameters 함수를 사용함
# 첫번째 요소는 변수명, 두번째 요소가 변숫값
#
# predict.weight와 predict.bias 파라미터가 존재함
# 초깃값은 두 파라미터 모두 1.0


for parameter in net.named_parameters():
    print(f'변수명 : {parameter[0]}')
    print(f'변숫값 : {parameter[1].data}')
```

```
변수명 : l1.weight
변숫값 : tensor([[1.]])
변수명 : l1.bias
변숫값 : tensor([1.])
```

결과적으로, predict.weight와 predict.bias라는 변수가 있고, 각 값은 1.0으로 같았다. 이전에 설명한 대로, 파라미터의 초깃값은 기본적으로 1.0으로 정해져 있다는 사실을 다시 한번 확인할 수 있었다.

parameters 함수의 호출

한 가지 더 편리한 기능으로 parameters 함수가 있다. named_parameters 함수는 '파라미터 명칭', '파라미터 값'이 쌍으로 반환했지만, parameters 함수는 파라미터 명칭 없이 '파라미터 값'만을 리스트 형식으로 반환한다. 뒤에서 설명하게 될 최적화 함수의 인스턴스를 생성하는 과정에서, 최적화의 대상인 파라미터를 리스트로 넘겨줄 필요가 있는데, 이때 활약하는 함수로 자주 사용한다.

간단한 사용 예는 코드 5-24에 나타냈다.

코드 5-24 parameters 함수의 사용 예

```
# 파라미터의 리스트를 가져오기 위해 parameters 함수를 사용
for parameter in net.parameters():
    print(parameter)
```

```
Parameter containing:
tensor([[1.]], requires_grad=True)
Parameter containing:
tensor([1.], requires_grad=True)
```

모델의 개요 표시

머신러닝 모델 중에서 신경망 구조는 가장 중요하다. 이때, 모델의 개요를 직접 확인하기 위한 두 가지 방법을 소개한다. 첫번째는 코드 5-25와 같이 매우 간단하게, 모델의 인스턴스인 net을 그대로 print 함수로 넘겨주는 방법이다.

코드 5-25 모델의 개요 표시 1

```
# 모델의 개요 표시 1

print(net)
```

```
Net(
    (l1): Linear(in_features=1, out_features=1, bias=True)
)
```

이번 모델을 구성하는 요소는 선형 함수(nn.Linear) 한 가지이므로, 위처럼 매우 간단한 결과를 얻지만, 여러 구성 요소의 조합으로 이뤄진 모델을 만들게 되면, 각 구성 요소가 모두 리스트 형식으로 표시된다.

또 한 가지는 torchinfo라는 전용 라이브러리를 이용하는 방법이 있다. 구현과 그 결과를 코드 5-26에 나타냈다.

코드 5-26 모델의 개요 표시 2

```
# 모델의 개요 표시 2

from torchinfo import summary
summary(net, (1,))
```

```
========================================================
Layer (type:depth-idx)          Output Shape        Param #
========================================================
├─ Linear: 1-1                   [1]                       2
========================================================
Total params: 2
Trainable params: 2
Non-trainable params: 0
Total mult-adds (M): 0.00
========================================================
Input size (MB): 0.00
Forward/backward pass size (MB): 0.00
Params size (MB): 0.00
Estimated Total Size (MB): 0.00
========================================================
```

이 방법은 summary라는 함수를 호출해야 하는데, 인수로 net 변수와 입력 변수의 사이즈를 지정해야 한다. 이번 예시에서 입력은 단일 변수이므로, (1,)을 지정했다.

인수를 모두 지정하면, 각 층에서 파라미터가 몇 개인지와 같은 정보를 요약해서 표시해 준다. 이 함수도 매우 편리하므로, 다음 장 이후의 실습에서 자주 사용했다. 참고로, 여기서 실행한 from torchinfo import summary 코드는, 다음 장 이후부터 노트북의 import 문에 통합해서 작성했다.

손실 함수와 최적화 함수의 정의

4.6절이나 그림 5-3에서 살펴본 파이토치로 작성한 머신러닝 프로그램의 전체상 안에서, 머신러닝 알고리즘은 예측 함수, 손실 함수, 최적화 함수 세 가지가 중요하다고 설명했다. 이번 실습에서는 이 중 마지막 두 가지를 코드 5-27과 같이 지정했다.

코드 5-27 손실 함수와 최적화 함수 정의

```python
# 손실 함수 : 평균 제곱 오차
criterion = nn.MSELoss()

# 학습률
lr = 0.01

# 최적화 함수 : 경사 하강법
optimizer = optim.SGD(net.parameters(), lr=lr)
```

손실 함수로 사용한 **MSELoss**는 5.5절에서, 최적화 함수 **SGD**는 3.12절에서 설명했다.

학습률은 최적화 함수 안에서 가장 중요한 파라미터로, 이번에는 0.01로 지정했다.

5.8 경사 하강법

경사 하강법은 반복 계산을 통해 최적의 파라미터 값(이번 실습의 경우 l1.weight와 l1.bias 값)을 찾아 나가기 위한 알고리즘이다. 이번 절은 반복 계산 처리에 관한 코드를 바로 제시하지 않고, 그 안에서 이뤄지는 처리를 하나씩 상세하게 살펴보고, 전체 코드는 마지막에 한 번에 정리하기로 한다.

입력값 x와 정답 yt의 텐서 변환

파이토치로 모델을 학습하려면 모든 데이터가 텐서 형식을 취해야 한다. 다음은 앞에서 산포도를 출력할 때 사용한 입력값 x와 정답 yt를 텐서로 변환하기 위한 코드다.

코드 5-28 입력값 x와 정답 yt의 텐서 변수화

```python
# 입력값 x와 정답 yt의 텐서 변수화

inputs = torch.tensor(x).float()
labels = torch.tensor(yt).float()

# 차원 수 확인

print(inputs.shape)
print(labels.shape)
```

```
torch.Size([506, 1])
torch.Size([506])
```

텐서 변수로 변환한 정답 labels는 이제 criterion 함수(MSELoss의 인스턴스)로 예측 값과 함께 넘겨주고 손실을 계산한다. 이때, **인수는 N차원 벡터 형식이 아니라 (N, 1)차원 행렬 형식을 만족해야** 한다. **때문에, view 함수를 이용해 데이터 사이즈를 변경하기 위한 구현**이 코드 5-29다.

코드 5-29 정답 labels를 (N, 1) 차원 행렬로 변형

```
# 손실 계산을 위해 labels를 (N,1) 차원의 행렬로 변환

labels1 = labels.view((-1, 1))

# 차원 수 확인
print(labels1.shape)
```

```
torch.Size([506, 1])
```

이것으로 경사 하강법을 위한 준비를 마쳤다. 이제 다음을 반복하는 과정만 남아있다.

1. 예측 계산

2. 손실 계산

3. 경사 계산

4. 파라미터 수정

처리를 하나씩 순서대로 살펴보자.

① 예측 계산

아래의 코드 5-30이 예측 계산의 구현이다.

코드 5-30 예측 계산

```
# 예측 계산

outputs = net(inputs)
```

입력 텐서 inputs를 인수로 하는 net을 함수로 호출하고, 결과를 출력 텐서 outputs로 대입한다. 이것이 파이토치가 추구하는 예측 계산의 표준 구현 패턴이다. 동작하는 이미지는 그림 5-3을 참고하기 바란다.

② 손실 계산

예측 결과 outputs와 정답 labels1을 인수로 손실 함수를 호출해 손실 값을 계산한다. 동시에 계산 결과까지 print 함수로 표시한다.

코드 5-31 손실 값 계산

```
# 손실 값 계산
loss = criterion(outputs, labels1)

# 손실 값 가져오기
print(f'{loss.item():.5f}')
```

```
308.44986
```

계산 그래프 시각화

손실 값 loss를 출력하기까지의 계산은 모두 텐서 변수로 이뤄지므로, loss를 대상으로 한 계산 그래프가 자동적으로 완성돼 있을 것이다. 이전에 설명한 대로 make_dot 함수를 통해 계산 그래프를 출력해보자.

3장에서 params의 인수로 직접 작성한 리스트를 사용했지만, 이번에는 입력 파라미터가 net 객체 안에 포함돼 있으므로 dict(net.named_parameters())와 같이 지정할 수 있다. 구현과 그 결과는 코드 5-32와 같다.

코드 5-32 계산 그래프 시각화

```
# 손실을 그래프로 나타내기

g = make_dot(loss, params=dict(net.named_parameters()))
display(g)
```

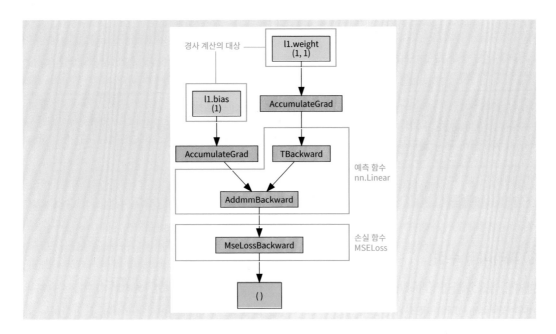

가장 위에 표시된 2개의 파란 상자는 경사 계산의 대상이 되는 변수를 나타내고 있으며, 이것이 이 그림을 해석하기 위한 포인트라 할 수 있다. 지금의 경우, 선형 함수의 인스턴스인 l1의 내부 파라미터 weight와 bias가 경사 계산의 대상(=학습 대상)이다.

한 가지 더 중요한 포인트는, 예측 함수의 출력이 손실 함수의 입력으로 되어 있으며, '손실'이란 예측 함수와 손실 함수의 합성 함수로 작용한다는 점이다.

③ 경사 계산

손실의 계산이 끝나면, 코드 5-32의 결과로 표시되는 자동 생성된 계산 그래프를 이용해 경사를 계산한다. 경사 계산은 3장에서 설명한 것처럼 backward 함수를 호출하면 완료된다. 아래의 코드 5-33은 경사를 계산하고 그 결괏값을 확인하는 과정까지를 나타낸다.

코드 5-33 **경사 계산과 결과 확인**

```
# 예측 계산
outputs = net(inputs)

# 손실 계산
loss = criterion(outputs, labels1)
```

```
# 경사 계산
loss.backward()

# 경사 계산 결과를 취득 가능하도록 함
print(net.l1.weight.grad)
print(net.l1.bias.grad)
```

```
tensor([[-199.6421]])
tensor([-30.4963])
```

④ 파라미터 수정

마지막 과정은 파라미터(weight와 bias)의 수정이다. 3.12절에서 설명한 대로, 최적화 함수를 사용하는 경우에는 step 함수를 통해 구현한다. 코드 5-34는 step 함수를 호출하고 이어서 파라미터를 확인하는 과정이다.

코드 5-34 파라미터 수정과 결과 확인

```
# 파라미터 수정
optimizer.step()

# 파라미터 확인
print(net.l1.weight)
print(net.l1.bias)
```

```
Parameter containing:
tensor([[2.9964]], requires_grad=True)
Parameter containing:
tensor([1.3050], requires_grad=True)
```

코드 5-34의 결과를 보면, 예상한 대로 두 파라미터는 초깃값 1.0과는 다른 값으로 수정되었음을 확인할 수 있다.

반복 처리가 이뤄질 때 주의해야 할 점은, **경삿값의 초기화**다. 경삿값은 **경사 계산(backward 함수 호출)이 될 때마다 계속 더해진다.** 이어서 파라미터 수정이 끝나면 코드 5-35와 같이 경삿값을 초기화시켜 줘야 한다.

코드 5-35　경삿값 초기화

```
# 경삿값 초기화
optimizer.zero_grad()

# 경삿값을 모두 0으로 함
print(net.l1.weight.grad)
print(net.l1.bias.grad)
```

```
tensor([[0.]])
tensor([0.])
```

경사 하강법의 전체상

이상의 처리를 그림 하나로 정리한 것이 그림 5-3이지만, 매우 중요해서 다시 한번 게재한다.

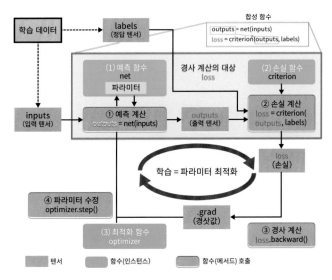

(그림 5-3을 다시 실음) 파이토치로 작성한 머신러닝 프로그램의 전체상

지금까지 설명한 '①예측 계산', '②손실 계산', '③경사 계산', '④파라미터 수정'까지 각 과정의 흐름을 이 그림을 통해 다시 한번 확인해보기 바란다.

반복 계산

이상으로 반복 처리 내부에서 이뤄지는 네 가지 계산을 모두 확인했다. 이제, 이 네 가지 처리를 루프를 만들어 반복하면, 최적의 파라미터를 찾아낼 수 있을 것이다. 정말 그렇게 될지, 코드를 통해 확인해 보기로 한다.

우선, 초기화 처리 부분을 정리한 코드 5-36부터 시작한다.

코드 5-36 **초기화 처리**

```python
# 학습률
lr = 0.01

# 인스턴스 생성(파라미터 값 초기화)
net = Net(n_input, n_output)

# 손실 함수 : 평균 제곱 오차
criterion = nn.MSELoss()

# 최적화 함수 : 경사 하강법
optimizer = optim.SGD(net.parameters(), lr=lr)

# 반복 횟수
num_epochs = 50000

# 평가 결과 기록(손실 값만 기록)
history = np.zeros((0,2))
```

3장의 실습에서도 나왔듯이, num_epochs는 반복 처리를 실행하는 횟수, history는 경과를 기록하는 변수다. 그 이외에 해당하는 부분은 이번 절에서 모두 설명했다.

다음으로, 루프 처리의 내부를 어떻게 구현하는지 알아보자.

코드 5-37 **반복 처리**

```python
# 반복 계산 메인 루프

for epoch in range(num_epochs):
```

```python
# 경삿값 초기화
optimizer.zero_grad()

# 예측 계산
outputs = net(inputs)

# 손실 계산
# "딥러닝을 위한 수학"에 나온 결과와 맞추기 위해 2로 나눈 값을 손실로 정의
loss = criterion(outputs, labels1) / 2.0

# 경사 계산
loss.backward()

# 파라미터 수정
optimizer.step()

# 100회마다 경과를 기록
if ( epoch % 100 == 0): history = np.vstack((history, np.array([epoch, loss.it em()])))
print(f'Epoch {epoch} loss: {loss.item():.5f}')
```

```
Epoch 0 loss: 154.22493
Epoch 100 loss: 29.61752
Epoch 200 loss: 29.43177
(이하 생략)
```

경삿값의 초기화를 앞부분으로 옮긴 것을 제외하면, 이번 절에서 설명한 코드만으로 작성이 가능하다. 마지막의 if(epoch % 100 == 0): 이하는, 정기적(100회 반복할 때마다 한 번)으로 손실 값을 기록하기 위한 부분이며, 이 역시 3장에서 설명했던 내용이다.

5.9 결과 확인

이번 절에서는 앞 절에서 수행한 반복 계산의 결과를 몇 가지 방법을 통해 확인한다.

우선, 손실 값을 기록한 history 변수의 첫 행과, 마지막 행을 확인해보자.

코드 5-38 **초기 손실값과 최종 손실값**

```
# 초기 손실값과 최종 손실값

print(f'초기 손실값 : {history[0,1]:.5f}')
print(f'최종 손실값 : {history[-1,1]:.5f}')
```

```
초기 손실값 : 154.22493
최종 손실값 : 21.80033
```

손실값은 초기 상태와 비교해 더 작은 값으로 수렴했다[9].

다음으로, history 변수 내부를 더욱 자세히 그래프를 통해 확인해보자. 이 그래프는 보통 학습 곡선이라 부른다는 것은 3장에서 이미 설명했다. 구현과 결과는 코드 5-39와 같다.

코드 5-39 **손실 값을 통한 학습 곡선 출력**

```
# 학습 곡선 출력(손실)
# 가장 처음 요소는 제외

plt.plot(history[1:,0], history[1:,1], 'b')
plt.xlabel('반복 횟수')
plt.ylabel('손실')
plt.title('학습 곡선(손실)')
plt.show()
```

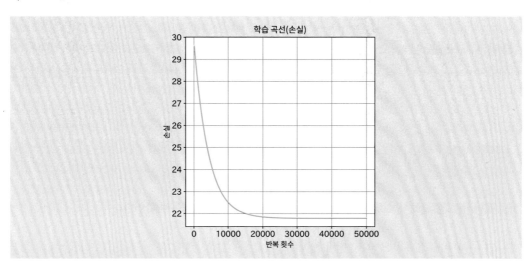

---

9 《딥러닝을 위한 수학》 독자는 p.178의 결과와 비교해 보기 바란다. 소수점 다섯째 자리까지 같은 결과를 얻었음을 확인할 수 있다.

결과적으로 예쁜 곡선을 얻게 되어, 학습이 문제없이 이뤄졌음을 알 수 있다.

마지막으로, 모델로부터 얻게 된 1차 함수 그래프인 회귀 직선을, 학습 데이터의 산포도와 동시에 출력한다. 결과는 코드 5-40에 나타냈다.

코드 5-40 학습 데이터의 산포도와 회귀 직선 출력

```
# 산포도와 회귀 직선 출력

plt.scatter(x, yt, s=10, c='b')
plt.xlabel('방 개수')
plt.ylabel('가격')
plt.plot(Xse.data, Yse.data, c='k')
plt.title('산포도와 회귀 직선')
plt.show()
```

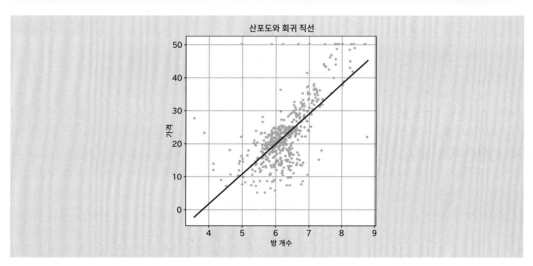

그림에 나타난 회귀 직선은, 산포도상의 학습 데이터와 비교해 알맞게 근사되었음을 느낄 수 있다. 이 출력을 통해서도 모델이 꽤나 올바르다는 사실을 확인할 수 있다.

5.10 중회귀 모델로 확장

앞 절까지 설명한 모델은, 입력 변수가 방의 평균 수(RM)라는 한 가지 항목만으로 작성되었다. 이번에는, 입력으로 LSTAT라는 새로운 항목을 추가해서 2입력을 정의한다. 새로운 입력 변수를 x2라고 하면, 아래의 코드 5-41과 같이 작성할 수 있다[10].

코드 5-41 입력 변수 x2의 작성

```python
# 열(LSTAT : 저소득자 비율) 추가

x_add = x_org[:,feature_names == 'LSTAT']
x2 = np.hstack((x, x_add))

# shape 표시
print(x2.shape)

# 입력 데이터 x 표시
print(x2[:5,:])
```

```
(506, 2)
[[6.575 4.98 ]
 [6.421 9.14 ]
 [7.185 4.03 ]
 [6.998 2.94 ]
 [7.147 5.33 ]]
```

따라서, 이번에는 입력 데이터의 차원 수 n_input은 2가 된다. 코드 5-42와 같이, 이 값으로 모델 인스턴스를 다시 생성한다.

코드 5-42 입력 차원수를 2로 하는 모델 인스턴스 재생성

```python
# 입력 차원수=2

n_input = x2.shape[1]
print(n_input)
```

---

10 hstack 함수는 "부록 2"의 L2.2절에서 확인할 수 있다.

```
# 모델 인스턴스 생성
net = Net(n_input, n_output)
```

2

인스턴스 변수 net 안의 파라미터가 어떻게 바뀌었는지, 몇 가지 방법을 통해 확인해 보자. 첫번째는, named_parameters 함수의 호출을 이용한 방법이다.

코드 5-43 named_parameters 함수의 호출

```
# 모델 안의 파라미터 확인
# predict.weight가 2차원으로 바뀜

for parameter in net.named_parameters():
    print(f'변수명 : {parameter[0]}')
    print(f'변숫값 : {parameter[1].data}')
```

```
변수명 : l1.weight
변숫값 : tensor([[1., 1.]])
변수명 : l1.bias
변숫값 : tensor([1.])
```

bias는 변화가 없지만, weight 요소 수는 2개로 늘어났다. 아래의 코드 5-44는 print 함수를 통한 모델의 출력 결과다.

코드 5-44 모델의 개요 표시 1

```
# 모델의 개요 표시 1

print(net)
```

```
Net( (l1):
    Linear(in_features=2, out_features=1, bias=True)
)
```

in_features 값에 주목하기 바란다. 이전에는 1이었지만, 이번에는 2로 바뀌어 있다. 마지막으로 코드 5-45에서 summary 함수로 다시 한번 확인해 보자.

코드 5-45 **모델의 개요 표시 2**

```
# 모델의 개요 표시 2

from torchinfo import summary
summary(net, (2,))
```

```
----------------------------------------------------------------
        Layer (type)         Output Shape         Param #
================================================================
          Lineaer-1             [-1, 1]               3
================================================================
Total params: 3
Trainable params: 3
Non-trainable params: 0
----------------------------------------------------------------
Input size (MB): 0.00
Forward/backward pass size (MB): 0.00
Params size (MB): 0.00
Estimated Total Size (MB): 0.00
----------------------------------------------------------------
```

이번에는 Param # 란에 주목해 보자. 이전에는 파라미터 수가 2였으나, 지금은 3(weight가 2개, bias 가 1개)으로 되어있다.

코드 5-46에서는, 새로운 입력 변수 x2를 텐서 inputs로 다시 한번 정의하고 있다.

코드 5-46 **입력 변수 inputs 재정의**

```
# 입력 변수 x2를 텐서로 변환
# labels 、labels1은 이전과 같음

inputs = torch.tensor(x2).float()
```

여기까지, 새로운 입력 변수를 사용한 학습을 위한 준비가 끝이 났다. 초기 설정과 반복 처리 코드는 단 일 회귀의 경우와 완전히 같으므로 생략하기로 하고, 반복 처리 결과의 일부를 코드 5-47에서 확인하는 것으로 마무리한다.

코드 5-47 반복 처리 결과의 일부

```
# 100회마다 도중 경과를 기록
if ( epoch % 100 == 0):
    history = np.vstack((history, np.array([epoch, loss.item()])))
    print(f'Epoch {epoch} loss: {loss.item():.5f}')
```

```
Epoch 0 loss: 112.06398
Epoch 100 loss: 3753837073642659568666615480320.00000
Epoch 200 loss: inf
Epoch 300 loss: nan
```

손실 함수의 값이 inf → nan으로 변해갔다. 이것은 손실 함수의 값이 발산하고 있어, 반복 계산이 제대로 이뤄지지 않았음을 의미한다.

결론부터 말하자면, 여기서 설정한 학습률 0.01이 너무 큰 나머지 발산이 일어나게 된 것이다. 다음 5.11절에서는, 학습률을 0.001로 설정해서 같은 내용을 다시 실행해보기로 한다.

5.11 학습률의 변경

이제 5.10절의 초기 설정값을 바꿔서 동일한 프로그램을 실행해 볼 것이다. 새로운 초기 설정은 코드 5-48과 같다.

코드 5-48 새로운 초기 설정값

```
# 반복 횟수
# num_epochs = 50000
num_epochs = 2000


# 학습률
# lr = 0.01
lr = 0.001


# 모델 인스턴스 생성
net = Net(n_input, n_output)

# 최적화 함수 : 경사 하강법
optimizer = optim.SGD(net.parameters(), lr=lr)
```

```
# 손실 함수 : 평균 제곱 오차
criterion = nn.MSELoss()
```

학습률 1r은 값이 지나치게 커지면 발산할 가능성이 커지므로, 값을 1/10만큼 변경했다. 그리고 적은 반복 횟수로도 충분히 학습 가능하므로 반복 횟수도 함께 변경했다.

이와 같은 설정으로 프로그램을 실행한 결과를 코드 5-49에, 학습 곡선을 코드 5-50에 나타냈다.

코드 5-49 실행 결과 요약

```
# 초기 손실값, 최종 손실값

print(f'초기 손실값 : {history[0,1]:.5f}')
print(f'최종 손실값 : {history[-1,1]:.5f}')
```

```
초기 손실값 : 112.06398
최종 손실값 : 15.28023
```

코드 5-50 학습 곡선 출력

```
# 학습 곡선 출력(손실)

plt.plot(history[:,0], history[:,1], 'b')
plt.xlabel('반복 횟수')
plt.ylabel('손실')
plt.title('학습 곡선(손실)')
plt.show()
```

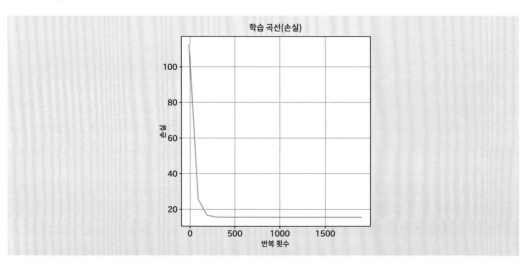

1입력(단일 회귀)의 경우는 손실 값이 21.8 정도였기 때문에, 이번 결과가 조금 더 나은 근사라는 것이 확인되었다. 코드 5-50의 학습 곡선을 통해서도 역시 조금 더 나은 학습 결과를 얻었음을 알 수 있다. 머신러닝에서 학습률(lr)이 매우 중요한 의미를 가진다는 것을, 앞 절과 이번 절의 실습을 통해 확인했다.

칼럼 **forward 함수로 예측이 가능한 이유**

5.7절에서 설명한 것처럼, 머신러닝 모델 클래스를 정의할 때, 그 안에 작성한 forward 함수는 변수 inputs를 입력으로 변수 outputs를 출력하기 위한 처리를 담당하는 부분이다. 이 forward 함수가 호출되면 예측을 할 수 있는 것일까?

1.6절에서 설명한 대로, 파이썬에는 클래스의 내부에 __call__ 함수를 정의해 두면, 클래스의 인스턴스 변수를 함수로 호출할 수 있게 된다. 머신러닝 모델에 사용할 클래스의 부모 클래스인 torch.nn.Module 클래스에 이 __call__ 함수가 정의돼 있어서, 모델의 인스턴스 변수인 net은 net(inputs)와 같이 함수로 사용할 수 있는 것이다. 그렇다면, 부모 클래스의 __call__ 함수는 어떻게 구현된 것일까?

파이토치의 소스코드는 모두 깃허브(GitHub)에 공개돼 있으므로 쉽게 확인할 수 있다. 예를 들어, 파이토치 1.3.0 버전에서는 아래의 URL을 통해 해당 코드를 확인할 수 있다.

https://github.com/pytorch/pytorch/blob/v1.3.0/torch/nn/modules/module.py#L531

코드 5-51 torch.nn.Module 클래스의 __call__ 함수

```
def __call__(self, *input, **kwargs):
    for hook in self._forward_pre_hooks.values():
        result = hook(self, input)
        if result is not None:
            if not isinstance(result, tuple):
                result = (result,)
            input = result
    if torch._C._get_tracing_state():
        result = self._slow_forward(*input, **kwargs)
    else:
        result = self.forward(*input, **kwargs)
    for hook in self._forward_hooks.values():
        hook_result = hook(self, input, result)
        if hook_result is not None:
```

코드 앞부분의 트레이스 처리 등 관계없는 부분은 무시하고, 밑줄로 표시된 부분에 주목해보면, forward 함수를 불러오고 있음을 확인할 수 있다. 5.7절에서 정의한 **forward 함수는 이 호출을 받는 부분**이라 볼 수 있다.

여기까지 정리하면, 다음과 같은 순서로 forward 함수가 호출된다.

```
net(inputs) → 부모 클래스 torch.nn.Module 클래스의 __call__ 함수

            → Net 클래스(실습에서 정의한 클래스)의 forward 함수
```

1.6절에서 설명한 '클래스의 인스턴스를 함수로 호출하는 구조'는 사실 이런 곳에서도 활약하고 있는 것이다.

칼럼 **바이어스와 더미 변수의 관계**

여기부터는 이전 시리즈 《딥러닝을 위한 수학》 독자를 위한 칼럼이다.

《딥러닝을 위한 수학》에서는, 예측 값을 계산할 때, 가중치 벡터 또는 가중치 행렬은 사용했지만, 이번 장에서 등장한 바이어스(정수)에 관한 개념은 다루지 않았다. 이 차이는 어디에서 비롯되는 것일까?

답은, 《딥러닝을 위한 수학》의 실습에서 틀림없이 다룬 '더미 변수'에 있다.

이번 장에서 다뤘던 것처럼, 예측을 위해 1차함수를 $yp=wx+b$로 나타내 보자. 이때, w는 가중치, b는 바이어스다. 《딥러닝을 위한 수학》에서는 이 식에 다음과 같은 변형과 해석을 부여했다.

$$wx + b = b \cdot 1 + w \cdot x = (b, w) \cdot (1, x)$$

여기서 (b, w)와 $(1, x)$는 2차원 벡터의 성분 표기다. 그리고 마지막 식은 2차원 벡터 사이의 내적을 표현한 것이다.

만일, $b \rightarrow w_0$, $w \rightarrow w_1$로 바꿔 쓴다면, 《딥러닝을 위한 수학》과 같은 가중치 벡터, (w_0, w_1)이 된다. 다시 말해, '바이어스'란 《딥러닝을 위한 수학》에서 설명한 '더미 변수에 상응하는 가중치'로 볼 수 있다.

《딥러닝을 위한 수학》에서는 예측 계산을 간단히 하기 위해 이와 같은 표기를 했다. 한편, 예측 계산을 할 때 입력 데이터 x에 더미 변수의 열을 더해주는 조작이 필요하다. 계산의 편의성과 사전 처리의 편의성 중 어디에 중점을 두는지의 차이는 있지만, 결국 같은 것을 하고 있는 것이다.

06

이진 분류

이번 장부터 비로소 '**분류**'에 해당하는 머신러닝 모델에 관해 알아본다. 지도 학습 모델은, 값을 예측하는 '**회귀**' 모델과, 어느 그룹에 속하는지를 예측하는 '분류' 모델로 나눌 수 있다. 딥러닝은 주로 '분류' 모델을 중심으로 크게 발전해왔다. 그런 의미에서도 '분류' 문제를 다뤄 보는 것은 딥러닝과 가까워지는 첫걸음인 것이다.

6.1 문제 정의하기

앞 장과 마찬가지로, 처음에는 실습에 사용할 데이터셋에 관한 설명과 모델의 구조를 미리 알아본다. 이번 장에서는 '붓꽃 데이터셋'으로 알려진 공개 데이터셋을 사용한다.

Iris Data Set
Download: <u>Data Folder</u>, <u>Data Set Description</u>

Abstract: Famous database; from Fisher, 1936

Data Set Characteristics:	Multivariate	Number of Instances:	150	Area:		Life
Attribute Characteristics:	Real	Number of Attributes:	4	Date Donated		1988-07-01
Associated Tasks:	Classification	Missing Values?	No	Number of Web Hits:		4665977

그림 6-1 붓꽃 데이터셋이 공개된 웹페이지
URL : https://archive.ics.uci.edu/ml/datasets/iris

이 데이터셋은 Setosa, Versicolor, Virginica라고 하는 세 종류의 붓꽃에 대해, '꽃잎'과 '꽃받침'의 '길이'와 '폭'을 측정한 결과를 기록한 것이다. 총 네 종류의 사이즈를 입력으로, 꽃의 종류를 예측하는 모델을 만들기 위한 학습 데이터로 자주 사용된다.

원래는 세 종류의 꽃에 관한 데이터가 있지만, 이번 장은 이진 분류 모델을 만드는 것이 목표이므로 두 가지 종류만을 고른 데이터를 사용한다. 그리고 산포도로 입력 데이터의 분포를 보기 좋게 할 목적으로, 입력 항목의 수를 두 가지만 사용한다. 다음 장에서는 세 종류의 꽃으로 대상을 넓히고, 입력 항목도 늘어나게 될 것이다.

그림 6-2가 이번 장의 목적이 될 모델의 개념도다.

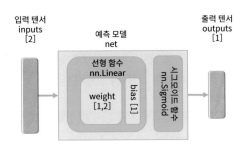

그림 6-2 이진 로지스틱 회귀 모델의 개념도

앞 장의 선형 회귀 모델의 개념도와 비교해보면, 마지막 단에 시그모이드 함수가 새롭게 추가되었음을 알 수 있다. 이 알고리즘은 **이진 로지스틱 회귀 모델**[1]로 불린다.

6.2 이 장의 중요 개념

'분류' 모델은 '**정확도**'라는 지표를 사용하기 때문에 '회귀' 모델보다도 **모델의 성능을 판단하기 쉽다**는 것이 특징이다. 6.3절에서는 분류 모델에서 처음 등장하는 정확도라는 개념에 관해 설명한다.

'정확도'의 개념과 관련된 주제로, '**훈련 데이터와 검증 데이터의 분할**'에 관한 내용도 살펴볼 것이다. 6.4절에서는 데이터의 분할이 갖는 의미를 '**과학습(Overfitting)**'의 개념을 통해 설명한다.

'정확도'와 '훈련 데이터와 검증 데이터의 분할'은 말하자면 머신러닝 모델을 블랙박스로 간주할 때, 외부에서 볼 수 있는 개념이다. 이에 반해, 모델의 내부에도 '분류'가 갖는 고유의 개념이 존재한다.

앞 장에서 다룬 선형 회귀 모델은, 결국 '**1차 함수를 통한 예측**'과 '**2차 함수를 통한 손실 평가**'가 가능했다. 그러나 이번 장에서 다룰 분류 모델 내부에서는, 지수 함수와 로그 함수로 정의된 '**시그모이드 함수**'와 '**교차 엔트로피 함수**'를 사용한다. 6.5절과 6.6절에서는 이 두 함수가 왜 필요한 것인지 최대한 알기 쉽게 설명한다.

---

1 명칭에 '회귀'라는 단어가 들어가기 때문에 조금 헷갈릴 수 있지만, 결국은 '분류' 모델이다.

6.3 정확도(Accuracy)

선형 회귀 모델의 경우, 정답과 예측 값의 차이가 작을수록 더 좋은 모델이라 할 수 있다. 따라서, 그 척도를 수치화해주는 손실 함수를 정의할 수 있었다. 그러나 이 손실 함수의 값이 어느 정도까지 작아야 좋은 모델이라 할 수 있는지 명확한 기준을 정하는 것이란 어렵다[2].

이번 장의 이진 분류 모델은, 정답과 예측 결과도 1 또는 0밖에 없어서, 예측 결과가 정답인지 아닌지를 한 건의 예측 단위로 명확하게 판단할 수 있다. 즉, (정답 건수) / (전체 건수)와 같이 모델이 어느 정도 비율로 올바른 예측이 가능한지 수치화할 수 있다. 이 값을 머신러닝에서는 '**정확도(Accuracy)**'라고 한다(그림 6-3).

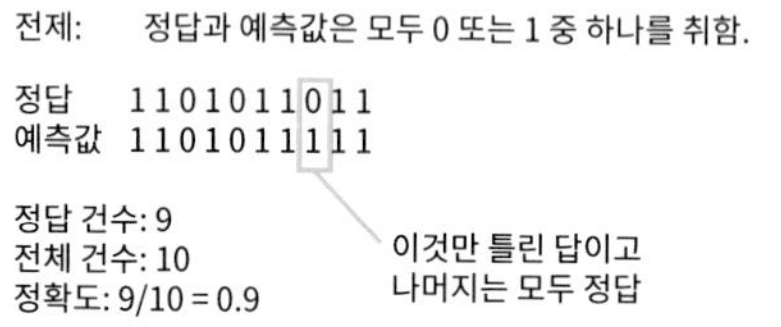

전제: 정답과 예측값은 모두 0 또는 1 중 하나를 취함.

정답   1 1 0 1 0 1 1 0 1 1
예측값   1 1 0 1 0 1 1 1 1 1

정답 건수: 9
전체 건수: 10   이것만 틀린 답이고
정확도: 9/10 = 0.9   나머지는 모두 정답

그림 6-3 이진 분류 모델에서 정확도를 정의하는 방법

다시 말해, '정확도'라는 비교적 알기 쉬운 기준을 가지고 있다는 것이 분류 모델의 큰 특징 중 하나다.

6.4 훈련 데이터와 검증 데이터 분할

머신러닝 모델 중에서도 특히 방대한 수의 파라미터를 갖는 딥러닝 모델은, 특정 데이터만을 사용해서 모델을 학습하면, 얼마든지 정확도를 높일 수 있다. 그러나 주의해야 할 점이 있다. 학습에 사용한 특정 데이터에 대해 정확도가 높다는 것은, 그 이외의 데이터에 대해 항상 정확도가 높다는 것을 의미하진 않는다는 것이다.

머신러닝, 특히 딥러닝에서 학습용 데이터에 대해서만 정확도가 높고, 그 이외의 데이터에 대해서 정확도가 좋지 않은 상태를 '**과학습(overfitting)**'이라 하고, 가장 주의를 기울여야 할 부분이다. 과학습에 대비하기 위한 방법에 관해서는 10장에서 자세히 설명하며, 가장 간단하면서 알기 쉬운 방법이 바로 이번 절에서 설명할 '**훈련 데이터와 검증 데이터 분할**'인 것이다.

---

2   엄밀하게는 'R^2'으로 알려진 평가 지표가 있으나, 약간은 어려운 수학 지식이 필요하다.

우선, 원래 준비되어 있던 학습용 데이터를 크게 '훈련 데이터'와 '검증 데이터' 두 그룹으로 나눈다(그림 6-4).

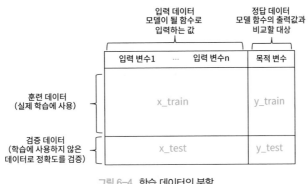

그림 6-4 학습 데이터의 분할

나누는 비율에 관해서는 특별히 정해진 규칙은 없지만, 대부분은 훈련:검증을 대략 7:3이나 6:4로 나누는 경우가 많다. 이번 장의 실습에서는 원래 100건인 학습 데이터를 훈련용 70건, 검증용 30건으로 나누고 있다.

분리된 검증 데이터는, 학습된 모델의 정확도를 평가하는 목적으로만 사용한다. 뒤에서 설명하게 될 실습 코드에 입각한 정확도 검증 처리를 그림 6-5에 나타냈다(오른쪽 상단에 쓰여진 '확률값'에 관해서는 나중에 자세히 설명한다).

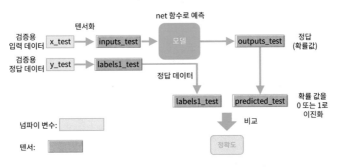

그림 6-5 검증 데이터를 사용한 정확도 검증 프로세스

위와 완전히 같은 처리를 훈련 데이터에 적용해서, 훈련 데이터로 정확도를 내는 것도 가능하다. 그림 6-6은, 10장의 어느 실습에 대해 훈련 데이터와 검증 데이터를 모두 사용해 학습 곡선(정확도)을 동시에 출력한 것이다.

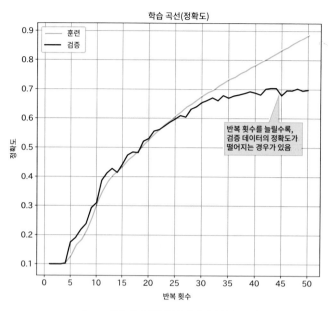

그림 6-6 훈련 데이터와 검증 데이터의 학습 곡선

파란색으로 출력된 훈련 데이터의 정확도는, 학습의 반복 횟수가 늘어날수록 좋아지고 있다. 그러나 검은색으로 출력된 검증 데이터의 정확도는, 일정 횟수(위 그림에서는 40회 정도)에 달하면 정확도는 한계에 다다르며, 학습을 반복해도 향상되지 않는다. 바로 이 현상을 **과학습**으로 해석할 수 있으며, 이 그림과 같은 경우라면, 학습의 반복 횟수를 40회 정도에서 끊는 것을 과학습에 대한 하나의 대책으로 생각해 볼 수 있다. **과학습을 확인하기 위해서는, 검증 데이터를 사전에 준비해 두는 것이 매우 중요**한 것이다.

6.5 시그모이드 함수

머신러닝 및 딥러닝에서 '시그모이드 함수'는 자주 접하게 되는 단어 중 하나다. 이 책에서도 이미 1장과 2장의 실습에서 다뤘으며, 이번 장의 실습에서 처음으로 의미를 부여해서 사용하기로 한다. 그에 앞서, 이번 절에서는 이 함수의 성질과 사용 목적에 대해 짚고 넘어간다.

우선, 시그모이드 함수를 그래프로 그리기 위한 구현과 출력 결과를 코드 6-1에서 살펴보자. 함수의 성질을 더욱 쉽게 이해하기 위해, 1, 2장보다 x의 범위를 넓게 설정한다.

코드 6-1 시그모이드 함수의 그래프

```
# 넘파이 배열로 x_np를 정의
x_np = np.arange(-4, 4.1, 0.25)

# x_np를 텐서로 변환
x = torch.tensor(x_np).float()

# y값 계산
y = torch.sigmoid(x)

# 그래프 출력
plt.title('시그모이드 함수의 그래프')
plt.plot(x.data, y.data)
plt.show()
```

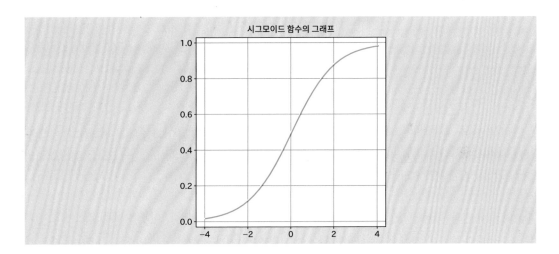

시그모이드 함수를 구현하는 방법으로, 다음과 같은 수식을 그대로 함수로 정의하는 것도 가능하지만, 파이토치에서는 torch.sigmoid라는 함수를 직접 사용할 수 있기 때문에, 코드 6-1은 이 방법으로 구현했다[3].

시그모이드 함수를 수식으로 나타내면 다음과 같다.

$$f(x) = \frac{1}{1 + \exp{(-x)}}$$

---

3 추가적으로 torch.nn.Sigmoid 클래스의 인스턴스 변수를 함수로 사용하는 구현 방법이 있고, 2.5절의 실습에서는 이 방식을 채택했다.

여기서 함수 exp(x)는, 자연 정수를 밑으로 갖는 지수 함수를 의미한다. 이 수식과 코드 6-1의 그래프로부터 다음과 같은 정성적인 성질을 유도할 수 있다.

- 항상 값이 증가함(수학적으로는 단조증가함수라고 정의함)

- 0과 1 사이의 값을 취함

- x=0일 때, 값은 0.5

- 그래프는 점 (0, 0.5)를 기준으로 점대칭

이 성질들은 **함수 값을 '확률'로 해석**하기에 매우 적절하다. 그리고 정확히 이 성질들을 활용하면 다음의 그림 6-7에 나타낸 이진 분류 모델의 예측 구조를 구현할 수 있다.

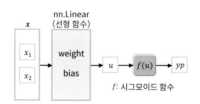

그림 6-7 이진 분류 모델의 예측 원리

그림 6-7을 보면, 입력 벡터 x를 nn.Linear로 구현된 선형 함수에 적용해 결과를 얻는 부분까지는, 앞 장에서 설명한 선형 회귀 모델과 같다. 유일하게 다른 것은 선형 함수의 출력 u를 시그모이드 함수에 입력해 확률 값을 얻는다는 점이다.

$f(u)$의 출력 결과는 앞에서 설명한 것처럼 0과 1 사이의 값으로 제한된다. 이것을 예측 결과가 '1일 확률'로 간주한다. 즉, **이 값이 0.5보다 큰 경우, 예측 결과는 1이라고 해석**한다. 반대로, **0.5보다 작은 경우, 예측 결과는 0으로 해석**한다.

어째서 1과 0 두 값으로 결정되는 예측 결과에 대해 이 같은 연속 값을 취하는 함수를 사용하는지에 관해서는, 경사 하강법 알고리즘과 밀접한 관련이 있다. 경사 하강법은 파라미터 값에 아주 조금의 변화를 주었을 때, 손실 함수가 가장 작아지는 방향으로 파라미터 값을 수정해 나가는 알고리즘이었다. 그 전제 조건으로, **아주 작은 파라미터 값의 변화에 대해 예측 값도 마찬가지로 그 변화가 아주 작아야** 한다. 따라서, **결과적으로 1이나 0으로 판명될 예측 값을 일부러 도중 단계에서 확률 값으로 간주하는 아이디어**가 나온 것이다.

6.6 교차 엔트로피 함수

분류 모델의 경우, 예측 함수로 시그모이드 함수를 사용한다는 점에 관해서는 설명했다. 그렇다면, 선형 회귀에서는 2차 함수였던 손실함수는 분류 모델에서는 어떻게 될 것인가?

그 답은 지금부터 설명할 '**교차 엔트로피 함수**'다.

먼저, 시그모이드 함수의 출력값으로 얻은 확률 값은, 엄밀히 표현하자면 '**입력 데이터에 대해 분류 결과가 1이 될 확률**'이라는 것에 주의해야 한다. 이진 분류는 정답이 1 또는 0이므로, '분류 결과가 1이 될 확률'이 $f(u)$라면, '분류 결과가 0이 될 확률'은 당연히 $1-f(u)$가 된다.

지금 다섯 개의 데이터 계열에 대해 1차함수의 계산 결과로 u_1, u_2,$\cdots$, u_5를 얻었다고 해보자. 그리고 정답으로 $yt_1=1$, $yt_2=0$, $yt_3=0$, $yt_4=1$, $yt_5=0$가 있다고 하자. 이 경우 '**모델의 확신도(분류 결과가 정답일 확률)**'는

$$f(u_1), 1-f(u_2), 1-f(u_3), f(u_4), 1-f(u_5)$$

가 된다. 여기까지 설명한 내용을 표로 정리하면 다음과 같다.

표 6-1 입력 데이터와 모델의 확신도

i (몇 번째 데이터인가)	yt_i (정답은 1 또는 0)	모델 출력 (분류 결과가 1일 확률)	모델 정확도 (분류 결과가 정답일 확률)
1	1	$f(u_1)$	$f(u_1)$
2	0	$f(u_2)$	$1-f(u_2)$
3	0	$f(u_3)$	$1-f(u_3)$
4	1	$f(u_4)$	$f(u_4)$
5	0	$f(u_5)$	$1-f(u_5)$

여기서 손실 함수에 **최우 추정**[4]이라는 개념을 도입한다. '**모든 데이터에 대해 확신도를 곱한 결과를 최대로 하는 파라미터가 가장 그럴듯하다고 판단하는**' 방법이다. 다시 말해, 다음 함수를 최대로 하는 파라미터를 찾아내는 것이다.

---

4 '우'라는 말이 익숙하지 않겠지만, '가장 그럴듯한' 이라는 의미다.

$$f(u_1) \cdot (1 - f(u_2)) \cdot (1 - f(u_3)) \cdot f(u_4) \cdot (1 - f(u_5))$$

이제 '**로그**'를 사용한 계산이 필요한데, 이 계산에 자신이 없는 독자는 건너뛰어도 무방하다.

물론, 함수 값의 크고 작음은 로그를 취해도 변함이 없지만, **로그를 취하는 진정한 의미는 곱을 합으로 바꾸기 위함**이다. 따라서, 최우 추정은 다음과 같은 식의 최댓값을 얻는 것과 같다고 할 수 있다.

$$\log(f(u_1) \cdot (1 - f(u_2)) \cdot (1 - f(u_3)) \cdot f(u_4) \cdot (1 - f(u_5)))$$
$$= \log(f(u_1)) + \log(1 - f(u_2)) + \log(1 - f(u_3)) + \log(f(u_4)) + \log(1 - f(u_5))$$

위 식은 일반적인 표현으로 변형할 수 있다.

$$yt_i \cdot \log(f(u_i)) + (1 - yt_i) \cdot \log(1 - f(u_i))$$

이 표현이 성립하는 이유는, $yt_i{=}1$의 경우와 $yt_i{=}0$의 경우를 모두 대입해 보면 알 수 있다.

따라서, 최대 우도 함수는 아래와 같다.

$$\sum_{i=1}^{5} \{yt_i \cdot \log(f(u_i)) + (1 - yt_i) \cdot \log(1 - f(u_i))\}$$

이 식의 값은, 다섯 건의 데이터 확신도의 곱이 가장 클 때 최대로 수렴한다. 손실 함수는 가능한 한 작게 하는 것이 목표이므로, 이 식에 -1을 곱해야 한다. 여기에 데이터 건수로 나눈 평균을 취한 것이 '**교차 엔트로피 함수**'로 알려진, 이진 분류 모델의 손실 함수로 사용되는 함수다.

나중에 실습을 통해 알게 되겠지만, 파이토치로 이진 분류를 위한 교차 엔트로피 함수를 사용할 때는, nn.BCELoss 클래스[5]가 필요하다. 지금까지 설명한 식이 어려운 독자는, **이진 분류의 손실 함수는** nn.BCELoss라고 기억해 두는 편이 좋을 것이다.

---

5 온라인 매뉴얼 URL : https://pytorch.org/docs/stable/generated/torch.nn.BCELoss.html

6.7 데이터 준비

이번 절부터 구글 코랩(Google Colab)을 통한 실습에 관해 설명한다. 먼저 데이터를 준비해보자.

데이터 불러오기

우선 사이킷런 라이브러리를 사용해 데이터를 불러오고, 입력 데이터와 정답 데이터의 shape을 확인한다.

코드 6-2 데이터 불러오기

```
# 학습용 데이터 준비

# 라이브러리 임포트
from sklearn.datasets import load_iris

# 데이터 불러오기
iris = load_iris()

# 입력 데이터와 정답 데이터
x_org, y_org = iris.data, iris.target

# 결과 확인
print('원본 데이터', x_org.shape, y_org.shape)
```

원본 데이터 (150, 4) (150,)

데이터 추출

다음으로 데이터를 추출한다. 추출은 행 방향과 열 방향(x에 대해서만)을 따라 이뤄진다. 붓꽃 데이터셋은 원래 150행이지만, 100행까지는 정답이 Setosa와 Versicolor로 한정되어 있다. x의 열 방향도 역시 가장 첫 2열(sepal의 길이와 폭)만을 추출한다.

코드 6-3 데이터 추출

```
# 데이터 추출
# 클래스는 0 또는 1
# 항목은 sepal_length와 sepal_width

x_data = iris.data[:100,:2]
y_data = iris.target[:100]

# 결과 확인
print('대상 데이터', x_data.shape, y_data.shape)
```

```
대상 데이터 (100, 2) (100,)
```

훈련 데이터와 검증 데이터 분할

다음 과정은 6.4절에서 설명한 훈련 데이터와 검증 데이터의 분할이다. 분할은 사이킷런에서 제공하는 train_test_split 함수를 사용한다.

코드 6-4 훈련 데이터와 검증 데이터의 분할

```
# 원본 데이터의 사이즈
print(x_data.shape, y_data.shape)

# 훈련 데이터와 검증 데이터로 분할(동시에 셔플)
from sklearn.model_selection import train_test_split
x_train, x_test, y_train, y_test = train_test_split(
    x_data, y_data, train_size=70, test_size=30,
    random_state=123)
print(x_train.shape, x_test.shape, y_train.shape, y_test.shape)
```

```
(100, 2) (100,)
(70, 2) (30, 2) (70,) (30,)
```

여기서는 입력 x_data를 x_train과 x_test로, 정답에 해당하는 y_data를 y_train과 y_test로 분할했다. 순서를 바꾸지 않고 분할하면 데이터에 편향이 생길 수도 있지만, train_test_split 함수는 데이터를 잘 섞은 뒤 분할하므로 그러한 염려는 하지 않아도 된다. 그리고 random_state 파라미터를 지정하면 데이터를 섞을 때 난수 시드가 고정되어 분할 결과는 항상 일치한다.

산포도 출력

다음으로 2차원 입력 데이터 x_train에 관해 정답 데이터별로 다른 마커를 입힌 산포도를 출력한다.

코드 6-5 훈련 데이터의 산포도 출력

```
# 산포도 출력

x_t0 = x_train[y_train == 0]
x_t1 = x_train[y_train == 1]
plt.scatter(x_t0[:,0], x_t0[:,1], marker='x', c='b', label='0 (setosa)')
plt.scatter(x_t1[:,0], x_t1[:,1], marker='o', c='k', label='1 (versicolor)')
plt.xlabel('sepal_length')
plt.ylabel('sepal_width')
plt.legend()
plt.show()
```

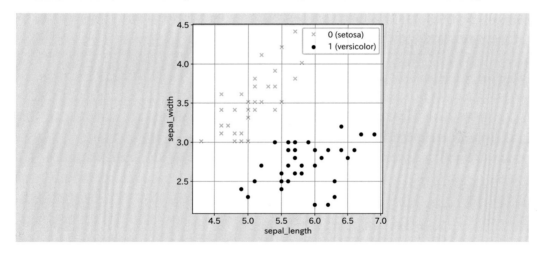

이 산포도를 보면, 대각선을 그리면 정확히 두 그룹으로 분할이 가능해 보인다. 이 다음으로 이뤄질 학습은, 이와 같은 직선을 찾아내는 과정이라고 생각할 수 있다.

6.8 모델 정의

이제 모델을 정의할 차례다. 코드 6-6은 입력 차원수와 출력 차원수를 결정하는 과정이다.

코드 6-6 **입출력 차원수 정의**

```python
# 입력 차원수(지금의 경우는 2)
n_input= x_train.shape[1]

# 출력 차원수
n_output = 1

# 결과 확인
print(f'n_input: {n_input}  n_output:{n_output}')
```

```
n_input: 2  n_output:1
```

코드 6-7이 바로 모델의 구현에 해당한다.

코드 6-7 **모델 정의**

```python
# 모델 정의
# 2입력 1출력 로지스틱 회귀 모델

class Net(nn.Module):
    def __init__(self, n_input, n_output):
        super().__init__()
        self.l1 = nn.Linear(n_input, n_output)
        self.sigmoid = nn.Sigmoid()

        # 초깃값을 전부 1로 함
        # "딥러닝을 위한 수학"과 조건을 맞추기 위한 목적
        self.l1.weight.data.fill_(1.0)
        self.l1.bias.data.fill_(1.0)
    # 예측 함수 정의
    def forward(self, x):
        # 선형 함수에 입력값을 넣고 계산한 결과
        x1 = self.l1(x)
        # 계산 결과에 시그모이드 함수를 적용
        x2 = self.sigmoid(x1)
        return x2
```

코드 6-7에서 중요한 것은 사각형으로 감싼 부분으로, 입력 텐서를 선형 함수에 적용한 결과에, 시그모이드 함수를 다시 적용한 다음 얻은 결과를 출력으로 하고 있다. 6.5절의 그림 6-7을 비교해 보면서 앞 장의 선형 회귀 모델과의 차이를 이해해 보기 바란다.

코드 6-7의 뒷부분에는 노트북에 '인스턴스 생성', '모델 내부 파라미터 확인'과 같은 셀도 있으나, 앞 장과 동일하므로 자세한 설명은 생략한다.

print문을 통한 모델의 개요 표시 결과를 코드 6-8에, torchinfo를 사용한 모델의 개요 표시 결과는 코드 6-9와 같다.

코드 6-8 **모델의 개요 표시 1**

```
# 모델의 개요 표시 1

print(net)
```

```
Net(
  (l1): Linear(in_features=2, out_features=1, bias=True)
  (sigmoid): Sigmoid()
)
```

코드 6-9 **모델의 개요 표시 2**

```
# 모델의 개요 표시 2

summary(net, (2,))
```

```
================================================================
Layer (type:depth-idx)          Output Shape         Param #
================================================================
├─ Linear: 1-1                       [1]                    3
├─ Sigmoid: 1-2                      [1]                   --
================================================================
Total params: 3
Trainable params: 3
Non-trainable params: 0
Total mult-adds (M): 0.00
================================================================
```

```
Input size (MB): 0.00
Forward/backward pass size (MB): 0.00
Params size (MB): 0.00
Estimated Total Size (MB): 0.00
```

어느 방법이든, 선형 함수(nn.Linear)의 뒤에 시그모이드 함수가 추가되어 있는 점이 앞 장과 다르다는 것을 확인할 수 있다.

최적화 알고리즘과 손실 함수의 정의

다음의 코드 6-10이 최적화 알고리즘과 손실 함수를 정의하는 과정이다.

코드 6-10 최적화 알고리즘과 손실 함수의 정의

```
# 손실 함수: 교차 엔트로피 함수
criterion = nn.BCELoss()

# 학습률
lr = 0.01

# 최적화 함수: 경사 하강법
optimizer = optim.SGD(net.parameters(), lr=lr)
```

이 코드에서는 사각형으로 감싼 손실 함수를 정의하는 부분이 중요하다. 앞 장과 다르게, nn.BCELoss 클래스를 사용하고 있다. 이 클래스에 관해서는 6.6절에서 설명했다. 이것이 **예측에 시그모이드 함수를 사용하는 것과 더불어, 이진 분류 모델의 또 다른 특징으로 꼽히는 부분**이다.

6.9　경사 하강법

머신러닝 프로그램의 전체상

앞 장과 마찬가지로, 파이토치로 작성한 머신러닝 프로그램의 전체상을 그림 6-8에 담았다.

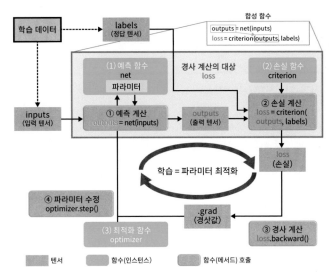

그림 6-8 파이토치로 작성한 머신러닝 프로그램의 전체상

실제로는 예측 함수의 내부 구조와 손실 함수를 생성하는 클래스가 다르지만, 추상적인 수준에서 이 그림을 본다면, 앞 장과 크게 다르지 않다. 이번 절의 각 처리와 이 그림을 비교해 보면서, 경사 하강법의 전체적인 흐름을 파악해 보기 바란다.

입력 데이터와 정답 데이터의 텐서 변환

경사 하강법을 사용한 반복 계산의 첫 스텝은 입력 데이터와 정답 데이터의 텐서 변환이다. 이번에는, 훈련에 사용할 inputs와 labels뿐만 아니라, 검증에 사용할 inputs_test와 labels_test도 모델의 정확도를 평가하기 위해 준비해 놓는다. 손실 함수인 BCELoss를 사용할 경우, 두번째 인수로 들어갈 정답 데이터는 첫번째 인수(훈련 데이터)와 그 shape이 같아야 한다. 따라서, labels1과 labels1_test를 BCELoss에 들어갈 수 있도록 준비한다. 구현은 코드 6-11과 같다.

코드 6-11 입력 데이터와 정답 데이터의 텐서 변환

```
# 입력 데이터 x_train과 정답 데이터 y_train의 텐서화

inputs = torch.tensor(x_train).float()
labels = torch.tensor(y_train).float()

# 정답 데이터는 N행 1열 행렬로 변환
```

```
labels1 = labels.view((-1,1))

# 검증 데이터의 텐서화
inputs_test = torch.tensor(x_test).float()
labels_test = torch.tensor(y_test).float()

# 검증용 정답 데이터도 N행 1열 행렬로 변환
labels1_test = labels_test.view((-1,1))
```

이번 장에서도 손실 계산 그래프를 출력해 보자.

코드 6-12 손실 계산 그래프 출력

```
# 예측 계산
outputs = net(inputs)

# 손실 계산
loss = criterion(outputs, labels1)

# 손실을 계산 그래프로 출력
g = make_dot(loss, params=dict(net.named_parameters()))
display(g)
```

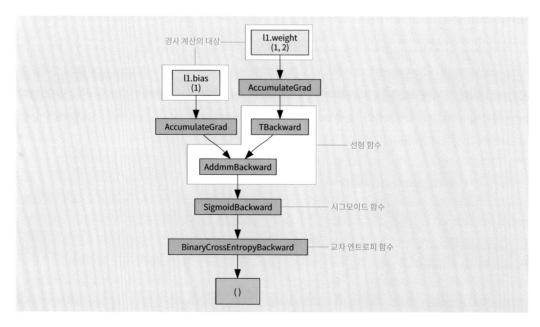

회귀의 경우와 마찬가지로, 선형 함수를 사용한 계산이 끝난 뒤에 '**시그모이드 함수**(Sigmoid Backward)', '**교차 엔트로피 함수**(BinaryCrossEntropyBackward)' 계산을 거쳐 손실을 구하고 있다. 이 **2개의 함수가 이진 분류 모델을 특징짓고 있음**을 계산 그래프를 통해서도 확인할 수 있다.

초기화 처리

반복 계산의 초기화 처리를 정리한 것이 코드 6-13이다.

코드 6-13 초기화 처리

```python
# 학습률
lr = 0.01

# 초기화
net = Net(n_input, n_output)

# 손실 함수: 교차 엔트로피 함수
criterion = nn.BCELoss()

# 최적화 함수: 경사 하강법
optimizer = optim.SGD(net.parameters(), lr=lr)

# 반복 횟수
num_epochs = 10000

# 기록용 리스트 초기화
history = np.zeros((0,5))
```

대부분의 코드는 이미 설명했으므로 자세한 해설은 생략한다.

가장 아래의 history 변수가, 앞 장에서는 2열이었으나, 여기서는 5열까지 늘어난 이유에 대해서만 간단히 짚고 넘어가보자. 데이터를 훈련 데이터와 검증 데이터로 나눴으므로, 손실도 이에 따라 두 번 계산을 수행해야 한다. 그리고 6.3절에서 설명한 것처럼, '정확도(Accuracy)'라는 지표의 계산이 새롭게 추가되었다. 따라서, 한 번의 루프 처리 안에서 네 개의 값을 기록해야 해서, 이와 같이 변경되었다. 참고로, '제 1열 → 반복 횟수, 제 2열 → 훈련 데이터의 손실 값, 제 3열 → 훈련 정확도, 제 4열 → 검증 데이터의 손실 값, 제 5열 → 검증 정확도'이다.

메인 루프

반복 처리의 메인 루프에 관해서는 코드가 길어져서, 훈련 페이즈(코드 6-14)와 예측 페이즈(코드 6-15)로 나눠 설명한다.

우선, 코드 6-14를 살펴보자.

코드 6-14 훈련 페이즈

```
for epoch in range(num_epochs):
    # 훈련 페이즈

    # 경삿값 초기화
    optimizer.zero_grad()

    # 예측 계산
    outputs = net(inputs)

    # 손실 계산
    loss = criterion(outputs, labels1)

    # 경사 계산
    loss.backward()

    # 파라미터 수정
    optimizer.step()

    # 손실 저장(스칼라 값 취득)
    train_loss = loss.item()

    # 예측 라벨(1 또는 0) 계산
    predicted = torch.where(outputs < 0.5, 0, 1)

    # 정확도 계산
    train_acc = (predicted == labels1).sum() / len(y_train)
```

손실 계산이 다르다는 점을 제외하면 사각형으로 감싼 부분이 앞 장과 다른데, 전부 모델의 평가에 관련된 코드다.

먼저, 손실을 스칼라 값으로 바꿔 train_loss에 저장한다.

```
train_loss = loss.item()
```

item 함수를 사용하면, 텐서에서 값만 꺼낼 수 있다는 것은 2.2절에서 이미 설명했다. 다음으로, 모델 출력의 확률 값을 0.5와 비교해서 예측 값이 1인지, 또는 0인지를 판단한다.

```
predicted = torch.where(outputs < 0.5, 0, 1)
```

끝으로 정확도(Accuracy)를 계산한다.

```
train_acc = (predicted == labels1).sum() / len(y_train)
```

코드 6-15 예측 페이즈

```
# 예측 페이즈

# 예측 계산
outputs_test = net(inputs_test)

# 손실 계산
loss_test = criterion(outputs_test, labels1_test)

# 손실 저장(스칼라 값 취득)
val_loss = loss_test.item()

# 예측 라벨(1 또는 0) 계산
predicted_test = torch.where(outputs_test < 0.5, 0, 1)

# 정확도 계산
val_acc = (predicted_test == labels1_test).sum() / len(y_test)

if ( epoch % 10 == 0):
    print (f'Epoch [{epoch}/{num_epochs}], loss: {train_loss:.5f} acc: {train_acc:.5f} val_loss:
{val_loss:.5f}, val_acc: {val_acc:.5f}')
    item = np.array([epoch, train_loss, train_acc, val_loss, val_acc])
    history = np.vstack((history, item))
```

위 코드는 예측 페이즈에 해당한다. 연산의 대상이 검증 데이터로 바뀐 점과, 학습을 수행할 필요가 없어서 '경사 계산', '파라미터 수정'에 해당하는 스텝이 생략된 점을 제외하면, 나머지 처리 내용은 훈련 페이즈와 완전히 같다[6].

6.10 결과 확인

이제, 계산 결과를 순서대로 확인해 볼 차례다. 먼저, 손실과 정확도를 확인한 결과가 코드 6-16에 나와 있다.

코드 6-16 손실과 정확도 확인

```
# 손실과 정확도 확인

print(f'초기상태 : 손실 : {history[0,3]:.5f}  정확도 : {history[0,4]:.5f}' )
print(f'최종상태 : 손실 : {history[-1,3]:.5f}  정확도 : {history[-1,4]: .5f}' )
```

```
초기상태 : 손실 : 4.49384  정확도 : 0.50000
최종상태 : 손실 : 0.15395  정확도 : 0.96667
```

최종 상태에서는 손실은 작은 값으로 수렴했고, 정확도도 96.7%로 상당히 좋은 결과를 얻었다. 다음으로 학습 곡선을 확인해 보자. 손실에 관한 곡선은 코드 6-17, 정확도에 관한 곡선은 코드 6-18이다.

코드 6-17 학습 곡선(손실)

```
# 학습 곡선 출력(손실)

plt.plot(history[:,0], history[:,1], 'b', label='훈련')
plt.plot(history[:,0], history[:,3], 'k', label='검증')
plt.xlabel('반복 횟수')
plt.ylabel('손실')
plt.title('학습 곡선(손실)')
plt.legend()
plt.show()
```

---

6 (지은이) 예측 페이즈 구현의 정확한 작성 방법은 with torch.no_grad() 구문 안에서 이뤄지지만, 코드를 간단하게 하기 위해 이 책의 구현에서는 생략했다. 이와 같은 간결한 구현 때문에, 예측 계산을 할 때 쓸모없는 계산 그래프가 생성되지만, 이로 인한 처리 시간은 그리 길지 않기 때문에 크게 개의치 않아도 된다.

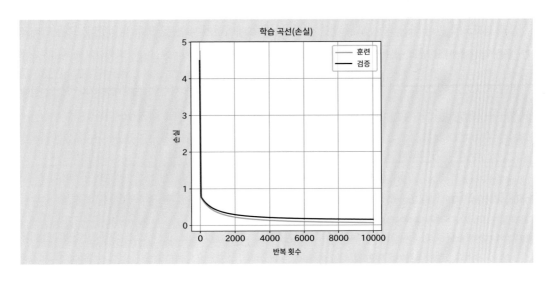

코드 6-18 학습 곡선(정확도)

```
# 학습 곡선 출력(정확도)

plt.plot(history[:,0], history[:,2], 'b', label='훈련')
plt.plot(history[:,0], history[:,4], 'k', label='검증')
plt.xlabel('반복 횟수')
plt.ylabel('정확도')
plt.title('학습 곡선(정확도)')
plt.legend()
plt.show()
```

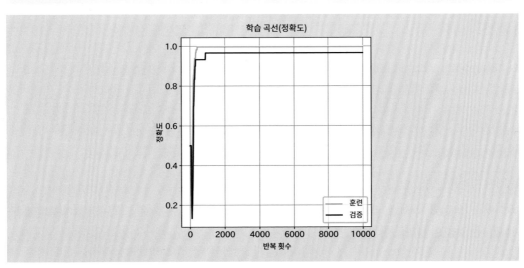

손실과 정확도에 관한 학습 곡선 모두 훈련 데이터, 검증 데이터에 대한 것 모두 출력했다. 모든 그래프
가 좋은 양상을 띠고 있고, 올바르게 학습됐다고 볼 수 있다.

이번에 작성한 로지스틱 회귀 모델로 두 가지 분류 결과의 경계가 되는 직선이 존재하고, 그 직선을 **결정
경계**라고 한다. 다음의 코드 6-19에서, 검증 데이터의 산포도와 결정 경계를 겹쳐 출력했다.

코드 6-19 로지스틱 회귀 모델의 결정 경계 표시

```
# 산포도 출력
plt.scatter(x_t0[:,0], x_t0[:,1], marker='x',
        c='b', s=50, label='class 0')
plt.scatter(x_t1[:,0], x_t1[:,1], marker='o',
        c='k', s=50, label='class 1')

# 결정 경계 직선
plt.plot(xl, yl, c='b')
plt.xlabel('sepal_length')
plt.ylabel('sepal_width')
plt.legend()
plt.show()
```

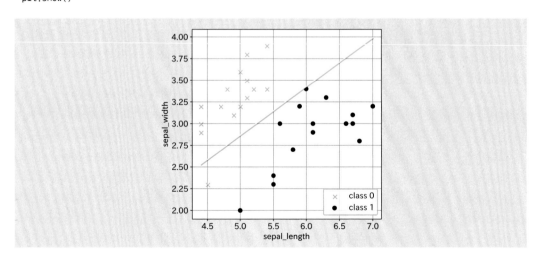

출력된 결과를 보면, 한 개의 점을 빼고, 결정 경계를 기준으로 두 그룹을 보기 좋게 나누고 있다. 이 기
준에 맞지 않는 점 한 개는 다른 데이터와 매우 동떨어진 위치에 있으므로, 이 점만 틀린 판정을 할 수밖
에 없다는 것을 이 결과로부터 알 수 있다[7].

---

7 이 산포도에 한정해서 말하자면, 결정 경계 직선의 기울기를 훨씬 더 가파르게 만들면, 예외 없이 두 그룹을 나눌 수 있을 것이다. 경계에 가까운 점만을
   보고 경계선을 결정하는 '서포트 벡터 머신'이라는 알고리즘을 사용하면 실제로 그런 정답을 얻을 수 있다. 이번에 사용한 '로지스틱 회귀' 알고리즘의 경
   우, 모든 점의 밸런스를 중시해서 분할하는 것이 핵심이기 때문에, 위와 같은 결과를 얻게 되었다.

칼럼 **BCELoss 함수와 BCEWithLogitsLoss 함수의 차이**

파이토치의 손실 함수에는 BCELoss와 매우 닮은 BCEWithLogitsLoss 함수가 있다. 이 두 함수의 차이점은 무엇인지 확인해 보자.

우선, 다음의 코드 6-20과 코드 6-21은, 실습과 동일한 처리를 하는 모델을 BCEWithLogitsLoss를 사용해 구현한 버전이다.

코드 6-20 로지스틱 회귀 모델의 정의 (수정판)

```python
# 모델 정의
# 2입력 1출력 로지스틱 회귀 모델

class Net(nn.Module):
    def __init__(self, n_input, n_output):
        super().__init__()
        self.l1 = nn.Linear(n_input, n_output)

        # 초깃값을 모두 1로 함
        # "딥러닝을 위한 수학"과 조건을 맞추기 위한 목적
        self.l1.weight.data.fill_(1.0)
        self.l1.bias.data.fill_(1.0)

    # 예측 함수 정의
    def forward(self, x):
        # 입력값과 행렬 곱을 계산
        x1 = self.l1(x)
        return x1
```

코드 6-21 로지스틱 회귀 모델의 최적화 함수, 손실 함수 정의 (수정판)

```python
# 학습률
lr = 0.01

# 초기화
net = Net(n_input, n_output)

# 손실 함수 : logits가 붙은 교차 엔트로피 함수
criterion = nn.BCEWithLogitsLoss()

# 최적화 함수 : 경사 하강법
optimizer = optim.SGD(net.parameters(), lr=lr)
```

```
# 반복 횟수
num_epochs = 10000

# 기록용 리스트 초기화
history = np.zeros((0,5))
```

각 코드에서 사각형으로 감싼 부분이 원본 코드에서 변경된 점이다. 먼저, 코드 6-20에서 정의한 모델부터 살펴보면, 선형 함수 뒤에 있던 시그모이드 함수 호출 부분이 생략됐다. 그리고 코드 6-21에서 손실 함수는 BCELoss에서 BCEWithLogitsLoss로 교체됐다. 사실, BCEWithLogitsLoss라고 하는 함수는, 시그모이드 함수의 뒤에 교차 엔트로피 함수를 호출하는 기능을 포함하고 있는 것이다.

(참고 URL : https://pytorch.org/docs/stable/generated/torch.nn.BCEWithLogitsLoss.html)

두 가지 패턴의 차이를 그림으로 나타내면 그림 6-9와 같다.

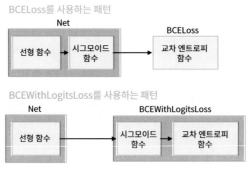

그림 6-9 모델과 손실 함수의 두 가지 패턴

경사 계산에서 사용하는 '손실(loss)'이란, 예측 함수와 손실 함수를 조합한 합성 함수다. 합성 함수로 봤을 때는, 그림의 두 가지 패턴은 완전히 동일하다는 것을 알 수 있다. 따라서, 합성 함수의 관점에서는, 패턴과 상관없이 반복 계산을 통해 동일한 파라미터를 학습한다고 볼 수 있다.

그러나 한 가지 주의해야 할 점이 있는데, 새로운 패턴에서 모델의 출력이 어떤 분류 대상에 속해 있는지를 판별하는 기준은 '0.5보다 크거나 혹은 작거나'가 아니라, '0보다 큰가 혹은 아닌가'다(코드 6-22에서 밑줄로 표시한 부분). 왜냐하면, 새로운 패턴에서는 그림 6-9에 나와 있듯이, 모델의 출력이 시그모이드 함수의 입력값이며, 시그모이드 함수는 입력이 0보다 큰 경우에만 그 출력값이 0.5를 넘기기 때문이다.

코드 6-22 새로운 패턴의 반복 처리(일부 발췌)

```
for epoch in range(num_epochs):
    # 학습 페이즈
```

```
# 경삿값 초기화
optimizer.zero_grad()

# 예측 계산
outputs = net(inputs)

# 손실 계산
loss = criterion(outputs, labels1)

# 경사 계산
loss.backward()

# 파라미터 수정
optimizer.step()

# 손실값 스칼라화
train_loss = loss.item()

# 예측 데이터(1 또는 0) 계산
predicted = torch.where(outputs < 0.0, 0, 1)

# 정확도 계산
train_acc = (predicted == labels1).sum() / len(y_train)
```

새로운 패턴을 사용하는 편이 코드가 다소 파악하기 어려워 보이기도 한다. 그러나 파이토치는 이 새로운 패턴을 사용해서 구현할 것을 장려하고 있다.

그것은 '(시그모이드 함수 등이 포함하는) 지수 함수와 (교차 엔트로피 함수 등이 포함하는) 로그 함수를 독립적으로 계산하면 그 결과가 불안정해지기 쉬우므로, 되도록이면 한 쌍으로 계산해야 한다'는 정책을 추구하는 것이 파이토치에 담긴 철학이기 때문이다. 따라서 그림 6-9에서 표현한 것처럼, 시그모이드 함수를 예측 함수에서 손실 함수로 이동시킨 것이다.

지금까지 다룬 내용은, 케라스와 텐서플로를 어느 정도 다뤄본 경험이 있는 필자가 파이토치를 처음 공부했을 때, 가장 당황스러웠던 점이다. 다음 장의 다중 분류에서도, 이와 같은 내용이 등장하는데, 더욱 자세한 내용은 그때 설명하기로 한다. 다음 장에서도, '시그모이드 함수와 같은 활성화 함수와, 로그 함수를 한 쌍으로 묶는 것이 파이토치가 추구하는 기본적인 정책'이라는 아이디어와 마주하게 될 것이다.

07

다중 분류

이번 장에서는 '분류' 모델 중에서도 다중 분류로 알려진 타입의 모델을 다룬다. 앞 장의 이진 분류와의 차이는, 문자 그대로 분류하려는 그룹이 두 개가 아닌 세 개 이상이라는 점이다. 차이가 그리 나지 않을 것처럼 보이기도 하지만, 모델의 내부 구조를 들여다보면 큰 차이가 있다. 그 차이를 실습을 통해 이해하는 것이 이번 장의 목표다.

앞 장의 말미의 칼럼에서 잠시 다룬 내용처럼, 파이토치만의 독특한 개념에 관해서도 자세히 설명한다. 파이토치에서는 다중 분류의 예측 함수와 손실 함수의 정의 방식이, 케라스 등 다른 프레임워크와 차이가 있다. 이 책의 최종 목표라 할 수 있는 'CNN'을 활용한 이미지 인식에서도 비슷하게 구현을 할 예정이므로, 이번 장에서 다루는 내용에 익숙해지기 바란다.

7.1 문제 정의하기

이번 장에서도 마찬가지로, 6.1절에서 설명한 '붓꽃 데이터셋'을 사용한다.

앞 장에서는 원래 세 부류였던 붓꽃을 일부러 두 종류로 줄여 이진 분류 문제에 사용했지만, 이번 장에서는 세 종류 모두 학습 데이터로 사용한다. 입력 항목은 산포도를 간단하게 출력하기 위해, 처음엔 앞장과 동일하게 2개로 추출한다. 그리고 마지막 7.12절에서는 4개 항목 전체를 입력으로 사용한 결과를 비교해 보기로 한다.

그림 7-1은 이번 장의 목표인 다중 로지스틱 회귀 모델의 개념이다(입력 항목이 두 가지인 경우).

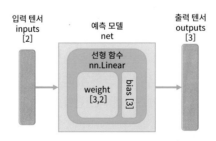

그림 7-1 다중 로지스틱 회귀 모델의 개념도

그림 7-1을 보고, 왜 활성화 함수가 없는지 의문을 품는 독자가 있을지도 모르겠다. 이것이, 앞서 설명한 파이토치만의 독특한 예측 함수 정의 방법이다. 그 이유를 한마디로 말하자면, '손실 함수 쪽에서 흡수했으므로, 예측 함수 쪽에서는 필요가 없는' 것이다.

7.2 이 장의 중요 개념

이번 장은 내부 구조의 차이로부터 다중 분류 모델을 이해해 보는 것이 목적이다.

이진 분류와 가장 큰 차이점은, 출력 부분에 있다. 5장의 선형 회귀 모델이나 이전 장의 이진 분류 모델 모두 모델의 출력은 1차원에 그쳤다. 다중 분류 모델에서는, 분류하려는 그룹의 개수를 N개라고 했을 때, N차원 출력이 된다. 이것은 이제 곧 설명할, 여러 개의 분류기를 만드는 것으로 바꿔 말할 수 있다. 이에 따라, 기존의 벡터 형식의 파라미터가 행렬 형식으로 바뀌게 된다. 이 차이점들에 관해서는 7.3절 과 7.4절에서 자세히 설명한다.

이러한 구조적 차이점과 더불어, 이진 분류의 예측에서 사용한 시그모이드 함수가 소프트맥스 (softmax) 함수로 불리는 별개의 함수로 바뀐다. 손실 함수는 마찬가지로 교차 엔트로피 함수를 사용하는데, 형식에는 다소 차이가 있다. 이 두 가지 함수에 관해서는 7.5절과 7.6절에서 설명한다. 교차 엔트로피 함수는 파이토치만이 갖는 구현 방식도 있으므로, 그 점에 관해서도 역시 짚고 넘어간다.

앞서 기술한 파이토치 고유의 예측 함수와 손실 함수 정의 방법에 관해서는 7.7절에서 설명한다. 익숙해지지 않으면 알기 어려운 부분이며 이 책을 통틀어 가장 넘기 어려운 문턱이므로, 확실히 이해하며 읽기 바란다.

7.3 여러 개의 분류기

이전 장에서 설명한 이진 분류의 예측 구조를 떠올려 보자. 이진 분류에서 정답은 1 또는 0에 그쳐, '확률'이라는 개념을 사용해 모델이 어느 정도 정답에 가까운지 표현할 수 있었다. 그러나 예를 들어 0, 1, 2의 세 값이 정답이라고 하면, 이진 분류에서와 같은 확률 값으로는 정답에 근접한 정도를 표현할 수 없다. 따라서, 다음과 같은 아이디어를 통해 이 문제를 해결한다.

- 모델의 출력을 1차원이 아닌 N차원(예를 들어 세 값 중 하나를 예측하는 모델이라면 3차원)으로 함
- N개의 출력(**분류기**)은 분류하려는 그룹과 1대1 대응을 가짐
- 각 분류기의 출력은, 입력 데이터가 해당 그룹일 확률을 나타냄
- 가장 큰 확률 값을 내는 분류기에 해당하는 그룹이 모델의 예측 값이 됨

이 아이디어를 그림 7-2에 나타냈다. 위의 설명과 비교하면서 그 구조를 살펴보기 바란다.

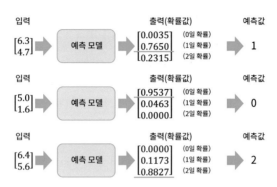

그림 7-2 여러 개의 분류기를 이용한 다중 분류

이 아이디어라면, 0에서 1까지 값을 갖는 확률 값만을 이용해 세 개 이상의 집단을 분류해내는 구조를 만들 수 있다. 분류하려는 그룹의 수만큼 분류기를 늘리면 가능하다. 이번 장에서 구현할 다중 분류 시스템은 정확하게 이런 방식의 모델인 것이다.

7.4 가중치 행렬

1차 함수를 사용해서 그림 7-2와 같은 구조를 만드는 경우를 생각해보자. 출력이 기존의 한 개에서 N개로 늘어나서, 1차 함수도 서로 다른 N개가 필요하다. 한 개의 입력 벡터에 대해 동시에 여러 개의 1차 함수를 정의하는 것은, 다시 말해 행렬을 정의하는 것과 마찬가지로 볼 수 있다.

이런 이유로 이진 분류에서 모델의 내부 변수는 '가중치 벡터'였으나, 다중 분류에서는 '가중치 행렬'로 대체된다. 이것이 두번째로 이진 분류와 다른 모델의 내부 구조다(첫번째는 앞 절에서 설명한 여러 개의 분류기).

이 차이를 그림 7-3과 그림 7-4를 통해 살펴보자.

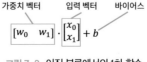

그림 7-3 이진 분류에서의 1차 함수

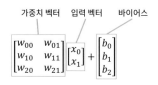

가중치 벡터　입력 벡터　바이어스

$$\begin{bmatrix} w_{00} & w_{01} \\ w_{10} & w_{11} \\ w_{20} & w_{21} \end{bmatrix} \begin{bmatrix} x_0 \\ x_1 \end{bmatrix} + \begin{bmatrix} b_0 \\ b_1 \\ b_2 \end{bmatrix}$$

그림 7-4 다중 분류에서의 1차 함수

이진 분류인 경우 '입력 벡터'와 '가중치 행렬' 사이에 내적으로 표현된 연산이, 다중 분류에서는 '입력 벡터'와 '가중치 행렬'의 곱 연산으로 바뀌어있다.

이 '가중치 행렬'은 파이토치의 레이어 함수 구현 관점에서 보면, 행렬 형식의 선형 함수에 해당한다. 이번 장의 가장 첫 실습은 그림 7-4와 같은 2입력 3출력의 레이어 함수이고, 7.1절의 그림 7-1에 해당한다. 그림 7-1은 중요하므로 다시 한번 싣는다.

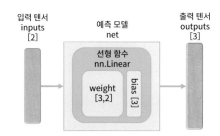

(그림 7-1을 다시 실음) 다중 로지스틱 회귀 모델의 개념도

7.5 소프트맥스 함수

이진 분류에서, 1차 함수 끝에는 시그모이드 함수가 붙어 있었고, 이 함수를 통해 출력으로 확률 값을 얻을 수 있었다. 그럼, 다중 분류 모델에서 같은 역할을 하는 함수가 있을까?

답은 소프트맥스 함수다. 소프트맥스 함수는 아래와 같은 식으로 표현되는 함수이며, 시그모이드 함수와 마찬가지로 출력으로 확률 값을 내주는 성질을 갖는다.

$$y_i = \frac{\exp{(x_i)}}{\displaystyle\sum_{k=1}^{n} \exp{(x_k)}} \qquad (i = 1, 2, ...n)$$

그림 7-5는 소프트맥스 함수를 사용한 계산 예를 도식화한 것이다.

그림 7-5 소프트맥스 함수의 계산 예

그림에서 알 수 있듯이, 소프트맥스 함수는 입력 중에서 가장 큰 값의 확률이 가장 크도록 출력한다(게다가 전체 확률 값을 모두 더하면 1이다). 그러나 다른 항목들의 확률값도 완전히 0이 되진 않으며, 어느 정도는 값이 존재한다. 단순히 최댓값만을 알아내는 함수라면 가장 큰 값이 확률 값 1을 갖고 나머지는 0이 될 것이다. 그 정도까지 극단적이지 않도록 완만하게(소프트) 최댓값을 낸다는 것이 소프트맥스라는 이름의 유래다.

소프트맥스 함수는 시그모이드 함수와 마찬가지로, 파이토치에서 레이어 함수 그 자체로 제공된다. 지금까지 설명을 그림 7-6을 통해 정리한다.

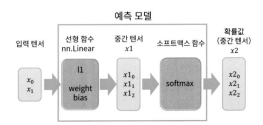

그림 7-6 입력 텐서부터 다중 분류기의 확률 출력까지의 구조

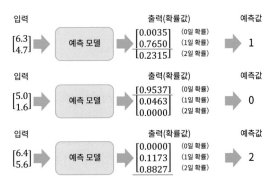

(그림 7-2를 다시 실음) 여러 개의 분류기를 이용한 다중 분류

그림 7-2 역시 매우 중요해서 다시 싣는다. 그림 7-6과 비교해보기 바란다.

파이토치의 레이어 함수인 '선형 함수'와 '소프트맥스 함수'를 이어 붙이면, 그림 7-2와 같은 여러 확률 값을 반환하는 예측 모델을 구성할 수 있다.

7.6 교차 엔트로피 함수

이진 분류에서 시그모이드 함수가 다중 분류에서는 소프트맥스 함수로 탈바꿈한다는 사실에 대해 설명했다. 그렇다면, 손실 함수는 어떻게 정의해야 하는가?

결론부터 말하자면, 손실 함수는 마찬가지로 **교차 엔트로피 함수**를 사용한다. 그러나 부르는 이름이 같은 함수라도 수식은 조금 달라진다. 정답 그룹의 수가 모두 N개라고 한다면, 교차 엔트로피 함수는 구체적으로 아래와 같이 표현할 수 있다.

$$\sum_{i=0}^{N-1} (yt_i \log(yp_i))$$

여기서 yt_i는 정답인 경우에는 1을, 정답이 아닌 경우는 0을 취한다.

이 수식만으로는 이해하기 어려워서, 수식에 따른 처리를 그림 7-7에 나타냈다.

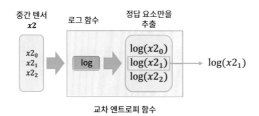

교차 엔트로피 함수

그림 7-7 교차 엔트로피 함수의 처리 이미지

교차 엔트로피 함수는, 우선 소프트맥스 함수의 출력인 중간 텐서 $x2$ 안의 모든 요소들에 대해 로그를 취한다. 그다음, **정답 요소만을 골라낸다.** 그림 7-6은 정답이 (0, 1, 2)까지 모두 세 종류인 모델에 대해, 정답이 1인 경우를 나타내고 있다.

마지막에 '정답 요소만을 추출'하는 처리를 위해서는 **정답이 (0, 1, 2) 중 어느 것인지 반드시 정숫값으로 주어져야 한다.** 파이토치에서 교차 엔트로피 함수는 이와 같은 처리를 목표로, **손실 함수로 넘겨줄 정답 (두번째 인수)은 반드시 정숫값으로만 이뤄진 값이어야 한다**[1].

이쯤에서 7.5절에서 7.6절까지 다룬 내용을 정리해보자.

손실이란 '예측 함수'와 '손실 함수'의 합성 함수다. 그림 7-6에 나와있는 '예측 함수'와 그림 7-7의 **'손실 함수'를 모두 이은 합성 함수로써의 '손실'**은 그림 7-8과 같다.

다음 절에서는 '손실'을 처리하는 흐름을 파이토치에서 어떻게 구현할 것인가에 관해 설명한다.

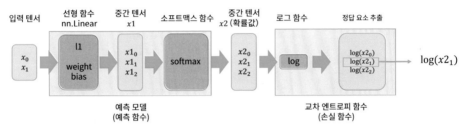

그림 7-8 다중 분류에서 '손실'을 얻는 과정

7.7 다중 분류 모델에서 예측 함수와 손실 함수의 관계

이전 절까지 **다중 분류의 '손실'이 실제로 어떤 합성 함수가 되는지 이론적으로** 알아봤다. 이제 이 **합성 함수를 파이토치를 사용해 구현**하기 위한 설명을 시작한다.

다음의 그림 7-9에 주목해보자.

그림 7-9 다중 분류 모델의 손실 함수

---

1   케라스 등 다른 프레임워크에서는 정답을 정수로 넘기지 않는 점이 파이토치와 크게 다르다. 교차 엔트로피 함수의 더욱 엄밀한 설명은 칼럼 'NLLLoss 함수의 거동'에서 다룬다.

이 그림은 그림 7-8과 비교하면, 다음과 같은 차이가 있다.

- 중간 텐서는 제외함

- 앞부분에서 '예측 모델'에 관한 틀을 제외하고 레이어 함수만을 표기함

- 뒷부분에서도 역시 교차 엔트로피 함수라는 틀을 제외하고, '로그 함수', '정답 요소 추출'과 같은 처리만을 표기함

여기서 한 가지 문제가 있다. 정확한 의미의 '교차 엔트로피 함수'에 해당하는 손실 함수가 파이토치에서는 표준으로 지원되지 않는다는 점이다. 이 양상을 그림 7-10을 통해 구체적으로 살펴보자.

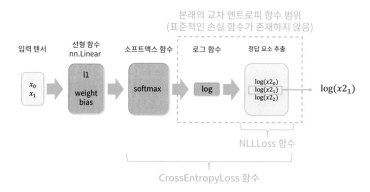

그림 7-10 다중 분류용으로 지원되는 손실 함수와 예측 함수의 관계

파이토치에서 표준적인 다중 분류용 손실 함수로 지원하는 것은, NLLLoss 함수와 CrossEntropyLoss 함수지만, 두 가지 모두 그림 7-10에서 알 수 있듯이, 본래의 교차 엔트로피 함수와 동일한 처리를 수행하지 않는다.

어째서 이런 구현 방식을 추구하는지는 이전 장의 마지막 칼럼에서 설명한 파이토치만의 고유 정책으로, '로그 함수를 독립적으로 사용하면 동작이 불안정하기 때문에, 반드시 지수 함수(시그모이드 함수나 소프트맥스 함수)와 함께 사용해야 한다'라는 생각으로 설계했기 때문이다.

따라서, 파이토치에서 다중 분류 모델을 만들 때, (예측 함수와 손실 함수 사이에 로그 함수를 직접 만들어 넣는 교묘한 방법을 제외하면) 다음 두 가지 패턴 중 한 가지를 선택하는 방법밖에 없다.

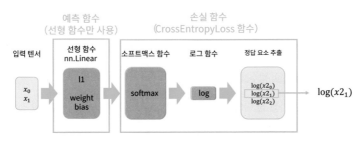

그림 7-11 구현 패턴 1 예측 함수로 선형 함수만을 사용

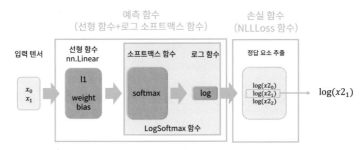

그림 7-12 구현 패턴 2 예측 함수로 선형 함수+LogSoftmax 함수를 사용

애초에 손실은 예측 함수와 손실 함수를 이어 붙인 합성 함수이므로, 합성 함수 전체를 대상으로 경사를 계산한다. 합성 함수가 그림 7-11과 그림 7-12 중 어느 패턴이든지 손실의 경사 계산 결과는 다르지 않다. 실제로 이번 장 마지막 칼럼에서 확인할 예정이나, 어느 패턴을 사용하든지 손실에 관한 계산 그래프는 동일하다.

따라서, 어느 패턴을 선택해도 상관없지만, 다음 두 가지 이유를 들어 이 책에서는 **'구현 패턴 1'을 실습을 위한 표준 패턴**으로 한다[2].

- 파이토치 튜토리얼에는 구현 패턴 1이 더 많고, 따라서 이 패턴이 파이토치가 생각하는 표준으로 보임

- 예측 함수의 출력 결과로부터 '확률 값'(이번 예측 모델 본래의 예측 값, 즉, 소프트맥스 함수의 출력)을 산출하는 경우, 패턴 2에서는 한번 적용시켰던 로그 함수의 계산 결과를 지수 함수를 사용해 원 상태로 돌려놓는다는 점이 다소 껄끄러움

이 경우, 다음 항목들을 원칙으로 구현한다.

---

2 패턴 2에 관해서는 이번 장의 칼럼에서 검증한다.

- 예측 함수 쪽에서는 활성화 함수가 필요 없고, **선형 함수의 출력을 그대로 사용함**

- 예측 함수의 출력으로부터 확률 값을 얻고 싶은 경우는, 예측 함수의 출력에 소프트맥스 함수를 적용함

- 손실 함수는 CrossEntropyLoss 함수를 사용함

- CrossEntropyLoss 함수는 가장 끝 단이 nn.NLLLoss 함수이므로, 두번째 인수에 들어갈 정답은 NLLLoss 함수와 마찬가지로 정숫값일 필요가 있음[3]

이번 장의 실습 코드는 이렇게 정리된 결론을 그대로 사용한다.

7.8 데이터 준비

노트북의 앞부분의 데이터를 불러오는 부분은 이전 절과 완전히 같으므로 자세한 설명은 생략한다.

데이터 추출

다음 코드 7-1이 데이터 추출에 관한 구현이다.

코드 7-1 데이터 추출

```
# 데이터 추출

# 입력 데이터로 sepal(꽃받침) length(0)와 petal(꽃잎) length(2)를 추출
x_select = x_org[:,[0,2]]

# 결과 확인
print('원본 데이터', x_select.shape, y_org.shape)
```

```
원본 데이터 (150, 2) (150,)
```

학습 데이터 x_org에 관해서는 1열과 3열을 추출해서, 결과를 x_select에 대입하고 있다. 이전 장과 선택한 열을 바꾼 이유는, 산포도를 출력한 결과가 위의 2열을 세 종류로 분류하기 쉬워 보였기 때문이다.

---

3 NLLLoss 함수의 두번째 인수에 정수를 취해야 하는 필요성에 관해서는 이전 절에서 설명했다.

훈련 데이터와 검증 데이터 분할

다음으로 학습 데이터를 훈련 데이터와 검증 데이터로 분할한다. 구현은 코드 7-2와 같다.

코드 7-2 훈련 데이터와 검증 데이터로 분할

```
# 훈련 데이터와 검증 데이터로 분할(셔플도 동시에 실시함)

from sklearn.model_selection import train_test_split
x_train, x_test, y_train, y_test = train_test_split(
    x_select, y_org, train_size=75, test_size=75,
    random_state=123)
print(x_train.shape, x_test.shape, y_train.shape, y_test.shape)
```

```
(75, 2) (75, 2) (75,) (75,)
```

이번 분할 비율은 75건 대 75건[4]으로, 이전과 다르지만, 이전 시리즈 《딥러닝을 위한 수학》과 조건을 맞추기 위한 설정이다.

산포도 출력

다음의 코드 7-3이 훈련 데이터를 정답 데이터에 따라 그룹을 나눠 산포도로 출력한 결과다.

코드 7-3 훈련 데이터의 산포도 출력

```
# 산포도 출력

plt.scatter(x_t0[:,0], x_t0[:,1], marker='x', c='k', s=50, label='0 (setosa)')
plt.scatter(x_t1[:,0], x_t1[:,1], marker='o', c='b', s=50, label='1 (versicolor)')
plt.scatter(x_t2[:,0], x_t2[:,1], marker='+', c='k', s=50, label='2 (virginica)')
plt.xlabel('sepal_length')
plt.ylabel('petal_length')
plt.legend()
plt.show()
```

---

4 이 파라미터는 실제 건수 또는 비율로 설정이 가능하다. 여기서 0.5대 0.5와 같이 비율로 설정해도 결과는 똑같다.

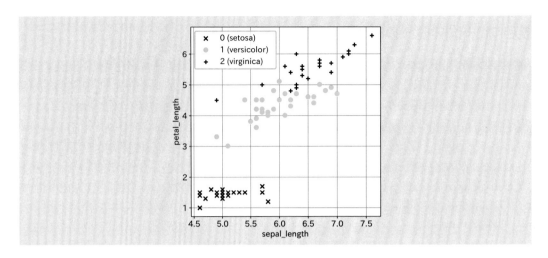

세 종류의 데이터는 직선으로 어느 정도까지는 그룹으로 나눌 수 있을 듯 보인다. 다시 말해, 두 변수 sepal_length와 petal_length를 사용하면, 어느 정도까지는 정확도를 확보할 수 있을 것이다.

7.9 모델 정의

데이터 준비가 끝났으므로, 이제 모델을 정의한다.

입력 차원수와 출력 차원수 확인

처음에는 항상 입력 차원수와 출력 차원수를 확인한다. 구현은 코드 7-4와 같다.

코드 7-4 입력 차원수와 출력 차원수 확인

```
# 학습용 파라미터 설정

# 입력 차원수
n_input = x_train.shape[1]

# 출력 차원수
# 분류 클래스 수, 여기서는 3
n_output = len(list(set(y_train)))
```

```
# 결과 확인
print(f'n_input: {n_input} n_output: {n_output}')
```

```
n_input: 2 n_output: 3
```

7.2절에서도 설명했듯이, 지금까지는 값이 항상 1이었던 n_output(출력 차원수)가 3으로 바뀌었다.

모델 정의

다음 코드 7-5가 모델을 정의한 구현이다.

코드 7-5 모델 정의

```
# 모델 정의
# 2입력 3출력 로지스틱 회귀 모델

class Net(nn.Module):
    def __init__(self, n_input, n_output):
        super().__init__()
        self.l1 = nn.Linear(n_input, n_output)

        # 초깃값을 모두 1로 함
        # "딥러닝을 위한 수학"과 조건을 맞추기 위한 목적
        self.l1.weight.data.fill_(1.0)
        self.l1.bias.data.fill_(1.0)

    def forward(self, x):
        x1 = self.l1(x)
        return x1

# 인스턴스 생성
net = Net(n_input, n_output)
```

코드 7-5에서 주목해야 할 부분은 사각형으로 감싼 **forward 함수를 정의**한 부분이다. 6장의 실습에서는 forward 함수 안에서 시그모이드 함수를 호출했다. 이 **활성화 함수를 호출한 부분이 사라지고, 단순히 선형 함수 결과를 반환**하고 있는 것은, 7.7절에서 설명한 것처럼 손실 함수 쪽에서 활성화 함수를 커버하고 있기 때문이다.

코드 7-5의 마지막 부분에서, 지금 정의한 클래스(Net)의 인스턴스(net)를 생성한다.

모델 내부 파라미터 확인

이제, 지금 생성한 인스턴스 net 안의 파라미터를 확인해 보자. 구현 결과는 코드 7-6과 같다.

코드 7-6 모델 안의 파라미터 확인

```
# 모델 내부 파라미터 확인
# l1.weight는 행렬, l1.bias는 벡터

for parameter in net.named_parameters():
    print(parameter)


('l1.weight', Parameter containing:
tensor([[1., 1.],
    [1., 1.],
    [1., 1.]], requires_grad=True))
('l1.bias', Parameter containing:
tensor([1., 1., 1.], requires_grad=True))
```

l1.weight는 3행 2열인 행렬로, l1.bias는 3차원 벡터라는 사실을 확인할 수 있다. l1.weight가 7.4절에서 설명한 '가중치 행렬'이다. 이번 장 그림 7-1에서 나타난 선형 함수가 여기서 구현되고 있다.

최적화 알고리즘과 손실 함수의 정의

다음의 코드 7-7이 최적화 알고리즘과 손실 함수를 정의한 구현이다.

코드 7-7 최적화 알고리즘과 손실 함수의 정의

```
# 손실 함수: 교차 엔트로피 함수
criterion = nn.CrossEntropyLoss()

# 학습률
lr = 0.01

# 최적화 함수: 경사 하강법
optimizer = optim.SGD(net.parameters(), lr=lr)
```

이 코드에서 손실 함수의 정의로 nn.CrossEntropyLoss 클래스를 사용한 점이 포인트라 할 수 있다. 7.7절에서 설명했듯이 이 클래스에서 생성한 손실 함수는 그림 7-10에 나와있는 처리로 설명하자면 **'소프트맥스 함수', '로그 함수', '정답 요소 추출'까지 세 가지를 모두 한 번에 처리하는 함수**다.

https://pytorch.org/docs/stable/generated/torch.nn.CrossEntropyLoss.html

그러므로 코드 7-5에서 구현한 모델의 정의와 함께 사용했을 때, 전체적으로 모순이 없는 손실 계산이 가능한 것이다.

7.10 경사 하강법

모델의 정의를 끝낸 다음은 경사 하강법을 구현할 차례다. 그림 7-13은 지금껏 봐왔던 머신러닝 프로그램의 전체상을 나타낸 것이고, 각 스텝을 이 그림과 대응시키면서 이해해보기 바란다.

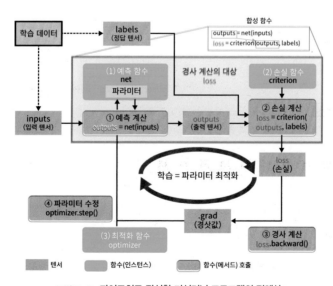

그림 7-13 파이토치로 작성한 머신러닝 프로그램의 전체상

데이터의 텐서 변수화

가장 처음으로 거쳐야 할 스텝은 학습 데이터(입력 데이터 x와 정답 데이터 y)를 텐서 변수로 바꾸는 것이다. 구현은 코드 7-8과 같다.

코드 7-8 데이터의 텐서 변수화

```
# 입력 데이터 x_train과 정답 데이터 y_train의 텐서 변수화

inputs = torch.tensor(x_train).float()
labels = torch.tensor(y_train).long()

# 검증 데이터의 텐서 변수화

inputs_test = torch.tensor(x_test).float()
labels_test = torch.tensor(y_test).long()
```

코드 7-8에서 주의를 기울여야 할 점은, 밑줄로 표시한 정답 데이터 y_train과 y_test의 변환 방법과 관련된 부분이다. 항상 float 함수였으나, long 함수를 사용한다. 이 두 변수는 앞으로 학습 단계에서 loss = criterion(outputs, labels)와 같이, 손실 함수의 두번째 인수로 사용한다. 여기에 들어갈 인수가 정수가 아니면 안된다는 조건에 관해서는 7.7절에서 설명했다. 따라서 이와 같은 변환이 당연히 필요한 것이다.

손실의 계산 그래프 시각화

다음으로 손실의 계산 그래프를 시각화해보자. 코드 7-9에서 구현과 그 결과를 확인할 수 있다.

코드 7-9 손실의 계산 그래프 시각화

```
# 예측 계산
outputs = net(inputs)

# 손실 계산
loss = criterion(outputs, labels)

# 손실의 계산 그래프 시각화
g = make_dot(loss, params=dict(net.named_parameters()))
display(g)
```

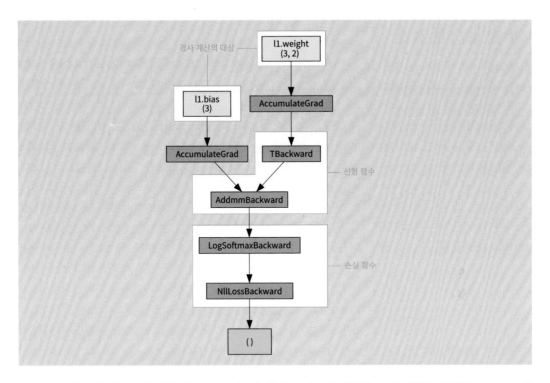

그리고 손실 함수의 구조를 나타낸 그림 7-8을 이 계산 그래프의 방식에 따라 해석한 결과를 그림 7-14에서 살펴보자.

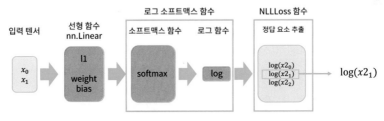

그림 7-14 계산 그래프의 방식에 따른 손실 계산

두 그림을 비교해 보면, 계산 그래프의 밑에서 두번째에 있는 LogSoftmax(Backward)가 그림 7-8의 소프트맥스 함수와 로그 함수를 이어 붙인 부분이다. 그리고 마지막의 NllLoss(Backward)는 그림 7-8의 '정답 요소 추출'에 해당하는 부분이다. 이런 식으로 대응을 시켜 보는 것이 약간은 어려울 수 있지만, 전체적으로 그림 7-8에서 설명한 손실의 계산이 틀림없이 이뤄지고 있음을 알 수 있다.

예측 라벨을 얻는 방법

이제 반복 처리 구현에 들어갈 차례다. 여기서 한 군데 어려운 부분에 관해 미리 설명을 해 둘 필요가 있다. outputs = net(inputs)에서 나온 출력값(3차원 벡터)로부터 예측 라벨(현재 실습에서는 0, 1, 2 중하나)을 얻는 방법에 관해서다.

먼저 한 가지 전제가 있다. 원래라면 **소프트맥스 함수의 출력값인 확률 값 중, 가장 큰(다시 말해 1에 가장 가까운) 값을 출력한 분류기를 예측 값으로 하는 것**이 올바른 라벨의 계산 방법이다(7.3절의 그림 7-2). 이에 반해, 이번 모델은 소프트맥스 함수를 적용하기 전 상태의 벡터다. 이 **소프트맥스 함수는 입력 단계에서 최대였던 항복이 출력 이후에도 최대가 되는** 성질을 가진다. 그러므로 소프트맥스 함수 전상태에서 최댓값을 갖는 항목을 발견한다면, 그것이 예측 라벨이 되는 것이다.

이 점을 생각하면서 아래의 코드 7-10을 보자.

코드 7-10 torch.max 함수 호출

```
# torch.max 함수 호출
# 2번째 인수는 축을 의미함. 1이면 행별로 집계
print(torch.max(outputs, 1))
```

```
torch.return_types.max(
values=tensor([12.0000, 12.7000, 7.6000, 13.0000, 12.3000, 7.6000, 7.3000, 11.1000,
              12.1000, 13.3000, 8.0000, 7.0000, 10.3000, 7.6000, 11.7000, 13.3000,
              7.4000, 13.5000, 8.2000, 8.4000, 12.7000, 6.6000, 7.9000, 12.2000,
              14.6000, 12.0000, 10.2000, 10.5000, 7.1000, 7.3000, 12.6000, 12.7000,
              7.4000, 7.7000, 10.8000, 11.5000, 11.5000, 14.0000, 12.8000, 10.8000,
              10.8000, 15.2000, 7.5000, 7.8000, 11.1000, 13.6000, 12.9000, 14.2000,
              12.7000, 7.6000, 10.9000, 7.0000, 10.9000, 11.2000, 7.4000, 11.7000,
              13.3000, 11.5000, 13.4000, 12.7000, 7.7000, 11.8000, 7.0000, 12.6000,
              11.7000, 10.9000, 9.2000, 12.2000, 10.4000, 12.1000, 7.5000, 9.1000,
              11.1000, 12.0000, 14.3000], grad_fn=<MaxBackward0>),
indices=tensor([0, 0, 0, 0, 0, 0, 0, 0, 0, 0, 0, 0, 0, 0, 0, 0, 0, 0, 0, 0, 0, 0, 0, 0, 0,
                0, 0, 0, 0, 0, 0, 0, 0, 0, 0, 0, 0, 0, 0, 0, 0, 0, 0, 0, 0, 0, 0, 0, 0, 0,
                0, 0, 0, 0, 0, 0, 0, 0, 0, 0, 0, 0, 0, 0, 0, 0, 0, 0, 0, 0, 0, 0, 0, 0, 0]))
```

outputs는 2차원 데이터다. torch.max 함수의 두번째 인수는 2차원 데이터가 대상인 경우, 어느 축(axis)을 기준으로 집계를 할 것인지를 의미하며, 1로 설정한 경우는 **행별로 최댓값을 집계**하게 된다.

코드 7-10의 결과를 통해 알 수 있듯이, torch.max 함수는 최댓값 그 자체(values)와 그에 상응하는 인덱스(indices) 두 가지 정보를 동시에 반환한다. 따라서, 코드 7-11과 같이 **라벨을 얻고 싶은 경우에는 두번째, 즉, indices만을 취하면 된다**는 뜻이다.

코드 7-11 모델 예측 결과 outputs로부터 예측 데이터 취득

```
# 예측 라벨 리스트를 취득
torch.max(outputs, 1)[1]
```

```
tensor([0, 0, 0, 0, 0, 0, 0, 0, 0, 0, 0, 0, 0, 0, 0, 0, 0, 0, 0, 0, 0, 0, 0, 0, 0, 0, 0,
        0, 0, 0, 0, 0, 0, 0, 0, 0, 0, 0, 0, 0, 0, 0, 0, 0, 0, 0, 0, 0, 0, 0, 0, 0,
        0, 0, 0, 0, 0, 0, 0, 0, 0, 0, 0, 0, 0, 0, 0, 0, 0, 0, 0, 0, 0, 0, 0, 0, 0]))
```

코드 torch.max(outputs, 1)[1]을 통해 목적이었던 예측 데이터의 리스트를 얻었다. 이와 같은 설명은 2.2절의 코드 2-15, 코드 2-16에서도 언급했으므로, 잠시 이 내용을 잊은 독자는 확인해보기 바란다.

반복 계산

이제, 경사 하강법을 반복 계산한다. 이번에는 모든 구현에 관해 미리 설명을 끝마쳤으므로, 반복 처리는 기타 부연설명 없이 코드만을 게시한다.

초기화 처리 부분을 코드 7-12에서, 반복 처리 부분을 코드 7-13(훈련 페이즈)와 코드 7-14(예측 페이즈)에서 구현하고 있다.

코드 7-12 초기화 처리

```
# 학습률
lr = 0.01

# 초기화
net = Net(n_input, n_output)

# 손실 함수: 교차 엔트로피 함수
criterion = nn.CrossEntropyLoss()

# 최적화 함수: 경사 하강법
optimizer = optim.SGD(net.parameters(), lr=lr)
```

```python
# 반복 횟수
num_epochs = 10000

# 평가 결과 기록
history = np.zeros((0,5))
```

코드 7-13 반복 처리(훈련 페이즈)

```python
# 반복 계산 메인 루프

for epoch in range(num_epochs):

    # 훈련 페이즈

    # 경사 초기화
    optimizer.zero_grad()

    # 예측 계산
    outputs = net(inputs)

    # 손실 계산
    loss = criterion(outputs, labels)

    # 경사 계산
    loss.backward()

    # 파라미터 수정
    optimizer.step()

    # 예측 라벨 산출
    predicted = torch.max(outputs, 1)[1]

    # 손실과 정확도 계산
    train_loss = loss.item()
    train_acc = (predicted == labels).sum() / len(labels)
```

코드 7-14 반복 처리(예측 페이즈)

```python
# 예측 페이즈

# 예측 계산
outputs_test = net(inputs_test)

# 손실 계산
loss_test = criterion(outputs_test, labels_test)

# 예측 라벨 산출
predicted_test = torch.max(outputs_test, 1)[1]

# 손실과 정확도 계산
val_loss = loss_test.item()
val_acc = (predicted_test == labels_test).sum() / len(labels_test)

if ((epoch) % 10 == 0):
    print (f'Epoch [{epoch}/{num_epochs}], loss: {train_loss:.5f} acc: {train_acc:.5f} val_loss: {val_loss:.5f}, val_acc : {val_acc:.5f}')
    item = np.array([epoch, train_loss, train_acc, val_loss, val_acc])
    history = np.vstack((history, item))
```

7.11 결과 확인

항상 해왔던 것처럼 학습 결과를 순서대로 확인해보자.

손실 및 정확도 확인

먼저 코드 7-15에서 학습 시작과 종료 시점에서의 손실과 정확도를 확인해보자.

코드 7-15 손실과 정확도 확인

```python
# 손실과 정확도 확인
print(f'초기상태 : 손실 : {history[0,3]:.5f}  정확도 : {history[0,4]:.5f}' )
print(f'최종상태 : 손실 : {history[-1,3]:.5f}  정확도 : {history[-1,4]: .5f}')
```

```
초기상태 : 손실 : 1.09263 정확도 : 0.26667
최종상태 : 손실 : 0.19795 정확도 : 0.96000
```

두 상태는 모두 검증 데이터를 대상으로 확인했으며, 결과적으로 손실 0.19795, 정확도 0.96000으로 상당히 좋은 결과를 냈다[5].

학습 곡선

코드 7-16과 코드 7-17은 손실과 정확도를 대상으로 학습 곡선을 출력한 결과다.

코드 7-16 학습 곡선(손실)

```python
# 학습 곡선 출력(손실)

plt.plot(history[:,0], history[:,1], 'b', label='훈련')
plt.plot(history[:,0], history[:,3], 'k', label='검증')
plt.xlabel('반복 횟수')
plt.ylabel('손실')
plt.title('학습 곡선(손실)')
plt.legend()
plt.show()
```

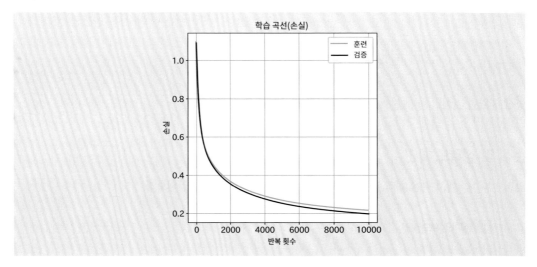

---

5 《딥러닝을 위한 수학》에서 도출한 결과와 비교하면, 정확도는 완전히 같고, 손실도 소수점 5자리까지 같다.

코드 7-17 학습 곡선(정확도)

```
# 학습 곡선 출력(정확도)

plt.plot(history[:,0], history[:,2], 'b', label='훈련')
plt.plot(history[:,0], history[:,4], 'k', label='검증')
plt.xlabel('반복 횟수')
plt.ylabel('정확도')
plt.title('학습 곡선(정확도)')
plt.legend()
plt.show()
```

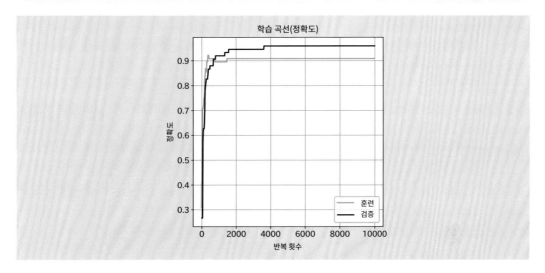

양쪽 모두 괜찮은 모양의 곡선이 그려졌고, 학습이 잘 이뤄졌다는 것을 알 수 있다. 정확도의 학습 곡선에 관해서는, 훈련 데이터보다 검증 데이터가 더 좋은 정확도를 내고 있다는 점이 약간 이해하기 힘들지만, 데이터를 분할하는 방법에 따라서는 이런 경우도 충분히 일어날 수 있다(데이터의 건수가 적은 경우, 이상치가 어느 쪽에 포함되는지에 따라 정확도가 크게 변하기도 한다).

모델 출력 확인

이것으로 정확도의 확인은 대략 끝이 났지만, 이번에는 소프트맥스 함수를 손실 함수 쪽에 포함시켰으므로, 모델의 출력이 어떤 수치인지, 그리고 그 수치로부터 확률 값을 얻고 싶을 때는 어떻게 해야 하는지 알아보기로 한다.

우선, 정답 데이터의 앞부분부터 값이 0, 1, 2인 것을 한 개씩 추출해보자.

코드 7-18 **정답 데이터 추출**

```
# 정답 데이터의 0번째, 2번째, 3번째를 추출
```

```
print(labels[[0,2,3]])
```

```
tensor([1, 0, 2])
```

그리고 같은 인덱스로 inputs 데이터도 추출한다.

코드 7-19 **입력값 추출**

```
# 이에 해당하는 입력값을 추출
```

```
i3 = inputs[[0,2,3],:]
print(i3.data.numpy())
```

```
[[6.3 4.7]
 [5. 1.6]
 [6.4 5.6]]
```

다음으로, 추출한 입력값 i3를 인수로 net 함수를 호출하고, 그 결과를 o3에 대입한다. 그리고 o3을 소프트맥스 함수에 적용한 다음, 그 결과(k3)를 표시한다.

코드 7-20 net 함수의 출력을 소프트맥스 함수에 적용한 결과

```
# 출력값에 소프트맥스 함수를 적용한 결과를 취득
```

```
softmax = torch.nn.Softmax(dim=1)
o3 = net(i3)
k3 = softmax(o3)
print(o3.data.numpy())
print(k3.data.numpy())
```

```
[[ 8.8071 14.1938 12.9986]
 [12.8262  9.8     0.1734]
 [ 6.7954 15.0928 17.1111]]
[[ 0.0035  0.765   0.2315]
 [ 0.9537  0.0463  0.    ]
 [ 0.      0.1173  0.8827]]
```

두 넘파이 행렬 출력 결과 중 첫번째가 선형 함수의 출력 결과, 두번째가 소프트맥스 함수에 적용한 결과다. 밑줄로 표시한 부분이, 행 단위로 확인했을 때 최댓값임을 알 수 있다.

두번째 행렬에서는, 각 행의 최댓값이 0.765, 0.9537, 0.8827이며, 이 값들이 소프트맥스 함수로부터 얻은 확률 값이다.

따라서, **모델에 입력을 통과시켜 얻은 출력으로부터 확률 값을 얻고 싶은 경우, 소프트맥스 함수를 적용하면 된다**는 사실을 확인했다.

가중치 행렬과 바이어스 값

이번 절은 학습으로 얻은 최종 가중치 행렬과 바이어스 값을 확인해 보는 것으로 마무리한다. 구현과 그 결과는 코드 7-21과 같다.

코드 7-21 가중치 행렬과 바이어스 값 확인

```
# 가중치 행렬
print(net.l1.weight.data)

# 바이어스
print(net.l1.bias.data)
```

```
tensor([[ 3.0452, -2.5735],
        [ 1.3573,  0.8481],
        [-1.4026,  4.7253]])
tensor([  1.7178,  1.6563, -0.3741])
```

7.12 입력 변수의 4차원화

이번 장의 마무리로, 입력 항목을 2번째 항목부터 4번째 항목까지 늘렸을 경우 결과가 어떻게 되는지 확인해 보기로 한다.

다른 점은 데이터 분할을 할 때 데이터 x를 x_select가 아닌 x_org로 설정한다는 것이다. 그런 다음, 똑같은 코드를 실행해 주면 그에 맞는 모델이 완성된다. 따라서 이 부분은 별다른 설명 없이, 코드 7-22부터 코드 7-24에 평가 결과만을 싣는다.

코드 7-22 입력이 4차원인 경우의 손실과 정확도

```
# 손실과 정확도 확인

print(f'초기상태 : 손실 : {history[0,3]:.5f}   정확도 : {history[0,4]:.5f}' )
print(f'최종상태 : 손실 : {history[-1,3]:.5f}   정확도 : {history[-1,4]: .5f}' )
```

```
초기상태 : 손실 : 1.09158   정확도 : 0.26667
최종상태 : 손실 : 0.13724   정확도 : 0.96000
```

코드 7-23 입력이 4차원인 경우의 학습 곡선(손실)

```
# 학습 곡선 출력(손실)

plt.plot(history[:,0], history[:,1], 'b', label='훈련')
plt.plot(history[:,0], history[:,3], 'k', label='검증')
plt.xlabel('반복 횟수')
plt.ylabel('손실')
plt.title('학습 곡선(손실)')
plt.legend()
plt.show()
```

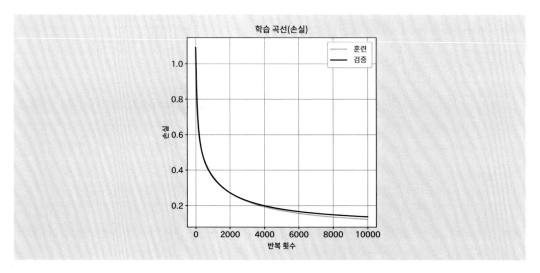

코드 7-24 입력이 4차원인 경우의 학습 곡선(정확도)

```
# 학습 곡선 출력(정확도)

plt.plot(history[:,0], history[:,2], 'b', label='훈련')
plt.plot(history[:,0], history[:,4], 'k', label='검증')
plt.xlabel('반복 횟수')
plt.ylabel('정확도')
plt.title('학습 곡선(정확도)')
plt.legend()
plt.show()
```

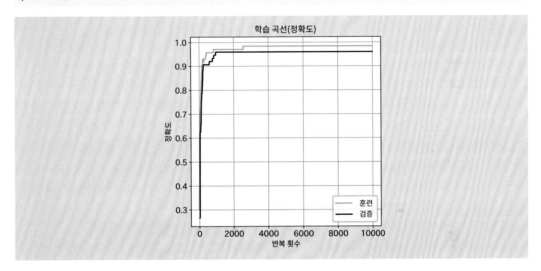

정확도는 96%로 변함이 없었지만, 손실은 0.13724로 이전 0.19795보다 조금 줄어들었다는 사실을 확인했다.

칼럼 **NLLLoss 함수의 거동**

파이토치에서 로지스틱 회귀를 통한 다중 분류 모델을 만드는 경우, 결론부터 말하자면 7.7절에서 설명했듯이, 아래와 같은 조건에서 모델의 구축과 학습이 가능하다.

- 예측 함수는 활성화 함수 없이 그대로 선형 함수의 출력을 그대로 반환함
- 손실 함수는 CrossEntropyLoss 함수를 사용함

그러나 케라스나 텐서플로를 사용해 본 경험이 있는 독자라면, 7.7절의 그림 7–10, 또는 7.10 절의 코드 7–9에서 나온 NLLLoss 함수가 어떻게 동작하는 손실 함수인지 쉽게 떠올리지 못할지도 모르겠다. 이 칼럼은, 이 함수에 관해 자세히 설명하는 것이 목적이다. 교차 엔트로피 함수의 이해가 이번 설명에 있어 전제로 작용하는 등 어려운 부분도 있으므로, 어렵다고 느끼는 독자는 가볍게 읽고 넘기는 정도로 충분하다.

7.6절에서는 간단하게 설명하기 위해, 다중 분류 모델에서 교차 엔트로피 함수를 수식으로 다음과 같이 정리했다.

$$\sum_{i=0}^{N-1} (yt_i \log(yp_i))$$

이 식을 구현하기 위해 더욱 엄밀하게 다시 쓴다면 다음과 같이 표현할 수 있다.

$$-\frac{1}{M} \sum_{m=0}^{M-1} \sum_{i=0}^{N-1} (yt_i^{(m)} zp_i^{(m)})$$

이 식에서 M은 **학습 데이터의 건수**를, 위 첨자 (m)은 **몇 건째의 학습 데이터인지를 나타내는 인덱스**를 의미한다.

7.6절에서 살펴봤던 간략한 버전의 수식과는 아래와 같은 점과 차이가 있다.

- **간략한 버전의 수식은 최우 추정에서 도출한 로그 우도 함수**(6.6절 참조)로 값을 최대화하는 것이 목적. 경사 하강법은 최솟값을 구하는 알고리즘이므로, **우도 값에 마이너스를 곱해 목적을 최솟값으로 바꿔, 이것을 손실 함수로 함.**
- **간략한 버전의 수식은 한 건의 학습 데이터에 대한 우도 값**이었으나, 실제 머신러닝은 **여러 건수의 데이터에 대한 최우 추정을 수행함.** 이 점을 고려해서 **여러 우도 값의 평균을 계산하는 과정**을 추가함.

7.7절에서 언급했던 것처럼 NLLLoss 함수란, 위의 수식 중 로그 계산 부분을 제외한 함수다. 수식을 알기 쉽게 다음과 같이 치환하면,

$$\log(yp_i^{(m)}) \rightarrow zp_i^{(m)}$$

교차 엔트로피 함수는 아래와 같이 표현할 수 있다.

$$-\frac{1}{M} \sum_{m=0}^{M-1} \sum_{i=0}^{N-1} (yt_i^{(m)} zp_i^{(m)})$$

NLLLoss 함수는 이 수식을 구현한 것임에 분명할 것이다. 실제로 그 사실을 확인해보자. 우선, 테스트를 위해 더미 데이터를 코드 7-25를 사용해 준비한다.

코드 7-25 NLLLoss 함수를 테스트하기 위한 데이터의 준비

```python
# 입력 변수 준비

# 더미 출력 데이터
outputs_np = np.array(range(1, 13)).reshape((4,3))
# 더미 정답 데이터
labels_np = np.array([0, 1, 2, 0])

# 텐서화
outputs_dummy = torch.tensor(outputs_np).float()
labels_dummy = torch.tensor(labels_np).long()

# 결과 확인
print(outputs_dummy.data)
print(labels_dummy.data)
```

```
tensor([[ 1.,  2.,  3.],
        [ 4.,  5.,  6.],
        [ 7.,  8.,  9.],
        [10., 11., 12.]])
tensor([0, 1, 2, 0])
```

모델의 출력인 outputs에 상응하는 텐서 outputs_dummy와, 정답 데이터 labels에 상응하는 labels_dummy를 만들었다. 다음으로 코드 7-26에서 지금 준비된 데이터를 사용해 NLLLoss 함수를 호출한다.

코드 7-26 NLLLoss 함수 호출

```python
# NLLLoss 함수 호출

nllloss = nn.NLLLoss()
loss = nllloss(outputs_dummy, labels_dummy)
print(loss.item())
```

```
-6.25
```

-6.25라는 값이 반환됐다. 이 값이 계산되는 과정을 그림 7-15를 통해 알아보자.

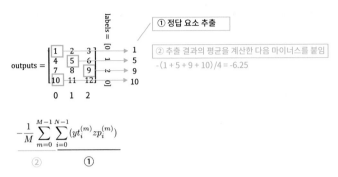

$$-\frac{1}{M}\sum_{m=0}^{M-1}\sum_{i=0}^{N-1}(yt_i^{(m)}zp_i^{(m)})$$

그림 7-15 NLLLoss 함수의 구조

출력 outputs_dummy의 각 행으로부터 **정답에 해당하는 요소만을 골라내어, 그 평균 값에 마이너스를 곱한** 결과가 -6.25가 된다. 조금 이해하기 어려운 부분이긴 하나, 그림을 보면서 왼쪽 아래의 수식과 대응해보기 바란다.

이 처리를 행하는 전제로, NLLLoss 함수의 **두번째 인수**(그림 7-15에서 labels)는 반드시 '**몇 번째**'인지를 의미하는 정수형 **텐서일 필요**가 있다. 테스트용 텐서를 만드는 코드 7-25를 다시 보면, 확실히 이런 구현을 취하고 있다.

어째서 이런 특수한 형태의 손실 함수가 나왔는지 설명하자면, 그 근본적인 이유는 파이토치의 특징 중 하나인 '**다중 분류 모델에서 One Hot Encoding은 필요하지 않다**'라는 사실과 관련이 있다. 만일, 정답 데이터가 케라스처럼 One Hot Encoding을 마친 데이터라면, '정답만을 추출'하는 것과 같은 특수한 조작은 필요 없으며, 예측 값의 출력을 로그함수에 적용한 결과와 정답 데이터에 One Hot Encoding을 마친 라벨과의 내적을 계산하면, 기대했던 결과를 얻을 수 있다. 다시 말해, **One Hot Encoding을 사용해야 한다면, 이와 같은 특수한 함수는 굳이 필요가 없다**라는 것이다. 단, 케라스로 분류 모델을 구현해 본 독자는 이해하겠지만, 정답 데이터를 One Hot Encoding된 값으로 사용하는 것은, 납득하기 어려울 뿐 아니라, 전처리의 측면에서도 수고스러운 작업이다. 파이토치는 **이 문제를 해결하는 대신 NLLLoss 함수가 다소 이해하기 힘들다**는 점을 기억하기 바란다[6].

---

6 한 가지 더 말하자면, 교차 엔트로피 함수로부터 로그를 제외함으로 인해 더욱 이해하기 힘들어졌다고 할 수 있겠다.

다중 분류 모델의 또 다른 구현 패턴

이 칼럼에서는 7.7절에서 설명한 '구현 패턴 2' 그리고, 예측 함수의 출력을 소프트맥스 함수 출력을 통한 확률 값으로 하는 '구현 패턴 3'의 구현을 설명한다.

패턴 2의 구현

그림 7-12에 구현 패턴 2의 개요가 나와있다.

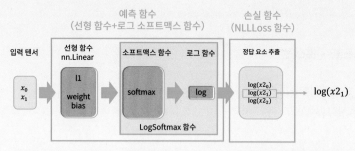

(그림 7-12를 다시 실음) **구현 패턴 2** 예측 함수로 선형 함수+LogSoftmax 함수를 사용

패턴 2의 구현은 다음의 코드 7-27, 코드 7-28과 같다. 여기에는 두 가지 포인트가 있는데, 하나는 모델 클래스 측에 LogSoftmax 함수를 포함하는 점, 다른 하나는 손실 함수를 NLLLoss 함수로 한다는 점이다.

코드 7-27 패턴 2의 모델 정의

```python
# 모델 정의
# 2입력 3출력 로지스틱 회귀 모델

class Net(nn.Module):
    def __init__(self, n_input, n_output):
        super().__init__()
        self.l1 = nn.Linear(n_input, n_output)
        # logsoftmax 함수 정의
        self.logsoftmax = nn.LogSoftmax(dim=1)

        # 초깃값을 모두 1로 함
        # "딥러닝을 위한 수학"과 조건을 맞추기 위한 목적
        self.l1.weight.data.fill_(1.0)
        self.l1.bias.data.fill_(1.0)

    def forward(self, x):
        x1 = self.l1(x)
```

```
        x2 = self.logsoftmax(x1)
        return x2
```

코드 7-28 패턴 2의 손실 함수 정의

```
# 학습률
lr = 0.01

# 초기화
net = Net(n_input, n_output)

# 손실 함수 : NLLLoss 함수
criterion = nn.NLLLoss()

# 최적화 함수 : 경사 하강법
optimizer = optim.SGD(net.parameters(), lr=lr)
```

이때의 손실에 관한 그래프가 다음의 그림 7-16에 나와있다. 코드 7-9의 결과와 비교하면, 입력 차원수가 2차원에서 4차원으로 바뀐 것에 따라, 가중치 행렬의 shape이 [3, 2]에서 [3, 4]로 변한 점을 제외하면, 동일한 계산 그래프임을 알 수 있다(shape의 차이는, 코드 7-9를 설명하던 시점에서 2차원 입력 데이터를 inputs로 사용한 반면, 나중에 입력 데이터를 4차원화했기 때문이다).

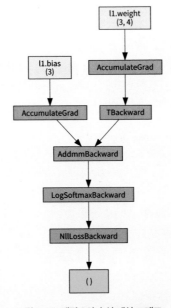

그림 7-16 패턴 2의 손실 계산 그래프

실제로 패턴 2의 모델과 손실 함수의 정의를 사용해 학습을 진행하면, 7.10절과 완전히 같은 결과를 얻는다.

단, 이 모델을 사용하는 경우, 모델의 출력값은 확률 값과 전혀 다른 값이다. 확률 값을 얻어야 하는 경우에는, 결과를 지수 함수에 적용시켜야 한다[7]. 구현 예시를 코드 7-29에서 살펴보자.

코드 7-29 패턴 1 모델의 출력에서 확률 값을 얻는 방법

```
# 패턴 2 모델의 출력 결과
w = outputs[:5,:].data
print(w.numpy())

# 확률값을 얻고 싶은 경우
print(torch.exp(w).numpy())
```

```
[[ -5.1283 -0.0992  -2.4251]
 [ -4.9799 -0.021   -4.274 ]
 [ -0.0563 -2.9047 -16.2378]
 [-11.7813 -3.2099  -0.0412]
 [ -9.2329 -1.747   -0.1916]]
[[0.0059 0.9056 0.0885]
 [0.0069 0.9792 0.0139]
 [0.9452 0.0548 0.    ]
 [0.     0.0404 0.9596]
 [0.0001 0.1743 0.8256]]
```

패턴 3 모델 클래스측에 본연의 소프트맥스 함수를 포함

이상으로, 7.9절과 별개 패턴의 모델을 만들게 되었지만, 원래 지향하던 것은 케라스와 마찬가지로, 소프트맥스 함수를 통과한 직후의 상태[8]를 모델의 출력으로 얻는 것이다. 이것을 억지로 만드는 방법(패턴 3)이 그림 7-17에 나와있다.

---

[7] 그림 7-12를 보면 알 수 있듯이, 확률 값인 소프트맥스 함수 출력을 로그 함수에 적용한 결과가 이 패턴의 예측 모델의 출력이다. 따라서, 확률 값을 얻기 위해서는, 로그 함수의 역함수인 지수 함수에 적용해야 한다.
[8] 이 시점의 값은 확률 값이다.

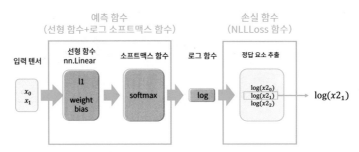

그림 7-17 구현 패턴 3 예측 함수를 선형함수+소프트맥스 함수로 정의한 경우

이 문제에서 본질적으로 어려운 점은, 7.7절에서 설명한 것처럼, 파이토치의 손실 함수에는, 소위 **본연의 교차 엔트로피 함수에 해당하는 함수가 제공되지 않는다**는 점이다. 따라서, 패턴 3에서는 모델의 출력을 소프트맥스 함수까지로 설정하고, 일단 outputs로 얻은 결과를 **반복 루프 안에서 직접 로그 함수에 적용한 결과를 손실 함수로 넘겨주게 된다**. 구현은 다음과 같다.

코드 7-30 패턴 3 모델 정의

```
# 모델 정의
# 2입력 3출력 로지스틱 회귀 모델

class Net(nn.Module):
    def __init__(self, n_input, n_output):
        super().__init__()
        self.l1 = nn.Linear(n_input, n_output)
        # 소프트맥스 함수 정의
        self.softmax = nn.Softmax(dim=1)

        # 초깃값을 모두 1로 함
        # "딥러닝을 위한 수학"과 조건을 맞추기 위한 목적
        self.l1.weight.data.fill_(1.0)
        self.l1.bias.data.fill_(1.0)

    def forward(self, x):
        x1 = self.l1(x)
        x2 = self.softmax(x1)
        return x2
```

코드 7-30에서 정의한 모델에는 본연의 소프트맥스 함수에 선형 함수의 출력을 적용한다. 이 경우, 손실 함수는 코드 7-31과 같이 구현한다.

코드 7-31 패턴 3 손실 함수 정의

```python
# 학습률
lr = 0.01

# 초기화
net = Net(n_input, n_output)

# 손실 함수 : NLLLoss 함수
criterion = nn.NLLLoss()

# 최적화 함수 : 경사 하강법
optimizer = optim.SGD(net.parameters(), lr=lr)

# 반복 횟수
num_epochs = 10000

# 평가 결과 기록
history = np.zeros((0,5))
```

코드 7-31의 손실 함수 정의에는 패턴 2와 마찬가지로 NLLLoss 함수를 썼다. 그리고 '패턴 3'의 경우 반복 처리는 코드 7-32 와 같이 구현된다.

코드 7-32 패턴 3 반복 처리 일부

```python
for epoch in range(num_epochs):

    # 훈련 페이즈

    # 경사 초기화
    optimizer.zero_grad()

    # 예측 계산
    outputs = net(inputs)

    # 여기서 로그 함수를 적용함
    outputs2 = torch.log(outputs)

    # 손실 계산
    loss = criterion(outputs2, labels)
```

```
# 경사 계산
loss.backward()

# 파라미터 수정
optimizer.step()

# 예측 라벨 산출
predicted = torch.max(outputs, 1)[1]

# 손실과 정확도 계산
train_loss = loss.item()
train_acc = (predicted == labels).sum() / len(labels)
```

패턴 3의 경우는 예측 함수와 손실 함수를 조합하더라도 로그 함수의 호출이 추가로 필요하다. 따라서 추가로 필요한 로그 함수를 코드 7-32에서 밑줄로 표시한 부분처럼 반복 처리에서 보완하는 형태가 된다.

이런 방법으로 다른 패턴과 동일하게 학습할 수 있으며, 아래의 코드 7-33처럼 모델의 출력값도 확실히 확률 값임을 확인할 수 있다.

코드 7-33 패턴 3 모델의 출력값

```
# 패턴 3 모델의 출력값
w = outputs[:5,:].data.numpy()
print(w)
```

```
[[0.0059 0.9056 0.0885]
 [0.0069 0.9792 0.0139]
 [0.9452 0.0548 0.    ]
 [0.     0.0404 0.9596]
 [0.0001 0.1743 0.8256]]
```

그러나 7.10절의 코드, 또는 현재 칼럼의 패턴 2와 비교해서, 코드가 길고 그다지 예쁘지는 않다. 애초에 어째서 이 패턴의 구현이 자연스럽지 않은 것인지 말하자면, 7.7절에서도 설명한 것처럼 '**시그모이드 함수, 또는 소프트맥스 함수는 로그 함수와 한 쌍으로 묶지 않으면 동작이 불안정해서 바람직하지 않다**'는 것이 파이토치의 기본적인 사상이고, 패턴 3의 구현은 이 정책에 반하는 형태이기 때문이다. 여러 가지 의미로 파이토치라는 프레임워크로는 그다지 추천하고 싶지 않은 구현이라 할 수 있겠다.

여기까지, 다중 분류의 손실 함수 문제에 관해서 상당히 깊이 파고들었지만, 필자의 경험으로부터 말하자면, 케라스를 이해한 다음 파이토치를 지금부터 배우려는 사람에게는 매우 중요한 포인트라고 생각한다. 이 칼럼을 천천히 되새기면서, 파이토치의 손실 함수를 완전히 이해하는 것을 목표하기 바란다.

08

MNIST를 활용한
숫자 인식

지금까지의 실습을 통해 만든 머신러닝 모델은, 입력이 오로지 값으로만 이뤄진 수치 데이터에 불과했다. 이번 장에서는 '손으로 쓴 숫자'라는 이미지 데이터를 다룬다. 따라서 몇 가지 새로운 개념을 배울 것이다. 딥러닝으로 이미지를 인식하려면 반드시 숙지해야 한다.

8.1 문제 정의하기

이번 장의 실습에서는 'MNIST 손글씨 숫자 데이터셋'으로 알려진 학습 데이터를 사용한다.

그림 8-1에 나와있는 것처럼 다양한 패턴의 손글씨 숫자가 훈련용으로 6만 장, 검증용으로 1만 장 준비되어 있으며, 딥러닝 실습에 매우 자주 쓰인다.

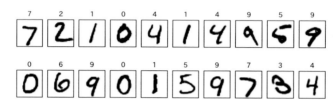

그림 8-1 'MNIST 손글씨 숫자 데이터셋'의 일부

이 데이터셋은 사용자가 손쉽게 사용할 수 있게, 몇 가지 라이브러리를 통해 제공한다. 이번 장의 실습에서는 파이토치 라이브러리를 통해 데이터를 가져오는 방법을 사용할 예정이다.

반면, 오리지널 데이터셋은 아래의 URL을 통해 제공되고 있다. 링크에 접속해서 설명을 살펴보면, 인구조사국 직원과 고등학생을 대상으로 모은 데이터라고 한다.

URL : http://yann.lecun.com/exdb/mnist

손글씨 숫자 이미지 데이터가 어떤 형식으로 표현돼 있는지를 그림 8-2에 알기 쉽게 나타냈다.

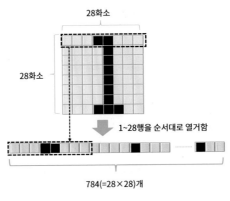

28화소

28화소

1~28행을 순서대로 열거함

784(=28×28)개

그림 8-2 이미지 데이터의 표현 방법

MNIST 데이터는 가로, 세로 각 28개의 화소(pixel)로 이뤄졌다. 그리고 화소마다 색의 농도는 0부터 255까지의 정숫값으로 표현된다. 단, 실습에서 파이토치 라이브러리를 통해 이 데이터를 가져오는 경우, 데이터는 [0, 1] 범위 안의 부동소수점으로 표현된다.

파이토치로 이 데이터를 불러오면, [1, 28, 28]의 3계 텐서 형식으로 이뤄졌음을 확인할 수 있다. 맨 처음의 1은 이미지의 색을 의미하는 채널의 차원수다.

이 형식의 이미지 데이터는 다음 장에서 다룰 CNN이라면, 이 상태 그대로 머신러닝 모델에 입력할 수 있다. 그러나 이번 장에서 활용할 '전결합(Fully Connected)형 신경망'의 경우, 입력은 1계 텐서(벡터) 형식을 갖출 것을 전제로 한다. 여기서는 그림 8-2의 아랫부분과 같이, 입력 데이터의 784(=28×28)개 요소를 1차원 배열로 전개한 형식으로 가공(전처리라고 함)한 데이터를 입력한다.

숫자는 모두 10 종류가 있으므로, 분류해야 할 클래스의 수는 10개다. 이 클래스의 수가 그대로 모델의 출력 차원수가 된다. 지금까지 설명한 입력과 출력만 보면, 입력의 차원수가 크게 달라지긴 했지만, 이전 장에서 설명한 다중 분류의 또 다른 케이스다.

그러나 이번 장의 모델은 내부 구조가 크게 다르다는 점이 포인트다. 다음 그림 8-3을 보면 알 수 있듯이, 선형 함수가 두 단계로 이어져 있다.

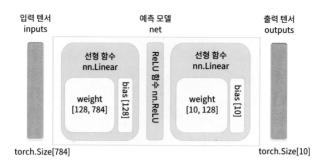

그림 8-3 이번 장에서 작성할 모델의 개념도

이것은 곧 설명하게 될 신경 회로와 관련지어 말하자면 '은닉층을 가진' 모델을 의미한다. 즉, 이번에 작성할 모델은 **입력 784차원, 출력 10차원의 은닉층을 포함한 신경망**인 것이다.

8.2 이 장의 중요 개념

이번 장을 시작으로 **은닉층**을 포함한 모델을 구축한다. 은닉층에 관해 이해하려면 신경망을 먼저 이해해야 한다. 8.3절에서 **신경망**과 그것의 발전된 형태인 **딥러닝**에 관해 짚어본다.

이전 장까지 다룬 머신러닝 모델은, 선형 함수의 뒤에 시그모이드 함수나 소프트맥스 함수를 적용해서 결과를 확률 값으로 산출했다. 이 함수들을 보통 **활성화 함수**라고 부르지만, 이번 장에서는 또 다른 종류의 활성화 함수인 ReLU **함수**를 다뤄본다. 활성화 함수에 관해서는 4.7절에서도 잠깐 설명했지만, 8.4절에서 다시 한번 되짚어본다.

이번 장의 실습은 이미지 데이터를 다루는 주제이므로, 지금까지의 실습과 비교하면 **학습에 필요한 연산량에 방대한 차이**가 있다. 따라서 GPU의 활용여부 또한 중요하다. 8.5절에서는 GPU란 무엇이고, 파이토치에서 GPU는 어떻게 사용하는지 설명한다.

머신러닝에서 데이터는 모델에 입력되기까지 사전에 다양한 처리가 필요한 경우가 있다. 그런 가공 절차를 통틀어 **데이터 전처리**라 한다. 8.6절은 이번 예제에서 어떤 종류의 전처리가 필요한지, 그리고 파이토치에서는 이를 어떻게 구현하는지에 관해 설명한다.

이번 장의 실습은, 학습 데이터의 건수가 이제껏 다뤘던 데이터에 비해 훨씬 많다. 지금까지는 기껏해야 수백 건 정도에 그친 데에 반해, 이번 장은 6만 건이나 준비되어 있다. 이런 경우는 어느 정도의 단위로 학습을 한 번 하는지가 중요하며, 8.7절에서 설명할 **미니 배치 학습법**에 그 정답이 담겨 있다.

8.3 신경망과 딥러닝

단일 회귀와 다중 분류 모델을 도식화한 그림 8-4에 주목해보자.

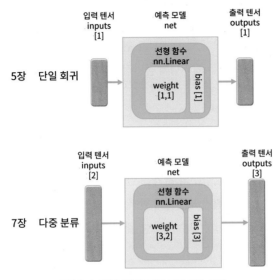

그림 8-4 단일 회귀와 다중 분류 실습 모델

이 두 가지 모델은 weights라는 변수의 실체가 스칼라와 행렬이라는 차이는 있지만, '선형 함수'라는 부품 한 가지로 구성된 점에서는 같은 모델이라 할 수 있다. 이에 반해, 그림 8-3에 나와있는 이번 장에서 다룰 모델에는 처음으로 2개의 선형 함수를 사용했다.

이것이 다음의 그림 8-5와 같이 **은닉층을 포함한** 신경 회로 모델을 표현한다는 사실은 이미 4장에서 설명했다.

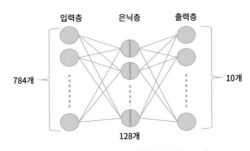

그림 8-5 은닉층을 포함한 신경 회로 모델

---

1 정확히는 '실질적인'이라는 형용사를 붙이는 것이 좋을지도 모르겠다. 예를 들어 단일 회귀 모델에서 선형 함수의 weight는 '1행 1열의 행렬'이므로, '형식적'으로는 모두 2계 텐서다.

이처럼 은닉층을 포함한, 다시 말해 **2개 층 이상의 선형 함수로 이뤄진 모델이 딥러닝의 출발점**이다. 다음 장 이후에 등장하는 '이미지 인식 실전편'에서는, 이 모델의 내부 구조를 점차 복잡하게 발전시켜, 높은 수준으로 이미지 인식이 가능한 모델을 만들 것이다.

층을 깊게 만들면 모델은 범용성이 높아지고, 높은 정확도의 모델이 만들어질 것이라는 기대는 이전부터 해왔었다. 그러나 학습 방법이 어렵거나, 하드웨어의 성능이 모델을 따라가지 못했기 때문에, 그런 모델을 실현하기란 어려웠다. 이런 부분을 극복한 결과가 현재 급속도로 진화한 형태의 딥러닝인 것이다. 이번 장의 목표는 그림 8-3의 구조를 갖는 딥러닝의 출발점과도 같은 모델을 구축해 보는 것이다.

8.4 활성화 함수와 ReLU 함수

층이 깊은 신경망에 관해, '**단지 선형 함수의 결과를 이어지는 은닉층으로 입력하는 것만으로는, 아무리 층이 깊을지라도, 하나의 층으로 이뤄진 모델과 수학적으로 차이가 없다**'는 사실이 알려져 있다. 층이 깊은 신경망이 유의미하기 위해서는 선형 함수를 통한 계산 결과에 '**비선형 함수**'로 불리는 함수를 작용시켜야 한다[2].

이 함수는 머신러닝의 영역에서 **활성화 함수**라고도 불린다. 지금까지 실습에서 등장한 함수 중에는, 6장에서 사용한 **시그모이드 함수**, 7장에서 사용한 **소프트맥스 함수**가 바로 이 활성화 함수에 해당한다.

이번 장에서는 4.7절에서 간단하게 소개했던 **ReLU 함수**를 활성화 함수로 사용한다. 먼저, 이 함수의 그래프를 출력한 다음 그 성질에 대해 알아보기로 한다.

코드 8-1에서는 ReLU 함수를 구현하고 그 결과를 출력한다.

코드 8-1 ReLU 함수의 그래프

```
# ReLU 함수의 그래프

relu = nn.ReLU()
x_np = np.arange(-2, 2.1, 0.25)
x = torch.tensor(x_np).float()
y = relu(x)
```

---

2 이 책의 4.7절에서 실습을 통해 확인했던 사실이다.

```
plt.plot(x.data, y.data)
plt.title('ReLU 함수')
plt.show()
```

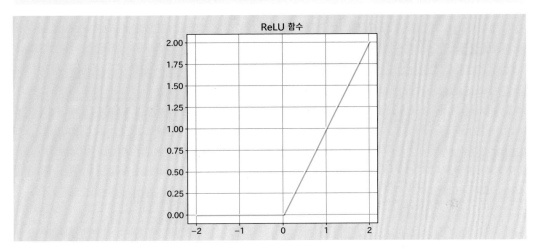

그래프를 통해 알 수 있듯이, $x<0$에서는 정수 0, $x\geq0$에서는 1차 함수 $y=x$인 매우 간단한 함수다. 간단하지만, $x=0$에서 서로 다른 함수로 바뀌므로 '**비선형 함수**'의 하나이며, **딥러닝에서 사용하는 활성화 함수로서 남다른 의미를 갖는다.**

시그모이드 함수와 비교해서 더욱 뛰어난 특성을 갖는데, 이에 관한 설명은 이번 장의 실습이 끝난 다음에 하는 것이 이해하기 쉬우므로, 칼럼에서 따로 다루기로 한다. 나중에 칼럼을 꼭 읽어보기 바란다.

8.5 GPU 사용하기

GPU란 Graphics Processing Unit의 약어다. 원래는 실시간 이미지 처리를 위해 컴퓨터를 구성하는 CPU와 별개로 만들어진 전용 하드웨어였지만, 이것을 사용하면 부동소수점 연산이 빨라진다는 사실로부터, 딥러닝 학습에 사용되기 시작했다.

이 책의 실습에 주축이 되는 구글 코랩이나 파이토치를 통해서도 GPU를 사용할 수 있지만, 일반적으로 CPU로 학습할 때와 비교하면 몇 가지 더 고려해야 할 점이 있다. 이번 절에서는 이 부분에 관해 설명한다.

구글 코랩 상에서 설정

이 책의 실습 환경에서 GPU를 사용하기 위해서는, 우선 구글 코랩 상에서 GPU 사용 설정을 해야 한다. 노트북을 켜놓은 상태에서, 그림 8-6과 같이 메뉴의 '런타임'-'런타임 유형 변경'을 선택한다.

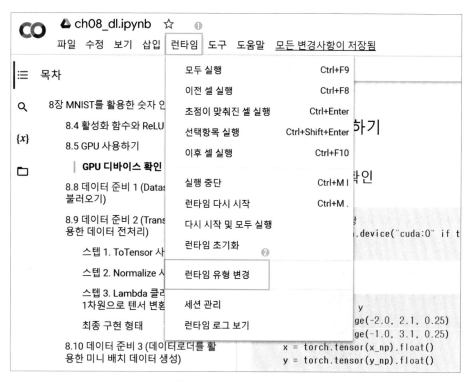

그림 8-6 구글 코랩에서의 설정 1

그림 8-7과 같은 화면이 나타나면 '하드웨어 가속기'의 드롭 박스에서 'GPU'를 선택하고, 오른쪽 아래에 있는 '저장' 버튼을 클릭한다.

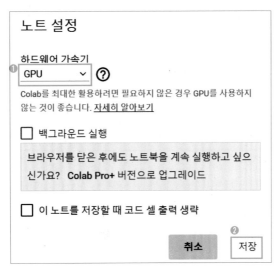

그림 8-7 구글 코랩에서의 설정 2

일단 노트북을 이 상태로 저장해 두면, 이후에 노트북을 사용할 때는 자동적으로 GPU를 사용할 수 있는 상태가 된다. 그리고 새로운 노트북을 불러오는 경우에도 **GPU를 사용하는 코드가 포함되어 있는 경우, 자동적으로 GPU가 사용 가능한 상태로 설정**된다고 한다. 그렇다고는 하나, 만일 지금부터 설명할 GPU 설정 확인 코드가 'GPU를 사용할 수 없음'이라는 결과를 반환한다면, 지금까지의 설정을 다시 한번 확인하기 바란다[3].

파이토치 상에서 설정

다음으로 파이토치에서 GPU를 사용하는 방법에 관해 설명한다. 케라스의 경우, GPU 사용 여부는 시스템(프레임워크)이 체크해서 사용 가능하다면 프로그램을 의식하지 않고, 자동적으로 GPU를 사용한다. 이와 대조적으로, 파이토치는 프로그램에서 항상 GPU를 인식시켜줘야 해서 약간은 귀찮다. 그 원리를 이해해서 막힘없이 GPU를 사용할 수 있기 바란다.

GPU 디바이스 확인

코드 8-2에서는 현재 환경이 GPU를 사용할 수 있는 상태인지를 체크하고, 그 결과를 device라는 변수에 담고 있다.

---

3 구글 코랩에서의 GPU 사용은 제한이 있고, 지나치게 장시간 사용하면 '이 이상은 사용할 수 없습니다'라는 메시지가 표시된다. 실습 노트북을 실행해 보는 정도로는 문제가 발생하지 않지만, 혹시라도 이 제한에 걸린다면, 하루 정도 사용을 멈추고 다시 시도해보기 바란다.

코드 8-2 GPU 디바이스 확인

```
# 디바이스 할당
device = torch.device("cuda:0" if torch.cuda.is_available() else "cpu")
print(device)
```

cuda:0 ← GPU가 사용 가능할 때 출력 결과

이번 장 이후의 실습은 모두 GPU 사용을 전제로 한 것이다.[4] 따라서, 코드 8-2는 실습 노트북에서 반드시 나오게 될 코드다.

GPU 사용 규칙

파이토치에서 GPU를 사용할 경우 다음과 같은 규칙을 지켜야 한다.

1. 텐서 변수는 데이터가 CPU와 GPU 중 어디에 속해 있는지를 속성으로 갖는다.
2. CPU와 GPU 사이에서 데이터는 to 함수로 전송한다.
3. 두 개의 변수가 모두 GPU에 올라가 있는 경우, 연산은 GPU로 수행한다.
4. 두 변수 중 한쪽이 CPU, 다른 한쪽이 GPU에 올라가 있는 경우, 연산은 에러를 발생시킨다.

다음의 샘플 코드를 통해 확인해 보자.

코드 8-3은 2개의 텐서 변수 x와 y를 정의한 다음, 두 변수 간 연산 결과를 z에 대입해 확인해 보는 일반적인 코드다.

코드 8-3 텐서 변수 x, y의 연산

```
# 텐서 변수 x, y
x_np = np.arange(-2.0, 2.1, 0.25)
y_np = np.arange(-1.0, 3.1, 0.25)
x = torch.tensor(x_np).float()
y = torch.tensor(y_np).float()

# x와 y 사이의 연산
```

```
z = x * y
print(z)
```

```
tensor([ 2.0000, 1.3125, 0.7500, 0.3125, -0.0000, -0.1875, -0.2500, -0.1875,
         0.0000, 0.3125, 0.7500, 1.3125,  2.0000,  2.8125,  3.7500,  4.8125,
         6.0000])
```

사실 위 연산은 GPU가 아닌 CPU를 사용하고 있다는 사실을 곧 확인할 수 있다.

텐서 변수는 데이터 전송을 목적으로 to 함수를 사용할 수 있으며, CPU상의 데이터를 GPU로, 또는 GPU상의 데이터를 CPU로 보낼 수 있다. 또한, 텐서 변수는 device라는 속성을 가지며, 이 속성으로 데이터 자신이 CPU와 GPU 중 어디에 속해 있는지 확인할 수 있다.

코드 8-4는, x를 GPU로 보낸 다음, x와 y의 device 속성을 확인해 본 결과다.

코드 8-4 x를 GPU로 전송

```
# 변수 x를 GPU로 보냄
x = x.to(device)

# 변수 x와 y의 디바이스 속성 확인
print('x: ', x.device)
print('y: ', y.device)
```

```
x: cuda:0
y: cpu
```

print 함수 결과로 x와 y가 서로 다른 곳에 속해 있다는 것을 확인했다. 다음으로 코드 8-5는, 이 상태에서 x와 y 사이의 연산을 수행해 본 결과다.

코드 8-5 GPU상의 변수와 CPU상의 변수 간 연산 결과

```
# 이 상태에서 x와 y의 연산을 수행하면…

z = x * y
```

```
---------------------------------------------------------------------------
RuntimeError                              Traceback (most recent call last)
<ipython-input-8-60ca28ef103a> in <module>()
```

```
      1 # 이 상태에서 x와 y의 연산을 수행하면...
      2
----> 3 z = x * y


RuntimeError: Expected all tensors to be on the same device, but found at least two devices, cuda:0
and cpu!
```

서로 다른 디바이스에 위치한 데이터 간 연산은 이처럼 런타임 에러를 발생시키는 것을 확인할 수 있다. 이것이 바로 '규칙 (4)'에 해당하는 사실이다.

그렇다면, 마지막으로 y도 GPU 측으로 전송해서 한 번 더 같은 연산을 해보자. 이번에는 연산 결과 z도 print 함수로 확인해보기로 한다.

코드 8-6 GPU상의 변수 간 연산

```
# y도 GPU로 보냄
y = y.to(device)

# 연산이 가능해짐
z = x * y
print(z)
```

```
tensor([ 2.0000, 1.3125, 0.7500, 0.3125, -0.0000, -0.1875, -0.2500, -0.1875,
         0.0000, 0.3125, 0.7500, 1.3125,  2.0000,  2.8125,  3.7500,  4.8125,
         6.0000], device='cuda:0')
```

이번에는 정상적으로 연산이 가능했다. 그리고 앞서 언급한 '규칙 (3)'에 따라, GPU상에서 연산이 이뤄졌다. 이 점은 변수 z의 device 속성이 'cuda:0'로 표시되었다는 점으로부터 확인할 수 있다.

이상으로, 파이토치상에서 GPU를 사용하기 위한 기본적인 규칙에 관해 알아보았다. 한 가지 부연하자면, 모델의 인스턴스(net)를 어느 디바이스에 위치시킬 것인지도 신경 써야 한다. **모델은 내부에 선형 함수와 같은 인스턴스를 포함하고 있고, 그 안에 텐서 변수가 위치**하기 때문이다.

이번 장 이후의 실습에서는 모델 인스턴스 생성 코드를 다음과 같이 to 함수를 사용해서 생성한 모델을 GPU로 전송하도록 구현한다.

```
net = Net(n_input, n_output, n_hidden).to(device)
```

8.6 데이터 전처리

학습 데이터를 모델에 입력하기 전에 필요에 따라 가공하는 과정을 데이터 전처리라고 한다. 3장의 실습에서 원래의 입력 데이터 (x, y)에서 각 평균 값을 빼서 새로운 좌표계인 (X, Y)로 변환했던 것을 기억하고 있는가? 이와 같은 과정이 간단한 전처리의 예시다. 이미지 데이터가 대상이라면, 다양한 전처리가 필요한 경우가 존재한다. 예를 들면, 다음과 같은 처리다.

- 값의 범위 변경 : 원래 [0, 1]의 범위였던 값을 [-1, 1]의 범위 안으로 조정함[5].
- 차원의 변환 : 데이터 1건이 [1, 28, 28]인 3계 텐서를 [784]인 1계 텐서로 변환함.

파이토치는 `torchvision.transforms` 라이브러리에 전처리를 하기 쉽게 도와주는 부품이 준비돼 있고, 이 부품들을 조합하면 간단하게 올바른 형식을 갖춘 데이터로 변환할 수 있다. 게다가, Dataset이라는 학습 데이터를 준비하기 위한 클래스와 조합한다면, '학습 데이터를 어디에서 가져오는지'와 '가져온 학습 데이터를 어떻게 전처리할지'를 완전히 독립적으로 다루는 것도 가능하다.

이에 관한 자세한 구현은 8.8절과 8.9절에서 설명한다.

8.7 미니 배치 학습법

경사 하강법으로 학습을 진행할 때, 몇 건의 데이터를 모아서 경사를 계산하는지에 관한 문제가 있다. 지금까지의 실습에서는 학습 데이터가 가장 많아야 수백 건 정도로 아주 적은 양이었으므로, 별로 의식하지 않고도 학습 데이터 전체를 한 번에 모아서 경사를 계산했다.

그러나 이번 장의 실습에서는 학습 데이터의 건수가 6만 건에 이르기 때문에, 전체에 대한 경사를 계산하는 것은, 한 번의 반복 처리에 걸리는 시간이 매우 비효율적이다. 따라서 사전에 합의된 건 수만큼 그룹을 만들어, 그룹 단위로 경사를 계산하는 방법이 탄생했다. 포인트는 그 그룹에 포함할 데이터를 고를 때 난수를 사용하므로, 반복 처리마다 수는 같지만 이전과 다른 그룹이 형성된다는 점이다. 이런 방식을 사용하면, 경사 하강법의 계산 결과가 국소적으로만 최적의 값[6]에 머무는 현상을 해소할 수 있는 것으로 알려져 있다.

---

5 케라스 같은 다른 프레임워크의 튜토리얼에서는 입력값의 범위를 [0, 1]로 학습하는 예시도 있다. 이번 실습에서도 범위 [0, 1]을 유지한 채로 학습 자체는 가능하지만, 이 같은 변환을 하면 모델의 정확도가 오르는 효과가 있다.
6 국소적인 최적 값에 관해서는 3장 칼럼에서 설명했다.

원래의 학습 데이터 전체 건수로 한 번에 경사 계산을 하는 방식을 **배치 학습법**이라 하고, 위에서 설명한 방식으로 학습하는 방식을 **미니 배치 학습법**이라고 부른다.

파이토치에서는 **간단하게 미니 배치 학습법을 사용할 수 있도록 데이터로더라는 장치**가 있다. 상세한 구현 방식은 8.10절에서 설명한다.

8.8 데이터 준비 1 (Dataset을 활용해 불러오기)

이번 절부터 본격적으로 구현에 관해 설명한다.

이미지 데이터를 사용한 딥러닝 모델의 학습에서는 일반적으로 학습 그 자체보다는 학습용 데이터를 준비하는 데 더 많은 시간을 쏟게 된다. 파이토치는 이런 데이터 준비를 위한 도구를 상대적으로 잘 갖추고 있으며, 다음과 같이 목적에 맞는 전용 클래스가 준비되어 있다.

- 데이터 입수 : Dataset

- 데이터 전처리 : Transforms

- 미니 배치용 데이터셋 생성 : DataLoader

지금부터 각 클래스가 어떻게 작동하는지 순서대로 설명한다. 모델의 정의에 이르기까지 시간이 걸리겠지만, 파이토치에서 중요한 부분이므로 반드시 잘 다룰 수 있도록 꼼꼼하게 읽기 바란다.

데이터 입수

코드 8-7이 파이토치 라이브러리를 사용해 MNIST 데이터를 가져오기 위한 구현이다. Dataset 클래스의 인스턴스 중 하나인 datasets.MNIST[7]를 사용해서, train_set0라는 변수로 읽어온다. Dataset 클래스를 사용해 가져온 데이터는 파이썬으로 가볍게 다룰 수 있게 만들어져 있다.

---

[7] (옮긴이) 코드 8-7로부터 Dataset 클래스가 아니라 torchvision.datasets 패키지를 사용한 것으로 보인다. 실제로 torchvision 내부 코드는 다음 URL을 통해 확인할 수 있다.
　　https://pytorch.org/vision/stable/_modules/torchvision/datasets/mnist.html#MNIST

　　이 URL을 보면, MNIST라는 클래스는 VisionDataset이라는 클래스를 부모로 한다. VisionDataset 클래스의 코드는 다음 주소에서 확인할 수 있다.
　　https://pytorch.org/vision/main/_modules/torchvision/datasets/vision.html#VisionDataset

　　이 책에서도 설명한 클래스의 작성법을 떠올리면, 결국 datasets.MNIST는 torch.utils.data.Dataset을 상속받아 작성되었음을 코드를 통해 직접 확인할 수 있다. 위 URL들은 2022년 2월 기준으로 접속이 가능하며, 파이토치와 그와 연관된 패키지들의 버전이 올라가면 코드의 내용이 다소 바뀔 수는 있지만, 상속 구조가 바뀌는 일은 없을 것이다.

코드 8-7 MNIST 데이터 가져오기

```python
# 라이브러리 임포트
import torchvision.datasets as datasets

# 다운로드받을 디렉터리명
data_root = './data'

train_set0 = datasets.MNIST(
    # 원본 데이터를 다운로드받을 디렉터리 지정
    root = data_root,
    # 훈련 데이터인지 또는 검증 데이터인지
    train = True,
    # 원본 데이터가 없는 경우, 다운로드를 실행하는지 여부
    download = True)
```

정상적으로 코드 8-7이 작동했다면, 코드 8-8을 실행한다. 데이터가 어떤 형태로 다운로드됐는지 확인할
수 있을 것이다.

코드 8-8 읽어 들인 파일 확인 결과

```
# 다운로드한 파일 확인

!ls -lR ./data/MNIST
```

```
./data/MNIST:
total 8
drwxr-xr-x 2 root root 4096 Apr 3 04:52 processed
drwxr-xr-x 2 root root 4096 Apr 3 04:52 raw

./data/MNIST/processed:
total 54144
-rw-r--r-- 1 root root 7921089 Apr 3 04:52 test.pt
-rw-r--r-- 1 root root 47521089 Apr 3 04:52 training.pt

./data/MNIST/raw:
total 65008
-rw-r--r-- 1 root root 7840016 Apr 3 04:52 t10k-images-idx3-ubyte
-rw-r--r-- 1 root root 1648877 Apr 3 04:52 t10k-images-idx3-ubyte.gz
```

```
-rw-r--r-- 1 root root 10008 Apr 3 04:52 t10k-labels-idx1-ubyte
-rw-r--r-- 1 root root 4542 Apr 3 04:52 t10k-labels-idx1-ubyte.gz
-rw-r--r-- 1 root root 47040016 Apr 3 04:52 train-images-idx3-ubyte
-rw-r--r-- 1 root root 9912422 Apr 3 04:52 train-images-idx3-ubyte.gz
-rw-r--r-- 1 root root 60008 Apr 3 04:52 train-labels-idx1-ubyte
-rw-r--r-- 1 root root 28881 Apr 3 04:52 train-labels-idx1-ubyte.gz
```

읽어 들인 데이터셋 train_set0는 파이썬 리스트로, (입력 데이터, 정답 데이터)와 같은 순서로 사용할 수 있다. 코드 8-9는 데이터셋의 가장 첫번째 요소를 입력 데이터 image와 정답 데이터 label에 대입하고, 각 타입을 type 함수로 확인해 본 결과다.

코드 8-9 데이터셋 확인

```
# 데이터 건수 확인
print('데이터 건수 : ', len(train_set0))

# 첫번째 요소 가져오기
image, label = train_set0[0]

# 데이터 타입 확인
print('입력 데이터 타입 : ', type(image))
print('정답 데이터 타입 : ', type(label))
```

```
데이터 건수 : 60000
입력 데이터 타입 : <class 'PIL.Image.Image'>
정답 데이터 타입 : <class 'int'>
```

초반부의 len 함수의 출력으로부터 훈련용 데이터셋이 총 6만 건인 사실을 확인할 수 있다. 그리고 이 리스트의 첫번째 요소를 대입한 입력 데이터 image와 정답 데이터 label의 타입은 각 PIL.Image.Image와 int(정수) 형식이다.

두 변수 image와 label에 관해 다음의 코드 8-10에서 데이터의 내용까지 확인해보자. 여기서는 PIL.Image. Image 데이터를 plt.imshow 함수로 출력한다.

코드 8-10 첫번째 요소 확인

```
# 입력 데이터를 이미지로 출력

plt.figure(figsize=(1,1))
plt.title(f'{label}')
plt.imshow(image, cmap='gray_r')
plt.axis('off')
plt.show()
```

손글씨 숫자 '5'와 정답 데이터의 정숫값 '5'[8]가 출력되었다. train_set0에는 이와 같은 형식의 데이터가 모두 6만 쌍이 포함돼 있는 것이다. 이번에는 리스트의 처음부터 20개의 데이터에 대해 정답과 함께 출력해 보자[9].

코드 8-11 여러 이미지를 정답과 함께 출력

```
# 정답 데이터와 함께 처음 20개 데이터를 이미지로 출력

plt.figure(figsize=(10, 3))
for i in range(20):
    ax = plt.subplot(2, 10, i + 1)

    # image와 label 취득
    image, label = train_set0[i]

    # 이미지 출력
    plt.imshow(image, cmap='gray_r')
    ax.set_title(f'{label}')
    ax.get_xaxis().set_visible(False)
    ax.get_yaxis().set_visible(False)
plt.show()
```

---

8 정답 데이터 '5'는 출력된 이미지의 타이틀로 출력되었다.

9 코드 8-11에서는 subplot 함수를 사용해 한 개의 출력 영역에 여러 이미지를 출력하는, 조금은 어려운 구현 방법을 보여준다. 이 구현 방법에 관해서는 부록 L.3.3절에서 자세하게 설명한다.

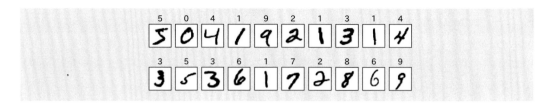

예상대로 이미지와 라벨이 출력되었다.

라이브러리로 준비된 datasets.MNIST 클래스의 인스턴스 변수인 train_set0가, **원본 데이터 파일을 감춘 채 파이썬으로 사용하기 간편한 리스트 형태의 인터페이스를 제공**하고 있는 것이다. 이것이 데이터를 가져오기 위한 클래스인 Dataset의 역할이다.

8.9 데이터 준비 2 (Transforms를 활용한 데이터 전처리)

바로 앞 절에서 설명한 datasets.MNIST에는 아직 사용하지 않은 옵션으로 transform이 있다. 이것이 8.6 절에서 설명한 '데이터 전처리'를 담당하는 부분이다. 이번 절에서는 이 옵션에 추가할 기능들을 한 스텝 씩 살펴본다.

스텝 1. ToTensor 사용하기

첫번째로 ToTensor 클래스를 사용한다. 명칭에서 알 수 있듯이, 입력 데이터의 형식을 파이토치에서 사용할 수 있게 텐서 형식으로 변환해 주는 클래스다. 코드 8-12에 구현 예를 살펴보자.

코드 8-12 MNIST 데이터를 텐서 형식으로 변환

```python
# 라이브러리 임포트
import torchvision.transforms as transforms

transform1 = transforms.Compose([
    # 데이터를 텐서로 변환
    transforms.ToTensor(), ])

train_set1 = datasets.MNIST(
    root=data_root, train=True, download=True,
    transform = transform1)
```

transform1이라는 새로운 인스턴스를 정의하고, 그 안에서 ToTensor 클래스를 호출한다. 그리고 이 transform1을 train_set1의 transform의 옵션으로 지정한다.

다음의 코드 8-13에서는 텐서 형식으로 변환한 다음 입력 데이터 부분(image)이 어떻게 변했는지 확인 하고 있다. 이 코드에서 image.data.min()과 image.data.max()는 image 데이터를 표현하는 텐서 전체에 서 최솟값과 최댓값을 얻는 함수다[10].

코드 8-13 transfom1으로 변환한 결과 확인

```
# 변환 결과 확인

image, label = train_set1[0]
print('입력 데이터 타입 : ', type(image))
print('입력 데이터 shape : ', image.shape)
print('최솟값 : ', image.data.min())
print('최댓값 : ', image.data.max())
```

```
입력 데이터 타입 : <class 'torch.Tensor'>
입력 데이터 shape: torch.Size([1, 28, 28])
최솟값 : tensor(0.)
최댓값 : tensor(1.)
```

이렇게 image 변수가 텐서 변수로 변환되었다. 그리고 변환된 데이터의 shape은 [1, 28, 28]이며, 최솟값 은 0, 최댓값은 1의 형태의 데이터라는 것이 확인됐다.

스텝 2. Normalize 사용하기

다음 스텝으로 Normalize 클래스를 사용해서 데이터를 '정규화'한다. 이번에 사용하게 될 학습 데이터는 이미 값의 범위가 [0, 1]로 정규화되어 있지만, 이 범위를 [−1, 1]으로 변경하고 싶다고 생각하자[11].

Normalize(μ, σ)로 원본 데이터 x는 $X=(x-\mu)/\sigma$에 따라 변환된다. 여기서 $\mu=\sigma=0.5$로 하면, [−1, 1] 의 범위 안의 값 X로 변환할 수 있다. $x=0$(최소)인 경우와 $x=1$(최대)인 경우를 계산해보면, 실제로 그 렇게 값이 변환되는 것을 알 수 있다.

---

10 2.2절에서 max 함수에 대해 설명했다.
11 8.6절의 각주에서 설명했듯이, 이 변환을 취하면 모델의 정확도가 약간 향상된다.

구현 코드는 코드 8-14와 같다.

코드 8-14 Normalize를 사용한 데이터 정규화

```python
transform2 = transforms.Compose([
    # 데이터를 텐서로 변환
    transforms.ToTensor(),

    # 데이터 정규화
    transforms.Normalize(0.5, 0.5),
])

train_set2 = datasets.MNIST(
    root = data_root, train = True, download = True,
    transform = transform2)
```

여러 개의 전처리를 조합해서 사용하는 것은 자주 볼 수 있지만, 파이토치에서는 코드 8-14처럼 Compose 클래스에 여러 개의 전처리를 리스트 형식으로 건네면, 각 처리를 순차적으로 수행[12]하는 transform 인스 턴스를 만들 수 있다. 그 결과를 코드 8-15에서 확인해보자.

코드 8-15 transform2으로 변환한 결과 확인

```python
# 변환 결과 확인

image, label = train_set2[0]
print('shape : ', image.shape)
print('최솟값 : ', image.data.min())
print('최댓값 : ', image.data.max())
```

```
shape : torch.Size([1, 28, 28])
최솟값 : tensor(-1.)
최댓값 : tensor(1.)
```

출력으로 얻은 '최솟값'과 '최댓값'을 보면, 원래는 [0, 1]이었던 데이터의 범위가 의도한 대로 [−1, 1]이 되었다.

---

12 (옮긴이) 따라서, 여러 전처리를 조합하는 경우, 처리의 순서를 고려하지 않으면 모델의 성능을 떨어트리는 텐서가 나오는 경우도 있다.

스텝 3. Lambda 클래스를 사용해 1차원으로 텐서 변환하기

마지막으로 전결합형 신경망에 입력하기 위해, 입력 변수의 shape를 원본 [1, 28, 28]에서 [784]로 변경한다. 구현은 코드 8-16과 같다.

코드 8-16 입력 데이터의 shape 변환

```python
transform3 = transforms.Compose([
    # 데이터를 텐서로 변환
    transforms.ToTensor(),

    # 데이터 정규화
    transforms.Normalize(0.5, 0.5),

    # 현재 텐서를 1계 텐서로 변환
    transforms.Lambda(lambda x: x.view(-1)),
])

train_set3 = datasets.MNIST( root = data_root, train = True,
    download=True, transform = transform3)
```

지금까지 설명을 읽고, 'Transforms는 분명 편리해 보이는 기능이지만, 제공하지 않는 부품(처리)을 구현하고 싶은 경우는 어떻게 하면 좋을까'라고 의문을 품는 독자도 있을 것이다. 코드 8-16은 그에 대한 해답이 되기도 한다. 사실 이 점은 입력 데이터를 1계 텐서로 변환하는 구현을 검토할 때 필자가 직접 품었던 의문이다.

답은 매우 간단한데, 이런 경우를 위해서 Lambda 클래스가 준비되어 있는 것이고 원하는 변환을 람다 표현식[13]으로 작성하면, 그것으로 구현이 가능하다. 코드 8-17을 통해 확인해보자.

코드 8-17 Lambda 클래스를 사용한 변환 결과 확인

```python
# 변환 결과 확인

image, label = train_set3[0]
print('shape: ', image.shape)
```

---

[13] lambda로 시작하는 코드가 무엇을 의미하는지는 이번 장 말미의 칼럼에서 설명한다.

```
print('최솟값 : ', image.data.min())
print('최댓값 : ', image.data.max())
```

```
shape: torch.Size([784])
최솟값 : tensor(-1.)
최댓값 : tensor(1.)
```

이번 결과의 shape에 주목해보자. 확실히, 원본 데이터의 shape [1, 28, 28]이 [784]로 변환되었다.

이번 장의 실습에서 최종적으로 사용할 Transforms와 데이터셋의 정의를 코드 8-18과 코드 8-19에서 기술한다.

코드 8-18 Transforms의 최종 정의

```
# 데이터 변환용 함수 Transforms
# (1) Image를 텐서로 변환
# (2) [0, 1] 범위의 값을 [-1, 1] 범위 안으로 정규화
# (3) 데이터의 shape을 [1, 28, 28]에서 [784]로 변환

transform = transforms.Compose([
    # (1) 데이터를 텐서로 변환
    transforms.ToTensor(),

    # (2) 데이터 정규화
    transforms.Normalize(0.5, 0.5),

    # (3) 1계 텐서로 변환
    transforms.Lambda(lambda x: x.view(-1)),
])
```

코드 8-19 데이터셋의 최종 정의

```
# 데이터 취득 전용 함수 Dataset

# 훈련 데이터셋 정의
train_set = datasets.MNIST(
    root=data_root, train=True,
    download=True, transform=transform)
```

```
# 검증 데이터셋 정의
test_set = datasets.MNIST(
    root=data_root, train=False,
    download=True, transform=transform)
```

코드 8-19에서는 train_set과 test_set 두 종류의 데이터셋을 정의했다. 인스턴스를 생성할 때 train 옵션을 False로 설정하면, 검증 데이터의 데이터셋을 읽어올 수 있다. 이 점을 이용해 2개의 데이터셋을 정의한 것이다.

지면에 전부 설명할 수 없기 때문에, 이번 장에서 Transforms와 Dataset에 관한 설명은 이것으로 마친다. 여기서 다룬 내용을 확장하면, 자기만의 데이터셋 클래스를 정의할 수도 있다. **객체 지향의 아이디어를 잘만 응용한다면, 머신러닝 모델을 이루는 두 가지 큰 작업인 '데이터 준비'와 '모델의 구축'을 깔끔하게 나눌 수 있는, 훌륭한 아키텍처다.** 여기까지 기능을 잘만 활용할 수 있다면 '파이토치다운 코드'가 완성되어 갈 것이다.

8.10 데이터 준비 3 (데이터로더를 활용한 미니 배치 데이터 생성)

데이터 준비에 관한 마지막 작업으로, 미니 배치 처리의 준비가 남아있다. 이 작업에 관해서 파이토치는 데이터로더(DataLoader)라는 클래스가 준비되어 있다. 우선 코드 8-20의 구현을 살펴보자.

코드 8-20 데이터로더 구현

```
# 라이브러리 임포트
from torch.utils.data import DataLoader

# 미니 배치 사이즈 지정
batch_size = 500

# 훈련용 데이터로더
# 훈련용이므로, 셔플을 적용함
train_loader = DataLoader(
    train_set, batch_size = batch_size,
    shuffle = True)

# 검증용 데이터로더
```

```
# 검증 시에는 셔플이 필요하지 않음
test_loader = DataLoader(
    test_set, batch_size = batch_size,
    shuffle = False)
```

데이터로더를 정의하는 방법은 매우 간단하다. 8.8절과 8.9절에서 준비한 데이터셋 변수를 첫번째 인수로 넣고, batch_size(미니 배치 처리 한 번당 얼마나 많은 분량의 데이터를 취할 것인가)와 shuffle(난수로 데이터를 섞을지 여부)을 파라미터로 지정하는 것으로 끝이다.

정의한 데이터로더는 for inputs, labels in train_loader:와 같은 형식으로 루프를 정의하면, 이번 실습을 예로 들면 6만 건의 학습 데이터를 batch_size(여기서는 500)만큼의 그룹으로 나눠준다. 코드 8-21을 통해 실제로 확인해보자.

코드 8-21 데이터로더 확인

```
# 몇 개의 그룹으로 데이터를 가져올 수 있는가
print(len(train_loader))

# 데이터로더로부터 가장 처음 한 세트를 가져옴
for images, labels in train_loader:
    break

print(images.shape)
print(labels.shape)
```

```
120
torch.Size([500, 784])
torch.Size([500])
```

데이터로더에서 len 함수를 통해 데이터가 몇 개의 그룹인지 확인할 수 있다. 결과로 나온 120은 60000/500의 계산 결과와 일치하고 있음을 알 수 있다.

그다음 행에서 데이터의 첫 번째 요소만을 보기 위해 루프 처리 바로 다음에 break로 루프를 종료하고 있다. 이렇게 하면, 첫 번째 요소가 images와 labels에 대입된 상태가 된다. 그런 다음, images와 labels의 shape을 확인한다. images는 [500, 784]이고, labels는 [500]으로, batch_size=500으로 지정한 사실과 앞뒤가 맞는다.

책에서의 설명은 이상으로 생략하지만, 노트북에는 여기서 얻은 images와 labels에 대해, 처음 20개의 이미지와 정답 데이터를 프로그램으로 출력하는 코드를 실었다. 이 결과로부터 데이터로더를 사용하면 대량의 학습 데이터를 작은 단위로 분할할 수 있다는 사실을 확인할 수 있다.

지금까지 준비 과정이 길어졌으나, 이상으로 이번 장에서 필요한 데이터 준비와 관련된 작업이 모두 끝났다. 다음 절부터 모델을 정의해본다.

8.11 모델 정의

모델을 정의할 때 가장 첫번째 스텝은 항상 입력과 출력의 차원수를 설정하는 것이다. 이번에는 여기에 추가로 은닉층의 노드 수도 포함한다.

구현과 결과를 코드 8-22를 통해 확인해보자.

코드 8-22 **입력, 출력 차원수 정의**

```python
# 입력 차원수
n_input = image.shape[0]

# 출력 차원수
# 분류 클래스 수는 10
n_output = len(set(list(labels.data.numpy())))

# 은닉층의 노드 수
n_hidden = 128

# 결과 확인
print(f'n_input: {n_input}  n_hidden: {n_hidden}  n_output: {n_output}')
```

```
n_input: 784  n_hidden: 128  n_output: 10
```

8.1절의 그림 8-3과 비교하면서, 지금부터 작성할 모델을 떠올려 보기 바란다.

다음의 코드 8-23이 모델의 클래스다.

코드 8-23 **모델 클래스 정의**

```python
# 모델 정의
# 784입력 10출력 1은닉층의 신경망 모델

class Net(nn.Module):
    def __init__(self, n_input, n_output, n_hidden):
        super().__init__()

        # 은닉층 정의(은닉층 노드 수 : n_hidden)
        self.l1 = nn.Linear(n_input, n_hidden)

        # 출력층 정의
        self.l2 = nn.Linear(n_hidden, n_output)

        # ReLU 함수 정의
        self.relu = nn.ReLU(inplace=True)

    def forward(self, x):
        x1 = self.l1(x)
        x2 = self.relu(x1)
        x3 = self.l2(x2)
        return x3
```

이전 장까지 클래스와 비교하면, **선형 함수(nn.Linear)가 한 개에서 두 개로 늘어났다**는 것이 모델의 정의에서 가장 큰 차이다. 모델을 정의한 8.1절의 그림 8-3과 8.3절의 그림 8-4 두 개의 그림을 비교해 봐도, 선형 함수가 한 개에서 두 개로 늘어나있다.

그리고 활성화 함수로 ReLU 함수도 클래스 안에서 정의하고 있으며, forward 함수 내부에서 **첫번째 선형 함수의 출력에 대해 이 함수를 적용하고 있다. 두번째(출력층) 선형 함수의 출력에 대해서는 활성화 함수가 없는 것**은, 이전 장의 경우와 마찬가지로, 이 다음에 손실 함수 쪽에 소프트맥스 함수를 포함할 예정이기 때문이다.

지금까지의 구현과 차이를 한 가지 더 언급하자면, **파라미터의 초깃값을 모두 1.0으로 설정했던 부분이 없다**는 점이다. 앞에서와 마찬가지로 모든 요소의 값을 1.0으로 설정하면, 모델의 파라미터 수가 방대한 탓에 학습이 잘 이뤄지지 않는다. 따라서, 난수를 사용한 가장 적합한 초깃값 설정을 그대로 사용하는 방침을 취한 것이다[14].

---

14 《딥러닝을 위한 수학》에서는 이 모델에 대해서도 모든 초깃값을 1.0으로 설정한 탓에 실패한 시나리오가 실려 있으나, 이 책에서 그 과정은 생략한다.

아래의 코드 8-24와 같이 모델의 변수를 생성한다.

코드 8-24 모델 변수 생성

```
# 난수 고정
torch.manual_seed(123)
torch.cuda.manual_seed(123)

# 모델 인스턴스 생성
net = Net(n_input, n_output, n_hidden)

# 모델을 GPU로 전송
net = net.to(device)
```

마지막 행에서 to 함수를 호출해 작성한 모델을 GPU 측으로 전송하고 있는 점이 지금까지의 구현과 다르다. 여기서는 이해하기 쉽게 두 개 행으로 나눴지만, 앞으로는 다음과 같이 작성한다.

```
net = Net(n_input, n_output, n_hidden).to(device)
```

코드 8-24에는 난수의 초기 설정과 관련된 코드가 처음 두 줄에 작성되어 있다. 이것은 난수의 영향을 배제해서, 책에서 작성한 코드를 실행했을 때 항상 일정한 결과를 얻기 위함이다. 독자가 실제 업무에서 이 코드를 사용할 때는 크게 필요하지 않은 처리다.

노트북을 통한 실습에서는 이 다음으로 최적화 알고리즘과 손실 함수를 정의하고 있지만, 이 구현들은 이전 장과 동일하므로 생략한다. 다음의 코드 8-25는 모델 내부의 파라미터를 확인하기 위한 구현과 그 결과의 일부다.

코드 8-25 모델 내부 파라미터 확인

```
# 모델 내부 파라미터 확인
# l1.weight, l1.bias, l2.weight, l2.bias를 확인할 수 있음

for parameter in net.named_parameters():
    print(parameter)
```

```
('l1.weight', Parameter containing:
tensor([[-0.0146, 0.0012, -0.0177, ..., 0.0277, 0.0200, 0.0315],
```

```
      [ 0.0184, -0.0322, 0.0175, ..., 0.0089, -0.0028, -0.0033],
      [ 0.0092,  0.0261, 0.0075, ..., 0.0061,  0.0267, -0.0258],
      ...,
      [ 0.0235, -0.0026, -0.0129, ...,  0.0322, -0.0059, -0.0169],
      [-0.0328, -0.0258,  0.0124, ..., -0.0049,  0.0006,  0.0334],
      [ 0.0187, -0.0076, -0.0202, ...,  0.0325, -0.0159, -0.0240]],
     device='cuda:0', requires_grad=True))
('l1.bias', Parameter containing:
tensor([ 0.0325, -0.0298, 0.0013, 0.0199,  0.0268, -0.0248, -0.0172, -0.0355,
         0.0122, -0.0048, 0.0214, 0.0202, -0.0243,  0.0015, -0.0276,  0.0296,
(이하 생략)
```

이 결과와 관련해서 다음 두 가지에 주목한다.

- 이전까지의 모델에서는 변수가 l1.weight와 l1.bias까지 두 개였지만, l2.weight와 l2.bias까지 늘어났음

- device='cuda:0'가 출력됨

두번째 항목으로부터 이번 실습에서 GPU를 사용할 준비가 되었는지 확인할 수 있다. 다음으로 코드 8-26을 통해 모델의 개요를 표시하고 그 결과를 확인한다.

코드 8-26 모델의 개요 표시 1

```
# 모델 개요 표시 1

print(net)
```

```
Net(
  (l1): Linear(in_features=784, out_features=128, bias=True)
  (l2): Linear(in_features=128, out_features=10, bias=True)
  (relu): ReLU(inplace=True)
)
```

이 결과에서도 역시 선형 함수의 인스턴스가 두 개로 늘어난 점과, ReLU 인스턴스가 생성된 것을 확인할 수 있다.

8.12 경사 하강법

이제 경사 하강법을 적용해보자. 이제 친숙해진 파이토치로 작성한 머신러닝 프로그램의 전체상(그림 8-8)을 보면서, 경사 하강법의 흐름을 따라가 보자.

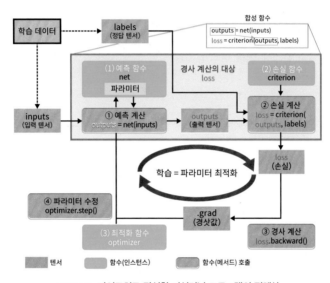

그림 8-8 **파이토치로 작성한 머신러닝 프로그램의 전체상**

예측 계산

첫번째는 예측 계산 과정이다. 우선 훈련용 데이터로더인 train_set으로부터 한 개 그룹의 데이터를 가져온다. 구현은 코드 8-27과 같으며, 원래의 루프 처리를 한 번만 실시하기 위한 더미 코드다.

코드 8-27 **데이터로더로부터 데이터 가져오기**

```
# 훈련 데이터셋의 가장 처음 항목을 취득
# 데이터로더에서 가장 처음 항목을 취득
for images, labels in train_loader:
    break
```

GPU로 계산하는 경우는 다음 코드 8-28처럼 구현하는 것이 중요하다.

코드 8-28 학습 데이터를 GPU로 전송

```python
# 데이터로더에서 취득한 데이터를 GPU로 보냄
inputs = images.to(device)
labels = labels.to(device)
```

데이터로더에서 취득한 학습 데이터는 원래 CPU 측에 있다. 그것을 GPU로 전송하는 것이 코드 8-28의 목적이다. 입력 데이터에 관해서는 이 시점에서 변수명을 images에서 inputs로 변경했다.

다음의 코드 8-29에서 net 함수에 입력 변수 inputs를 넘겨 예측 값을 계산한다.

코드 8-29 예측 값 계산

```python
# 예측 계산
outputs = net(inputs)

# 결과 확인
print(outputs)
```

```
tensor([[-0.3622, -0.1927, -0.0179, ..., 0.1073, 0.1025, -0.0615],
        [-0.4072, -0.1814,  0.0716, ..., 0.1866, 0.1975, 0.1161],
        [-0.3221, -0.0547, -0.2868, ..., 0.1967, -0.0103, 0.1591],
        ...,
        [-0.2091, -0.1058, 0.2365, ..., 0.1360, 0.0665, 0.0987],
        [-0.2756, -0.2012, 0.1703, ..., 0.1223, 0.2388, 0.0233],
        [-0.3045, -0.2458, 0.1416, ..., 0.1012, 0.0820, -0.1457]],
       device='cuda:0', grad_fn=<AddmmBackward>)
```

이때, 계산에 관여하는 모든 요소가 GPU로 보내졌다는 점에 주의하기 바란다. GPU를 활용한 예측 계산은 이런 식으로 이뤄진다.

손실 계산

코드 8-30에서 손실을 계산함과 동시에, 손실을 대상으로 계산 그래프를 시각화한다.

코드 8-30 손실 계산과 계산 그래프 시각화

```python
# 손실 계산
loss = criterion(outputs, labels)
```

```
# 손실값 가져오기
print(loss.item())
```

```
# 손실 계산 그래프 시각화
make_dot(loss, params=dict(net.named_parameters()))
```

2.3328874111175537

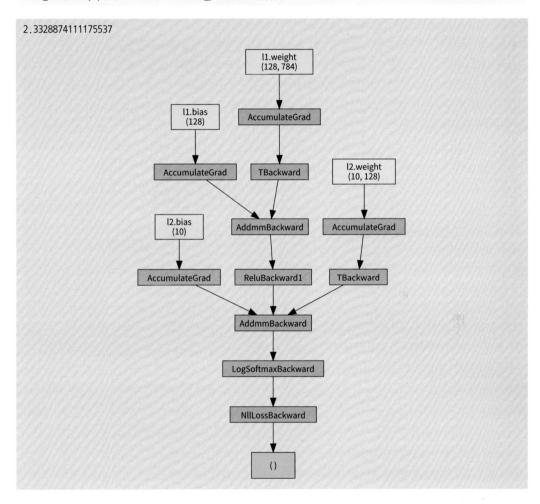

이전 장까지의 계산 그래프는 bias와 weight가 한 개씩이었으나, 여기서는 두 개로 출력되고 있음을 알 수 있다. 이것은 **선형 함수를 모델에 두 개 사용한 것(=은닉층이 포함한 모델을 작성했음)**을 의미한다.

이어지는 경사 계산과 파라미터 수정에 관해서는 이전 장과 동일하므로 설명을 생략한다.

다음으로, 코드 8-31과 같이 초기화로 반복 처리를 시작한다.

코드 8-31 초기화 처리

```python
# 난수 고정
torch.manual_seed(123)
torch.cuda.manual_seed(123)

# 학습률
lr = 0.01

# 모델 초기화
net = Net(n_input, n_output, n_hidden).to(device)

# 손실 함수 : 교차 엔트로피 함수
criterion = nn.CrossEntropyLoss()

# 최적화 함수 : 경사 하강법
optimizer = optim.SGD(net.parameters(), lr=lr)

# 반복 횟수
num_epochs = 100

# 평가 결과 기록
history = np.zeros((0,5))
```

반복 처리의 루프는 코드가 길기 때문에, 훈련 페이즈(코드 8-32)와 예측 페이즈(코드 8-33)로 나눠서 살펴보겠다.

코드 8-32 반복 처리 – 훈련 페이즈(일부)

```python
# tqdm 라이브러리 임포트
from tqdm.notebook import tqdm

# 반복 계산 메인 루프
for epoch in range(num_epochs):
    train_acc, train_loss = 0, 0
    val_acc, val_loss = 0, 0
```

```
n_train, n_test = 0, 0

# 훈련 페이즈
for inputs, labels in tqdm(train_loader):
    n_train += len(labels)

    # GPU로 전송
    inputs = inputs.to(device)
    labels = labels.to(device)

    # 경사 초기화
    optimizer.zero_grad()

    # 예측 계산
    outputs = net(inputs)

    # 손실 계산
    loss = criterion(outputs, labels)

    # 경사 계산
    loss.backward()

    # 파라미터 수정
    optimizer.step()
```

코드 8-33 반복 처리 - 예측 페이즈(일부)

```
# 예측 페이즈
for inputs_test, labels_test in test_loader:
    n_test += len(labels_test)

    inputs_test = inputs_test.to(device)
    labels_test = labels_test.to(device)

    # 예측 계산
    outputs_test = net(inputs_test)

    # 손실 계산
```

```
        loss_test = criterion(outputs_test, labels_test)

        # 예측 라벨 산출
        predicted_test = torch.max(outputs_test, 1)[1]

        # 손실과 정확도 계산
        val_loss += loss_test.item()
        val_acc += (predicted_test == labels_test).sum().item()
```

이전까지의 코드와 비교하면, **미니 배치 처리에서는 2중 반복 루프를 구현하고 있는 것**이 가장 큰 차이점이다. 그 영향으로 데이터로더에서 학습 데이터를 꺼낼 때마다 데이터를 GPU로 보내는 처리가 필요하다. 이전까지는 GPU를 사용하지 않았으므로 이 과정은 필요하지 않았다.

한 가지 더 다른 부분은, 훈련 페이즈에서 **미니 배치 처리를 위한 루프가 돌 때마다 tqdm 함수를 거치도록 한 점**이다. 이 부분만 다시 한번 따로 기술하면 다음과 같다.

```
from tqdm.notebook import tqdm
for inputs, labels in tqdm(train_loader):
```

이 tqdm 함수를 거치게 되면, 처리 도중에 다음의 그림 8-9와 같은 프로그레스 바가 출력된다.

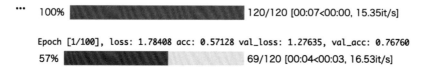

그림 8-9 프로그레스 바 출력 예시

이 다음부터 이어지는 실습은 처리에 시간이 많이 걸리는 부분이 많으므로, 모든 페이즈에서 이 함수를 사용한다.

그리고 평가용 수치 계산 로직은, 반복 루프가 늘어난 것에 대응하기 위해 약간은 복잡해진 것 이외에 특별히 새로운 점은 없다.

8.13 결과 확인

이제 학습 결과를 확인해보자. 먼저, 반복 계산을 통해 최종적으로 얻은 손실과 정확도를 확인한다.

코드 8–34 **최종 손실과 정확도**

```
# 손실과 정확도 확인

print(f'초기상태 : 손실 : {history[0,3]:.5f}   정확도 : {history[0,4]:.5f}' )
print(f'최종상태 : 손실 : {history[-1,3]:.5f}   정확도 : {history[-1,4]:.5f}' )
```

```
초기상태 : 손실 : 1.32629 정확도 : 0.74660
최종상태 : 손실 : 0.17070 정확도 : 0.94950
```

최종적으로 얻은 손실은 0.17070, 정확도는 0.94950이다[15].

다음으로, 코드 8–35와 코드 8–36에서 손실과 정확도에 대한 학습 곡선을 출력한다.

코드 8–35 **학습 곡선(손실)**

```
# 학습 곡선 출력(손실)

plt.plot(history[:,0], history[:,1], 'b', label='훈련')
plt.plot(history[:,0], history[:,3], 'k', label='검증')
plt.xlabel('반복 횟수')
plt.ylabel('손실')
plt.title('학습 곡선(손실)')
plt.legend()
plt.show()
```

---

15 이 정확도는 난수의 상태에 따라 조금 변동이 있다. 어느 정도나 변화하는지를 확인하고 싶은 독자는, 코드 8–31에서 seed 값을 다른 정숫값으로 바꿔서 진행해 보기 바란다. 이번 구현 조건은, 《딥러닝을 위한 수학》의 10.9절 '프로그램 구현 3'에 해당한다. 이때의 손실은 0.1995, 정확도는 0.9442였으며, 거의 동일한 결과임을 확인할 수 있다.

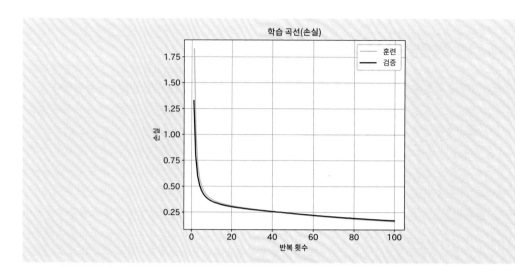

코드 8-36 학습 곡선(정확도)

```
# 학습 곡선 출력(정확도)

plt.plot(history[:,0], history[:,2], 'b', label='훈련')
plt.plot(history[:,0], history[:,4], 'k', label='검증')
plt.xlabel('반복 횟수')
plt.ylabel('정확도')
plt.title('학습 곡선(정확도)')
plt.legend()
plt.show()
```

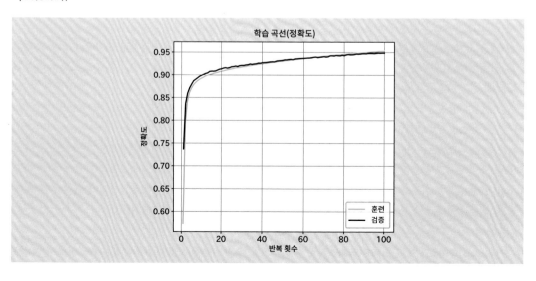

두 학습 곡선 모두 좋은 형태를 갖고 있으며, 그래프로부터 정상적으로 학습이 이뤄졌다는 것을 확인할 수 있다.

마지막으로 검증 데이터의 처음 50개에 대해, 숫자 이미지, 정답:예측 결과 데이터를 출력해보자. 코드는 생략하고, 결과만 그림 8-10에 나타냈다.

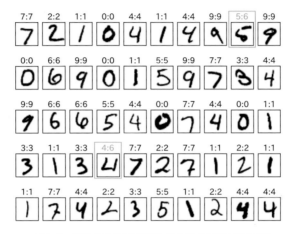

그림 8-10 검증 데이터를 대상으로 숫자 이미지 인식 결과 예시

사각형으로 감싼 두 이미지에 대해서만 잘못된 예측 결과를 얻었고, 이 50개의 이미지만 놓고 보면 모델의 정확도는 96%이다. 검증 데이터 전체에 대해 정확도가 94%라는 점과 어느 정도 앞뒤가 맞는 출력 결과다. 예측 결과가 틀린 숫자는 사람이 봐도 정답이 무엇인지 헷갈릴 정도로 이상한 모양의 숫자이기 때문에 이를 제외하면, 정확도가 상당히 높은 모델이 만들어졌다고 볼 수 있다.

8.14 은닉층 추가하기

이번 장의 마지막 절에서는 (《딥러닝을 위한 수학》에서와 마찬가지로) 은닉층을 두 층으로 늘린 모델을 시도해본다. 대부분이 지금까지 설명했던 내용의 반복이므로, 중요한 부분만 기술하기로 한다.

모델 정의

코드 8-37은 모델 클래스의 정의다. 두번째 은닉층도 첫번째와 같이 128개의 노드를 갖도록 구성했다.

코드 8-37 두 개의 은닉층으로 모델을 정의

```
# 모델 정의
# 784입력 10출력을 갖는 2개의 은닉층을 포함한 신경망

class Net2(nn.Module):
    def __init__(self, n_input, n_output, n_hidden):
        super().__init__()

        # 첫번째 은닉층 정의(은닉층의 노드 수: n_hidden)
        self.l1 = nn.Linear(n_input, n_hidden)

        # 두번째 은닉층 정의(은닉층의 노드 수: n_hidden)
        self.l2 = nn.Linear(n_hidden, n_hidden)

        # 출력층 정의
        self.l3 = nn.Linear(n_hidden, n_output)

        # ReLU 함수 정의
        self.relu = nn.ReLU(inplace=True)

    def forward(self, x):
        x1 = self.l1(x)
        x2 = self.relu(x1)
        x3 = self.l2(x2)
        x4 = self.relu(x3)
        x5 = self.l3(x4)
        return x5
```

코드 8-38에서 모델의 개요를 표시한 결과를 살펴보자.

코드 8-38 모델의 개요 표시 1

```
# 모델 개요 표시 1

print(net)
```

```
Net2(
  (l1): Linear(in_features=784, out_features=128, bias=True)
```

```
  (l2): Linear(in_features=128, out_features=128, bias=True)
  (l3): Linear(in_features=128, out_features=10, bias=True)
  (relu): ReLU(inplace=True)
)
```

선형 함수(nn.Linear)의 인스턴스 변수가 l1, l2, l3까지 세 개로 늘어났음을 확인할 수 있다.

경사 계산 결과

코드 8-39는 경사를 계산한 결과 중, l1.weight에 해당하는 부분만을 출력한 것이다.

코드 8-39 경사 계산 결과

```
# 경사 계산
loss.backward()

# 경사 계산 결과 일부
w = net.to('cpu').l1.weight.grad.numpy()
print(w)

# 각 요소의 절댓값 평균
print(np.abs(w).mean())
```

```
[[-0.00071 -0.00071 -0.00071 ... -0.00071 -0.00071 -0.00071]
 [-0.0001  -0.0001  -0.0001  ... -0.0001  -0.0001  -0.0001 ]
 [-0.00053 -0.00053 -0.00053 ... -0.00053 -0.00053 -0.00053]
 ...
 [ 0.00148  0.00148  0.00148 ...  0.00148  0.00148  0.00148]
 [ 0.00023  0.00023  0.00023 ...  0.00023  0.00023  0.00023]
 [ 0.00028  0.00028  0.00028 ...  0.00028  0.00028  0.00028]]
0.0008487978
```

이 결과는 칼럼 '경사 소실과 ReLU 함수'에서 참조할 예정이다.

코드 8-40에서 이번 케이스를 통해 구한 최종 손실과 정확도를 출력한다.

코드 8-40 최종 손실과 정확도

```
# 손실과 정확도 확인

print(f'초기상태 : 손실 : {history2[0,3]:.5f}  정확도 : {history2[0,4]:.5f}' )
print(f'초기상태 : 손실 : {history2[-1,3]:.5f}  정확도 : {history2[-1,4]:.5f}' )


초기상태 : 손실 : 2.04576 정확도 : 0.49800
최종상태 : 손실 : 0.13873 정확도 : 0.95810
```

정확도는 0.95810으로, 이전에 얻은 0.94950보다 약 1% 향상된 결과를 얻었다. 은닉층을 두 개로 늘린 효과는 미미하다[16].

칼럼 **경사 소실과 ReLU 함수**

8.4절에서 딥러닝 모델의 활성화 함수를 시그모이드 함수에서 ReLU 함수로 바꾼 것에는 사실 의미가 있다고 언급했다. 그 이유를 이쯤에서 알아보기로 한다.

우선 코드 8-41의 결과를 확인해보자.

코드 8-41 활성화 함수를 시그모이드 함수로 설정한 경우의 경사 값

```
# 경사 계산
loss.backward()


# 경사 계산 결과의 일부
w = net.to('cpu').l1.weight.grad.numpy()
print(w)


# 각 요소의 절댓값 평균
print(np.abs(w).mean())


[[ 0.00012  0.00012  0.00012 ...  0.00012  0.00012  0.00012]
 [ 0.00014  0.00014  0.00014 ...  0.00014  0.00014  0.00014]
 [-0.00014 -0.00014 -0.00014 ... -0.00014 -0.00014 -0.00014]
 ...
 [-0.00013 -0.00013 -0.00013 ... -0.00013 -0.00013 -0.00013]
```

---

16 (옮긴이) 저자가 제공한 코드에 의하면 이전 모델은 100번 학습했고, 이 모델은 200번 학습으로 코드가 짜여져 있어, 이전보다 좋은 결과가 나왔을 때, 그것이 은닉층을 늘린 효과인지 아니면 학습 횟수가 많기 때문인지 단정짓기 어렵다. 은닉층을 추가해서 모델 내부의 파라미터가 늘어났다고는 하지만, 그 양은 이전 모델과 비슷하기 때문에, 은닉층을 추가한 모델도 똑같이 100번 학습하면 정확도는 크게 차이가 없다.

```
[ 0.00018  0.00018  0.00018 ...  0.00018  0.00018  0.00018]
[-0.00009 -0.00009 -0.00009 ... -0.00009 -0.00009 -0.00009]]
0.00017514593
```

이것은 은닉층을 두 개로 늘린 모델의 정의에서 ReLU 함수를 시그모이드 함수로 바꿨을 때 계산한 경사 값의 결과다.

ReLU 함수로 완전히 동일한 조건에서 경사 값을 출력한 결과가 코드 8–39였다. l1.weight의 각 요소의 절댓값 평균을 계산한 마지막 행의 출력은, 코드 8–39에서 0.0008480이었고, 이에 반해 이번에는 0.000175로 상당히 작은 값을 얻었다. 은닉층이 두 개였으므로 현저하게 다른 결과라고는 할 수 없지만, 여러 개의 층을 쌓아 감에 따라, 이 값의 차이는 점점 커진다. 간단히 말하자면, 복잡한 합성 함수의 경사 값은 도중의 함수의 미분 결과를 전부 곱한 것이 된다. 그런데 시그모이드 함수의 경우, 입력값이 0으로부터 멀리 떨어질수록 기울기(=경사 값)는 0에 가까워진다. 합성 함수 내부에서 시그모이드 함수를 몇 번이고 거치게 되면, 값은 점차 0으로 수렴해간다. 학습은 경사 값을 기반으로 이뤄지는 처리이므로, 경사 값이 0에 가까워진 경우, 학습은 극한으로 어려워지게 되는 것이다.

이것이 '딥러닝에서의 경사 소실'로 불리는 문제의 본질이라 할 수 있다. 딥러닝에서 층을 깊게 만드는 것은, 모델의 대응력을 높인다는 의미에서는 긍정적인 효과가 있기는 하지만, 얼마나 학습하기 쉬운가에 대해서는 일종의 반작용을 가지게 되는 것이다.

여기서 ReLU 함수가 등장한다. ReLU 함수는 입력값이 양이기만 하면, x값에 의존하지 않고 경사 값은 항상 일정하다. 즉, **경사 소실이 일어나기 힘들다**는 것이다. 이 점은 위의 검증 결과에서도 확인되었다.

최근 수년간 딥러닝이 급속도로 발전해온 것에는 여러 가지 요인이 있는데, 그 요인들 중 하나에 'ReLU 함수의 발견'이 분명 있었다고 생각한다.

칼럼 **람다 표현식을 활용한 함수 정의**

람다 표현식을 활용한 함수 정의를 설명하기 전에, 우선 def 문을 사용해 일반적으로 함수를 정의하는 방법을 복습해보자. 1장에서는 코드 8–42와 같은 형식으로 2차 함수를 정의했다.

코드 8–42 일반적인 함수의 정의

```
# 일반적인 함수의 정의

def f(x):
    return (2 * x**2 + 2)
```

이 함수는 코드 8–43과 같이 호출한다.

코드 8–43 함수의 호출

```
x = np.arange(-2, 2.1, 0.25)
y = f(x)
print(y)
```

```
[10.  8.125 6.5 5.125 4.  3.125 2.5 2.125 2.  2.125
 2.5 3.125 4.  5.125 6.5 8.125 10.]
```

파이썬에서는 람다 표현식이라는 표기법이 있는데, 코드 8-44와 같이 함수를 정의하는 것이 가능하다.

코드 8-44 람다 표현식으로 함수를 정의

```
# 람다 표현식으로 함수 정의

g = lambda x: 2 * x**2 + 2
```

이렇게 정의한 함수 g도 f(x)와 마찬가지로 호출이 가능하다는 것이 코드 8-45를 통해 확인할 수 있다.

코드 8-45 람다 표현식으로 정의한 함수의 호출

```
y = g(x)
print(y)
```

```
[10.  8.125 6.5 5.125 4.  3.125 2.5 2.125 2.  2.125
 2.5 3.125 4.  5.125 6.5 8.125 10.]
```

람다 표현식의 문법 해설은 이걸로 끝이다. 문제는 어떤 경우에 이 문법을 사용해야 하는가이다. 우선, 이번에 람다 표현식을 사용한 코드 8-16을 다시 한번 확인해 볼 필요가 있다.

코드 8-16 입력 데이터의 shape 변환

```
transform3 = transforms.Compose([
    # 데이터를 텐서로 변환
    transforms.ToTensor(),

    # 데이터 정규화
    transforms.Normalize(0.5, 0.5),

    # 현재 텐서를 1계 텐서로 변환
    transforms.Lambda(lambda x: x.view(-1)),
])

train_set3 = datasets.MNIST(root = data_root, train = True,
    download=True, transform = transform3)
```

Lambda 클래스는 함수를 인수로 취급한다. 일반적인 함수의 정의 방법으로 코드 8-16을 구현하려면, 일단

```
def f(x):
    return x.view(-1)
```

처럼 함수 f를 정의한 다음,

```
transforms.Lambda(f),
```

을 통해, 지금 정의한 함수 f(x)를, f로 Lambda 클래스의 인수로 넘겨준다. 함수의 정의와 Lambda 클래스의 호출까지 모두 두 단계가 필요한 것이다.

한편, 코드 8-16과 같은 방법으로 함수를 정의하면, Lambda 클래스를 호출함과 동시에 함수의 정의가 가능하다. f라는 함수는 여기서만 사용하므로 f라는 이름을 정의하는 것도 사실은 필요 없으며, 람다 표현식을 사용하는 경우는 함수에 이름을 붙이고 있지 않다(이와 같은 사용법을 **무명 함수**라고 부르기도 한다). 동일한 처리를 간결하게 표현할 수 있기 때문에, 이 예에서는 함수의 정의에 람다 표현식을 사용한 것이다.

칼럼 **배치 사이즈와 정확도의 관계**

이번 칼럼을 위한 노트북은 처리에 많은 시간을 소요한다(필자의 환경에서 시험해봤을 때는 전체를 한 번 끝내는 데 1시간 정도 걸렸다). 우선 이번 칼럼을 위한 셀을 위에서부터 순서대로 Shift+Enter를 누르고 나서(또는 메뉴에서 '런타임' – '이후 셀 실행'을 선택), 내용을 읽기 시작하자.

이 칼럼에서 다룰 내용은 '8장에서 살펴본 예제에서는 500으로 설정한 batch_size를 작은 값으로 변경하면 정확도가 어떻게 변하는가'이다. 결론을 먼저 말하자면, **배치 사이즈를 작게 하면 정확도가 향상**된다.

이 사실을 검증하기 위해 경사 하강법을 처리하는 루프를 몇 가지 패턴으로 나눠 반복해야 한다. 지금까지의 실습으로 사용한 루프 처리는 패턴화되어 있긴 하지만, 몇 번이고 사용하기에는 번잡하다. 다음 장에서 이에 관한 대책으로 공통으로 사용할 fit 함수를 정의하고 있는데, 이 칼럼에서 미리 당겨서 사용하도록 한다. 이 함수에 관한 자세한 설명은 다음 장에서 할 예정이니, 지금은 '학습은 fit 함수로 한 번에 실행한다'는 것만 기억하면 된다.

이 칼럼의 실습에서는, 학습 대상이 되는 모델은 예측 함수 net(8.11절에서 정의한 한 개의 은닉층만을 포함한 모델), 손실 함수나 최적화 함수 등, 다른 조건은 모두 통일한 상태로 훈련 데이터의 batch_size만 200, 100, 50까지 세 가지 패턴으로 학습한다.

각 학습 이력은 history3, history4, history5에 기록한다. 그리고 이 학습 결과들을 history에 기록된 원래 이력과 함께 그래프로 출력한 결과가 코드 8-46에 나와있다.

코드 8-46 배치 사이즈를 변화했을 때의 학습 곡선

```
# 학습 곡선 출력(정확도)

plt.plot(history[:,0], history[:,4], label='batch_size=500', c='k', linestyle='-.')
plt.plot(history3[:,0], history3[:,4], label='batch_size=200', c='b', linestyle='-.')
```

```
plt.plot(history4[:,0], history4[:,4], label='batch_size=100', c='k')
plt.plot(history5[:,0], history5[:,4], label='batch_size=50', c='b')
plt.xlabel('반복 횟수')
plt.ylabel('정확도')
plt.title('학습 곡선(정확도)')
plt.legend()
plt.show()
```

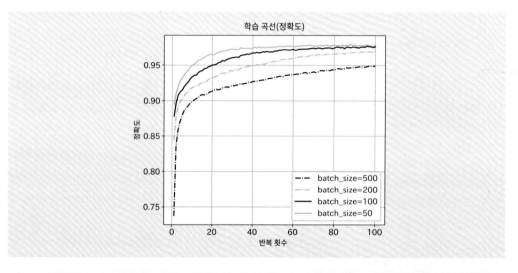

필자도 이 결과를 처음 봤을 때 놀랐던 기억이 있다. **미니 배치 학습법에서 배치 사이즈는 매우 중요한 튜닝 파라미터**라는 점을 확인할 수 있다.

《딥러닝을 위한 수학》에서 다룬 실습은 배치사이즈를 512로 설정했지만, 원래는 500이나 100 등 훨씬 작은 값으로 설정하는 편이 더 나았다는 사실을 알게 되었다. 단, 정말로 그렇게 설정했다면, 그만큼 충분히 정확도가 높은 모델이 되어서, '은닉층을 두 개로 포함'하는 장점을 확인하기 힘들었을 것이다.

이번 장의 실습처럼 학습 데이터가 대량인 경우에는 특히 배치 사이즈를 조정하는 튜닝 효과가 큰 것으로 보인다. 독자는 대량의 학습 데이터를 사용해서 원하는 모델을 만들고 싶은 경우, '배치 사이즈 튜닝'을 항상 기억하기 바란다.

이미지 인식
실전편

09

CNN을 활용한
이미지 인식

이전 장까지 이어진 '머신러닝 실전편'에서는, 가장 간단한 선형 단일 회귀라는 머신러닝 모델부터, 은닉층을 포함하면서도 가장 간단한 구조의 딥러닝 모델까지, 파이토치 실습을 통해 모델의 구조를 점차 발전시켜왔다.

이번 장부터 '이미지 인식 실전편'을 시작한다. 이미지 인식을 주제로, **정말로 실제 업무에서 사용할 수 있는 딥러닝 모델**을 파이토치로 구현하는 것이 목적이다.

현재와 같이 딥러닝이 발전한 직접적인 동기는, 2012년 이미지 인식 콘테스트 'ILSVRC'에서 다른 것들과 비교해서 획기적으로 높은 정확도를 실현했다는 사실이다.

당시 알고리즘이었던 'AlexNet'의 주요 아이디어가 시간이 지나 CNN(Convolutional Neural Network, 합성곱 신경망)으로 불리는 신경망이었다. 이번 장은 'CIFAR-10'으로 알려진 머신러닝을 위한 이미지 학습 데이터를 소재로 CNN을 이용한 모델을 구축하는 방법에 관해 소개한다.

9.1 문제 정의하기

이번 장에서는 'CIFAR-10 데이터셋'을 사용해서 딥러닝 모델을 구축한다. 그림 9-1에 나와있는 사이트에서 이 데이터셋을 확보할 수 있다.

The CIFAR-10 dataset

The CIFAR-10 dataset consists of 60000 32x32 colour images in 10 classes, with 6000 images per class. There are 50000 training images and 10000 test images.

The dataset is divided into five training batches and one test batch, each with 10000 images. The test batch contains exactly 1000 randomly-selected images from each class. The training batches contain the remaining images in random order, but some training batches may contain more images from one class than another. Between them, the training batches contain exactly 5000 images from each class.

Here are the classes in the dataset, as well as 10 random images from each:

그림 9-1 'CIFAR-10 데이터셋' 공개 페이지
URL : https://www.cs.toronto.edu/~kriz/cifar.html

이 데이터셋은 32×32 화소의 컬러 이미지 데이터로, airplane, automobile, bird 등 10종류의 카테고리가 나눠져 있으며, 이미지로부터 카테고리를 예측하는 분류 문제의 학습 데이터로 자주 사용된다. 훈련용 5만 장과 검증용 1만 장의 데이터가 공개되어 있다.

MNIST와 가장 큰 차이는, 컬러 이미지라는 점이다. 따라서, 원본 데이터는 이미지 한 장당 (3, 32, 32)의 3계 텐서로 표현된다(그림 9-2).

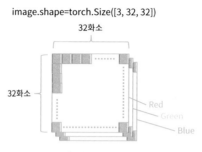

그림 9-2 3계 텐서로 표현되는 컬러 이미지

뒤에서 설명하게 될 CNN에서는 그림 9-2와 같은 '색, 가로, 세로'의 3계 텐서의 구조를 유지한 채 이미지를 처리한다. 두번째 층 이후에서는 '색'에 해당하는 인덱스는 더 이상 색의 의미를 갖지 않게 된다. 깊이에 해당하는 이 인덱스는 **채널**로 불리는 것이 일반적이다.

머신러닝의 예제라고 생각한다면, CIFAR-10을 사용한 문제는 MNIST와 비교해 상당히 어렵다. 손글씨 숫자를 인식하기 위한 MNIST 데이터셋은, 딥러닝을 사용하지 않고도 '서포트 벡터 머신'과 같은 기존의 머신러닝 모델로도 97~98%에 육박하는 정확도를 낼 수 있다는 사실이 알려져 있다. 이에 반해 CIFAR-10을 기존의 머신러닝 모델로 예측하면, 아무리 노력해도 40% 정도밖에 정확도를 낼 수 없다[1]. 그야말로 딥러닝의 진가를 확인할 수 있는 데이터셋인 것이다.

이번 장에서는 CIFAR-10을 활용한 문제의 어려움을 확인해 보기 위해, 처음엔 일부러 학습 데이터를 1계 텐서로 만들어 이전 장과 마찬가지로 '전결합형 신경망'으로 모델을 구축하고 평가해 본다. 그리고 난 다음, 9.3절과 9.4절에서 CNN을 사용한 모델로 바꾸면 정확도가 어느 정도 향상하는지 확인해 본다.

CIFAR-10도 MNIST와 마찬가지로, 몇몇 라이브러리를 통해 전처리가 끝난 데이터를 확보할 수 있다. 이번에도 파이토치 라이브러리를 통해 학습 데이터를 가져온다. 이 경우, 이미지 한 장당 데이터의 형식(shape)은 그림 9-2에서 본 [3, 32, 32]이다.

---

1 예를 들면, 다음 주소에 검증 결과가 나와있다. https://qiita.com/koshian2/items/f9f20f3e0eee711b1505

9.2 이 장의 중요 개념

이번 장은 CNN을 사용한 이미지 인식 신경망의 전체상을 이해하는 것을 목표로 한다.

9.3절에서 CNN의 처리 개요에 관해 설명한다. 그중에서도 특히 중요한 구성 요소인 '합성곱'과 '풀링' 처리에 관해 자세하게 설명한다.

9.4절에서는 9.3절에서 설명한 CNN의 처리를, 파이토치에서는 어떤 레이어 함수를 사용해서 어떻게 구현하고 있는지 실습 코드를 통해 확인한다.

이 책에서 실습 코드는 장을 거듭할수록 점차 길어지지는 것이 사실이지만, 예를 들어, 학습의 반복 처리와 관련된 부분은 같은 패턴의 코드가 계속 반복되고 있다는 사실을 이미 눈치챘을 것이다. 9.5절에서는 이렇게 자주 등장하는 부분을 패턴으로 뽑아 공통 함수로 정의한다. 이로 인해, 이번 장 이후의 구현 코드가 조금 더 깔끔하게 보일 것이다.

9.3 CNN의 처리 개요

CNN의 전체상

그림 9-3은 AlexNet의 논문에 실렸던 신경망 그림이다.

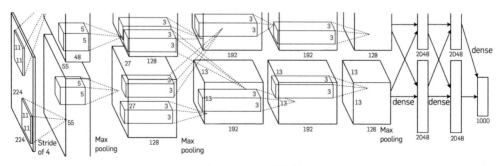

그림 9-3 AlexNet의 신경망 구조

그림 9–3을 일반화한 그림으로, 그림 9–4에 CNN의 전형적인 신경망 구조를 나타냈다.

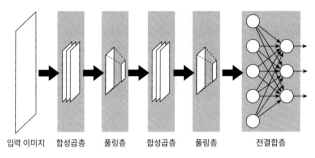

입력 이미지 　합성곱층 　풀링층 　합성곱층 　풀링층 　전결합층

그림 9–4 전형적인 CNN의 구조

CNN을 특징짓는 것은 **합성곱 처리(Convolution)**와 **풀링 처리(Pooling)**다. 지금부터 각 처리의 개요에 관해 설명한다.

합성곱 처리

그림 9–5는 합성곱 처리를 그림으로 더욱 알기 쉽게 나타낸 것이다.

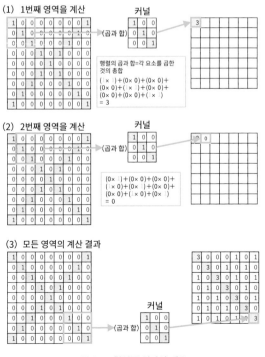

그림 9–5 합성곱 처리의 개요

먼저 3×3이나 5×5와 같이 작은 정방형의 배열을 준비한다[2]. 이 배열을 합성곱 처리에서는 **'커널'**이라고 한다.

다음으로, 원본 이미지를 커널과 같은 크기의 정방형의 영역으로 잘라내어, 커널과 대응하는 각 요소마다 곱연산을 취하고, 그 결과를 모두 더한 결과를 출력 영역으로 출력한다(1). 처음 잘라낸 정방형의 영역을 한 개 화소만큼 옆으로 옮겨, 똑같은 연산을 취한 결과를 이전 출력 영역의 바로 옆으로 출력한다 (2). 이 처리를 순서대로 반복하면, 새로운 정방형 모양의 출력 패턴(3)이 완성된다.

실제 합성곱 처리는 이보다 조금 더 복잡하다. 그림 9-2에 나와있는 것처럼, 입력 채널은 통상 여러 개이며, 곱연산과 합연산은 전 채널에 걸쳐서 이뤄지므로, '커널'도 그에 따라 입력 채널의 분량만큼 있기 때문이다. 게다가 출력 채널도 여러 개이기 때문에, **커널은 전체 4계 텐서 구조를 갖는** 것이다. 이 사실은 나중에 실습을 통해 확인한다.

이 4계 텐서인 커널 배열이 신경망에서 '파라미터'에 해당하고, 이 텐서를 이루는 값이 학습 대상이 된다.

합성곱 처리는 커널의 내용에 따라 특정한 기울기를 가진 직선이 강조되는 등, 도형의 특징량을 추출하는 데 탁월하다. 그리고 학습은 커널이 위치를 이동하면서 이뤄지므로, **위치의 이동과 관련이 없는 특징량을 검출**할 수 있게 된다.

아래의 그림 9-6은 손글씨 숫자에 대해 동일한 합성곱 처리를 수 회에 걸쳐 적용한 결과를 나타내고 있다. 그림 9-6에서는, 처리가 반복될수록 왼쪽 아래에서 오른쪽 위 방향으로 난 기울기를 가진 직선을 강조하는 커널을 적용했다.

그림 9-6 합성곱 처리 예시

풀링 처리

그림 9-7은 풀링 처리로 가장 자주 사용되는 Max Pooling의 처리 개요를 나타낸 것이다.

---

2 이 영역의 화소는 홀수로 하는 것이 일반적이다.

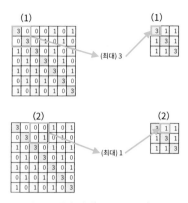

그림 9-7 풀링 처리(Max Pooling) 개요

2×2처럼 작은 사각형 영역으로 이미지를 잘라내어, 그 범위 안에서 최댓값을 출력한다(1). 사각형 영역을 옆으로 옮긴 후 다시 그 안에서 최댓값을 출력한다(2). 이 과정을 순서대로 반복하면서 최댓값을 구해 나간다.

합성곱 처리는, 화소를 한 개씩 옮겨가며 처리하는 과정이 대부분인 데에 반해, 풀링 처리는 중첩되는 영역이 없게끔 옮겨가며 처리하는 것이 일반적이다. 사각형 영역의 사이즈는 대부분 2×2를 선호하므로, **가로세로가 모두 원본 이미지의 절반의 화소 수를 갖는 새로운 이미지가 완성**된다.

풀링 처리를 통해 이미지를 축소하는 것과 동일한 효과를 얻을 수 있다. 따라서, **물체의 크기와 관련이 없는 보편적인 특징량을 추출하는 것에 특화되어 있다**고 알려져 있다.

9.4 파이토치에서 CNN을 구현하는 방법

이제, 앞 절에서 설명한 CNN 처리를 파이토치를 사용해 어떻게 구현하는지에 관해 간단한 코드를 작동시켜 보면서 이해해보자.

CNN의 전체 구성

전형적인 CNN의 구성 예시를 그림 9-8을 통해 확인할 수 있다. 이 그림의 모델은 이대로 이번 장의 실습에서 구축하게 될 CNN 모델의 구조다.

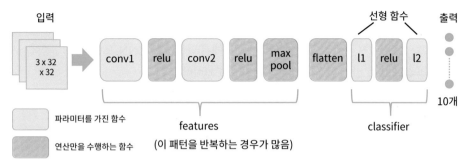

그림 9-8 CNN의 전형적인 구성 예시

이전 절에서 설명한 '합성곱 처리'는 파이토치의 레이어 함수 중에서도 nn.Conv2d라고 하는 레이어 함수(합성곱 함수)가 담당한다. 그림 9-8에서는 conv1과 conv2로 표기되어 있는 부분에 해당한다. '풀링처리'를 맡는 것은, nn.MaxPool2d라는 레이어 함수(풀링 함수)다. 이 함수는 그림 9-8에서 maxpool에 해당한다.

그림 9-8은 레이어 함수에 대해 내부 파라미터를 갖는 것(=학습의 대상)과 그렇지 않은 것을 색으로 구분하고 있다.

'합성곱 함수(conv1, 2)'는 함수의 내부에 **파라미터**를 갖는다. 이에 반해, '풀링 함수'는 단지 연산에 불과하므로 파라미터가 필요하지 않다. 이 외에, 선형 함수(l1, l2)와 ReLU 함수(relu)는 이제 익숙한 레이어 함수다. 선형 함수는 파라미터를 갖고, ReLU 함수는 파라미터를 갖지 않는다.

그림 9-8의 레이어 함수 중에서 처음 등장하는 함수로 '**1계화 함수(flatten)**'이 있다. 이 함수는 채널과 가로, 세로로 뻗는 '합성곱 함수', '풀링 함수'의 출력을 가로 1열의 1계 텐서로 만들어 주는 역할을 한다. 분류 모델에서는 마지막 출력이 1계 텐서이므로, 어디선가는 이런 조작이 반드시 필요하다.

파이토치 튜토리얼 등에서는, 대부분 view 함수로 이 조작을 구현하고 있지만, 이 책에서는 케라스와 같은 다른 프레임워크와의 호환성을 고려해 nn.Flatten이라는 레이어 함수를 사용하기로 한다.

그림 9-8에서는 '합성곱 함수' 두 층, '풀링 함수' 한 층으로 최소한에 가까운 구성을 제시하고 있지만, 일반적으로 딥러닝은 정확도를 높이기 위해 '합성곱 함수'과 '풀링 함수' 세트를 몇 번이고 반복해서 쌓은 모델이 많다는 것을 기억해두자. 반복적인 구조로 이뤄진 구성은 다음 장의 실습에서 다룬다.

nn.Conv2d와 nn.MaxPool2d

우선 아래의 코드 9-1을 보자. 이 코드는 이번 장의 실습에서 만들게 될 CNN 모델의 정의 중에서 '합성곱 함수'와 '풀링 함수'에 관한 변수 정의만을 뽑아서 나타낸 것이다.

코드 9-1 CNN 모델 전반 부분, 레이어 함수 정의

```
# CNN 모델 전반 부분, 레이어 함수 정의

conv1 = nn.Conv2d(3, 32, 3)
relu = nn.ReLU(inplace=True)
conv2 = nn.Conv2d(32, 32, 3)
maxpool = nn.MaxPool2d((2,2))
```

합성곱 함수는 nn.Conv2d라는 레이어 함수로 구현된다. 이 함수의 첫번째 인수로는 **입력 채널 수**, 두번째 인수로는 **출력 채널 수**, 그리고 세번째 인수로는 필터 역할을 하는 작은 정사각형의 한 변의 화소 수를 의미하는 **커널 사이즈**를 지정한다.

풀링 함수는 nn.MaxPool2d라는 레이어 함수를 사용한다. 인수로 사용된 (2, 2)는 작은 사각형의 가로와 세로의 화소 수를 나타낸다.

그림 9-8에서 두 번이나 등장한 ReLU가 변수로는 한 번밖에 정의되지 않았다. ReLU는 파라미터를 갖지 않는 단순한 함수이므로, 같은 함수를 반복적으로 사용하기 위한 전제로 이와 같이 정의한다.

여기서 정의한 인스턴스 변수들 가운데, 합성곱 함수인 conv1과 conv2는 내부적으로 파라미터를 갖는다는 사실은 이미 설명했다. 다음의 코드 9-2에서, 그 weight와 bias의 shape을 확인해보자.

코드 9-2 conv1과 conv2의 내부 파라미터 shape 확인

```
# conv1 확인
print(conv1)

# conv1 내부 변수의 shape 확인
print(conv1.weight.shape)
print(conv1.bias.shape)

# conv2 내부 변수의 shape 확인
print(conv2.weight.shape)
print(conv2.bias.shape)
```

```
Conv2d(3, 32, kernel_size=(3, 3), stride=(1, 1))
torch.Size([32, 3, 3, 3])
torch.Size([32])
torch.Size([32, 32, 3, 3])
torch.Size([32])
```

conv1과 conv2의 weight는 4개의 인덱스를 갖는 4계 텐서임을 알 수 있다. 4개의 인덱스가 필요한 이유에 관해서는 앞 절에서 설명했으나, 그림 9-9와 그림 9-10에서 다시 한번 확인한다.

그림 9-9는 conv1을 입출력을 기준으로 본 함수의 거동을, 그림 9-10은 conv1.weight의 내부 구조를 나타낸다.

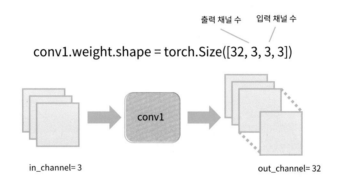

그림 9-9 conv1을 외부에서 본 경우의 거동

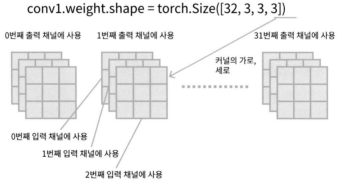

그림 9-10 conv1.weight의 내부 구조

우선 그림 9-9를 살펴보자. weight의 shape 첫 요소인 '32'는 출력 채널 수를 의미한다. 두번째 요소 '3' 은 입력 채널 수다.

예를 들어, 1번째 출력 채널 커널은 그림 9-10과 같이 '0번째 입력 채널'부터 '2번째 입력 채널'까지 모두 세 장으로 이뤄져 있다. 따라서 실제 합성곱을 계산할 때는, 그림 9-5에서 나타낸 "곱과 합" 연산을 입력 채널 수(그림의 경우 3회)만큼 반복 수행한다. 그 결과를 모두 더한 것이 최종적으로 그림 9-10에서 나타 낸 1번째 출력 채널의 연산 패턴이 되는 것이다. 지금은 '1번째 출력 채널'이라는 특정 채널에 주목했지 만, 전체적으로 '0번째 출력 채널'에서 '31번째 출력 채널'까지 모두 32쌍만큼의 파라미터가 존재하는 것 이다.

합성곱 처리와 풀링 처리 시뮬레이션

이제 그림 9-8의 전반부의 계산을 더미 데이터로 시험해보자. 비교하기 쉽게, 다시 한번 앞의 그림을 게 재한다.

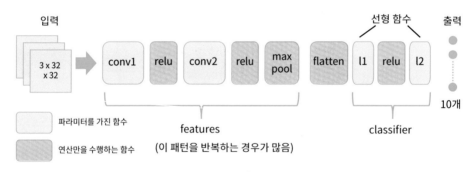

(그림 9-8을 다시 실음) CNN의 전형적인 구성 예시

다음의 코드 9-3을 사용해서 입력으로 사용할 더미 데이터를 생성한다.

코드 9-3 입력용 더미 변수 생성

```
# 더미로 입력과 같은 사이즈를 갖는 텐서를 생성
inputs = torch.randn(100, 3, 32, 32)
print(inputs.shape)
```

```
torch.Size([100, 3, 32, 32])
```

코드 9-3에서 사용한 torch.randn 함수는 인수로 shape을 지정하면 평균 0, 분산 1의 정규분포에 기반한 난수를 생성한다. 이제부터 이어지는 연산에서는 값은 신경 쓰지 않고, shape의 추이만을 확인하는 것을 목적으로 할 것이므로, 이 데이터를 사용한다.

다음의 코드 9-4는 사전에 준비한 레이어 함수와 더미 데이터를 입력으로 사용해서 CNN의 전반부를 시뮬레이션 하는 과정이다.

코드 9-4 CNN 전반부 처리 시뮬레이션

```
# CNN 전반부 처리 시뮬레이션

x1 = conv1(inputs)
x2 = relu(x1)
x3 = conv2(x2)
x4 = relu(x3)
x5 = maxpool(x4)
```

그림 9-8과 비교해서 CNN의 각 처리가 어떻게 구현과 맞아 떨어지는지 이해하자. 코드 9-4에서는 도중 결과를 모두 서로 다른 변수로 저장하므로, 각 단계에서의 shape이 어떻게 변해 가는지를 확인할 수 있다. 그 결과를 코드 9-5에 나타냈다.

코드 9-5 CNN 도중 단계의 shape 확인

```
# 각 변수의 shape 확인

print(inputs.shape)
print(x1.shape)
print(x2.shape)
print(x3.shape)
print(x4.shape)
print(x5.shape)
```

데이터 건수	채널 수	화소 수	
torch.Size([100,	3,	32,	32])
torch.Size([100,	32,	30,	30])
torch.Size([100,	32,	30,	30])
torch.Size([100,	32,	28,	28])
torch.Size([100,	32,	28,	28])
torch.Size([100,	32,	14,	14])

결과를 보면, 가장 첫 번째 숫자가 학습 데이터의 건수로, 모두 공통이다. 두번째 숫자는 채널 수, 세번째와 네번째는 가로와 세로의 화소 수다.

첫번째 숫자인 학습 데이터의 건수는 일정하게 100을 나타내고 있다.

두번째 숫자는 채널 수다. 입력 단계에서는 RGB 채널이 모두 3장이므로 3이 입력됐다. 그 이후의 처리에서 채널의 수를 변하게 할 만한 레이어 함수는 합성곱 함수밖에 없으며, conv1과 conv2에서 모두 '출력 채널 수 = 32'로 설정했기 때문에, 이후의 모든 도중 결과는 32가 공통으로 나타났다.

여기서 주목해야 할 점은, 세번째와 네번째 요소인 가로와 세로의 화소 수다. '합성곱 함수'를 한 번 거칠 때마다, '32 → 30', '30 → 28'과 같이 2만큼의 간격으로 줄어들고 있다. 이것은, 이번 합성곱 처리에서 사용하고 있는 가중치 행렬(커널)의 사이즈가 3×3이라는 점과, 그림 9-4의 처리를 한 번 거칠 때마다 '합성곱 처리 행렬의 사이즈 −1'만큼 출력 데이터의 화소 수가 줄어드는 것에 상응한다[3]. '풀링 처리'에서는 가로와 세로 모두 사이즈가 절반인 14가 되었다. 또한, ReLU 함수에서 사이즈의 변화가 일어나지 않는 것은 당연하다.

nn.Sequential

nn.Sequential이라는 클래스에 관해서는 4.4절에서 잠시 설명했지만, 다시 한번 살펴보자. 이 클래스는 파이토치에서 '컨테이너'라고 불리는 클래스 중 하나다.

코드 9-4는 여러 함수의 합성 함수로 구성되어 있으며, 각 함수가 직렬로 이어져 있는 형태이기도 하다. 이와 같은 구조를 갖는 경우에는, 완전히 동일한 구현을 nn.Sequential을 사용해서 다음의 코드 9-6과 같이 나타낼 수 있다[4].

코드 9-6 nn.Sequential을 사용한 구현

```
# 함수 정의
features = nn.Sequential(
    conv1,
    relu,
    conv2,
    relu,
```

---

3 32×32의 정사각형 내부에서 3×3의 작은 정사각형을 한 칸씩 옆으로 옮겨간다면 총 몇 번이나 옮길 수 있는지를 상상해보기 바란다.
4 nn.Sequential을 사용하는 이점은, x2=relu(x1)과 같이 일일이 도중 단계를 변수로 적을 일 없이, 레이어 함수의 인스턴스명만 열거하면 된다는 것이다.

```
    maxpool
)
```

그렇다면, 정말 이것만으로 코드 9-4, 코드 9-5와 동일한 결과를 얻을 수 있는지 확인해보자. 구현과 결과
는 코드 9-7과 같다.

코드 9-7 nn.Sequential을 사용한 구현과 동작 확인

```
# 동작 테스트
outputs = features(inputs)

# 결과 확인
print(outputs.shape)
```

```
torch.Size([100, 32, 14, 14])
```

확실히 코드 9-5와 같은 결과가 출력됐다.

nn.Flatten

nn.Flatten 역시 이번 장의 실습에서 처음 등장하는 레이어 함수(부품)다. 이 부품의 목적은 '합성곱 처
리', '풀링 처리'가 이뤄질 때 3계 텐서의 형태로 사용되던 데이터를, 선형 함수(nn.Linear)에서 사용할 수
있게끔 1계 텐서의 형태로 변환해 주는 것이다. 코드 9-8이 그 구현의 예시다.

코드 9-8 nn.Flatten의 구현 예시

```
# 함수 정의
flatten = nn.Flatten()

# 동작 테스트
outputs2 = flatten(outputs)

# 결과 확인
print(outputs.shape)
print(outputs2.shape)
```

```
torch.Size([100, 32, 14, 14])
torch.Size([100, 6272])
```

입력 시에는 [100, 32, 14, 14]였던 shape이 flatten 함수를 통과하면 [100, 6272]로 변한다. 32×14× 14=6272이므로, 4계 텐서가 2계 텐서로(한 건의 데이터에 대해서는 3계 텐서가 1계 텐서로) 변환된 것을 확인했다.

한 번 더 그림 9-8을 살펴보면, 이 그림에서 flatten 함수로 1계 텐서로 변환된 다음의 처리는, 앞 장에서 설명한 '신경망'과 완전히 동일하다. 이상으로, CNN의 모든 구성 요소의 역할에 관한 설명이 끝이 났다.

또한, CNN의 상세한 구현에 관심이 있는 독자는 아래 주소의 설명을 참고하면 좋을 것이다.

https://cs231n.github.io/convolutional-networks/#overview

9.5 공통 함수 사용하기

9.2절에서도 언급했던 것처럼, 점차 내용이 진행됨에 따라 코드가 길어졌다. 그러나 자세히 보면 동일한 패턴으로 처리가 이뤄지는 부분이 계속 등장하는 것도 사실이다.

이런 패턴들을 모두 다섯 개 뽑아내어, 각 패턴에 관해 공통 함수를 정의하기로 한다. 그리고 실습 코드에서는 공통 함수를 호출해서 사용하는 식으로 코드의 가독성을 높인다.

이번 절에서는, 각 공통 함수의 사용법과 구현할 때의 포인트를 설명한다. 또한, 다음 장에서는 여기서 정의한 공통 함수를 노트북상에서 복사하지 않고 사용할 수 있도록, 인터넷에서 다운로드한 다음 import 문을 통해 사용하는 방법도 설명한다.

eval_loss(손실 계산)

이 함수의 목적은 손실 값의 계산이다.

코드가 그리 길지 않아서, 코드 9-9에 구현 전체를 기술한다.

코드 9-9 eval_loss 함수 전체

```
# 손실 계산용
def eval_loss(loader, device, net, criterion):
```

```
# 데이터로더에서 처음 한 개 세트를 가져옴
for images, labels in loader:
    break

# 디바이스 할당
inputs = images.to(device)
labels = labels.to(device)

# 예측 계산
outputs = net(inputs)

# 손실 계산
loss = criterion(outputs, labels)

return loss
```

손실을 계산하면, 예를 들어, 그 변수를 사용해서 손실의 계산 그래프를 시각화할 수 있다. 이 함수는 그런 목적으로 사용할 수 있다.

인수로는 loader(데이터로더), device, net(모델 인스턴스), criterion(손실 함수)이 있다. 먼저 데이터로더를 사용해서 입력 데이터와 정답 데이터를 가져오고, 입력 데이터와 모델 인스턴스로부터 예측 값을 계산, 이후에 예측 값과 정답 데이터를 사용해서 손실을 계산하는 것이 처리의 흐름이다.

fit(학습)

이 함수는 케라스에서 모델을 만들 때 사용하는 fit 함수처럼, '**학습**' 처리를 담당한다. 지금까지 '반복 계산'이라고 불러왔던 부분을 함수를 호출해서 한 번에 처리하기 위한 목적인 것이다.

이 함수를 호출할 때 필요한 인수로는 다음 여덟 가지가 있다.

- net : 학습 대상의 모델 인스턴스

- optimizer : 최적화 함수의 인스턴스

- criterion : 손실 함수의 인스턴스

- num_epochs : 반복 횟수

- train_loader : 훈련용 데이터로더

- test_loader : 검증용 데이터로더

- device : GPU 또는 CPU

- history : 계산 도중의 history

반환하는 값은 history이며, 7장까지 기술된 실습의 history와 마찬가지로 (반복 횟수, 훈련 손실, 훈련 정확도, 검증 손실, 검증 정확도)의 2차원 배열을 넘파이 형식으로 반환한다.

이 함수에서 한 가지 개선된 것은, history도 인수로 지정하고 있다는 점이다.

특히, 딥러닝의 경우에는 반복 횟수(num_epochs)를 어떤 값으로 결정해야 좋은지는 항상 어려운 문제다. 이 값을 작게 하면, 아직 추가로 학습을 할 수 있는 상태에서 학습이 끝나게 되고, 너무 크게 설정하면 과 학습이 일어난다. 먼저 num_epochs=10으로 학습해보고, 아직 학습이 부족하다고 판단되면 추가로 10회 더 학습하는, 그런 상황은 자주 있는 일이다.

이 fit 함수는 그런 경우에, 인수로 사용하는 history 변수에 지금까지의 history를 넘겨받는다. 그렇게 되면, '추가 학습'의 형태로 과거 분량을 추가한 history를 생성하도록 도와준다[5]. 코드 9-10에서 지금 설 명한 로직에 상응하는 구현을 살펴보자.

코드 9-10 fit 함수를 사용한 추가 학습용 구현 부분

```python
# 학습용 함수
def fit(net, optimizer, criterion, num_epochs, train_loader, test_loader, device, history):

    # tqdm 라이브러리 임포트
    from tqdm.notebook import tqdm

    base_epochs = len(history)

    for epoch in range(base_epochs, num_epochs+base_epochs):
        train_loss = 0
        train_acc = 0
```

fit 함수에서 지금까지 설명하지 않았던 구현이 한 가지 남아있다. 코드 9-11과 코드 9-12의 밑줄로 표시된 부분이 그것이다.

---

5 이 사용 방법의 경우, net 변수도 초기화시키지 않고, 이전 학습에 사용한 인스턴스를 그대로 인수로 넘겨줘야 한다.

코드 9-11 훈련 페이즈의 앞부분

```python
# 훈련 페이즈
net.train()
count = 0

for inputs, labels in tqdm(train_loader):
    count += len(labels)
    inputs = inputs.to(device)
    labels = labels.to(device)
```

코드 9-12 예측 페이즈의 앞부분

```python
# 예측 페이즈
net.eval()
count = 0

for inputs, labels in test_loader:
    count += len(labels)
    inputs = inputs.to(device)
    labels = labels.to(device)
```

net이라는 모델 인스턴스에 대해 훈련 페이즈와 예측 페이즈에서 net.train(), net.eval()이라는 함수를 호출하고 있다. 이 두 함수는 모델 클래스를 정의할 때 사용하는 부모 클래스인 nn.Module에서 정의되어 있다.

이번 장의 실습에서는 굳이 없어도 관계없지만, 다음 장부터 등장하는 드롭아웃 함수(nn.Dropout)이나 BN 함수[6](nn.BatchNorm2d)라는 레이어 함수에서는, 각 함수에 대해 '지금은 훈련 페이즈', '지금은 예측 페이즈'와 같이 그 차이를 알려주는 처리를 해야 한다. 그 처리를 담당하는 함수이기 때문에, 다음 장을 대비하는 차원에서 미리 넣어 두기로 한다.

fit 함수 전체는 매우 길지만, 지금 설명한 점 이외에는 이전 장까지 이미 설명한 내용을 이미 포함하고 있다. 따라서, 코드 전체는 생략하기로 한다.

---

6   정확히는 Batch Normalization 함수지만, 너무 길기 때문에 이 책에서는 BN으로 짧게 줄여서 기재한다.

evaluate_history(학습 로그)

학습 결과의 평가에 관해서 지금까지 해 왔던 패턴은 다음과 같다.

- history 앞부분과 마지막 부분을 print 함수로 표시해서 학습 결과의 개요를 표시

- 학습 곡선을 손실, 정확도 두 가지로 출력

이런 정형적인 평가 패턴을 한 번에 수행하는 것이 evaluate_history 함수의 역할이다. 위의 두 항목을 수행하는 데 history 변수만 있으면 충분하므로, 인수는 history 한 개뿐이다. 구현 코드는 지금까지 여러 번 소개했으므로 생략한다.

show_images_labels(예측 결과 표시)

사전에 학습이 끝난 모델이 올바르게 예측하고 있는지, 원본 데이터의 이미지를 출력함과 동시에 수행한다. 모델을 만들기 전에 이미지와 정답 데이터(라벨)만을 출력하는 것도 가능하다. 대상은 데이터로더에서 가져온 첫 50건(데이터로더에서 정의된 건수가 50건 이하라면, 그 건수)의 데이터다.

인수는 다음의 네 가지로 이뤄진다.

- loader : 검증용 데이터로더

- classes : 정답 데이터에 대응하는 라벨 값의 리스트. 이번 장의 실습을 예로 들면, CIFAR-10의 정답에 대응하는 라벨인 'plane', 'car', 'bird' 등을 포함한 리스트를 넘긴다.

- net : 사전에 학습이 끝난 모델의 인스턴스. None을 넘기면 정답 데이터만 표시되며, 학습 전에 데이터의 형태를 확인하고 싶은 경우에 사용한다.

- device : 예측 계산에 사용하는 디바이스.

이 함수의 일부 구현을 코드 9-13을 통해 확인해보자.

코드 9-13 show_images_labels 함수의 일부

```
if net is not None:
    predicted_name = classes[predicted[i]]
    # 정답인지 아닌지 색으로 구분함
    if label_name == predicted_name:
        c = 'k'
```

```
    else:
        c = 'b'
ax.set_title(label_name + ':' + predicted_name, c=c, fontsize=20)
# net이 None인 경우는 정답 라벨만 표시
    else:
        ax.set_title(label_name, fontsize=20)
```

코드 9-13이 조건에 따라 타이틀 표시를 변하게 만드는 본질적인 부분이다. net이 None이 아닌 경우라면, 학습 이미지 하나 하나의 타이틀에 '정답 : 예측'과 같은 형식으로 텍스트가 표시되지만, 예측이 정답과 서로 다른 경우에만 타이틀의 색이 파란색으로 표시되도록 했다.

이전 장에서의 이미지 · 라벨 표시와 한 가지 더 다른 점은, 이미지 데이터가 [3, 32, 32]인 3계 텐서 형식으로 되어있는 경우가 있다는 것이다. 따라서, 실제 이미지를 표시하기 위한 순서가 조금 복잡해진다. 이 책에서는 생략하겠으나, 상세한 내용은 노트북에 코멘트로 순서를 기재해 두었으니, 구현에 관심이 있는 독자는 참조하기 바란다.

torch_seed(난수 고정)

난수를 고정해서 항상 동일한 결과를 얻기 위한 처리도 공통 함수로 정의했다. 코드양이 많지 않으므로, 이 내용 전체를 코드 9-14를 통해 살펴보자.

코드 9-14 torch_seed 함수

```
# 파이토치 난수 고정

def torch_seed(seed=123):
    torch.manual_seed(seed)
    torch.cuda.manual_seed(seed)
    torch.backends.cudnn.deterministic = True
    torch.use_deterministic_algorithms = True
```

이전 장에서 설명했을 대는 처음 두 함수만을 호출했었으나, 이번에는 프로퍼티를 설정하는 마지막 두 줄의 코드를 추가했다. 파이토치에서는 GPU를 사용해서 계산하는 경우, 난수의 시드를 지정하는 것만 으로는 동일한 결과를 얻을 수 없을 때도 있다. 마지막에 추가한 두 줄의 코드는, 이런 현상이 일어나지 않게 하기 위한 설정이다.

9.6 데이터 준비

이번 장의 실습을 시작한다. 처음은 항상 데이터를 준비하는 것으로 시작한다.

파이토치의 라이브러리를 사용하면 데이터를 가져오는 것은 이전과 마찬가지로, `datasets.CIFAR10` 함수로 간단하게 수행할 수 있다.

Transforms 정의

데이터 전처리에 관해서는 이 다음에 두 가지 모델을 만들 예정이므로, 1계 텐서 버전과 3계 텐서 버전까지 총 두 가지 패턴을 준비한다. 이처럼 까다로운 요건이라도 이전에 사용한 Transforms를 잘 사용하면 간결하게 구현할 수 있다.

Transforms의 정의는 코드 9-15와 같다.

코드 9-15 Transforms의 정의

```
# Transforms의 정의

# transform1 1계 텐서화

transform1 = transforms.Compose([
    transforms.ToTensor(),
    transforms.Normalize(0.5, 0.5),
    transforms.Lambda(lambda x: x.view(-1)),
])

# transform2 정규화만 실시

# 검증 데이터용 : 정규화만 실시
transform2 = transforms.Compose([
    transforms.ToTensor(),
    transforms.Normalize(0.5, 0.5),
])
```

transforms1을 전결합형 신경망에, transforms2를 CNN에 사용한다.

데이터셋 정의

위의 Transforms 정의 결과를 받아, 데이터셋도 두 종류를 준비한다. 구현은 코드 9-16과 같다.

코드 9-16 데이터셋 정의

```
# 데이터 취득용 함수 datasets

data_root = './data'

# 훈련 데이터셋 (1계 텐서 버전)
train_set1 = datasets.CIFAR10(
    root = data_root, train = True,
    download = True, transform = transform1)

# 검증 데이터셋 (1계 텐서 버전)
test_set1 = datasets.CIFAR10(
    root = data_root, train = False,
    download = True, transform = transform1)

# 훈련 데이터셋 (3계 텐서 버전)
train_set2 = datasets.CIFAR10(
    root = data_root, train = True, download = True,
    transform = transform2)

# 검증 데이터셋 (3계 텐서 버전)
test_set2 = datasets.CIFAR10(
    root = data_root, train = False,
    download = True, transform = transform2)
```

```
Downloading https://www.cs.toronto.edu/~kriz/cifar-10-python.tar.gz to ./data/cifar-10-python.tar.gz
                    170499072/? [00:05<00:00, 28520249.10it/s]
Extracting ./data/cifar-10-python.tar.gz to ./data
Files already downloaded and verified
Files already downloaded and verified
Files already downloaded and verified
```

두 종류의 데이터셋으로 의도한 데이터가 만들어졌는지, 코드 9-17을 통해 확인할 수 있다.

코드 9-17 데이터셋 확인

```
image1, label1 = train_set1[0]
image2, label2 = train_set2[0]

print(image1.shape)
print(image2.shape)
```

```
torch.Size([3072])
torch.Size([3, 32, 32])
```

변수 image1과 image2 어느 쪽에 관해서도 의도한 데이터셋의 shape이 만들어졌다.

데이터로더 정의

데이터 준비의 마지막은 데이터로더를 정의하는 것이다. 이 부분에서도 두 가지 패턴을 준비해 두도록 한다. 구현 방식은 코드 9-18과 같다.

코드 9-18 데이터로더 정의

```
# 데이터로더 정의

# 미니 배치 사이즈 지정
batch_size = 100

# 훈련용 데이터로더
# 훈련용이므로 셔플을 True로 설정
train_loader1 = DataLoader(train_set1, batch_size=batch_size, shuffle=True)

# 검증용 데이터로더
# 검증용이므로 셔플하지 않음
test_loader1 = DataLoader(test_set1, batch_size=batch_size, shuffle=False)

# 훈련용 데이터로더
# 훈련용이므로 셔플을 True로 설정
train_loader2 = DataLoader(train_set2, batch_size=batch_size, shuffle=True)

# 검증용 데이터로더
# 검증용이므로 셔플하지 않음
test_loader2 = DataLoader(test_set2, batch_size=batch_size, shuffle=False)
```

배치 사이즈는 파이토치 튜토리얼의 예시에 따라 100으로 설정했다.

이 부분에서도 의도한 대로 데이터가 만들어졌는지, 코드 9-19를 통해 확인한다.

코드 9-19 데이터로더 확인

```python
# train_loader1에서 한 세트 가져오기
for images1, labels1 in train_loader1:
    break

# train_loader2에서 한 세트 가져오기
for images2, labels2 in train_loader2:
    break

# 각 데이터의 shape 확인
print(images1.shape)
print(images2.shape)
```

```
torch.Size([100, 3072])
torch.Size([100, 3, 32, 32])
```

예상한 대로 데이터로더가 구성되었음이 확인되었다.

검증 데이터를 이미지로 표시

마지막으로 검증 데이터를 test_loader2에서 가져와서 처음 50개의 이미지를 표시해 보도록 한다. 공통 함수인 show_images_labels의 기능 중에서, 모델을 사용하지 않고 정답을 타이틀로 함께 표시하고 싶을 때 사용하는 패턴이다.

코드 9-20 검증 데이터 50개를 이미지로 출력

```python
# 정답 라벨 정의
classes = ('plane', 'car', 'bird', 'cat', 'deer', 'dog', 'frog', 'horse', 'ship', 'truck')

# 검증 데이터의 처음 50개를 출력
show_images_labels(test_loader2, classes, None, None)
```

코드 9-20의 결과는 그림 9-11과 같다.

그림 9-11 검증 데이터의 처음 50개 이미지 출력 결과

9.7 모델 정의(전결합형)

이제부터 전결합형 모델을 정의해보자.

대부분의 코드가 이전 장에서 다룬 내용이므로, 중요한 부분만을 코드로 설명한다.

코드 9-21은 각 노드의 차원수를 설정하는 부분에 해당한다.

코드 9-21 각 노드의 차원수 설정

```
# 입력 차원수는 3*32*32=3072
n_input = image.view(-1).shape[0]

# 출력 차원수
# 분류 클래스의 수이므로 10
```

```
n_output = len(set(list(labels.data.numpy())))

# 은닉층의 노드수
n_hidden = 128

# 결과 확인
print(f'n_input: {n_input}  n_hidden: {n_hidden}  n_output: {n_output}')
```

```
n_input: 3072   n_hidden: 128   n_output: 10
```

이전 장과 비교하면 원본 데이터의 차원 수가 바뀌었기 때문에, 입력 데이터의 차원수 n_input은 3072다.

다음으로 코드 9-22에서 모델을 정의한다.

코드 9-22 **모델 정의**

```
# 모델 정의
# 3072입력 10출력 1은닉층을 포함한 신경망 모델

class Net(nn.Module):
    def __init__(self, n_input, n_output, n_hidden):
        super().__init__()

        # 은닉층 정의(은닉층의 노드수 : n_hidden)
        self.l1 = nn.Linear(n_input, n_hidden)

        # 출력층 정의
        self.l2 = nn.Linear(n_hidden, n_output)

        # ReLU 함수 정의
        self.relu = nn.ReLU(inplace=True)

    def forward(self, x):
        x1 = self.l1(x)
        x2 = self.relu(x1)
        x3 = self.l2(x2)
        return x3
```

모델의 정의는 이전 장과 동일하므로 자세한 설명은 생략한다.

9.8 결과(전결합형)

학습

공통 함수 fit을 도입하면 학습 코드의 구현을 한 줄로 간단하게 마무리 지을 수 있다. 이번 장부터는 코드 9-23과 같이 학습 전 초기 설정과 학습을 같은 셀에서 실행하겠다.

코드 9-23 전결합형 모델의 초기화와 학습

```
# 난수 초기화
torch_seed()

# 모델 인스턴스 생성
net = Net(n_input, n_output, n_hidden).to(device)

# 손실 함수 : 교차 엔트로피 함수
criterion = nn.CrossEntropyLoss()

# 학습률
lr = 0.01

# 최적화 함수 : 경사 하강법
optimizer = optim.SGD(net.parameters(), lr=lr)

# 반복 횟수
num_epochs = 50

# 평가 결과 기록
history = np.zeros((0,5))

# 학습
history = fit(net, optimizer, criterion, num_epochs, train_loader1, test_loader1, device, history)
```

```
Epoch [1/50], loss: 0.01950 acc: 0.32214 val_loss: 0.01794, val_acc: 0.37720
Epoch [2/50], loss: 0.01738 acc: 0.39578 val_loss: 0.01684, val_acc: 0.41780
```

fit 함수 호출 시 파라미터로, 전결합형 모델을 위해 따로 준비한 데이터로더 train_loader1과 test_loader1을 사용했다는 점에 주의하기 바란다.

케라스를 사용해 본 경험이 있는 독자라면, 이번에 정의한 fit 함수가 케라스의 fit 함수와 같은 역할을 한다는 느낌을 받을 것이라고 생각한다.

평가

학습이 끝이 나면, 그 결과를 평가한다. 마찬가지로, 사전에 준비한 evaluate_history 함수로 간단하게 평가할 수 있다. 구현과 print 함수를 통한 결과를 코드 9-24를 통해 확인해보자.

코드 9-24 evaluate_history 함수의 호출과, print 함수 출력 결과

```
# 평가

evaluate_history(history)
```

```
초기상태 : 손실 : 0.01794 정확도 : 0.37720
초기상태 : 손실 : 0.01353 정확도 : 0.52990
```

나머지 두 가지 학습 곡선 결과는 그림 9-12와 그림 9-13에 나타냈다.

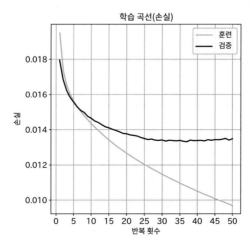

그림 9-12 전결합형 모델의 학습 곡선(손실)

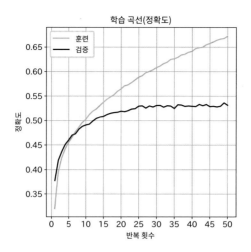

그림 9-13 전결합형 모델의 학습 곡선(정확도)

위의 두 그래프로부터 해석할 수 있는 사실은 다음과 같다.

- 검증 데이터에 대한 그래프로부터 반복 횟수 30회 부근에서 학습이 정체하고 있음을 알 수 있음

- 검증 데이터에 대한 정확도는 최대 53% 정도에 그침

정확도 50%를 간신히 넘기는 것에는 성공했지만, 그 정도가 한계로 보인다[7]. 다음 절 이후에서는 모델을 CNN 모델로 교체해서 결과가 어떻게 변하는지 확인하기로 한다.

9.9 모델 정의(CNN)

이제 본격적으로 CNN 모델 클래스를 어떻게 구현하는지 코드 9-25를 살펴보자.

코드 9-25 CNN 모델 클래스 정의

```
class CNN(nn.Module):
    def __init__(self, n_output, n_hidden):
        super().__init__()
        self.conv1 = nn.Conv2d(3, 32, 3)
```

---

7 이번 장 처음 부분에서 소개한 Qiita 페이지의 내용을 참고했을 때, 기존의 머신러닝 모델들에 대한 정확도는 40% 정도가 한계라는 사실로부터, 딥러닝 모델로 전환한 효과는 분명 있는 것으로 보인다.

```python
        self.conv2 = nn.Conv2d(32, 32, 3)
        self.relu = nn.ReLU(inplace=True)
        self.maxpool = nn.MaxPool2d((2,2))
        self.flatten = nn.Flatten()
        self.l1 = nn.Linear(6272, n_hidden)
        self.l2 = nn.Linear(n_hidden, n_output)

        self.features = nn.Sequential(
            self.conv1,
            self.relu,
            self.conv2,
            self.relu,
            self.maxpool)

        self.classifier = nn.Sequential(
            self.l1,
            self.relu,
            self.l2)

    def forward(self, x):
        x1 = self.features(x)
        x2 = self.flatten(x1)
        x3 = self.classifier(x2)
        return x3
```

주요 구성 요소는 9.4절에서 이미 설명했다. 따라서, 9.4절에서 설명하지 않은 부분에 관해서 짚어보기로 한다.

forward 함수의 구조

net(inputs)에 대해 예측을 수행하는 함수인 forward 함수는, features, flatten, classifier까지 총 세 함수의 호출을 조합한 형태를 가지고 있다. 게다가, features와 classifier에 관해서는 이 클래스 내부에서 로컬로 정의된 함수다.

features는 (레이어 함수로 말하자면) CNN 고유의 합성곱 함수(nn.Conv2d)와 풀링 함수(nn.MaxPool2d)로 이뤄져 있고, classifier는 기존의 선형 함수(nn.Linear)로 구성된 분류기이며, flatten

은 2개의 요소를 이어주는 역할을 한다[8]. 9.4절의 그림 9–8을 다시 살펴보고, 코드 9–25와 비교해 보기 바란다.

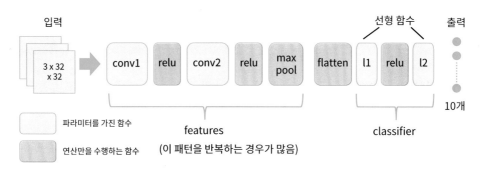

(그림 9–8을 다시 실음) CNN의 전형적인 구성 예시

nn.Sequential 클래스 사용

features와 classifier 함수는 nn.Sequential 클래스를 사용해 구현돼 있다. 이 함수의 기능은 9.4절에서 설명했다.

가장 앞의 nn.Linear 함수의 입력 차원수

코드 9–25에는 작지만 한 가지 더 중요한 점이 있다. self.l1 = nn.Linear(6272, n_hidden)에서 '6272'라는 수를 어떻게 구할 것인지에 관해서다.

여기서는 코드 9–8에서 flatten 함수를 통해 얻은 [100, 6272]로부터 이 숫자를 그대로 사용했다. 이처럼 시뮬레이션의 결과를 사용해도 좋으며, 차차 익숙해지면 머릿속으로 해당 요소 수를 계산할 수 있게 되기도 한다.

조금 복잡하기도 했지만, 이상으로 코드 9–25에 대한 모든 의미가 완전히 이해되었을 것이다. 이 코드의 의미를 이해하는 것이 이번 장의 최대 목표이기도 했다.

다음은 항상 해온 것처럼 '모델의 개요 표시 1', '모델의 개요 표시 2', '손실 계산 그래프'를 차례로 살펴본다.

---

8 함수명이 features(=특징)로 되어 있는 것은, '합성곱 처리로 특징량을 추출'하는 사실에 유래한다.

모델의 개요 표시

코드 9-26은 모델의 개요를 표시한 결과를 보여준다.

코드 9-26 모델의 개요 표시 1

```
# 모델 개요 표시 1

print(net)
```

```
CNN(
  (conv1): Conv2d(3, 32, kernel_size=(3, 3), stride=(1, 1))
  (conv2): Conv2d(32, 32, kernel_size=(3, 3), stride=(1, 1))
  (relu): ReLU(inplace=True)
  (maxpool): MaxPool2d(kernel_size=(2, 2), stride=(2, 2), padding=0, dilation=1, ceil_mode=False)
  (flatten): Flatten(start_dim=1, end_dim=-1)
  (l1): Linear(in_features=6272, out_features=128, bias=True)
  (l2): Linear(in_features=128, out_features=10, bias=True)
  (features): Sequential(
    (0): Conv2d(3, 32, kernel_size=(3, 3), stride=(1, 1))
    (1): ReLU(inplace=True)
    (2): Conv2d(32, 32, kernel_size=(3, 3), stride=(1, 1))
    (3): ReLU(inplace=True)
    (4): MaxPool2d(kernel_size=(2, 2), stride=(2, 2), padding=0, dilation=1, ceil_mode=False)
  )
  (classifier): Sequential(
    (0): Linear(in_features=6272, out_features=128, bias=True)
    (1): ReLU(inplace=True)
    (2): Linear(in_features=128, out_features=10, bias=True)
  )
)
```

코드 9-26의 결과는 그림 9-8과 모순이 없어야 한다.

이 모델 내부에는 features와 classifier라는 두 Sequential 객체가 있다. 이 객체를 구성하는 요소는 예를 들어, features[0](=Conv2d)와 같이 리스트 형식으로 참조할 수 있다. 이 참조 방법은 11장에서 사전 학습이 끝난 모델을 사용하는 경우에 주로 사용할 것이다.

다음으로 코드 9-27에서 torchinfo를 사용한 모델의 개요 표시를 확인할 수 있다.

코드 9-27 모델의 개요 표시 2

```
# 모델 개요 표시 2(배치사이즈 100)

summary(net, (100, 3, 32, 32), depth=1)
```

```
Layer (type:depth-idx)          Output Shape              Param #
├─ Sequential:   1-1            [100, 32, 14, 14]          10,144
├─ Conv2d:       1-2            [100, 32, 30, 30]             896
├─ ReLU:         1-3            [100, 32, 30, 30]              --
├─ Conv2d:       1-4            [100, 32, 28, 28]           9,248
├─ ReLU:         1-5            [100, 32, 28, 28]              --
├─ MaxPool2d:    1-6            [100, 32, 14, 14]              --
├─ Flatten:      1-7            [100, 6272]                    --
├─ Sequential:   1-8            [100, 10]                 804,234
├─ Linear:       1-9            [100, 128]                802,944
├─ ReLU:         1-10           [100, 128]                     --
├─ Linear:       1-11           [100, 10]                   1,290

Total params: 814,378
Trainable params: 814,378
Non-trainable params: 0
Total mult-adds (M): 886.11

Input size (MB): 1.23
Forward/backward pass size (MB): 43.22
Params size (MB): 3.26
Estimated Total Size (MB): 47.71
```

도중에 shape이 어떻게 변해가는지에 관해서는, 9.4절에서 더미 데이터를 사용해 시뮬레이션을 했다. 모델의 요약을 통해 시뮬레이션과 같은 결과임을 확인할 수 있다.

마지막으로 손실 계산 그래프의 출력 결과는 그림 9-14와 같다.

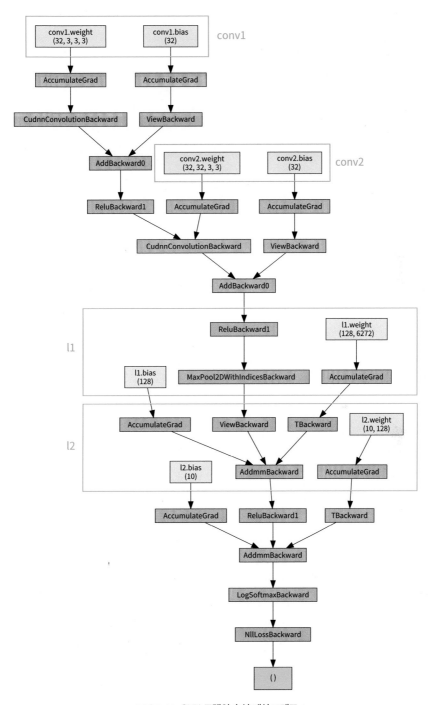

그림 9-14 CNN 모델의 손실 계산 그래프

그림 9-14로부터, 2개의 합성곱 함수와 2개의 선형 함수가 모델 안에서 학습 대상(파란색 사각형으로 감싼 부분)으로 자리 잡고 있다는 것을 해석해 보기 바란다.

노트북에는, 이 다음에 셀이 몇 개 더 붙어있으나, 본질적인 부분은 아니므로 생략한다.

9.10 결과(CNN)

이것으로 CNN 모델을 학습할 준비가 모두 끝이 났다. 이제 모델을 학습하고 결과를 평가하는 일만 남아 있다.

모델 초기화와 학습

9.8절과 마찬가지로 모델을 초기화와 학습은 같은 셀에서 한 번에 실행한다. 구현은 코드 9-28과 같다.

코드 9-28 CNN 모델 초기화와 학습

```python
# 난수 초기화
torch_seed()

# 모델 인스턴스 생성
net = CNN(n_output, n_hidden).to(device)

# 손실 함수 : 교차 엔트로피 함수
criterion = nn.CrossEntropyLoss()

# 학습률
lr = 0.01

# 최적화 함수 : 경사 하강법
optimizer = optim.SGD(net.parameters(), lr=lr)

# 반복 횟수
num_epochs = 50

# 평가 결과 기록
history2 = np.zeros((0,5))
```

```
# 학습
history2 = fit(net, optimizer, criterion, num_epochs, train_loader2, test_loader2, device, history2)
```

```
Epoch [1/50], loss: 0.02083 acc: 0.26086 val_loss: 0.01866, val_acc: 0.34670
Epoch [2/50], loss: 0.01781 acc: 0.37334 val_loss: 0.01677, val_acc: 0.40900
```

9.8절의 코드 9-23의 전결합형 모델과의 차이점은 모델의 인스턴스를 생성하는 클래스가 Net에서 CNN 으로 바뀌었다는 것과, 모델의 인스턴스를 생성할 때 파라미터 n_input이 생략된 것뿐이다.

전결합형 모델에서는, 모델이 시작하는 부분의 선형 함수의 가중치 행렬은 입력 데이터의 건수에 맞춰 미리 준비해야 하며, 그것이 파라미터로 반영되었지만, CNN에서는 고정된 길이의 커널 행렬이 준비되 어 있으므로, 어떤 크기의 입력이 들어와도 상관이 없는 것이다.

그 대신, 후반부의 전결합층(classifier)에서 선형 함수(l1)가 시작되는 부분의 입력 차원수(이번 예제에 서는 6272)는 미리 계산해 놓아야 한다는 것을 설명했다.

학습은 9.8절과 같이 fit 함수를 사용한다. 9.8절과 차이점은 데이터로더를 3계 텐서 버전으로 사용해야 한다는 것이다.

평가

평가도 9.8절과 동일하게 evaluate_history 함수를 사용한다. 코드 9-29는 구현과 print 함수의 결과다.

코드 9-29 evaluate_history 함수 호출과 print 함수 출력 결과

```
# 평가

evaluate_history(history2)
```

```
초기상태 : 손실 : 0.01866 정확도 : 0.34670
최종상태 : 손실 : 0.01922 정확도 : 0.66010
```

두 가지 학습 곡선의 출력 결과를 그림 9-15와 그림 9-16에서 살펴보자.

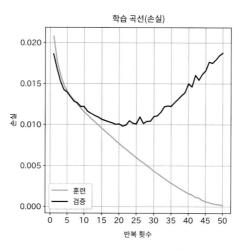

그림 9-15 CNN 모델의 학습 곡선(손실)

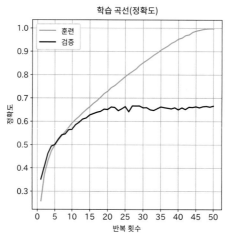

그림 9-16 CNN 모델의 학습 곡선(정확도)

그림 9-15로부터 과학습이 일어났음을 알 수 있고, 반복 횟수를 20회 정도에서 학습을 멈춰야 했을 것으로 생각할 수 있지만, 정확도는 66% 정도까지 올라갔다. 전결합형 모델의 정확도가 53% 정도였다는 것을 감안하면, 상당히 향상된 결과다.

마지막으로 공통 함수로 준비해 놓은 show_images_labels 함수를 사용해서 모델이 어떤 이미지에 대해 잘못된 예측을 하는지 확인해보자. 즉, 예측 결과를 표시하고 싶을 때의 사용 패턴이다. 구현은 코드 9-30, 그 결과는 그림 9-17에서 확인할 수 있다.

코드 9-30 show_images_labels 함수로 예측 결과 표시

```
# 처음 50개 데이터 표시
```

```
show_images_labels(test_loader2, classes, net, device)
```

그림 9-17 CNN 모델의 예측 결과

결과를 세어 보면, 처음 50개의 데이터에 대해 올바른 예측이 35개, 잘못 예측한 것이 15개였다. 이 50개만으로 계산하면 정확도는 70%이고, 전체에 대한 정확도보다 약간 높은 수치이나, 잘못된 인식이 많은 편인 것은 틀림없다.

이것이 딥러닝에 혁명을 가져다 준 CNN 모델의 원형이다. 이전 모델보다 훨씬 좋은 정확도를 보였으나, 아직 실용적인 레벨에 이르기에는 부족하다고 느껴진다.

다음 장에서는, 이번 장과 같은 CIFAR-10 학습 데이터를 사용해서, 지금 만들어 본 모델을 튜닝해볼 것이다. 튜닝에는 어떤 방법이 있고, 그 결과 얼마나 정확도가 향상될 것인지 다음 장에서 살펴보기로 한다.

10

튜닝 기법

이번 장은 앞에서 다룬 CIFAR-10을 대상으로, 다양한 튜닝 기법을 적용해서 정확도를 향상시키는 방안을 마련한다. 이번 장에서 알아볼 여러 기법들은 최근 수년간 딥러닝의 기술적인 발전을 그대로 따른 것이다. 이전 장의 마지막에서 66%였던 모델의 정확도를 어느 정도까지 향상시킬 수 있을지 기대해 보기 바란다.

또한, 항상 장이 시작하는 서두마다 설명하는 '문제의 정의'에 관해서는, 이전 장과 똑같으므로 생략한다. 학습 데이터에 관한 설명이 다시 필요하다면, 9.1절을 참조하기 바란다.

10.1 이 장의 중요 개념

이번 장은 딥러닝에서도 특히 이미지 인식을 대상으로 하는 CNN의 튜닝을 주제로 삼았으며, 중요 개념 역시 모두 튜닝에 관한 내용이다.

이미지를 대상으로 한 딥러닝 분류 모델의 튜닝 기법은 크게 다음 세 가지로 나눌 수 있다.

1. **신경망의 다층화**
2. **최적화 함수를 개선**
3. **과학습에 관한 대책**

(1)번 '신경망의 다층화'에 관해서는 10.2절에서 개념을 먼저 설명하고, 10.6절에서 실습으로 이어진다.

(2)번 '최적화 함수'는 10.3절에서 개념 설명을 한 다음, 10.7절에서 실습으로 이어진다. 최적화 함수는 매우 종류가 다양해서, 이 책에서 모든 종류를 설명할 수는 없다. 따라서 대표적인 개념으로 Momentum과 Adam에 관한 사례를 다뤄본다.

(3)번 '과학습'에 관해서는 매우 다양한 대책이 존재하고, 이 역시 모든 종류를 설명하기란 어렵다. 이에 관해서는 현 시점에서 필자가 특히 유력하다고 생각하는 세 가지 수법인 '**드롭아웃(Dropout)**', '**배치 정규화(Batch Normalization)**', '**데이터 증강(Data Augmentation)**'을 골라 설명한다. 각 개념들은 10.4절에서 한 번에 모아 설명하고, 10.8절에서 10.10절까지 순차적인 실습으로 이어진다.

10.5절은 딥러닝과는 전혀 관계없지만, 공통 함수에 관련된 토픽을 다룬다. 이전 장까지, 파이토치 프로그래밍에서 범용적으로 사용할 수 있는 공통 함수를 소개했다. 그러나 이전까지는 각 함수를 노트북의

필요한 셀 안으로 복사한 다음 사용해야 했다. 이 문제에 대한 해결책으로, 깃허브상에 공통 함수에 관한 코드를 올려 두고, git clone과 import문으로 공통 함수를 일일이 복사하지 않고도 사용하는 방법을 설명한다.

10.2 신경망의 다층화

딥러닝 모델은 신경망의 계층을 깊게 만들면 그만큼 범용성이 높아지고, 더욱 높은 정확도를 가진 모델을 만들 수 있다. 따라서 9.3절에서 소개한 AlexNet이 발표된 뒤, 더욱 깊은 층을 쌓은 모델을 만들려는 노력이 이어졌다. 층을 늘리면 8장에서 설명한 경사 소실 문제가 일어나기 쉬워지는 등 기술적인 문제도 같이 늘어나게 되지만, 새로운 알고리즘을 고안해 가며 문제를 해결해 나감과 동시에, 여러 층을 쌓기 위한 노력을 감행해 왔다. 예를 들면, ResNet으로 불리는 모델에는 무려 152개 층을 가진 신경망도 존재한다.

이렇게 깊은 층을 가진 신경망은 너무나 복잡해서 신경망 전체를 도식화하기 힘들지만, 예를 들어 VGG-19와 같은 모델의 신경망의 일부는 그림 10-1과 같이 표현된다.

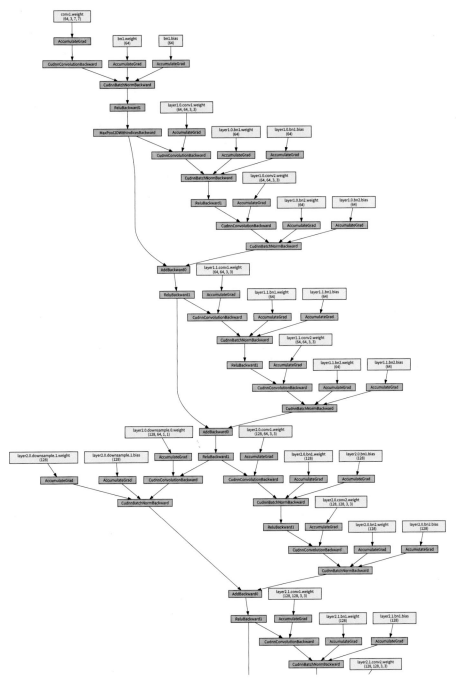

그림 10-1 VGG-19 신경망의 일부 구조

이번 장에서 튜닝하게 될 CNN의 구조를 그림 10-2에 나타냈다. 정확도의 향상을 위해 이전 장보다 더욱 층을 깊게 쌓을 것이다. 이 모델 클래스의 정의는 다른 서적을 집필 중이던 2018년 7월 당시에 캐글 (Kaggle)[1]에서 상위권에 입상한 모델을 참고했다[2].

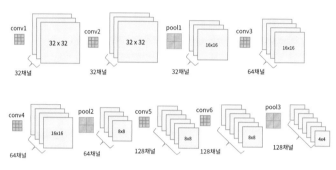

그림 10-2 실습에서 구축하게 될 모델

합성곱 함수가 6층, 풀링 함수가 3층인 모델이다. 이 모델은, 풀링을 통해 중간 텐서의 차원수가 반으로 줄어듦에 따라, 채널 수를 두 배로 늘려가도록 한 점이 특징이다. 이전 장에서 구축한 두 개의 합성곱 층과, 한 개의 풀링 층으로 이뤄진 모델과 비교하면 얼마나 정확도가 향상되는지 10.6절에서 실습을 통해 확인하게 될 것이다.

10.3 최적화 함수

최적화 함수란, 손실의 경사 값(편미분의 계산 결과)을 기반으로, 어떤 알고리즘을 통해 파라미터를 수정해 나갈 것인지에 관한 방식을 일컫는다. 물론, 어떤 최적화 함수를 지정하는지에 따라 학습의 속도가 다를 수 있지만, 최종적으로 얻게 될 정확도도 달라지는 경우가 있으므로, 딥러닝 모델의 튜닝에 있어 최적화 함수는 반드시 생각해봐야 하는 요소인 것이다. 이번 절에서는 그중에서도 대표적으로 사용되는 개념들을 소개한다.

1　전 세계의 데이터 사이언티스트가 참가하는 클라우드상에 구축된 사이트다. 공개 데이터셋을 사용해서 얼마나 고성능의 모델을 만들어내는지 경쟁한다.

2　자세한 파라미터 값의 설정 이유 등에 관해서는 필자도 정확히는 이해하고 있지 않기 때문에, 관심이 있는 독자는 이 다음 실습에서 직접 파라미터 값을 바꿔가며 결과가 어떻게 변해가는지 실험해 보는 것도 좋을 것이다.

SGD(Stochastic Gradient Descent)

경사에 일정한 학습률을 곱해서 파라미터를 수정해 나가는 방식으로, 이 책에서 지금까지 줄곧 사용했던 기본적인 경사 하강법에 기반하는 방식이다. 참고용으로 클래스를 사용하지 않고 구현하는 경우에 경사를 갱신하는 식(3장에서 다뤘던 방식)을 다시 한번 기술한다.

(코드 3-13을 다시 실음) 파라미터 갱신

```
# 학습률

lr = 0.001

# 경사를 기반으로 파라미터 갱신

W -= lr * W.grad
B -= lr * B.grad
```

이 알고리즘을 파이토치에서 사용할 경우, 3.12절에서 설명했듯이 optim.SGD라는 클래스를 사용한다. 이 책에서는 지금까지 줄곧 사용해왔던 알고리즘이다.

모멘텀(Momentum)

SGD 알고리즘을 개선하기 위해 모멘텀(Momentum) 인수를 설정하는 방법이 있다. SGD가 가장 근접한 경사 값만을 파라미터 갱신에 사용하지 않는 것에 반해, 모멘텀은 과거에 계산했던 경사 값을 기억했다가, 그만큼 파라미터를 일정 비율 감소시켜 파라미터 갱신에 사용한다.

파이토치에서 모멘텀을 사용할 때는 다음과 같이 optim.SGD 클래스를 사용해 모멘텀 인수 값을 지정한다.

코드 10-1 모멘텀을 사용하는 경우

```
optimizer = optim.SGD(net.parameters(), lr=lr, momentum=0.9)
```

Adam

SGD 이외에 파이토치에서 사용할 수 있는 최적화 알고리즘은 여러 가지가 존재하지만, 자주 사용되는 또 다른 대표격 알고리즘으로 Adam을 소개한다. 상당히 복잡한 알고리즘이므로 수식은 생략한다. 모멘텀을 시작으로, 여러 가지 알고리즘의 좋은 점을 모두 가져와 구현한 느낌이라고 생각하면 좋을 것이다.

파이토치에서는 코드 10-2와 같은 형식으로 사용할 수 있으며, 이 외에 세부적인 지식은 크게 필요하지 않다.

코드 10-2 Adam을 사용하는 경우

```
optimizer = optim.Adam(net.parameters())
```

10.7절에서는 동일한 모델에 대해 지금 소개한 두 가지 방식의 최적화 함수를 적용해서, 기존에 사용했던 SGD와의 차이를 확인해보기로 한다.

10.4 과학습의 대응 방법

'**과학습**'이라는 단어는 지금까지 이미 수차례 등장한 적이 있으나, 중요한 개념이므로 다시 한번 설명한다.

그림 10-3은 전형적인 딥러닝 모델에서 훈련 데이터와 검증 데이터에 대한 손실의 추이를 함께 출력한 학습 곡선이다.

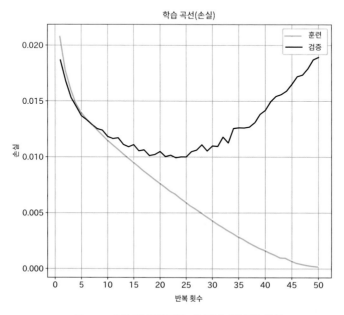

그림 10-3 훈련 데이터와 검증 데이터에 대한 학습 곡선

그래프를 보면, 훈련 데이터에 대해서는 계속해서 손실이 감소하고 있다.

경사 하강법은 훈련 데이터의 손실을 줄이기 위한 알고리즘이므로, 이 관점에서 **경사 하강법은 의도한 대로 잘 동작하고 있음**을 알 수 있다.

그러나 **머신러닝의 근본적인 목적은, 학습에 사용하지 않은 검증 데이터에 대해 정확도를 향상시키는 것**이다. 위의 그래프의 경우, 검증 데이터에 대한 손실은 반복 횟수가 20회 정도를 넘어가면 손실은 최저점을 찍었다가 점점 다시 크게 증가하는 것을 알 수 있다. **이처럼 훈련 데이터로만 최적화를 시킨 나머지, 검증 데이터에 대해서는 정확도가 더 이상 올라가지 않는, 또는 오히려 모델이 악화되는 현상을 가리켜 '과학습'이라 부른다.** 과학습은 **딥러닝에서 가장 피해야 할 병폐**인 것이다.

과학습을 피하기 위해서 수많은 연구가 이뤄지고 있으며, 정식화된 대책도 발표되었다. 이번 절에서는 과학습을 피하는 대책 중에서도 가장 자주 사용되는 방법인 드롭아웃(Dropout), 배치 정규화(Batch Normalization), 데이터 증강(Data Augmentation)에 관해서 설명한다.

모든 방법들은 파이토치에서 이미 레이어 함수(부품)의 형태나, 또는 기타 라이브러리가 준비되어 있으므로 간단하게 구현이 가능하다. 따라서, 이번 장의 10.8절부터 10.10절에 이르는 실습에서, 하나씩 이 방법들을 시험해본다. 독자들은 실습을 통해서 과학습을 예방하는 대책이 모델의 정확도 향상으로 이어진다는 사실을 실감할 수 있을 것이다.

드롭아웃(Dropout)

그림 10-4는 드롭아웃을 사용한 학습 모델을 도식화한 것이다.

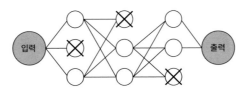

그림 10-4 **드롭아웃의 개념도**

드롭아웃을 사용한 학습은 다음과 같은 시나리오로 진행된다.

1. 신경망을 정의할 때, 2개의 레이어 함수 사이에 드롭아웃 함수를 추가한다. 드롭아웃 함수의 인스턴스를 생성할 때, '드롭아웃 비율'을 파라미터로 설정한다.

2. 학습이 진행됨에 따라 설정한 드롭아웃 비율만큼, 드롭아웃 함수로 입력되는 중간 텐서에서 랜덤하게 드롭아웃의 대상이 선정되고, 그 요소를 더 이상 출력하지 않는다[3]. 출구를 막은 터널과 같은 느낌이다.

   결과적으로 그림 10-4와 같은 드롭아웃에 해당하는 일부 텐서 요소가 없는 상태로 학습이 진행된다.

3. 다음의 학습 반복에서 새로운 난수로 인해 중간 텐서의 다른 요소가 드롭아웃의 대상으로 선정된다. 그다음의 반복에 관해서도 마찬가지다.

4. 학습이 완료된 이후, 예측 페이즈에서는 드롭아웃 상태를 없애고 모든 텐서 요소가 관여하도록 예측한다[4].

학습이 회가 진행됨에 따라 학습에 관여하는 입력 요소가 바뀌어, 가중치 정보가 고르게 퍼져 결과적으로 과학습의 대책으로 손색이 없다고 여겨진다.

파이토치에는 드롭아웃을 위한 레이어 함수인 **nn.Dropout**이 준비되어 있고, 드롭아웃의 대상이 되는 레이어 함수 사이에 배치한 다음 학습을 진행하면 된다.

이 함수는 더미 데이터를 사용하면 간단하게 거동을 확인할 수 있다. 우선, 다음 코드 10-3에서 이를 확인하기 위한 더미 데이터 inputs를 생성한다.

코드 10-3 **실험용 더미 데이터 작성**

```
# 드롭아웃 실험용 더미 데이터 작성

torch.manual_seed(123)
inputs = torch.randn(1, 10)
print(inputs)
```

```
tensor([[-0.1115, 0.1204, -0.3696, -0.2404, -1.1969, 0.2093, -0.9724, -0.7550, 0.3239, -0.1085]])
```

다음으로 코드 10-4에서 드롭아웃 함수를 훈련 페이즈와 예측 페이즈에서 한 번에 호출한다.

코드 10-4 **드롭아웃 함수 동작 테스트**

```
# 드롭아웃 함수 정의
dropout = nn.Dropout(0.5)
```

```
# 훈련 페이즈에서의 거동
```

---

3 조금 더 정확하게 표현하면 '대상으로 선정된 요소의 출력값은 0'이다.
4 훈련 페이즈와 예측 페이즈에서 드롭아웃 함수의 거동이 서로 다르다는 점에 주의하기 바란다. 이 부분을 어떻게 컨트롤하는지 이번 장의 칼럼에서 설명한다.

```
dropout.train()
print(dropout.training)
outputs = dropout(inputs)
print(outputs)

# 예측 페이즈에서의 거동
dropout.eval()
print(dropout.training)
outputs = dropout(inputs)
print(outputs)
```

```
True
tensor([[-0.0000, 0.2407, -0.0000, -0.4808, -0.0000, 0.0000, -1.9447, -0.0000, 0.6478, -0.2170]])
False
tensor([[-0.1115, 0.1204, -0.3696, -0.2404, -1.1969, 0.2093, -0.9724, -0.7550, 0.3239, -0.1085]])
```

코드 10-4는 가장 먼저 드롭아웃 함수를 정의하고 있다. 인수 0.5는 드롭아웃의 비율을 의미한다.

다음으로 train 함수를 호출해서 훈련 페이즈로 인스턴스를 설정한 다음, 사전에 준비한 inputs를 입력해 어떤 결과를 반환하는지 확인한다.

훈련 페이즈로 설정했을 때, 10개의 입력 중 5개의 요소는 0이 되었다. 여기서는 지정한 비율만큼 드롭아웃 되었지만, 사실 이는 우연이며, 파라미터 0.5는 '어느 정도의 확률로 드롭아웃을 할 것인가'를 의미하기 때문에, 0.5를 지정했다고 해서 언제나 정확히 10개 중 5개 요소가 드롭아웃 되는 것은 아니다.

0이 아닌 요소들은, 입력값과 다른 값이 출력된다. 이러한 거동의 이유는, 온라인 문서[5]에 설명되어 있는데, '드롭아웃 비율을 p로 설정했을 때, 출력은 $1/(1-p)$를 곱한 값이 반환된다'라고 쓰여 있다. 이것은 입력값 전체 평균이 드롭아웃 이전과 변하지 않게 하기 위한 이유라고 볼 수 있다.

코드 10-4에서 p=0.5로 설정했으므로, 훈련 페이즈의 드롭아웃 되지 않은 요소는 입력의 두 배가 됨을 확인할 수 있다.

마지막으로 eval 함수의 호출을 통해 예측 페이즈로 변경한다. 이때 출력은 입력과 동일하다.

---

[5] https://pytorch.org/docs/stable/generated/torch.nn.Dropout.html#torch.nn.Dropout

배치 정규화(Batch Normalization)

미니 배치 학습법에서, 전 레이어 함수의 출력을 미니 배치 단위로 정규화 처리를 거친 다음, 이어지는 레이어 함수로 입력하면, 학습의 효율이 향상됨과 동시에 과학습도 예방할 수 있다는 사실이 발견되었다. 이 알고리즘을 배치 정규화(Batch Normalization)라고 한다.

파이토치에서 배치 정규화는 드롭아웃과 마찬가지로 레이어 함수로 준비되어 있으므로, 다른 레이어 함수 사이에 배치해서 간단하게 사용할 수 있다. 아래의 그림 10-5에 배치 정규화를 사용하는 방식을 나타냈다.

그림 10-5 배치 정규화의 사용법

배치 정규화 레이어 함수를 사용할 때 필요한 지식을 정리하면 다음과 같다.

- 합성곱 연산 중에는 nn.BatchNorm2d를, 선형 함수의 바로 뒤에는 nn.BatchNorm1d를 사용한다.
- 인스턴스 생성 시에는 정수 파라미터가 한 개 필요하다. nn.BatchNorm2d를 사용할 때는 입력 데이터의 채널 수, nn.BatchNorm1d를 사용할 때는 입력 데이터의 차원수가 그 값이다.
- 학습 대상 파라미터인 weight와 bias를 가지고 있다.
- 드롭아웃 함수와 마찬가지로 훈련 페이즈와 예측 페이즈에서 거동이 서로 다르다.

배치 정규화가 훈련 페이즈와 예측 페이즈에서 서로 구체적으로 어떻게 처리되는지에 관해서는, 이번 장 말미의 '배치 정규화의 처리 내용' 칼럼에서 정리한다. 어느 정도 수학적 지식을 전제로 하는 상당히 자세한 내용이므로, 관심이 있는 독자라면 읽어 보기 바란다.

데이터 증강(Data Augmentation)

마지막으로 알아볼 과학습을 예방하기 위한 마지막 대책은 데이터 증강(Data Augmentation)이다. 이 것은 학습 전 입력 데이터를 인위적으로 가공해서 학습 데이터의 다양성을 증가시키는 방법이다. 모델 의 관점에서는 학습을 반복할 때마다 다른 패턴의 데이터가 들어오기 때문에, 과학습이 일어나기 힘든 것이다.

파이토치를 사용해서 이미지 인식 모델을 학습할 때는, 데이터 증강에 매우 적합한 기능이 있다. 그것은 바로 8장에서 설명한 데이터 전처리(Transforms)의 기능으로, 데이터 증강을 위한 가공 기능을 제공하 고 있다.

아래의 표 10-1에 데이터 증강을 위한 가공 기능 목록을 정리한다.

표 10-1 파이토치에서 데이터 증강을 목적으로 사용 가능한 기능 목록

기능명	처리 요소	입력	출력
RandomApply	여러 개의 Tranforms를 지정한 확률로 수행함	PIL Image	PIL Image
RandomChoice	여러 개의 Transforms 중 한 가지를 선택해서 수행함	PIL Image	PIL Image
RandomCrop	랜덤으로 이미지를 잘라냄	PIL Image	PIL Image
RandomResizedCrop	랜덤으로 이미지를 잘라내서 리사이징함	PIL Image	PIL Image
ColorJitter	밝기, 대비, 채도, 색상을 랜덤으로 변화시킴	PIL Image	PIL Image
RandomGrayscale	랜덤으로 그레이 스케일로 변환함	PIL Image	PIL Image
RandomHorizontalFlip	랜덤으로 좌, 우를 반전시킴	PIL Image	PIL Image
RandomVerticalFlip	랜덤으로 상, 하를 반전시킴	PIL Image	PIL Image
RandomAffine	랜덤으로 아핀 변환을 수행함	PIL Image	PIL Image
RandomPerspective	랜덤으로 사영 변환을 수행함	PIL Image	PIL Image
RandomRotation	랜덤으로 회전시킴	PIL Image	PIL Image
RandomErasing	랜덤으로 사각형 영역을 삭제함	텐서	텐서

다음의 코드 10-5는 10.10절에서 실제로 사용할 훈련 데이터를 위해 탑재할 Transforms에 관한 구 현이다.

코드 10-5 Transforms를 사용한 데이터 증강 구현

```
# 훈련 데이터용: 정규화에 추가로 반전과 RandomErasing 수행
transform_train = transforms.Compose([
    transforms.RandomHorizontalFlip(p=0.5),
    transforms.ToTensor(),
    transforms.Normalize(0.5, 0.5),
    transforms.RandomErasing(p=0.5, scale=(0.02, 0.33), ratio=(0.3, 3.3), value=0, inplace=False)
])
```

전에 구현했던 ToTensor와 Normalize에 추가로 RandomHorizontalFlip(랜덤으로 좌, 우를 반전시킴)과 RandomErasing(랜덤으로 사각형 영역을 삭제함) 기능을 사용했다.

파이토치의 경우, 이처럼 Transforms를 바꿔 넣는 것만으로, 나머지는 모두 동일한 코드를 사용해서 데이터 증강을 사용한 데이터를 훈련 데이터로 학습을 진행할 수 있다.

10.5 공통 함수의 라이브러리화

9.5절에서 자주 사용하는 범용적인 기능을 공통 함수로 만들었다. 그러나 이전 장의 방법으로는 구글 코랩에서 공통 함수를 사용할 때마다 해당 코드를 매 노트북마다 복사해서 붙여 넣어야만 했다. 앞으로는 이 수고를 조금이나마 덜기 위해 import문으로 공통 함수를 사용할 수 있도록 한다.

구현 코드와 결과를 코드 10-6에서 살펴보자.

코드 10-6 import문으로 공통함수 정의

```
# 공통 함수 다운로드
!git clone https://github.com/wikibook/pythonlibs.git

# 공통 함수 불러오기
from pythonlibs.torch_lib1 import *

# 공통 함수 확인
print(README)
```

```
Cloning into 'pythonlibs'...
remote: Enumerating objects: 48, done.
```

```
remote: Counting objects: 100% (48/48), done.
remote: Compressing objects: 100% (24/24), done.
remote: Total 48 (delta 20), reused 37 (delta 12), pack-reused 0
Unpacking objects: 100% (48/48), done. Common Library for PyTorch
Author: M. Akaishi
```

이 코드의 첫 부분에는 OS 커맨드인 git clone 커맨드를 호출한다. 이를 통해 필자의 깃 리포지토리(출판사의 깃 리포지토리)를 참조하고 있다. 이 리포지토리에는 pythonlibs/torch_lib1이라는 서브 디렉터리가 있고, 그 아래의 __init__.py 파일에 이전 장에서 정의한 공통 함수 및 문자열 README를 정의했다.

그림 10-6 __init__.py 내용
URL: https://github.com/wikibook/pythonlibs

이처럼 서브 디렉터리 아래에 __init__.py 파일을 배치하면,

```
from pythonlibs.torch_lib1 import *
```

과 같은 방식으로 __init__.py를 읽어, 그 안에 정의된 함수를 호출할 수 있게 된다.

코드 10-6의 마지막 행에서는 README 변수를 print 함수를 통해 표시하고, 공통 함수를 제대로 가져왔는지 확인하고 있다.

이 방법을 통해 공통 함수를 정의할 때 주의해야 할 점이 두 가지가 있다. 이 두 가지는 모두 호출하려는 함수가 노트북과 별개의 모듈에 존재하는 것에 기인한다.

- 라이브러리는 공통 함수 쪽에서도 동일한 것을 import한다.
- 호출해오는 쪽(__init__.py)에서 사용 중인 모든 변수는 모두 함수의 파라미터로 넘겨주도록 한다.

설치가 약간 수고스럽지만 한번 설치해 놓으면 실제로 단 두 줄의 코드로 공통 함수를 사용할 수 있어 매우 편리할 것이다. 관심있는 독자는 자기만의 공통 함수를 만들어 보는 것도 좋을 것이다.

10.6 층을 깊게 쌓은 모델 구현하기

이제 실습을 진행할 차례다. 데이터 준비는 이전 장과 달라진 부분이 없으므로, 설명은 생략하기로 한다. 이번에 작성할 모델의 구조는 합성곱 함수를 6층, 풀링 함수를 3층 포함한다. 구체적인 모양새를 다시 한번 그림 10-2를 통해 확인해보자.

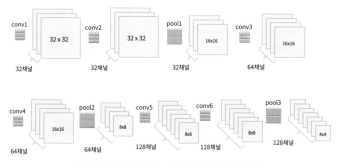

(그림 10-2를 다시 실음) 실습에서 구축하게 될 모델

클래스 정의

이 모델을 클래스로 정의한 것이 아래의 코드 10-7이다.

코드 10-7 모델 클래스 정의

```python
class CNN_v2(nn.Module):
    def __init__(self, num_classes):
        super().__init__()
        self.conv1 = nn.Conv2d(3, 32, 3, padding=(1,1))
        self.conv2 = nn.Conv2d(32, 32, 3, padding=(1,1))
        self.conv3 = nn.Conv2d(32, 64, 3, padding=(1,1))
        self.conv4 = nn.Conv2d(64, 64, 3, padding=(1,1))
        self.conv5 = nn.Conv2d(64, 128, 3, padding=(1,1))
        self.conv6 = nn.Conv2d(128, 128, 3, padding=(1,1))
        self.relu = nn.ReLU(inplace=True)
        self.flatten = nn.Flatten()
        self.maxpool = nn.MaxPool2d((2,2))
        self.l1 = nn.Linear(4*4*128, 128)
        self.l2 = nn.Linear(128, num_classes)

        self.features = nn.Sequential(
            self.conv1,
            self.relu,
            self.conv2,
            self.relu,
            self.maxpool,
            self.conv3,
            self.relu,
            self.conv4,
            self.relu,
            self.maxpool,
            self.conv5,
            self.relu,
            self.conv6,
            self.relu,
            self.maxpool,
            )
```

```
        self.classifier = nn.Sequential(
            self.l1,
            self.relu,
            self.l2
        )

    def forward(self, x):
        x1 = self.features(x)
        x2 = self.flatten(x1)
        x3 = self.classifier(x2)
        return x3
```

코드 10-7에서 두 가지 중요한 포인트가 있다.

한 가지는, Conv2d의 인스턴스를 생성할 때, nn.Conv2d(3, 32, 3, padding(1,1))처럼, **padding 옵션**을 지정하고 있는 점이다.

padding 옵션을 지정하지 않고 커널 사이즈 3×3의 합성곱 함수를 적용하면, 이전 장에서 설명한 것처럼, 입력 텐서보다 두 개 요소만큼 작은 텐서를 출력하게 된다.

결국 padding이란 '입력 텐서의 경계 부분을 더미 데이터로 채우는 것'을 의미하고, (1, 1) 크기로 padding해서 결과적으로 입력 텐서와 같은 요소 수를 갖는 출력 텐서를 얻게 된다. 그림 10-2에서도 실제 이렇게 되어 있다.

다른 한 가지 중요한 포인트는, 2개 층으로 된 선형 함수 중에서 앞 단의 선형 함수(l1)의 입력 사이즈에 있다. 이 크기는 반드시 주의해야 한다는 점을 이전 장에서도 언급했다. 이번에는 그림 10-2의 정보를 기반으로 직접 계산(가장 우측 아래의 이미지 정보로부터 4×4×128)해서 그 크기를 구했다.

그 이외의 점에 관해서는 9.9절의 실습에서 다룬 클래스 정의와 완전히 동일하므로, 독자는 이 코드의 의미를 이해했을 뿐만 아니라, 이제는 직접 자신만의 새로운 클래스를 정의할 수 있게 되었을 것이다.

어디까지나 참고로 이 모델의 손실 계산 그래프를 시각화한 결과를 그림 10-7에 나타냈다. 예상대로 상당히 복잡한 신경망이 출력되었음을 확인할 수 있다.

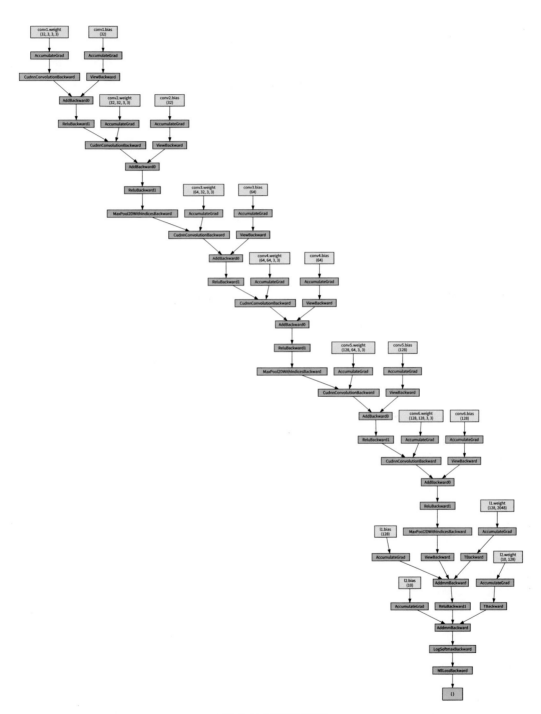

그림 10-7 손실 계산 그래프

인스턴스 생성

새로운 클래스(CNN_v2)로부터 인스턴스를 생성하는 코드가 코드 10-8이다. 특별히 새로운 내용은 없으므로, 설명은 생략한다.

코드 10-8 모델 인스턴스 생성

```
# 난수 고정
torch_seed()

# 모델 인스턴스 생성
lr = 0.01
net = CNN_v2(n_output).to(device)
criterion = nn.CrossEntropyLoss()
optimizer = optim.SGD(net.parameters(), lr=lr)
history = np.zeros((0, 5))
```

학습

학습은 import한 공통 함수 중에서 fit 함수를 사용해 50회 반복 학습한다. 구현과 그 결과를 코드 10-9에서 확인할 수 있다.

코드 10-9 50회 반복 학습

```
# 학습

num_epochs = 50
history = fit(net, optimizer, criterion, num_epochs, train_loader, test_loader, device, history)
```

```
500/500 [05:05< 00:00, 1.64it/s]
Epoch [1/50], loss: 0.02303 acc: 0.10000 val_loss: 0.02303, val_acc: 0.10000
100%          500/500 [04:51< 00:00, 1.72it/s]
Epoch [2/50], loss: 0.02303 acc: 0.10000 val_loss: 0.02303, val_acc: 0.10000
100%          500/500 [00:13< 00:00, 37.18it/s]
Epoch [3/50], loss: 0.02302 acc: 0.10000 val_loss: 0.02302, val_acc: 0.10000
100%          500/500 [04:26< 00:00, 1.88it/s]
Epoch [4/50], loss: 0.02302 acc: 0.10840 val_loss: 0.02302, val_acc: 0.10180
100%          500/500 [00:27< 00:00, 18.19it/s]
Epoch [5/50], loss: 0.02302 acc: 0.13018 val_loss: 0.02302, val_acc: 0.17460
```

이 결과를 보고 먼저 놀랄 수 있는 점은, 반복 횟수 1에서 3까지는 정확도가 10%로, 마치 무작위로 예측한 것과 다름 없는 결과를 보여, 의미 없는 모델이라는 점이다.

이는 층을 깊게 쌓았기 때문에 입력에 가까운 층까지 학습의 효과가 미치기 위해서는 더 많은 시간을 소요해야 하기 때문이라 추측해볼 수 있다.

이 점과, 다음의 10.7절에서 소개할 최적화 함수를 조정한 결과를 함께 고려해보면, **'층이 깊은 모델에 대해서는 최적화 함수도 필수적으로 어떠한 변화'**를 줘야만 한다는 사실을 깨닫게 될 것이다.

최종적으로 코드 10-10, 그림 10-8, 그림 10-9와 같은 결과를 얻었다.

코드 10-10 CNN_v2 최종 결과 표시

```
evaluate_history(history)
```

```
초기상태 : 손실 : 0.02303 정확도 : 0.10000
최종상태 : 손실 : 0.01104 정확도 : 0.69660
```

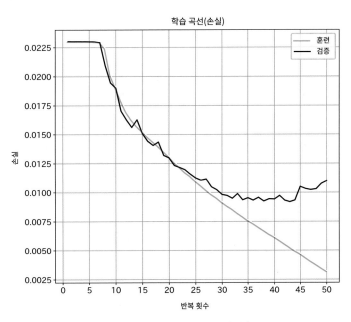

그림 10-8 CNN_v2 학습 곡선(손실)

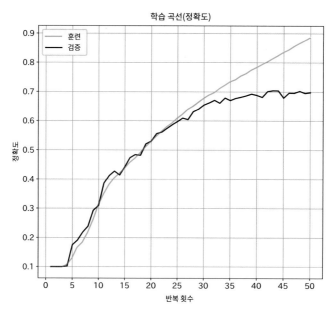

그림 10-9 CNN_v2 학습 곡선(정확도)

그림 10-8의 손실 그래프로부터, 반복 횟수 40회 정도부터 과학습이 발생하는 것 같아 보이며, 원래라면, 반복 횟수를 그 정도에서 멈추는 것이 좋은 선택일 것이다. 어쨌든 검증 데이터로 약 70%의 정확도를 얻었다. 9.10절의 결과에서는 약 66%의 정확도를 얻어서, 대략 5% 정도의 개선 효과가 있었다고 볼 수 있다[6]. 그러나 기껏 신경망의 층을 깊게 쌓은 노력에 비해 5% 정도밖에 정확도가 오르지 않았다는 점은 조금 아쉽다.

다음으로 10.7절에서는 모델의 구조를 그대로 사용한 채로, 최적화 함수에 변화를 줘서 더욱 높은 정확도를 얻어 보기로 한다.

10.7 최적화 함수 선택

이번 절에서는 10.6절과 동일한 모델을 기반으로, 최적화 함수만을 조정한 다음 학습을 진행한다.

우선, 모멘텀 값을 설정한 경우, 그 구현과 학습 결과를 코드 10-11과 코드 10-12에 나타냈다.

---

6   난수 시드 값을 바꾸면, 정확도 다소 변동이 있다.

코드 10-11 최적화 함수에 모멘텀 값을 설정

```python
# 난수 고정
torch_seed()

# 모델 인스턴스 생성
lr = 0.01
net = CNN_v2(n_output).to(device)
criterion = nn.CrossEntropyLoss()

# 최적화 함수에 모멘텀 값 설정
optimizer = optim.SGD(net.parameters(), lr=lr, momentum=0.9)
history2 = np.zeros((0, 5))
```

코드 10-12 모멘텀 설정 시 학습 결과

```python
evaluate_history(history2)
```

```
초기상태 : 손실 : 0.02039 정확도 : 0.25510
최종상태 : 손실 : 0.01237 정확도 : 0.76560
```

다음으로 최적화 함수를 Adam으로 교체한 경우, 그 구현과 학습 결과를 코드 10-13과 코드 10-14에 나타 냈다.

코드 10-13 최적화 함수를 Adam으로 교체

```python
# 난수 고정
torch_seed()

# 모델 인스턴스 생성
net = CNN_v2(n_output).to(device)
criterion = nn.CrossEntropyLoss()

# 최적화 함수를 Adam으로 교체
optimizer = optim.Adam(net.parameters())
history3 = np.zeros((0, 5))
```

코드 10-14 Adam 함수를 사용한 학습 결과

```
evaluate_history(history3)
```

```
초기상태 : 손실 : 0.01271 정확도 : 0.53850
최종상태 : 손실 : 0.01384 정확도 : 0.76560
```

마지막으로, 단순히 SGD를 사용한 경우와 모멘텀을 지정한 경우, 그리고 Adam 함수를 사용해서 학습한 경우에 대해 학습 곡선(검증 데이터에 대한 정확도)을 모두 겹쳐서 출력한 결과를 그림 10-10에서 확인할 수 있다. 단순히 SGD만을 사용한 경우와 비교해서 모멘텀을 설정한 경우와 Adam 함수를 사용한 경우 모두 학습의 수렴 시간이 앞당겨졌기 때문에, 반복 횟수는 이전보다 작게 설정했다.

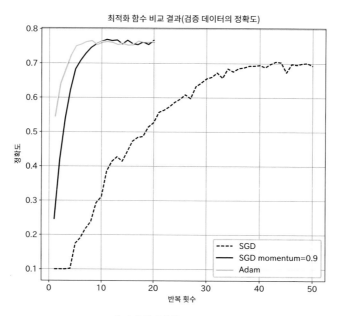

그림 10-10 세 가지 최적화 함수에 대한 학습 곡선 비교

모멘텀을 설정한 SGD나 Adam 함수를 사용한 경우 모두, 단순 SGD와 비교해 꽤나 적은 반복 횟수인 10회 부근에서 75~76% 정도의 높은 정확도를 내는 모델이 완성되었다. 예측 모델의 구조에는 손을 대지 않고, 최적화 함수만을 교체해서 약 5%의 정확도를 향상시킬 수 있었다. 결론적으로, 이번 장에서 다룬 층이 깊은 모델을 학습하는 경우라면, 최적화 함수에 변화를 주는 것을 필수적으로 고려해야 할 것이다.

모멘텀을 설정한 경우나 Adam 함수를 사용한 경우, 최종적인 정확도는 거의 비슷하지만, 수렴의 빠르기로 보자면 Adam 함수를 사용한 경우가 조금 더 우수했다. 따라서, 다음 절부터는 Adam 함수를 최적화 함수로 사용하기로 하고, 새로운 관점에서 튜닝을 추가해 나갈 것이다.

10.8 드롭아웃

드롭아웃을 사용하기 위해서 모델의 클래스를 수정해야 한다. 아래 코드는 지금까지 사용했던 원본 클래스 CNN_v2에 드롭아웃을 추가한 CNN_v3의 일부다. 변경된 부분만 따로 살펴보자.

코드 10-15 **CNN_v3 모델 클래스 일부**

```
        self.l1 = nn.Linear(4*4*128, 128)
        self.l2 = nn.Linear(128, 10)
        self.dropout1 = nn.Dropout(0.2)
        self.dropout2 = nn.Dropout(0.3)
        self.dropout3 = nn.Dropout(0.4)

        self.features = nn.Sequential(
            self.conv1,
            self.relu,
            self.conv2,
            self.relu,
            self.maxpool,
            self.dropout1,
            self.conv3,
            self.relu,
            self.conv4,
            self.relu,
            self.maxpool,
            self.dropout2,
            self.conv5,
            self.relu,
            self.conv6,
            self.relu,
            self.maxpool,
            self.dropout3,
```

```
        )

        self.classifier = nn.Sequential(
            self.l1,
            self.relu,
            self.dropout3,
            self.l2
        )
```

이 코드가 모델 클래스 안에서, 기존의 레이어 함수 사이에 드롭아웃 함수를 배치해서 구현한 전형적인 예시다.

여기서는 드롭아웃 함수의 비율을 서로 다르게 설정해 모두 세 종류로 나눠 사용하고 있다. 이 디자인도, 기준으로 삼고 있는 캐글 모델의 구조를 그대로 채용했다[7].

이번에도 학습의 반복 횟수는 50회로 설정하고, 최종 결과 확인을 위한 코드를 코드 10-16에, 두 종류의 학습 곡선을 그림 10-11과 그림 10-12에 나타낸다.

코드 10-16 CNN_v3 모델의 최종 결과

```
evaluate_history(history)
```

```
초기상태 : 손실 : 0.01316 정확도 : 0.51280
최종상태 : 손실 : 0.00559 정확도 : 0.83640
```

---

7 어째서 이런 비율을 설정했는지 알고 싶은 독자는, 각 비율 값을 수정해서 실험을 반복해 보며 최적의 조합을 찾아보기 바란다.

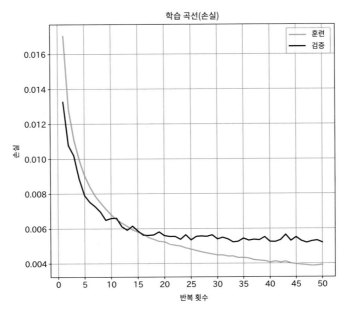

그림 10-11 CNN_v3 학습 곡선(손실)

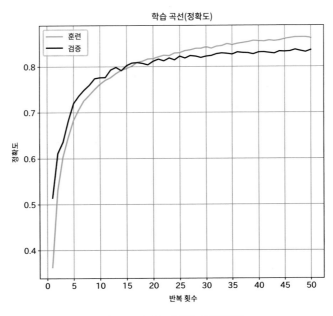

그림 10-12 CNN_v3 학습 곡선(정확도)

최종적인 검증 데이터에 대한 정확도는 약 83%로, 드롭아웃을 도입하기 전에 비해 7% 정도 향상되었다.

한 가지 그림 10-12를 그림 10-10과 비교해서 확인해 보면 좋은 점이 있다. 그것은 그림 10-10(CNN_v2)에서는 반복 횟수 10회 부근에서 정확도가 최대치로 수렴하고 있지만, CNN_v3에서는 최상의 정확도를 내기 위해 최대로 설정한 50회 반복에 걸쳐 학습이 진행되었다는 점이다.

이것은 드롭아웃을 사용할 때 반드시 고려해야 할 점으로, **과학습에 대해 분명 강한 효과가 있지만, 학습에 소요되는 시간은 전보다 길어진다**는 사실이 일반적으로 알려져 있다.

10.9 배치 정규화

지금까지 튜닝해온 CNN_v3의 정확도를 더욱 높이기 위해, 배치 정규화 레이어 함수를 모델에 추가한 CNN_v4를 작성해보자.

이번에도 모델을 정의하는 코드에서 변경된 부분만을 알기 쉽게 코드 10-17에 나타냈다.

코드 10-17 CNN_v4 모델 클래스 일부

```python
        self.dropout3 = nn.Dropout(0.4)
        self.bn1 = nn.BatchNorm2d(32)
        self.bn2 = nn.BatchNorm2d(32)
        self.bn3 = nn.BatchNorm2d(64)
        self.bn4 = nn.BatchNorm2d(64)
        self.bn5 = nn.BatchNorm2d(128)
        self.bn6 = nn.BatchNorm2d(128)

        self.features = nn.Sequential(
            self.conv1,
            self.bn1,
            self.relu,
            self.conv2,
            self.bn2,
            self.relu,
            self.maxpool,
            self.dropout1,
```

```
            self.conv3,
            self.bn3,
            self.relu,
            self.conv4,
            self.bn4,
            self.relu,
            self.maxpool,
            self.dropout2,
            self.conv5,
            self.bn5,
            self.relu,
            self.conv6,
            self.bn6,
            self.relu,
            self.maxpool,
            self.dropout3,
            )
```

파이토치에서 합성곱 처리를 도중에 배치 정규화 함수(이하 BN 함수)를 넣을 경우, nn.BatchNorm2d라는 클래스를 사용한다. 인스턴스를 생성할 때 입력하는 인수는 이미지의 채널 수를 의미한다.

BN 함수를 사용할 때에는, 이 함수는 부품에 불과한 함수가 아니라 **자기 자신도 파라미터를 가지고 있으며 학습 대상의 일부**라는 점에 주의해야 한다.

따라서, 인스턴스 변수를 정의할 때는 채널 수가 동일하다고 해서 같은 변수를 사용하는 것은 좋지 않으며(예를 들어 bn1과 bn2를 따로 정의하지 않고, 변수 한 개로 사용하는 것), **사용해야 할 곳마다 별개의 인스턴스를 정의해야** 한다. 이 점에 주의하지 않으면 어떤 현상이 발생하는지는 칼럼을 참조하기 바란다.

이번에도 반복 학습 횟수는 50회로 설정한다. 이에 따른 최종 결과와 구현을 코드 10-18에, 두 가지 학습 곡선을 그림 10-13과 그림 10-14에 나타냈다.

코드 10-18 CNN_v4 모델의 최종 결과

```
evaluate_history(history)
```

```
초기상태 : 손실 : 0.01130 정확도 : 0.58510
최종상태 : 손실 : 0.00472 정확도 : 0.86600
```

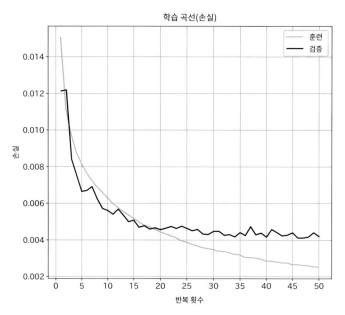

그림 10-13 CNN_v4 학습 곡선(손실)

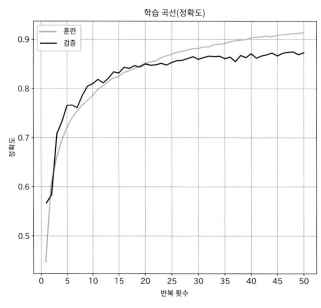

그림 10-14 CNN_v4 학습 곡선(정확도)

BN 함수를 추가했을 때, 기존 83%였던 정확도가 87%까지 약 4% 향상했음을 확인할 수 있다.

10.10 데이터 증강 기법

지금까지 내용만으로 충분히 높은 정확도를 냈다고도 볼 수 있지만, 이번 절에서는 한 단계 더 높은 정확도를 목표로, 10.4절에서 설명한 과학습에 대응하기 위해 소개한 마지막 방법이기도 한 데이터 증강(Data Augmentation) 기법을 적용해보기로 한다.

파이토치에서 데이터 증강을 구현하기 위해서는 Transforms에 원하는 기능을 추가하면 된다는 사실은 10.4절에서도 설명한 바 있다. 한 번 더 관련 코드를 살펴보자.

(코드 10-5를 다시 실음) Transforms를 사용한 데이터 증강 구현

```python
# 훈련 데이터용: 정규화에 반전과 RandomErasing 추가
transform_train = transforms.Compose([
    transforms.RandomHorizontalFlip(p=0.5),
    transforms.ToTensor(),
    transforms.Normalize(0.5, 0.5),
    transforms.RandomErasing(p=0.5, scale=(0.02, 0.33), ratio=(0.3, 3.3), value=0, inplace=False)
])
```

위의 코드에서는 RandomHorizontalFlip과 RandomErasing까지 두 가지 함수를 사용했다. 전자는 **무작위로 좌우 반전을 수행**하는 처리를, 후자는 **무작위로 일부 영역을 삭제**하는 처리를 담당한다.

실제로 사용할 때는 위에서 정의한 새로운 Transforms를 인수로 받은 새로운 데이터셋 객체와 데이터로더를 순서대로 정의한다. 구현 코드는 코드 10-19와 같다.

코드 10-19 새로운 데이터셋 객체와 데이터로더 정의

```python
# transform_train을 사용한 데이터셋 정의
train_set2 = datasets.CIFAR10(
    root = data_root, train = True,
    download = True, transform = transform_train)

# transform_train을 사용한 데이터로더 정의
batch_size = 100
train_loader2 = DataLoader(train_set2, batch_size=batch_size, shuffle=True)
```

지금 정의한 새로운 데이터로더를 통해 정말 데이터 증강 기능에 따라 동작하는지 확인해보자. 구현은 코드 10-20, 결과는 그림 10-15에 나타냈다.

코드 10-20 새로운 훈련 데이터의 처음 50개 표시

```
# 새로운 훈련 데이터의 처음 50개 표시

# 난수 고정
torch_seed()

show_images_labels(train_loader2, classes, None, None)
```

그림 10-15 새로운 훈련 데이터 출력 결과

원본 이미지를 먼저 확인하지 못해서 좌우 반전은 확실하지 않지만, RandomErasing은 확실하게 적용된 것을 볼 수 있다. 약 절반 가량의 데이터에서, 직사각형 영역이 잿빛으로 색칠된 부분이 해당 처리 영역이다.

이렇게 정의된 새로운 훈련 데이터를 사용해 학습을 시작해보자.

코드 10-21 새로운 훈련 데이터를 사용해 학습

```
# 학습
# 동일한 모델에서 train_loader2로 데이터를 변경

num_epochs = 100
history = fit(net, optimizer, criterion, num_epochs, train_loader2, test_loader, device, history)
```

간단하게도, fit 함수에서 train_loader 파라미터를 train_loader2로 바꿔 주기만 하면 된다. 파이토치가 객체 지향 구조를 훌륭하게 활용하고 있는 하나의 예시라고도 볼 수 있다.

단, 반복 횟수인 num_epochs를 50회가 아닌 100회로 늘렸다는 점에 주의하기 바란다. 드롭아웃 함수에서 설명했던 것과 비슷하게, 데이터 증강 기법 역시 과학습의 대응책으로 효과적인 반면, 학습 횟수가 더 많아야 한다.

이제 학습 결과를 확인할 차례다. 최종 결과와 구현을 코드 10-22에, 두 가지 학습 곡선을 그림 10-16과 그림 10-17에 나타냈다.

코드 10-22 데이터 증강 기법 사용 후 최종 결과

```
evaluate_history(history)
```

```
초기상태 : 손실 : 0.01259 정확도 : 0.54220
최종상태 : 손실 : 0.00355 정확도 : 0.88980
```

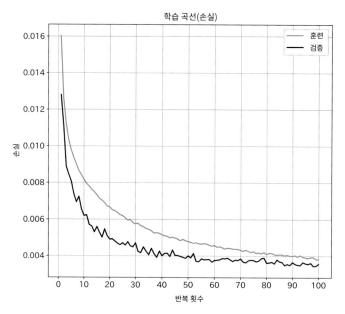

그림 10-16 데이터 증강 기법 사용 후 학습 곡선(손실)

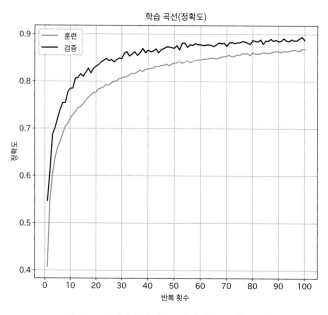

그림 10-17 데이터 증강 기법 사용 후 학습 곡선(정확도)

최종 정확도는 약 89%로, 전보다 약 2%가량 향상되었다. 데이터 증강 기법으로부터, 모델 자체에는 수정을 가하지 않고, 기존에 사용했던 훈련 데이터를 가공해서 모델의 정확도를 높일 수 있음을 확인했다. 그리고 이와 관련된 주제가 최근 딥러닝에서 중요한 토픽으로 자리 잡고 있다.

이것으로 CNN을 튜닝하는 방법들에 관해 모두 살펴봤다.

이전 장과 마찬가지로, 검증용 데이터의 처음 50개 이미지를 사용해 모델이 얼마나 정확하게 예측했는지 확인해 볼 차례다. 구현과 결과는 코드 10-23을 통해 확인할 수 있다.

코드 10-23 검증 데이터 처음 50개의 이미지를 사용한 예측

```
show_images_labels(test_loader, classes, net, device)
```

전체 50개 이미지 중, 잘못 예측한 이미지는 6장이므로, 이 50장에 대한 정확도는 전체 정확도와 거의 같았다. 이전 장의 마지막 출력 결과와 비교해 보면서, 튜닝을 통해 얼마나 모델이 똑똑해졌는지 확인하기 바란다.

마지막으로, 모델의 출력 net(inputs)에서 확률 값을 계산하는 연습을 해보자. 입력으로는 코드 10-23에서 '정답 : car'를 '예측 : truck'으로 잘못 예측한 38번째 이미지를 사용하기로 한다.

먼저, 38번째 이미지 데이터를 따로 가져와서, 이 데이터가 위에서 본 데이터가 확실한지 출력해보자.

코드 10-24 모델이 잘못 예측한 이미지 추출

```
# 잘못 예측한 38번째 데이터 추출
for images, labels in test_loader:
    break
image = images[37]
label = labels[37]

# 이미지 확인
plt.figure(figsize=(2,2))
w = image.numpy().copy()
w2 = np.transpose(w, (1, 2, 0))
w3 = (w2 + 1)/2
plt.title(classes[label])
plt.imshow(w3)
plt.show()
```

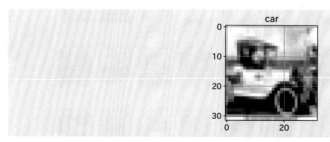

원하는 데이터가 추출되었다. 다음으로 이 데이터를 net 함수에 입력해서 예측 값을 출력한다. 반환된 예측 값을 소프트맥스 함수에 넣으면, 확률 값을 얻어낼 수 있을 것이다. 여기까지의 구현과 결과를 코드 10-25에 나타냈다[8].

코드 10-25 모델이 잘못 예측한 이미지에 대한 라벨별 확률 값

```
# 예측 값 출력
image = image.view(1, 3, 32, 32)
image = image.to(device)
output = net(image)
```

---

8 결과로 나온 값을 고정장 소수점 표현으로 변환하기 위해 frompyfunc 함수를 사용했다.

```
# 라벨별 확률 값 출력
probs = torch.softmax(output, dim=1)
probs_np = probs.data.to('cpu').numpy()[0]
values = np.frompyfunc(lambda x: f'{x:.04f}', 1, 1)(probs_np)
names = np.array(classes)
tbl = np.array([names, values]).T
print(tbl)
```

```
[['plane' '0.0000']
 ['car' '0.2221']
 ['bird' '0.0000']
 ['cat' '0.0000']
 ['deer' '0.0000']
 ['dog' '0.0000']
 ['frog' '0.0000']
 ['horse' '0.0000']
 ['ship' '0.0004']
 ['truck' '0.7775']]
```

이 이미지는 car가 정답이지만, 지금은 존재하지 않는 클래식 자동차이며, 얼핏 보면 분명 트럭과도 닮아 있다. 따라서 모델이 트럭(확신도 0.778)과 자동차(확신도 0.222)사이에서 헤매고 있는 것은 어쩌면 당연한 일인 것이다.

파이토치의 경우, 케라스와 달리 모델의 출력 그 자체가 확률 값을 의미하지는 않지만, 이런 방식으로 소프트맥스 함수를 적용하면 확률 값을 얻어낼 수 있다.

칼럼 **net.train()과 net.eval()의 의미**

이전 장의 9.5절에서 공통 함수로 정의했던 fit 함수의 일부 코드를 다시 한번 아래에서 살펴보자.

(코드 9–11을 다시 실음) **훈련 페이즈의 앞부분**

```
# 훈련 페이즈
net.train()
count = 0

for inputs, labels in tqdm(train_loader):
    count += len(labels)
    inputs = inputs.to(device)
    labels = labels.to(device)
```

(코드 9–12를 다시 실음) **예측 페이즈의 앞부분**

```
# 예측 페이즈
net.eval()
count = 0

for inputs, labels in test_loader:
    count += len(labels)
    inputs = inputs.to(device)
    labels = labels.to(device)
```

경사 하강법의 반복 계산 루프 내에서는 파라미터를 수정하기 위한 처리인 '**훈련 페이즈**'와 수정한 파라미터 값을 사용해 검증 데이터를 대상으로 최신 평가치를 계산하는 '**예측 페이즈**'를 교대로 반복한다. 각 모드의 첫 부분에는 밑줄로 나타낸 바와 같이 net.train()이라는 함수 호출과 net.eval()이라는 함수 호출이 있다. 이전 장에서는 이 코드에 대해 '지금은 의미가 없지만 다음 장에서 쓸모가 있다'고 언급했다.

이는 사실 10.4절에서 설명한 드롭아웃 함수와 BN 함수의 거동과 관련이 있다. 이 2개의 레이어 함수는 훈련 페이즈와 예측 페이즈에서 다르게 동작한다. 이 레이어 함수들은 현재 어느 모드인지를 파악하고 있을 필요가 있다.

지금이 어느 모드인지에 관한 정보는, 모델 클래스의 부모 클래스인 nn.Module 클래스에 정의되어 있는 train 함수와 eval 함수를 거쳐, 드롭아웃 함수 등의 각 레이어 함수로 전달된다. 그리고 이 사실을 부모 클래스로 전달하기 위해서, 애플리케이션 측에서 net.train()과 net.eval() 함수의 호출이 필요한 것이다.

칼럼 배치 정규화를 사용할 때 주의할 점

필자가 배치 정규화를 구현하는 실습 코드를 작성할 때 겪었던 실패담을 소개한다.

당시 필자는 배치 정규화를 추가한 CNN_v5 클래스 정의를 코드 10-26과 같이 구현했다.

코드 10-26 잘못된 방식으로 배치 정규화를 추가한 모델 클래스

```
        self.classifier2 = nn.Linear(128, 10)
        self.dropout1 = nn.Dropout(0.2)
        self.dropout2 = nn.Dropout(0.3)
        self.dropout3 = nn.Dropout(0.4)
        self.bn1 = nn.BatchNorm2d(32)
        self.bn2 = nn.BatchNorm2d(64)
        self.bn3 = nn.BatchNorm2d(128)

        self.features = nn.Sequential(
            self.conv1,
            self.bn1,
            self.relu,
            self.conv2,
            self.bn1,
            self.relu,
            self.maxpool,
            self.dropout1,
            self.conv3,
            self.bn2,
            self.relu,
            self.conv4,
            self.bn2,
            self.relu,
            self.maxpool,
            self.dropout2,
            self.conv5,
            self.bn3,
            self.relu,
            self.conv6,
            self.bn3,
            self.relu,
            self.maxpool,
            self.dropout3,
            )
```

이 시점에는 이 레이어 함수가 풀링 함수나 활성화 함수와 마찬가지로 학습 파라미터를 갖지 않는 단순한 함수라고 생각했다. 따라서 채널 사이즈만 잘 맞는다면 인스턴스를 돌려가며 사용해도 문제없을 것이라 생각하고 위의 코드를 사용했던 것이다.

그러나 실제로 학습해 본 결과, 아래의 코드 10-27과 같은 결과를 얻었다.

코드 10-27 배치 정규화를 포함한 모델의 실패 사례

```
# 학습

num_epochs = 50
history = fit(net, optimizer, criterion, num_epochs, train_loader, test_loader, device, history)
```

```
Epoch [1/50], loss: 0.01507 acc: 0.44364 val_loss: 0.02976, val_acc: 0.10450
100% ████████████ 500/500 [07:51< 00:00, 1.06it/s]
Epoch [2/50], loss: 0.01126 acc: 0.59606 val_loss: 0.02553, val_acc: 0.11330
100% ████████████ 500/500 [00:31< 00:00, 15.94it/s]
Epoch [3/50], loss: 0.00978 acc: 0.65654 val_loss: 0.02348, val_acc: 0.16560
100% ████████████ 500/500 [00:15< 00:00, 31.64it/s]
Epoch [4/50], loss: 0.00890 acc: 0.69136 val_loss: 0.02729, val_acc: 0.12130
100% ████████████ 500/500 [07:04< 00:00, 1.18it/s]
Epoch [5/50], loss: 0.00825 acc: 0.71598 val_loss: 0.02725, val_acc: 0.13160
100% ████████████ 500/500 [00:31< 00:00, 15.94it/s]
Epoch [6/50], loss: 0.00766 acc: 0.73640 val_loss: 0.02564, val_acc: 0.15590
100% ████████████ 500/500 [00:15< 00:00, 31.88it/s]
```

검증 데이터의 정확도를 보면 알 수 있듯이, 전혀 학습이 되지 않은 결과를 보여주고 있다. 어떤 일이 일어난 것인지 전혀 알 수 없었으며, 어찌할 바를 모르고 있을 때 문득 떠오른 것이 이 책에서도 몇 번이고 설명했던 손실 계산 그래프를 시각화해보는 것이었다.

구현과 결과를 코드 10-28에서 확인해보자.

코드 10-28 학습에 실패한 모델의 손실 계산 그래프 시각화 결과

```
# 손실 계산 그래프 시각화
net = CNN_v5(n_output).to(device)
criterion = nn.CrossEntropyLoss()
loss = eval_loss(test_loader, device, net, criterion)
g = make_dot(loss, params=dict(net.named_parameters()))
display(g)
```

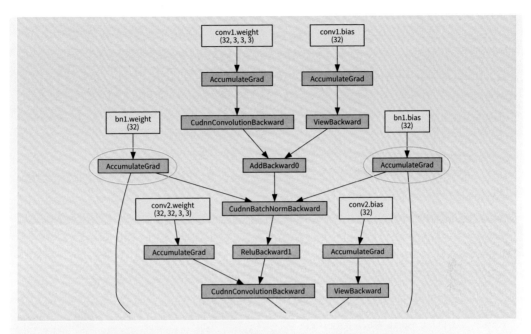

지금껏 보지 못했던 양쪽 노드가 확인됐다. 어째서 이런 양다리 형태의 그래프가 되었는지 생각해 본 결과 답을 찾게 되었다. 이 두 노드는 BN 함수 내부의 파라미터였다. 내부에 파라미터를 가진 함수를 두 군데에서 같이 사용해서 이런 출력 결과가 나온 것이었다.

따라서, 10.9절의 클래스 정의에서 BN 함수의 인스턴스를 3개에서 6개로 늘려서 다시 학습시켜 본 결과, 원하는 결과를 얻게 되었다.

지금까지, 계산 그래프 시각화 기능이 모델을 디버깅할 때 도움이 된다는 것을 보여주는 사례를 소개했다.

칼럼 배치 정규화에서 처리하는 내용

배치 정규화의 정확한 처리 내용에 관해서는 아래의 링크에 설명이 자세히 쓰여 있지만, 상당히 이해하기 어려운 것이 사실이다.

https://pytorch.org/docs/stable/generated/torch.nn.BatchNorm1d.html#torch.nn.BatchNorm1d

이하, 필자가 다양한 실험을 통해 조사한 결과를 정리한다. 흥미가 있는 독자는 꼭 읽어 보기 바란다.

우선, 코드 10-29와 같이 더미 입력 데이터를 작성한다.

코드 10-29 입력용 더미 데이터 작성

```
# 입력용 더미 데이터 작성

torch.manual_seed(123)
```

```
inputs = torch.randn(1, 1, 10)
print(inputs)
```

```
tensor([[[-0.1115,  0.1204, -0.3696, -0.2404, -1.1969,  0.2093, -0.9724, -0.7550,  0.3239,
-0.1085]]])
```

다음으로 지금 작성한 더미 데이터의 통계량을 산출한다.

코드 10-30 입력 데이터의 통계량 산출

```
# 입력 미니 배치 데이터의 통계량 산출

i_mean = inputs.mean()
i_var = inputs.var(unbiased=True)
i_std = inputs.std(unbiased=False)
print(i_mean, i_std, i_var)
```

```
tensor(-0.3101) tensor(0.4867) tensor(0.2632)
```

여기서 분산 i_var와 표준편차 i_std를 모두 계산했다는 점에 주목하기 바란다. 게다가, 두 값은 unbiased 옵션도 서로 다르다. 만일, 이 옵션이 서로 같다면, 두 통계량은 한쪽의 제곱근이 다른 한쪽과 일치하는 값이므로, 굳이 두 통계량을 계산 할 필요는 없지만, 이번 계산에서는 두 통계량을 서로 다른 위치에서 사용해야 한다는 점이 약간 귀찮은 점이다.

아래의 코드 10-31에서 BN 함수를 생성하고, 이 함수 내부의 중요한 네 가지 변수의 초깃값을 출력한다.

코드 10-31 BN 함수의 정의

```
# BN 함수의 정의

bn = nn.BatchNorm1d(1)
print(bn.running_mean)
print(bn.running_var)
print(bn.weight.data)
print(bn.bias.data)
```

```
tensor([0.])
tensor([1.])
tensor([1.])
tensor([0.])
```

running_mean과 running_var는 예측 페이즈일 때 사용하는 변수로, 앞으로 BN 함수를 호출할 때마다 값이 자동으로 바뀌게 된다.

weight와 bias는 학습 대상이 되는 파라미터다. 이번에는 학습을 하지 않을 것이므로 이 값들은 변하지 않겠지만, 학습이 진행될 때는 그때마다 최적의 값을 찾아 변해 간다고 생각하기 바란다.

그렇다면, 다음으로 훈련 페이즈와 예측 페이즈를 번갈아 가면서 모두 4회 BN 함수를 호출해 보자. 구현과 결과를 코드 10-32에 나타냈다.

코드 10-32 BN 함수의 호출

```
# BN 함수의 유사 호출

bn.train()
print('=== 훈련 페이즈 1===')
outputs1 = bn(inputs)
print(outputs1.data)
print(bn.running_mean)
print(bn.running_var)


bn.eval()
print('=== 예측 페이즈 1===')
outputs2 = bn(inputs)
print(outputs2.data)
print(bn.running_mean)
print(bn.running_var)


bn.train()
print('=== 훈련 페이즈 2===')
outputs3 = bn(inputs)
print(outputs3.data)
print(bn.running_mean)
print(bn.running_var)
bn.eval()
print('=== 예측 페이즈 2===')
outputs4 = bn(inputs)
print(outputs4.data)
print(bn.running_mean)
print(bn.running_var)
```

```
══ 훈련 페이즈 1══
tensor([[[ 0.4081, 0.8844, -0.1224, 0.1431, -1.8222, 1.0671, -1.3608, -0.9143, 1.3027, 0.4142]]])
tensor([-0.0310])
tensor([0.9263])
══ 예측 페이즈 1══
tensor([[[-0.0836, 0.1573, -0.3518, -0.2176, -1.2114, 0.2496, -0.9781, -0.7523, 0.3688,
-0.0805]]]) tensor([-0.0310])
tensor([0.9263])
══ 훈련 페이즈 2══
tensor([[[ 0.4081, 0.8844, -0.1224, 0.1431, -1.8222, 1.0671, -1.3608, -0.9143, 1.3027, 0.4142]]])
tensor([-0.0589])
tensor([0.8600])
══ 예측 페이즈 2══
tensor([[[-0.0567, 0.1933, -0.3351, -0.1957, -1.2271, 0.2892, -0.9850, -0.7507, 0.4128,
-0.0535]]]) tensor([-0.0589])
tensor([0.8600])
```

그럼 이제, 훈련 페이즈의 출력 계산식을 나타내 보자. 구현은 코드 10–33과 같다.

코드 10–33 훈련 페이즈에서의 계산식

```
# 훈련 페이즈의 출력

xt = (inputs - i_mean)/i_std * bn.weight + bn.bias
print(xt.data)


print(outputs1.data)
```

```
tensor([[[ 0.4081, 0.8845, -0.1224, 0.1431, -1.8223, 1.0671, -1.3608, -0.9143, 1.3027, 0.4142]]])
tensor([[[ 0.4081, 0.8844, -0.1224, 0.1431, -1.8222, 1.0671, -1.3608, -0.9143, 1.3027, 0.4142]]])
```

코드 10–32의 결과로부터 훈련 페이즈일 때는 outputs1과 outputs3이 같은 결과로 출력되었으므로, 비교 대상은 outputs1
로 정했다.

코드 10–33의 결과처럼, 계산으로 구한 결과는 outputs1과 완전히 동일했다. 이것은, 온라인 문서에 기재된 다음 계산식과 일
관성 있는 결과다[9].

---

9   엄밀하게는 이 식에서 $\varepsilon = 0$으로 계산한 경우와 같다.

$$y = \frac{x - \mathrm{E}[x]}{\sqrt{\mathrm{Var}[x] + \epsilon}} * \gamma + \beta$$

그럼, 예측 페이즈는 어떤 계산식을 사용하고 있는 것일까? 결론부터 말하자면, 코드 10-34의 식에 기반하고 있다.

코드 10-34 예측 페이즈에서의 계산식

```
# 예측 페이즈의 출력

xp = (inputs-bn.running_mean)/torch.sqrt(bn.running_var)
print(xp.data)

print(outputs4.data)
```

```
tensor([[[-0.0567,  0.1933, -0.3351, -0.1957, -1.2271,  0.2892, -0.9850, -0.7507,  0.4128,
         -0.0535]]])
tensor([[[-0.0567,  0.1933, -0.3351, -0.1957, -1.2271,  0.2892, -0.9850, -0.7507,  0.4128,
         -0.0535]]])
```

이번에는 running_mean과 running_var를 사용했다. 단, running_var는 그 자체로 분산을 의미하므로, 제곱근을 취해 표준 편차로 만들었다는 점이 포인트다. 여기서는 한 회마다 출력이 변하기 때문에, 마지막으로 얻은 outputs4와 비교해본 결과가 완전히 일치함을 확인할 수 있다.

그렇다면, 여기서 사용한 running_mean과 running_var는 어떻게 수시로 수정되어 가는 것일까? 그 계산식을 나타낸 것이 아래의 코드 10-35다.

코드 10-35 running_mean과 running_var의 계산식

```
# running_mean과 running_var의 계산식

# 초깃값
mean0 = 0
var0 = 1
momentum = bn.momentum

# 이동 평균 계산 1회차
mean1 = (1-momentum) * mean0 + momentum * i_mean
var1 = (1-momentum) * var0 + momentum * i_var
print(mean1, var1)
```

```
# 이동 평균 계산 2회차
mean2 = (1-momentum) * mean1 + momentum * i_mean
var2 = (1-momentum) * var1 + momentum * i_var
print(mean2, var2)
```

```
tensor(-0.0310) tensor(0.9263)
tensor(-0.0589) tensor(0.8600)
```

2회에 걸친 출력 결과가 모두 코드 10-32와 일치하고 있으며, 계산식은 아래에 나타낸 온라인 문서의 수식과 같다.

$$\hat{x}_{new} = (1 - \text{momentum}) \times \hat{x} + \text{momentum} \times \hat{x}_t$$

알고 보면, 직접 손으로 계산해서 간단하게 추가적인 검증도 가능할 정도로 매우 간단한 알고리즘이다. 단지 이 정도 계산만으로, 이번 장의 실습에서 확인한 정도의 정확도 향상이 가능하다는 점이, 딥러닝을 습득함에 있어 매우 이상한 점일지도 모른다.

11

사전 학습 모델
활용하기

이번 장에서도 이전 장에 이어서 CIFAR-10 데이터셋을 사용한다. 이전 장에서 이미 CIFAR-10의 튜닝을 할 수 있는 만큼 해봤다고 생각할 수 있지만, 절대 그렇지 않다.

실제 업무에서 활용하는 딥러닝 모델은, 학습을 밑바닥부터 시작하는 경우는 오히려 드물고, 일반적으로 인터넷상에 공개된 사전 학습 모델[1]을 사용해 효율적으로 학습하는 경우가 더 많다. 파이토치에서도 바로 사용할 수 있는 사전 학습 모델이 몇 가지 준비돼 있으며, 이번 장에서는 그 모델을 활용해 이전보다 더욱 정확도가 높은 모델을 만드는 것을 목표로 한다. 이전 장에서 최종적으로 달성한 정확도는 약 89%였지만, 이번 장에서는 얼마나 더 높아질지 기대해보자.

11.1 이 장의 중요 개념

파이토치는 이미지 분류에 관해서 매우 다양한 종류의 **사전 학습 모델**을 제공하며, 함수 호출만으로 간단하게 사용할 수 있다. 11.2절에서 사전 학습 모델로는 어떤 것들이 내장되어 있는지 설명한다.

사전 학습 모델을 사용하는 방법으로 널리 알려진 것 중 하나는 '**전이 학습**'이다. 그러나 이번 장은 이와 같은 **방법**을 사용하지 않는 대신, '**파인 튜닝**'이라고 불리는 방식을 사용한다. 11.3절에서는 이 두 가지 방법의 **차이**와, **이번** 장에서 파인 튜닝을 사용하려는 이유에 관해 설명한다.

이번 장의 실습은 ResNet-18과 VGG-19-BN[2]이라고 하는 **사전 학습 모델**을 사용하며, 두 모델은 모두 nn.AdaptiveAvgPool2d라는 레이어 함수가 사용되었다. 11.4절에서는 이 레이어 함수의 거동을 이해해 보기로 한다. 그런 다음, 왜 이 함수가 사용되었는지를 설명한다.

11.2 사전 학습 모델

파이토치에는 이미지 분류를 위한 많은 종류의 사전 학습 모델이 사용 가능하다. 이 모델들은 모두 224×224 화소의 이미지 데이터로 학습되었다.

표 11-1에 사전 학습 모델의 목록을 나타냈다.

---

1 (옮긴이) 누군가에 의해 사전에 학습을 마친 모델을 말한다. 공개된 모델들은 특정 태스크에 지나치게 치우치지 않고, 다방면으로 활용 가능하다고 판단되는 시점에서 학습을 멈춘 모델이라 생각하는 것이 좋다.
2 표 11-1에 나와 있는 정식 명칭은 'VGG-19 with batch normalization'이다.

표 11-1 파이토치에서 이미지 분류 모델로 사용 가능한 사전 학습 모델
　　　출처: https://pytorch.org/vision/0.8/models.html

신경망	클래스명	Top-1 에러	Top-5 에러
AlexNet	alexnet	43.45	20.91
VGG-11	vgg11	30.98	11.37
VGG-13	vgg13	30.07	10.75
VGG-16	vgg16	28.41	9.62
VGG-19	vgg19	27.62	9.12
VGG-11 with batch normalization	vgg11_bn	29.62	10.19
VGG-13 with batch normalization	vgg13_bn	28.45	9.63
VGG-16 with batch normalization	vgg16_bn	26.63	8.5
VGG-19 with batch normalization	vgg19_bn	25.76	8.15
ResNet-18	resnet18	30.24	10.92
ResNet-34	resnet34	26.7	8.58
ResNet-50	resnet50	23.85	7.13
ResNet-101	resnet101	22.63	6.44
ResNet-152	resnet152	21.69	5.94
SqueezeNet 1.0	squeezenet1_0	41.9	19.58
SqueezeNet 1.1	squeezenet1_1	41.81	19.38
Densenet-121	densenet121	25.35	7.83
Densenet-169	densenet169	24	7
Densenet-201	densenet201	22.8	6.43
Densenet-161	densenet161	22.35	6.2
Inception v3	inception_v3	22.55	6.44
GoogleNet	googlenet	30.22	10.47
ShuffleNet V2	shufflenet_v2_x2_0	30.64	11.68
MobileNet V2	mobilenet_v2	28.12	9.71
ResNeXt-50-32x4d	resnext50_32x4d	22.38	6.3
ResNeXt-101-32x8d	Resnext101_32x8d	20.69	5.47
Wide ResNet-50-2	wide_resnet50_2	21.49	5.91

신경망	클래스명	Top-1 에러	Top-5 에러
Wide ResNet-101-2	wide_resnet101_2	21.16	5.72
MNASNet 1.0	mnasnet1_0	26.49	8.456

표의 두번째 열은, 파이토치에서 실제 모델을 읽어 올 때 사용하는 클래스명을 나타낸다.

2012년도에 ILSVRC라는 이미지 인식 대회에서, 당시 획기적인 정확도를 달성해 혁신을 일으킨 **AlexNet**이나, 2014년도에 같은 대회에서 상위권에 입상한 **VGG**, 또는 2015년도에 공개된 **ResNet** 등, 수많은 유명한 모델이 포함되어 있다.

이 모델들은 ILSVRC에서 과제를 위해 공개한 **ImageNet**이라는 1,000개 클래스를 분류하는 문제를 위해 학습되었다. Top-1 에러는 검증 데이터를 사용한 모델의 예측 결과와 정답이 일치하지 않은 비율, Top-5 에러는 정답이 모델의 예측 결과의 Top-5 안에 들지 못한 비율이다.

이 모델들은 다음과 같은 방식으로 간단하게 호출해서 사용할 수 있다.

코드 11-1 　사전 학습 모델의 호출 예시

```
from torchvision import models
net = models.resnet18(pretrained = True)
```

이번 장에서는 이 중에서도 ResNet-18과 VGG-19-BN까지 두 모델을 사용해서 CIFAR-10 데이터 셋을 학습해 보기로 한다.

11.3 　파인 튜닝과 전이 학습

사전 학습 모델을 사용해서 효율적으로 학습하는 방법으로 '**파인 튜닝**'과 '**전이 학습**'을 들 수 있다.

'파인 튜닝'이란, 사전 학습 모델의 파라미터를 초깃값으로 사용하지만, 모든 레이어 함수를 사용해 학습하는 방법이다.

'전이 학습'은 사전 학습 모델의 파라미터 중에서 입력에 가까운 부분의 레이어 함수는 모두 고정하고, 출력에 가까운 부분만을 학습하는 방법이다.

두 방법의 차이를 그림 11-1에서 확인할 수 있다.

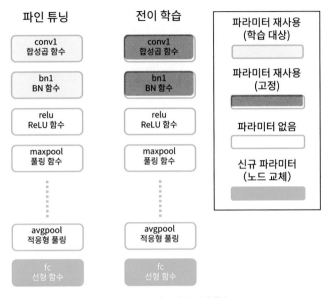

그림 11-1 파인 튜닝과 전이 학습

일반적으로 학습 데이터를 대량으로 확보하고 있을 때는 파인 튜닝이, 그렇지 않은 경우는 전이 학습이 적합한 것으로 알려져 있다.

이번 장에서 학습에 사용할 CIFAR-10 데이터셋은 이미 설명했듯이, 5만 건 정도로 많은 양의 훈련 데이터가 존재한다. 따라서 이번 장의 실습에서는 파인 튜닝 방식을 사용한다. 단, 이번 장의 예제에 대해 전이 학습이 정말로 적합하지 않은가에 관해 궁금한 독자들은 이번 장의 칼럼을 통해 확인하기 바란다. 결론을 먼저 말하자면, 이번에 다룰 예제에서 전이 학습은 큰 효과를 얻지 못하는 것이 사실이다.

11.4 적응형 평균 풀링 함수(nn.AdaptiveAvgPool2d 함수)

이번 장에서 사용하는 사전 학습 모델은 적응형 평균 풀링 함수라고 하는 레이어 함수가 포함되어 있다. 이 함수를 사용하는 목적은, 이미지의 화소 수에 의존하지 않고도 이미지를 입력받을 수 있는 모델을 만들기 위함이다.

이번 절에서도 더미 데이터를 사용해 간단한 실습을 통해 이 레이어 함수의 거동을 확인해보면서 그 목적을 이해해 볼 것이다.

다음의 코드 11-2에서 nn.AdaptiveAvgPool2d 함수를 정의한다.

코드 11-2 nn.AdaptiveAvgPool2d 함수의 정의

```
# nn.AdaptiveAvgPool2d 정의
p = nn.AdaptiveAvgPool2d((1,1))
print(p)

# 선형 함수의 정의
l1 = nn.Linear(32, 10)
print(l1)
```

```
AdaptiveAvgPool2d(output_size=(1, 1))
Linear(in_features=32, out_features=10, bias=True)
```

우선, 이 함수가 어떤 처리를 하는지 설명한다. 보통 풀링 함수에서 **파라미터는 커널 사이즈(필터의 틀 사이즈)를 지정**한다. 일반적으로 지정하는 (2, 2) 파라미터로 작성된 풀링 함수를 통과시키면, 해상도는 가로와 세로 모두 절반이 되었다.

이에 반해 nn.AdaptiveXXXPool2d 함수에서 지정하는 파라미터는, **변환 후의 화소 수가** 된다. 다시 말해, 코드 11-2처럼, p = nn.AdaptiveAvgPool2d((1, 1))과 같이 호출하면 함수 p는 모든 채널의 결과를 1×1 화소로 한다는 의미를 갖는다. 어떤 연산을 통해 화소를 집약하는지는 XXX 안의 문자열을 통해 알 수 있다. 여기서는 Avg라는 문자열이므로, **평균 값을 취하는 처리**를 수행하게 된다. 지금까지의 설명을 그림 11-2에 도식화했다.

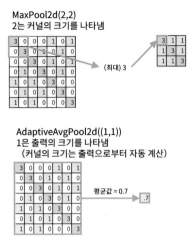

그림 11-2 MaxPool2d와 AdaptiveAvgPool2d

다음으로 코드 11-3은 모델에서 합성곱 처리의 결과로부터 마지막 선형 함수로 처리가 넘어가는 부분을 시뮬레이션 해 본 것이다.

코드 11-3 사전 학습 모델 시뮬레이션

```
# 사전 학습 모델 시뮬레이션
inputs = torch.randn(100, 32, 16, 16)
m1 = p(inputs)
m2 = m1.view(m1.shape[0],-1)
m3 = l1(m2)

# shape 확인
print(m1.shape)
print(m2.shape)
print(m3.shape)
```

```
torch.Size([100, 32, 1, 1])
torch.Size([100, 32])
torch.Size([100, 10])
```

inputs 단계에서는 shape=[100, 32, 16, 16]라는 합성곱 처리 도중의, 채널 부근의 화소 수가 16×16인 텐서다. 그러나 그다음의 nn.AdaptiveAvgPool2d를 거친 단계에서 shape=[100, 32, 1, 1]로, 채널마다 한 개의 화소만 가지는 형태로 변한다. 게다가, 그다음에 이어지는 view 함수 출력에서 shape=[100, 32]로, 선형 함수에 입력하기 위한 shape으로 변환된다. 이 흐름을 그림 11-3에 나타냈다.

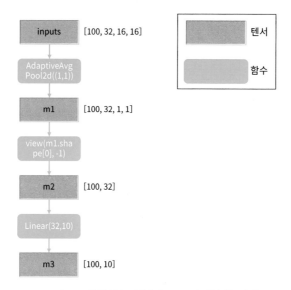

그림 11-3 사전 학습 모델에서 shape이 변화하는 과정

이런 구조라면 inputs의 shape이 [100, 32, 8, 8]이나 [100, 32, 4, 4]라 할지라도 동일한 선형 함수 (Linear(32, 10))를 사용할 수 있다.

9장과 이전 장의 실습에서 사용한 CNN 모델을 작성할 때, **첫번째 선형 함수의 입력 차원수를 어떤 방식으로든지 계산해야 할 필요가 있다**고 언급했다. 이 문제는 합성곱 처리의 마지막 단계에 적응형 평균 풀링 함수를 사용하면 해결된다. 이와 같은 이유로 사전 학습 모델이 입력 화소 수에 상관없이 사용할 수 있는 것이다.

그렇다고 해도 이번에 사용할 ResNet-18과 VGG-19-BN은 모두 가로세로 224화소의 이미지로 학습된 모델이므로, 학습할 때는 될 수 있으면 입력 데이터 화소 수를 그 값에 맞추는 것이 정확도 향상의 관점에서 바람직하다.

11.5 데이터 준비

이번 절부터 실습을 시작한다. 데이터 준비에 관한 구현의 일부를 코드 11-4에 나타냈다.

코드 11-4 Transforms 정의

```
# Transforms 정의

# 학습 데이터용 : 정규화에 반전과 RandomErasing 추가
transform_train = transforms.Compose([
  transforms.Resize(112),
  transforms.RandomHorizontalFlip(p=0.5),
  transforms.ToTensor(),
  transforms.Normalize(0.5, 0.5),
  transforms.RandomErasing(p=0.5, scale=(0.02, 0.33), ratio=(0.3, 3.3), value=0, inplace=False)
])

# 검증 데이터용 : 정규화만 실시
transform = transforms.Compose([
  transforms.Resize(112),
  transforms.ToTensor(),
  transforms.Normalize(0.5, 0.5)
])
```

훈련용과 검증용으로 서로 다른 Transforms를 정의하고, 밑줄로 표시한 **Resize(112)를 추가로 호출**한 점에 주목하기 바란다. 이것은 원본 이미지를 지정된 화소 수로 확대 또는 축소 변환하는 기능이다. CIFAR-10은 원래 가로세로가 32 화소인 데이터셋이다. 다양한 조건에서 검증해 본 결과, 데이터를 확대하면 모델의 정확도가 높아지는 사실을 알아냈기 때문에 위와 같이 구현했다. 112라는 값은 사전 학습 모델을 학습할 때 사용한 입력 이미지의 화소 수인 224의 절반이며, 이는 학습의 실행 시간과의 밸런스를 고려해서 결정한 값이다[3].

데이터셋과 분류해야 하는 클래스의 코드는 이전과 같으므로, 설명을 생략한다.

---

3 사전 학습 시 사용한 화소수에 맞춰 Resize(224)로 구현하면 더욱 정확도는 올라가겠지만, 화소수를 112의 두 배로 하면 연산량은 4배가 되며, GPU를 사용해도 자칫 견디지 못할 정도로 시간이 걸린다. 따라서 실습 코드는 결국 Resize(112)로 대응하게 되었다. 시간이 오래 걸려도 높은 정확도를 원하는 독자는 Resize(224)로 변경해서 시험해보기 바란다. 필자가 시험해 본 결과, ResNet-18 + Resize(224)로 95%에 가까운 정확도를 얻었다. VGG-19-BN은 시간이 너무 오래 걸려 시험하지 못했다.

데이터로더는 한 군데만 변경점이 있는데, 이는 아래의 코드 11-5에서 확인할 수 있다.

코드 11-5 데이터로더의 정의

```
# 배치 사이즈 지정
batch_size = 50


# 데이터로더

# 훈련용 데이터로더
# 훈련용이므로 셔플을 True로 설정함
train_loader = DataLoader(train_set, batch_size=batch_size, shuffle=True)

# 검증용 데이터로더
# 검증용은 셔플이 필요하지 않음
test_loader = DataLoader(test_set, batch_size=batch_size, shuffle=False)
```

변경한 부분은 밑줄로 표시한 '배치 사이즈 지정'이다.

여기서 사용한 사전 학습 모델은, 이전 실습에서 사용한 신경망과 비교를 하지 못할 만큼 훨씬 거대하다. 이처럼 거대한 신경망을 학습하다 보면, GPU 메모리가 부족해지는 경우가 자주 발생한다. 실제로 이번 장의 실습을 batch_size=100으로 구글 코랩에서 실행하면, 그와 같은 상황이 발생했다.

그럴 때, 학습의 실행 환경을 한층 강화하는 방법도 있지만, 구글 코랩과 같이 사용자가 명시적으로 환경을 강화할 수 없는 경우에 취할 수 있는 간단한 대응책은 배치 사이즈를 작게 설정하는 것이다.

11.6 ResNet-18 불러오기

데이터가 준비됐으므로 사전 학습 모델을 불러올 차례다. 구현은 코드 11-6과 같다.

코드 11-6 ResNet-18 불러오기

```
# 라이브러리 임포트
from torchvision import models

# 사전 학습 모델 불러오기
```

```
# pretraind = True로 학습을 마친 파라미터를 동시에 불러오기
net = models.resnet18(pretrained = True)
```

```
Downloading: "https://download.pytorch.org/models/resnet18-5c106cde.pth" to /root/.cache/torch/hub/
checkpoints/resnet18-5c106cde.pth
100%|████████████████| 44.7M/44.7M [00:00<00:00, 133MB/s]
```

사전 학습 모델은 import문을 포함해서 단 두 줄의 코드로 취합할 수 있었다. 이제 바로 print 함수로 불러온 신경망의 구조를 확인해보자. 구현은 코드 11-7과 같다. 결과를 전부 표시하기에는 너무 방대한 양이므로, 모델의 시작 부분을 그림 11-4에, 마지막 부분을 그림 11-5를 통해 살펴보기로 한다.

코드 11-7 **모델 개요 표시 1**

```
# 모델 개요 표시 1

print(net)
```

```
ResNet(
  (conv1): Conv2d(3, 64, kernel_size=(7, 7), stride=(2, 2), padding=(3, 3), bias=False)
  (bn1): BatchNorm2d(64, eps=1e-05, momentum=0.1, affine=True, track_running_stats=True)
  (relu): ReLU(inplace=True)
  (maxpool): MaxPool2d(kernel_size=3, stride=2, padding=1, dilation=1, ceil_mode=False)
  (layer1): Sequential(
    (0): BasicBlock(
      (conv1): Conv2d(64, 64, kernel_size=(3, 3), stride=(1, 1), padding=(1, 1), bias=False)
      (bn1): BatchNorm2d(64, eps=1e-05, momentum=0.1, affine=True, track_running_stats=True)
      (relu): ReLU(inplace=True)
      (conv2): Conv2d(64, 64, kernel_size=(3, 3), stride=(1, 1), padding=(1, 1), bias=False)
      (bn2): BatchNorm2d(64, eps=1e-05, momentum=0.1, affine=True, track_running_stats=True)
    )
    (1): BasicBlock(
      (conv1): Conv2d(64, 64, kernel_size=(3, 3), stride=(1, 1), padding=(1, 1), bias=False)
      (bn1): BatchNorm2d(64, eps=1e-05, momentum=0.1, affine=True, track_running_stats=True)
      (relu): ReLU(inplace=True)
      (conv2): Conv2d(64, 64, kernel_size=(3, 3), stride=(1, 1), padding=(1, 1), bias=False)
      (bn2): BatchNorm2d(64, eps=1e-05, momentum=0.1, affine=True, track_running_stats=True)
    )
  )
```

그림 11-4 **모델 개요(시작 부분)**

```
(1): BasicBlock(
    (conv1): Conv2d(512, 512, kernel_size=(3, 3), stride=(1, 1), padding=(1, 1), bias=False)
    (bn1): BatchNorm2d(512, eps=1e-05, momentum=0.1, affine=True, track_running_stats=True)
    (relu): ReLU(inplace=True)
    (conv2): Conv2d(512, 512, kernel_size=(3, 3), stride=(1, 1), padding=(1, 1), bias=False)
    (bn2): BatchNorm2d(512, eps=1e-05, momentum=0.1, affine=True, track_running_stats=True)
  )
 )
 (avgpool): AdaptiveAvgPool2d(output_size=(1, 1))
 (fc): Linear(in_features=512, out_features=1000, bias=True)
)
```

그림 11-5 **모델 개요(마지막 부분)**

그림 11-5에서 사각형으로 감싼 두 줄에 주목해보자.

avgpool이라는 변수에는 11.4절에서 설명한 적응형 풀링 함수가 사용됐다. 선형 함수는 fc라는 이름으로 한 군데만 정의된 것을 확인할 수 있다.

다음으로 summary 함수를 사용해서 중간 텐서의 shape이 어떻게 변화해 가는지 확인해보자. 구현은 코드 11-8과 같다. 이번에도 모든 요약 결과를 표시할 수 없으므로, 시작 부분을 그림 11-6에서, 마지막 부분을 그림 11-7에서 확인해보기로 한다.

코드 11-8 summary 함수 호출

```
# 모델의 요약 표시 2(배치사이즈 100)
net = net.to(device)
summary(net, (100, 3, 112, 112))
```

Layer (type:depth-idx)	Output Shape	Param #
ResNet	--	--
├─Conv2d: 1-1	[100, 64, 56, 56]	9,408
├─BatchNorm2d: 1-2	[100, 64, 56, 56]	128
├─ReLU: 1-3	[100, 64, 56, 56]	--
├─MaxPool2d: 1-4	[100, 64, 28, 28]	--
├─Sequential: 1-5	[100, 64, 28, 28]	--
│ └─BasicBlock: 2-1	[100, 64, 28, 28]	--

```
|       |       └─Conv2d: 3-1              [100, 64, 28, 28]        36,864
|       |       └─BatchNorm2d: 3-2         [100, 64, 28, 28]        128
|       |       └─ReLU: 3-3                [100, 64, 28, 28]        --
|       |       └─Conv2d: 3-4              [100, 64, 28, 28]        36,864
|       |       └─BatchNorm2d: 3-5         [100, 64, 28, 28]        128
|       |       └─ReLU: 3-6                [100, 64, 28, 28]        --
|       └─BasicBlock: 2-2                  [100, 64, 28, 28]        --
```

그림 11-6 summary 함수 출력 결과(앞부분)

```
|       |       └─Conv2d: 3-46             [100, 512, 4, 4]         2,359,296
|       |       └─BatchNorm2d: 3-47        [100, 512, 4, 4]         1,024
|       |       └─ReLU: 3-48               [100, 512, 4, 4]         --
|       |       └─Conv2d: 3-49             [100, 512, 4, 4]         2,359,296
|       |       └─BatchNorm2d: 3-50        [100, 512, 4, 4]         1,024
|       |       └─ReLU: 3-51               [100, 512, 4, 4]         --
├─AdaptiveAvgPool2d: 1-9                   [100, 512, 1, 1]         --
├─Linear: 1-10                             [100, 1000]              513,000
==================================================================
Total params: 11,689,512
Trainable params: 11,689,512
Non-trainable params: 0
Total mult-adds (G): 48.54
==================================================================
Input size (MB): 15.05
Forward/backward pass size (MB): 1009.64
Params size (MB): 46.76
Estimated Total Size (MB): 1071.46
==================================================================
```

그림 11-7 summary 함수 출력 결과(마지막 부분)

그림 11-7에서 AdaptiveAvgPool2d-67 행에 주목하면, 바로 앞의 행에서 [100, 512, 4, 4]였던 shape이, 이 함수의 호출로 인해 [100, 512, 1, 1]로 변했다는 것을 알 수 있다. 시험삼아 코드 11-8의 summary 함수를 호출할 때 사용한 인수를 summary(net, (100, 3, 224, 224))로, 원래 사전 학습 모델의 화소수를 입력해서 재실행하면, 위에서 확인한 부분의 행의 입력이 [100, 512, 7, 7]로 이전보다 크게 바뀌지만, AdaptiveAvgPool2d-67을 통과한 출력은 [100, 512, 1, 1]로 동일한 텐서가 출력된다. 이것이 11.4절에서 설명한 적응형 평균 풀링 함수의 효과인 것이다.

마지막으로 모델의 가장 마지막 부분인 선형 함수 fc를 자세히 확인해보자. 구현과 결과는 코드 11-9와 같다.

코드 11-9 변수 fc 상세 확인

```
print(net.fc)
print(net.fc.in_features)

Linear(in_features=512, out_features=1000, bias=True)
512
```

변수 fc의 실체는 선형 함수(nn.Linear)이며, 입력(in_features)은 512, 출력(out_features)은 1000이라는 것을 확인할 수 있다.

11.7 최종 레이어 함수 교체하기

모델을 불러온 직후의 사전 학습 모델은, 학습 당시에 1,000 종류에 달하는 클래스를 분류하는 태스크를 목표하고 있었기 때문에, 가장 마지막 단의 선형 함수의 출력은 1,000 차원으로 설정돼 있다. 그러나 이번에 사용하는 CIFAR-10은 10종류의 클래스를 분류하는 것을 목적으로 하는 데이터셋이므로, 출력은 10차원이어야 한다.

학습 방식이 파인 튜닝이 아닌 전이 학습이라 할지라도, **불러온 사전 학습 모델의 마지막 단을 목적에 맞는 선형 함수로 교체**해야 한다. 이와 같은 작업을 '**최종 레이어 함수 교체**'라고 한다. 이 과정의 구체적인 구현을 코드 11-10에서 확인해보자.

코드 11-10 최종 레이어 함수 교체

```
# 난수 고정
torch_seed()

# 최종 레이어 함수의 입력 차원수 확인
fc_in_features = net.fc.in_features

# 최종 레이어 함수 교체
net.fc = nn.Linear(fc_in_features, n_output)
```

첫 줄에서는 책과 결과를 일치시키기 위해 난수를 초기화한다.

새로운 선형 함수를 in_features는 앞에서와 같은 값으로, out_features에는 n_output(=10)을 지정해서 생성하고, net.fc에 대입하고 있다. 이것으로 레이어 교체 작업이 마무리되었다.

최종적으로 작성된 모델을 사용해 손실을 정의하고, 손실 계산 그래프를 시각화해보자. 이번에도 결과가 방대해서, 코드 11-11에는 구현을, 그림 11-8과 그림 11-9에서 손실 계산 그래프를 시작 부분과 마지막 부분을 나눠 출력한다.

코드 11-11 계산 그래프 시각화

```
# 손실 계산 그래프 시각화

criterion = nn.CrossEntropyLoss()
loss = eval_loss(test_loader, device, net, criterion)
g = make_dot(loss, params=dict(net.named_parameters()))
display(g)
```

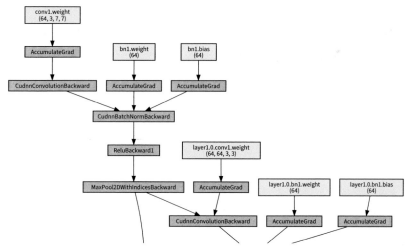

그림 11-8 ResNet-18의 손실 계산 그래프(시작 부분)

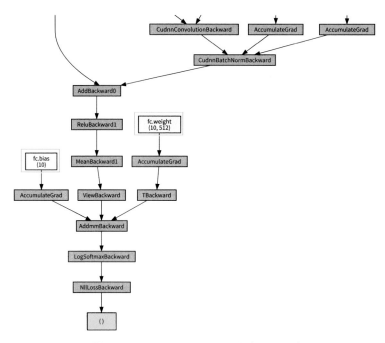

그림 11-9 ResNet-18의 손실 계산 그래프(마지막 부분)

그림 11-9를 보면 선형 함수인 fc로 분류하려는 클래스의 수가 의도한 대로 10으로 설정되어 있음을 확인할 수 있다.

참고로, 계산 그래프를 출력한 결과 전체를 일부러 축소해서 지면에 담으려 하면, 그림 11-10처럼 보인다.

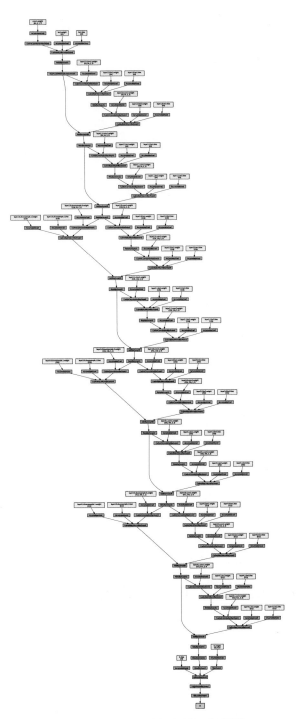

그림 11-10 ResNet-18의 손실 계산 그래프(전체)

노트북상에 출력된 그래프를 실제로 스크롤해 보면서 모델 전체가 얼마나 방대한지 직접 확인해 보기 바란다.

11.8 학습과 결과 평가

이것으로 파인 튜닝을 하기 위한 준비가 끝났으므로, 이번 절에서는 실제 학습을 실행해본다.

초기 설정

초기 설정에서 결과를 책과 일치시키기 위해, 난수를 초기화한 후에 모델을 불러오고 노드를 교체한 뒤, 마지막으로 손실 함수나 최적화 함수를 정의한다. 구현은 코드 11-12와 같다.

코드 11-12 학습 준비

```python
# 난수 고정
torch_seed()

# 사전 학습 모델 불러오기
# pretraind = True로 학습을 마친 파라미터도 함께 불러오기
net = models.resnet18(pretrained = True)

# 최종 레이어 함수 입력 차원수 확인
fc_in_features = net.fc.in_features

# 최종 레이어 함수 교체
net.fc = nn.Linear(fc_in_features, n_output)

# GPU 사용
net = net.to(device)

# 학습률
lr = 0.001

# 손실 함수 정의
criterion = nn.CrossEntropyLoss()
```

```
# 최적화 함수 정의
optimizer = optim.SGD(net.parameters(), lr=lr, momentum=0.9)

# history 파일 초기화
history = np.zeros((0, 5))
```

거의 이전 장과 동일한 코드이나, 최적화 함수 정의에 관해 조금 더 설명한다. 이전 장의 실습에서는 가장 효율적인 최적화 함수가 일반적으로 Adam이라고 언급했다. 완전히 초기 상태부터 학습을 진행하는 경우라면 그렇지만, 사전 학습 모델을 사용한다면 각 레이어 함수의 파라미터는 어느 정도 자리를 잡은 (최적화가 이뤄진) 상태다. 이런 조건에서 학습한다면, **복잡한 최적화 함수를 사용하기보다, 비교적 간단한 알고리즘을 사용하는 것이 좋다**고 알려져 있다.

따라서, 이번에는 **모멘텀 옵션을 추가한 optim.SGD 함수를 최적화 함수로 사용**한다.

학습

다음으로 반복 횟수를 5회로 설정해 학습한다. 구현과 결과를 코드 11-13을 통해 확인해보자.

코드 11-13 ResNet-18 사전 학습 모델을 사용한 학습

```
# 학습
num_epochs = 5
history = fit(net, optimizer, criterion, num_epochs, train_loader, test_loader, device, history)
```

```
100%|              | 1000/1000 [01:01<00:00, 16.13it/s]
Epoch [1/5], loss: 0.01206 acc: 0.79406 val_loss: 0.00522, val_acc: 0.91220
100%|              | 1000/1000 [02:37<00:00, 6.35it/s]
Epoch [2/5], loss: 0.00643 acc: 0.88930 val_loss: 0.00414, val_acc: 0.92840
100%|              | 1000/1000 [01:28<00:00, 11.28it/s]
Epoch [3/5], loss: 0.00513 acc: 0.91078 val_loss: 0.00397, val_acc: 0.93280
100%|              | 1000/1000 [01:01<00:00, 16.32it/s]
Epoch [4/5], loss: 0.00436 acc: 0.92428 val_loss: 0.00348, val_acc: 0.94180
100%|              | 1000/1000 [01:01<00:00, 16.30it/s]
Epoch [5/5], loss: 0.00385 acc: 0.93240 val_loss: 0.00384, val_acc: 0.93710
```

학습 결과 평가

코드 11-14 ResNet-18 학습 결과 평가

```
# 결과 요약
evaluate_history(history)
```

```
초기상태 : 손실 : 0.00515 정확도 : 0.90950
최종상태 : 손실 : 0.00340 정확도 : 0.94090
```

놀랍게도, 단 5회 반복만으로 약 94%에 달하는 정확도를 얻었다. 사전 학습 모델의 위력이 어느 정도인지 알게 되었을 것이다. 학습 곡선은 그림 11-11 및 그림 11-12와 같다.

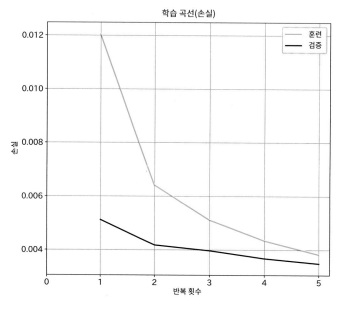

그림 11-11 ResNet-18 사전 학습 모델의 학습 곡선(손실)

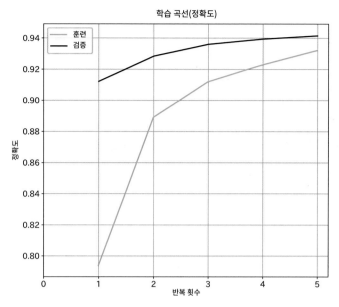

그림 11-12 ResNet-18 사전 학습 모델의 학습 곡선(정확도)

11.9 VGG-19-BN 활용하기

이번 절은, VGG-19-BN이라는 새로운 모델을 사용해 파인 튜닝하는 과정과 결과를 소개한다. 대부분의 내용은 지금까지 설명했던 것과 동일하므로, 차이점 위주로 설명한다.

모델 불러오기

모델을 불러오기 위한 구현은 코드 11-15와 같다.

코드 11-15 VGG-19-BN 모델 불러오기

```
# 사전 학습 모델 불러오기
from torchvision import models
net = models.vgg19_bn(pretrained = True)
```

```
Downloading: "https://download.pytorch.org/models/vgg19_bn-c79401a0.pth" to /root/.cache/torch/hub/
checkpoints/vgg19_bn-c79401a0.pth
100%  548M/548M [00:05<00:00, 96.4MB/s]
```

모델 구조 확인

print 함수로 확인한 모델 구조의 출력 결과는, 시작 부분을 그림 11-13에, 마지막 부분을 그림 11-14에 나타낸다.

```
VGG(
  (features): Sequential(
    (0): Conv2d(3, 64, kernel_size=(3, 3), stride=(1, 1), padding=(1, 1))
    (1): BatchNorm2d(64, eps=1e-05, momentum=0.1, affine=True, track_running_stats=True)
    (2): ReLU(inplace=True)
    (3): Conv2d(64, 64, kernel_size=(3, 3), stride=(1, 1), padding=(1, 1))
    (4): BatchNorm2d(64, eps=1e-05, momentum=0.1, affine=True, track_running_stats=True)
 (5): ReLU(inplace=True)
    (6): MaxPool2d(kernel_size=2, stride=2, padding=0, dilation=1, ceil_mode=False)
    (7): Conv2d(64, 128, kernel_size=(3, 3), stride=(1, 1), padding=(1, 1))
    (8): BatchNorm2d(128, eps=1e-05, momentum=0.1, affine=True, track_running_stats=True)
    (9): ReLU(inplace=True)
    (10): Conv2d(128, 128, kernel_size=(3, 3), stride=(1, 1), padding=(1, 1))
    (11): BatchNorm2d(128, eps=1e-05, momentum=0.1, affine=True, track_running_stats=True)
    (12): ReLU(inplace=True)
```

그림 11-13 print 함수로 확인한 모델 출력 결과(시작 부분)

```
    (50): BatchNorm2d(512, eps=1e-05, momentum=0.1, affine=True, track_running_stats=True)
    (51): ReLU(inplace=True)
    (52): MaxPool2d(kernel_size=2, stride=2, padding=0, dilation=1, ceil_mode=False)
  )
  (avgpool): AdaptiveAvgPool2d(output_size=(7, 7))
  (classifier): Sequential(
    (0): Linear(in_features=25088, out_features=4096, bias=True)
    (1): ReLU(inplace=True)
    (2): Dropout(p=0.5, inplace=False)
    (3): Linear(in_features=4096, out_features=4096, bias=True)
    (4): ReLU(inplace=True)
    (5): Dropout(p=0.5, inplace=False)
    (6): Linear(in_features=4096, out_features=1000, bias=True)
  )
)
```

그림 11-14 print 함수로 확인한 모델 출력 결과(마지막 부분)

그림 11-14에서 ResNet-18에는 한 개밖에 없었던 선형 함수가 총 세 개가 있고, 가장 마지막 선형 함수는 classifier[6]로 참조할 수 있다는 사실을 알 수 있다. 다음의 코드 11-16에서 맨 마지막 선형 함수를 상세하게 확인해보자.

코드 11-16 최종 레이어 함수 확인

```
# 최종 레이어 함수 확인
print(net.classifier[6])
```

```
Linear(in_features=4096, out_features=1000, bias=True)
```

최종 레이어 함수 교체

지금까지 살펴본 결과로부터, 이번 최종 레이어 함수의 교체는 다음의 코드 11-17과 같이 구현할 수 있다.

코드 11-17 최종 레이어 함수 교체

```
# 난수 고정
torch_seed()

# 최종 레이어 함수 교체
in_features = net.classifier[6].in_features
net.classifier[6] = nn.Linear(in_features, n_output)

# features 마지막의 MaxPool2d 제거
net.features = net.features[:-1]

# AdaptiveAvgPool2d 제거
net.avgpool = nn.Identity()
```

사실 코드 11-17의 마지막 두 줄은 노드를 교체하기 위한 작업과는 거리가 멀지만, 모델의 정확도를 재현하기 위해 필요한 처리다. 자세한 내용은 '재현성을 담보하는 머신러닝 모델을 만드는 법' 칼럼과 '범용적인 사전 학습 모델을 만드는 법' 칼럼을 참조하기 바란다.

손실 계산 그래프 시각화

손실 계산 그래프는 11.7절에 나타낸 ResNet-18보다 훨씬 길고 크다. 그래프의 시작 부분을 그림 11-15 에, 마지막 부분을 그림 11-16을 통해 확인해보자.

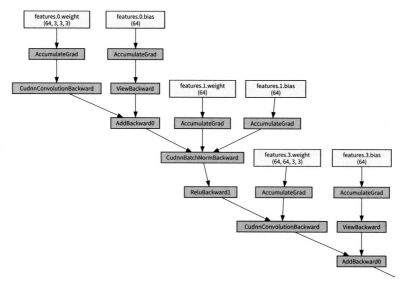

그림 11-15 VGG-19-BN의 손실 계산 그래프(시작 부분)

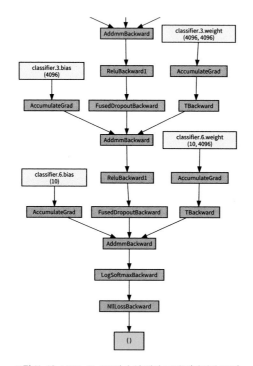

그림 11-16 VGG-19-BN의 손실 계산 그래프(마지막 부분)

그림 11-16에서 마지막 단의 출력 클래스 수가 10으로 올바르게 설정되어 있다.

이 모델의 전체 손실 계산 그래프는 아마 지면상으로는 전혀 알아보기 힘들겠지만, 얼마나 복잡한 모델인지 가늠해보기 위해 그림 11-17에 출력했다. 실제 그래프의 내용은 노트북상의 화면으로 확인해보기 바란다.

그림 11-17 VGG-19-BN의 손실 계산 그래프(전체)

학습

학습은 ResNet-18과 동일한 반복 횟수로 진행한다. 앞서 본 ResNet-18 모델의 학습에 꽤나 시간이 걸렸지만, 이번 VGG-19-BN 모델은 더 많은 학습 시간이 필요하다(원고를 집필할 당시 측정해봤던 결과, 1epoch 당 약 8분 소요).

실제 학습에 사용한 구현은 코드 11-18과 같다.

코드 11-18 VGG-19-BN 모델 학습

```
num_epochs = 5
history = fit(net, optimizer, criterion, num_epochs, train_loader, test_loader, device, history)
```

```
100% ▓▓▓▓▓▓▓▓▓▓▓▓ 1000/1000 [07:54<00:00, 2.11it/s]
Epoch [1/5], loss: 0.00987 acc: 0.83258 val_loss: 0.00376, val_acc: 0.93480
100% ▓▓▓▓▓▓▓▓▓▓▓▓ 1000/1000 [07:24<00:00, 2.25it/s]
Epoch [2/5], loss: 0.00477 acc: 0.91904 val_loss: 0.00298, val_acc: 0.94780
100% ▓▓▓▓▓▓▓▓▓▓▓▓ 1000/1000 [07:23<00:00, 2.25it/s]
Epoch [3/5], loss: 0.00372 acc: 0.93652 val_loss: 0.00276, val_acc: 0.95360
100% ▓▓▓▓▓▓▓▓▓▓▓▓ 1000/1000 [07:23<00:00, 2.26it/s]
Epoch [4/5], loss: 0.00311 acc: 0.94726 val_loss: 0.00271, val_acc: 0.95670
100% ▓▓▓▓▓▓▓▓▓▓▓▓ 1000/1000 [07:23<00:00, 2.25it/s]
Epoch [5/5], loss: 0.00265 acc: 0.95494 val_loss: 0.00255, val_acc: 0.95650
```

학습 결과 평가

학습 결과를 코드 11-19를 통해 요약한다.

코드 11-19 VGG-19-BN 학습 결과

```
# 결과 요약
evaluate_history(history)
```

```
초기상태 : 손실 : 0.00380 정확도 : 0.93670
최종상태 : 손실 : 0.00250 정확도 : 0.95760
```

학습에 상당한 시간이 걸렸지만, 그만큼 96%라는 높은 정확도를 달성할 수 있었다.

학습 곡선을 그림 11-18과 그림 11-19에 나타냈다.

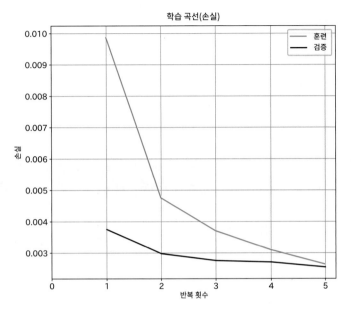

그림 11-18 VGG-19-BN 사전 학습 모델의 학습 곡선(손실)

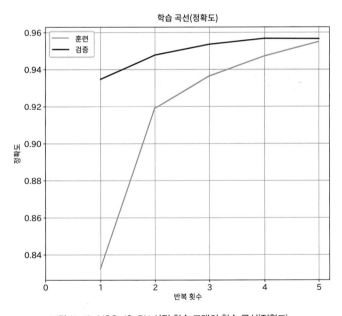

그림 11-19 VGG-19-BN 사전 학습 모델의 학습 곡선(정확도)

끝으로 show_images_labels 함수를 사용해 검증 데이터의 처음 50개 이미지를 표시하고 예측 결과를 확인해보자.

코드 11-20 VGG-19-BN 모델의 예측 결과

```
# 이미지와 정답, 예측 결과를 함께 표시
show_images_labels(test_loader, classes, net, device)
```

결과는 사각형으로 감싼 두 이미지만을 잘못 예측했고, 나머지는 모두 정답이었다. 위의 50개의 이미지에 대해서는 정확도 96%이며, 검증 데이터 전체에 대한 정확도와도 크게 다르지 않다.

여기 까지가 세 장에 걸쳐 알아본 CIFAR-10 이미지 인식 모델 튜닝의 최종 결과다. 이전 장의 결과와 비교해 정확도가 얼마나 향상되었는지 확인해보기 바란다.

칼럼 **CIFAR-10에 전이 학습을 적용한 경우**

11.6절부터 11.8절까지, ResNet-18 모델을 파인 튜닝해서 약 94%의 정확도를 달성했다. 이번 칼럼에서는 같은 모델을 전이 학습한 경우의 결과를 확인해본다.

파인 튜닝과 비교해서, 전이 학습은 구현이 약간 까다로운 편이다. 이 부분은 모두 12장에서 다룰 예정이므로 여기서는 자세히 설명하지 않고, 코드와 결과만 살펴보기로 한다.

모델을 불러오는 부분과 초기 설정에 관한 구현은 코드 11-21과 같다.

코드 11-21 ResNet-18 모델의 학습 준비(전이 학습의 경우)

```
# 전이 학습

# 사전 학습 모델 불러오기
net = models.resnet18(pretrained = True)

# 모든 파라미터의 경사 계산을 OFF로 설정
for param in net.parameters():
    param.requires_grad = False

# 난수 고정
torch_seed()

# 최종 레이어 함수 교체
net.fc = nn.Linear(net.fc.in_features, n_output)

# GPU 사용
net = net.to(device)

# 학습률
lr = 0.001

# 손실 함수 정의
criterion = nn.CrossEntropyLoss()

# 최적화 함수 정의
# 파라미터 변경은 최종 레이어 함수로 한정
optimizer = optim.SGD(net.fc.parameters(), lr=lr, momentum=0.9)

# history 파일 초기화
history = np.zeros((0, 5))
```

학습의 결과는 코드 11-22와 같다.

코드 11-22 ResNet-18 모델의 학습 결과(전이 학습의 경우)

```
# 학습
num_epochs = 5
history = fit(net, optimizer, criterion, num_epochs, train_loader, test_loader, device, history)
```

```
100% ████████████████ 1000/1000 [01:04<00:00, 15.47it/s]
Epoch [1/5], loss: 0.02337 acc: 0.60826 val_loss: 0.01617, val_acc: 0.72840
100% ████████████████ 1000/1000 [04:25<00:00, 3.76it/s]
Epoch [2/5], loss: 0.01931 acc: 0.66876 val_loss: 0.01538, val_acc: 0.74100
100% ████████████████ 1000/1000 [02:07<00:00, 7.84it/s]
Epoch [3/5], loss: 0.01867 acc: 0.67930 val_loss: 0.01483, val_acc: 0.74810
100% ████████████████ 1000/1000 [01:03<00:00, 15.70it/s]
Epoch [4/5], loss: 0.01841 acc: 0.68108 val_loss: 0.01447, val_acc: 0.75640
100% ████████████████ 1000/1000 [01:14<00:00, 13.46it/s]
Epoch [5/5], loss: 0.01820 acc: 0.68554 val_loss: 0.01449, val_acc: 0.75330
```

코드 11-23 ResNet-18 모델의 학습 결과 요약(전이 학습의 경우)

```
# 결과 요약
evaluate_history(history)
```

```
초기상태 : 손실 : 0.01617 정확도 : 0.72840
최종상태 : 손실 : 0.01449 정확도 : 0.75330
```

최종적인 정확도는 약 75%로 크게 만족스러운 결과는 아니다.

칼럼 **재현성을 보장하는 머신러닝 모델을 작성하는 법**

이번 칼럼에서는 공통 함수로 정의했던 torch_seed 함수의 목적과 그 의미에 관해 알아본다.

우선 9장의 torch_seed 함수의 구현을 코드 11-24에서 다시 한번 살펴보자.

코드 11-24 torch_seed 함수

```
# 파이토치 난수 고정

def torch_seed(seed=123):
    torch.manual_seed(seed)
```

```
torch.cuda.manual_seed(seed)
torch.backends.cudnn.deterministic = True
torch.use_deterministic_algorithms = True
```

머신러닝과 난수의 관계

애초에, 어째서 머신러닝·딥러닝에 난수가 필요한 것인지부터 설명한다. 머신러닝·딥러닝에서 다루는 알고리즘에는 난수가 필요한 처리가 몇 가지 있다. 구체적으로, 다음과 같은 처리들을 예로 들 수 있다.

- **파라미터 초기화** : 선형 함수 등의 파라미터는 초깃값을 설정하기 위해 난수를 사용한다.
- **데이터로더** : 데이터로더에서 shuffle=True로 설정하면, 어떤 학습 데이터를 선택할지를 난수를 통해 결정한다.
- **드롭아웃** : 이전 장에서 소개한 레이어 함수 중 하나인 드롭아웃 함수는 알고리즘 그 자체에 난수가 필요하다.
- **데이터 증강** : 이전 장에서 설명한 데이터 증강 기법에서, 훈련 데이터를 가공할 때 난수를 사용한다.

한편, 실습을 구성할 때 정확도와 같은 결과에 관해서 책의 결과와 실습 결과를 가능한 한 일치시키는 편이 바람직하다고 생각했다. 따라서, 이 책에서는 명시적으로 난수의 시드를 지정해서 항상 같은 결과를 얻을 수 있도록 했다. 그러나 아래와 같은 이유로 파이토치에서 일반적으로 이를 실현하기란 쉽지 않다.

CPU 또는 GPU

파이토치로 딥러닝 프로그램을 작성할 때, 지금 하려는 계산이 CPU에서 이뤄질 것인지, 또는 GPU에서 이뤄질 것인지를 항상 의식해야 한다. 이는 난수를 설정할 때도 마찬가지다. 따라서, 다음과 같이 CPU와 GPU에 모두 난수의 시드를 명시적으로 지정해야 한다.

```
seed = 123
torch.manual_seed(seed)
torch.cuda.manual_seed(seed)
```

deterministic 설정

그러나 이것만으로는 충분히 난수를 컨트롤할 수 없다. GPU를 사용하는 경우, 퍼포먼스의 최적화를 도모하기 위해, 값이 완벽하게 얼마가 될 것인지를 보장하지 못하는 경우가 있다. 이 문제에 대응하기 위한 설정이 바로 deterministic이다. 이 항목을 True로 설정하면, 퍼포먼스보다 값을 재현하는 것을 중시하게 되어, GPU가 같은 결과를 반환하게 된다. 이 설정을 위한 코드는 이하와 같다.

```
torch.backends.cudnn.deterministic = True
torch.use_deterministic_algorithms = True
```

칼럼　**범용적인 사전 학습 모델을 작성하는 법**

이번 칼럼은 VGG–19–BN 모델을 사용함에 있어 코드 11–17 안에서, 마지막 두 줄에 해당하는 코드(파란 사각형으로 감싼 부분)가 왜 이런 형태를 띠는지 설명한다.

이 부분의 직접적 혹은 간접적인 목적은, 바로 앞 칼럼에서 설명한 '정확도와 같은 결과에 관해서 재현성을 보장하는 모델을 만드는 것'이지만, 다른 경우에도 도움이 된다. 예를 들어, 사전 학습 모델로 전이 학습을 한 모델을 다른 플랫폼으로 배포(deploy)해서 예측하는 것과 같은 경우다.

다른 플랫폼에서 사용 가능한 모델의 표준 형식으로는 'ONNX'를 들 수 있다. 사실, 파이토치 본연의 VGG–19–BN 모델을 ONNX로 익스포트하면 에러가 발생한다. 그 이유는, 아래의 코드에도 나와있는 레이어 함수인 AdapriveAvgPool2d 함수가 ONNX로 익스포트되지 않기 때문이다. 여기서 설명하고 있는 것처럼, 모델에서 AdaptiveAvgPool2d 함수를 삭제한다면, 모델을 익스포트할 수 있게 된다(이에 관한 구체적인 예는 이 책의 서포트 페이지에 게재했으므로, 관심이 있는 독자는 참조하기 바란다).

이번 칼럼의 내용은 약간 어렵지만, 사전 학습 모델을 가공하는 방법을 깨우친다면, 파이토치를 더욱 넓은 분야에서 활용할 수 있게 된다.

(코드 11–17을 다시 실음) **최종 레이어 함수 교체**

```
# 난수 초기화
torch_seed()

# 최종 레이어 함수 교체
in_features = net.classifier[6].in_features
net.classifier[6] = nn.Linear(in_features, n_output)

# features 마지막의 MaxPool2d 제거
net.features = net.features[:-1]

# AdaptiveAvgPool2d 제거
net.avgpool = nn.Identity()
```

모델 불러오기, 구조 확인하기

우선 11.9절과 마찬가지로 모델을 불러온 뒤, 다음과 같이 모델의 구조를 확인한다.

```
print(net)
```

출력 결과 중에서 이번 칼럼에서 중요하게 다룰 부분을 그림 11–20에 따로 추출한다.

```
VGG(
  (features): Sequential(
    (0): Conv2d(3, 64, kernel_size=(3, 3), stride=(1, 1), padding=(1, 1))
    (1): BatchNorm2d(64, eps=1e-05, momentum=0.1, affine=True, track_running_stats=True)
    (2): ReLU(inplace=True)
    (3): Conv2d(64, 64, kernel_size=(3, 3), stride=(1, 1), padding=(1, 1))
    (4): BatchNorm2d(64, eps=1e-05, momentum=0.1, affine=True, track_running_stats=True)
(중간 생략)
    (50): BatchNorm2d(512, eps=1e-05, momentum=0.1, affine=True, track_running_stats=True)
    (51): ReLU(inplace=True)
    (52): MaxPool2d(kernel_size=2, stride=2, padding=0, dilation=1, ceil_mode=False)
  )
  (avgpool): AdaptiveAvgPool2d(output_size=(7, 7))
  (classifier): Sequential(
    (0): Linear(in_features=25088, out_features=4096, bias=True)
    (1): ReLU(inplace=True)
    (2): Dropout(p=0.5, inplace=False)
    (3): Linear(in_features=4096, out_features=4096, bias=True)
    (4): ReLU(inplace=True)
    (5): Dropout(p=0.5, inplace=False)
    (6): Linear(in_features=4096, out_features=1000, bias=True)
  )
)
```

그림 11-20 VGG-19-BN 모델의 구조

중간 텐서 확인

다음으로 summary 함수를 사용해서 중간 텐서의 상태를 확인한다. 가장 먼저 사전 학습 모델을 학습할 때 사용한 원본 이미지와 같은 형태인 (3, 224, 224)로 확인해보자. 구현은 코드 11-25에, 결과에 관해서는 필요한 부분만을 그림 11-21에 추출한다.

코드 11-25 원본 입력 데이터에 대한 중간 텐서 출력

```
# 원본 데이터 사이즈의 경우(배치사이즈 100)
net = net.to(device)
summary(net, (100, 3, 224, 224))
```

```
|      └─ReLU: 2-49            [100, 512, 14, 14]      --
|      └─Conv2d: 2-50          [100, 512, 14, 14]      2,359,808
|      └─BatchNorm2d: 2-51     [100, 512, 14, 14]      1,024
```

```
|       └ReLU: 2-52                    [100, 512, 14, 14]        --
|       └MaxPool2d: 2-53              [100, 512, 7, 7]          --
├─AdaptiveAvgPool2d: 1-2              [100, 512, 7, 7]          --
├─Sequential: 1-3                     [100, 1000]              --
|       └Linear: 2-54                 [100, 4096]              102,764,544
|       └ReLU: 2-55                   [100, 4096]              --
|       └Dropout: 2-56                [100, 4096]              --
|       └Linear: 2-57                 [100, 4096]              16,781,312
|       └ReLU: 2-58                   [100, 4096]              --
|       └Dropout: 2-59                [100, 4096]              --
|       └Linear: 2-60                 [100, 1000]              4,097,000
```

그림 11-21 원본 입력 데이터에 대한 중간 텐서

파란색으로 감싼 부분에 주목하기 바란다. 데이터 shape에는 변화가 없다. 이것은 지금 주목하고 있는 **AdaptiveAvgPool2d 레이어 함수가 (3, 224, 224) 사이즈를 가진 입력 텐서인 경우 아무것도 처리하지 않음을** 의미한다.

다음으로 실습에서 입력으로 사용한 (3, 112, 112) 사이즈를 이용해 같은 부분을 확인해보자. 코드 11-26이 구현이고, 결과는 그림 11-22이다.

코드 11-26 실습에서 사용한 입력 데이터에 대한 중간 텐서 출력 1

```
# 실습용 데이터 사이즈의 경우(배치사이즈 100)
summary(net, (100, 3, 112, 112))
```

```
|       └ReLU: 2-49                   [100, 512, 7, 7]          --
|       └Conv2d: 2-50                 [100, 512, 7, 7]          2,359,808
|       └BatchNorm2d: 2-51            [100, 512, 7, 7]          1,024
|       └ReLU: 2-52                   [100, 512, 7, 7]          --
|       └MaxPool2d: 2-53              [100, 512, 3, 3]          --
├─AdaptiveAvgPool2d: 1-2              [100, 512, 7, 7]          --
├─Sequential: 1-3                     [100, 1000]              --
|       └Linear: 2-54                 [100, 4096]              102,764,544
|       └ReLU: 2-55                   [100, 4096]              --
|       └Dropout: 2-56                [100, 4096]              --
|       └Linear: 2-57                 [100, 4096]              16,781,312
|       └ReLU: 2-58                   [100, 4096]              --
|       └Dropout: 2-59                [100, 4096]              --
|       └Linear: 2-60                 [100, 1000]              4,097,000
```

그림 11-22 실습에서 사용한 입력 데이터에 대한 중간 텐서

위 그림에서 ReLU-52를 거칠 때 이미 [100, 512, 7, 7] 사이즈의 텐서로 변했는데, 그다음의 MaxPool2d-53에서 [100, 512, 3, 3] 사이즈로 변경되었다가, AdaptiveAvgPool2d에서 다시 [100, 512, 7, 7]로 사이즈가 되돌아왔다. 다시 말해, **두 레이어 함수 MaxPool2d-53과 AdaptiveAvgPool2d-54를 동시에 없애고, ReLU-52의 출력을 직접 Linear-55로 이을 수만 있다면,** 9장과 이전 장에서 설명한 '첫 번째 선형 함수의 사이즈 문제'에 영향을 끼치지 않으면서, **AdaptiveAvgPool2d 함수가 없는 사전 학습 모델**을 사용할 수 있게 되는 것이다.

이번 칼럼의 시작 부분에서 살펴본 구현 방식이, 바로 이 예상을 기반으로 변형한 것이며, 그 상세한 이유에 관해서 이제 알아보기로 한다.

MaxPool2d-53 제거

가장 먼저 기존 모델에서 MaxPool2d-53 함수를 제거한다. 그림 11-20에서 확인해보면, 이 레이어 함수는 features라고 하는 Sequential 객체의 마지막 요소임을 알 수 있다.

여기서, List로부터 마지막 요소를 없애는 구현 방식을 통해 MaxPool2d-53 함수를 제거할 수 있다. 이 구현과 관련된 결과를 그림 11-23에 나타냈다.

코드 11-27 MaxPool2d를 모델에서 제거

```
# features의 마지막 요소(MaxPool2d)를 제거
net.features = net.features[:-1]
print(net.features)
```

```
  (48): ReLU(inplace=True)
  (49): Conv2d(512, 512, kernel_size=(3, 3), stride=(1, 1), padding=(1, 1))
  (50): BatchNorm2d(512, eps=1e-05, momentum=0.1, affine=True, track_running_stats=True)
  (51): ReLU(inplace=True)
)
```

그림 11-23 결과 확인

그림 11-23에는 그림 11-20에서 원래 존재하던 '(52): MaxPool2d' 행이 사라졌고, 따라서 의도한 결과를 얻었음을 알 수 있다.

AdaptiveAvgPool2d-54 제거

다음으로 AdaptiveAvgPool2d-54 함수를 제거할 차례다. 그림 11-20에서 확인해보면, 이에 해당하는 변수는

```
  (avgpool): AdaptiveAvgPool2d(output_size=(7, 7))
```

이다.

원래 모델에서는 forward 함수 내부에서 avgpool 함수를 호출할 것으로 예상되며, 이 부분은 변경할 수 없다. 따라서, **AdaptiveAvgPool2d가 위치한 부분을 아무것도 하지 않는 함수로 치환**해서 마치 동일한 처리를 하는 것처럼 생각할 수 있다. 아무것도 하지 않는 함수란, 파이토치에서 nn.Identity 함수이며, 이 함수를 사용한 구현은 아래와 같은 형태다.

코드 11-28 nn.Identity 함수로 치환

```
# avgpool에 위치한 AdaptiveAvgPool2d을 아무것도 하지 않는 함수 (nn.Identity)로 치환
net.avgpool = nn.Identity()
```

결과 확인

이제 지금까지 수정을 통해 의도한 결과가 출력되는지 확인해 볼 차례다. 모델의 요약은 코드 11-29, 결과는 그림 11-24에 출력한다.

코드 11-29 실습에서 사용한 입력 데이터에 대한 중간 텐서 출력 2

```
# 실습용 데이터 사이즈로 중간 텐서 확인(배치사이즈 100)
net = net.to(device)
summary(net, (100, 3, 112, 112))
```

```
|     └─ReLU: 2-49              [100, 512, 7, 7]        --
|     └─Conv2d: 2-50            [100, 512, 7, 7]        2,359,808
|     └─BatchNorm2d: 2-51       [100, 512, 7, 7]        1,024
|     └─ReLU: 2-52              [100, 512, 7, 7]        --
├─Identity: 1-2                 [100, 512, 7, 7]        --
├─Sequential: 1-3              [100, 10]               --
|     └─Linear: 2-53            [100, 4096]             102,764,544
|     └─ReLU: 2-54              [100, 4096]             --
|     └─Dropout: 2-55           [100, 4096]             --
|     └─Linear: 2-56            [100, 4096]             16,781,312
|     └─ReLU: 2-57              [100, 4096]             --
|     └─Dropout: 2-58           [100, 4096]             --
|     └─Linear: 2-59            [100, 10]               40,970
```

그림 11-24 실습에서 사용한 입력 데이터에 대한 중간 텐서(모델 수정 후)

그림 11-24에서 파란 사각형으로 감싼 부분에 주목하자. ReLU: 2-52의 출력인 [100, 512, 7, 7] 사이즈의 텐서가 아무것도 하지 않는 Identity: 1-2 함수를 거쳐 Linear: 2-53 함수로 직접 입력되고 있다. 중간 텐서 확인을 통해 원하는 처리가 구현되었다.

이 칼럼에서 설명한 내용은, 일반적으로 단순한 노드의 교체와 비교해 약간 어렵지만, 구체적인 내용과 이유는 이전 장까지 배웠던 것들을 응용하면 간단하게 이해할 수 있다. 사전 학습 모델을 수정해야 하는 독자가 있다면 이번 칼럼을 반드시 참조하기 바란다.

12

사용자 정의 데이터를
활용한 이미지 분류

```
# 손실 함수 정의
criterion = nn.CrossEntropyLoss()

# 최적화 함수 정의
optimizer = optim.SGD(net.parameters(),lr=lr,momentum=0.9)

# history 파일도 동시에 초기화
history = np.zeros((0, 5))
```

```
Downloading: "https://download.pytorch.org/models/vgg19_bn-c79401a0.pth" to /root/.cache/torch/hub/
checkpoints/vgg19_bn-c794
```

11.9절에서 CIFAR-10을 사용한 파인 튜닝과 비교했을 때 달라진 점은, 분류하려는 대상의 수가 10에서 2로 바뀌었다는 것이다. 그 외에 특별히 설명을 추가할 부분은 없다.

다음으로 코드 12-13에 파인 튜닝을 통한 학습과 그 결과를 출력한다.

코드 12-13 **파인 튜닝을 통한 학습 결과**

```
# 학습
num_epochs = 5
history = fit(net, optimizer, criterion, num_epochs, train_loader, test_loader, device, history)
```

```
100% ▓▓▓▓▓▓▓▓▓▓ 25/25 [01:18<00:00, 3.13s/it]
Epoch [1/5], loss: 0.04422 acc: 0.78689 val_loss: 0.01104, val_acc: 0.96078
100% ▓▓▓▓▓▓▓▓▓▓ 25/25 [00:22<00:00, 1.10it/s]
Epoch [2/5], loss: 0.01941 acc: 0.92623 val_loss: 0.01292, val_acc: 0.96732
100% ▓▓▓▓▓▓▓▓▓▓ 25/25 [00:11<00:00, 2.18it/s]
Epoch [3/5], loss: 0.02197 acc: 0.90574 val_loss: 0.01149, val_acc: 0.96732
100% ▓▓▓▓▓▓▓▓▓▓ 25/25 [00:44<00:00, 1.77it/s]
Epoch [4/5], loss: 0.01423 acc: 0.93852 val_loss: 0.01669, val_acc: 0.95425
100% ▓▓▓▓▓▓▓▓▓▓ 25/25 [00:08<00:00, 2.81it/s]
Epoch [5/5], loss: 0.01363 acc: 0.94262 val_loss: 0.01240, val_acc: 0.96078
```

사전에 검증해본 결과, 5회 반복으로 충분히 학습이 이뤄지는 것을 확인했으므로 num_epochs는 5로 설정했다. 학습 결과, 검증 데이터에 대해 약 96%의 정확도를 얻었다. 사람이 판단하기에는 어려운 문제이므로 상당히 좋은 결과라고 볼 수 있겠다.

12.5 전이 학습의 경우

11.3절에서 설명했듯이, 사전 학습 모델의 두 가지 사용 방법인 '파인 튜닝'과 '전이 학습' 중에서, 학습 데이터가 매우 적은 경우에는 '전이 학습'이 더 적합하다고 알려져 있다. 이번 실습에서 이 사실을 실제로 시험해 보자. 다음의 코드 12-14가 '파인 튜닝의 경우'를 참고해 구현한 '전이 학습의 경우'에 대한 구현이다.

코드 12-14 전이 학습의 경우

```python
# VGG-19-BN 모델을 학습이 끝난 파라미터와 함께 불러오기
from torchvision import models
net = models.vgg19_bn(pretrained = True)
```

```python
# 모든 파라미터의 경사 계산을 OFF로 설정
for param in net.parameters():
    param.requires_grad = False
```

```python
# 난수 고정
torch_seed()
```

```python
# 최종 노드의 출력을 2로 변경
# 이 노드에 대해서만 경사 계산을 수행하게 됨
in_features = net.classifier[6].in_features
net.classifier[6] = nn.Linear(in_features, 2)
```

```python
# AdaptiveAvgPool2d 함수 제거
net.avgpool = nn.Identity()
```

```python
# GPU 사용
net = net.to(device)
```

```python
# 학습률
lr = 0.001
```

```python
# 손실 함수로 교차 엔트로피 사용
criterion = nn.CrossEntropyLoss()
```

```
# 최적화 함수 정의
# 파라미터 수정 대상을 최종 노드로 제한
optimizer = optim.SGD(net.classifier[6].parameters(), lr=lr, momentum=0.9)

# history 파일도 동시에 초기화
history = np.zeros((0, 5))
```

위의 코드에서 사각형으로 감싼 부분과 마지막에 밑줄로 표시한 부분이 '파인 튜닝의 경우'와 다르게 구현된 부분이다.

우선, 사각형으로 감싼 부분이 신경망의 모든 레이어 함수에 대해 경사 계산을 하지 않겠다는 설정에 해당한다. 그다음으로 교체한 net.classifier[6]은 기본으로 requires_grad=True가 설정됐으므로, 결국 교체한 레이어 함수에 대해서만 경사 계산이 이뤄진다.

한 가지 더 달라진 점은, 밑줄로 표시한 부분이다. 이 위치의 인자는 최적화 함수에 대해 어느 파라미터를 수정할지를 지정한다. 지금까지의 실습에서는 net.classifier.parameters()처럼 모델 내부의 모든 파라미터를 최적화 함수로 넘겨줬었으나, 이번에는 교체한 net.classifier[6]의 파라미터만을 추출해서 넘겨주도록 했다.

지금 설명한 두 부분을 변경해서 '전이 학습'에 관한 구현이 완성됐다. '전이 학습의 경우' 얻은 결과는 아래의 코드 12-15에서 확인할 수 있다.

코드 12-15 전이 학습을 통한 학습 결과

```
# 학습
num_epochs = 5
history = fit(net, optimizer, criterion, num_epochs, train_loader, test_loader, device, history)
```

```
100%|███████████| 25/25 [00:07<00:00, 3.51it/s]
Epoch [1/5], loss: 0.04625 acc: 0.78279 val_loss: 0.01375, val_acc: 0.96078
100%|███████████| 25/25 [00:55<00:00, 2.24it/s]
Epoch [2/5], loss: 0.02263 acc: 0.92213 val_loss: 0.01272, val_acc: 0.96078
100%|███████████| 25/25 [00:07<00:00, 3.52it/s]
Epoch [3/5], loss: 0.02457 acc: 0.90164 val_loss: 0.01185, val_acc: 0.95425
100%|███████████| 25/25 [00:41<00:00, 1.67it/s]
Epoch [4/5], loss: 0.02028 acc: 0.90164 val_loss: 0.01275, val_acc: 0.95425
100%|███████████| 25/25 [00:04<00:00, 5.76it/s]
Epoch [5/5], loss: 0.02133 acc: 0.88934 val_loss: 0.01191, val_acc: 0.96078
```

결과는 전이 학습의 경우 약 96%로, 이전 절에서 설명한 '파인 튜닝의 경우'와 동일한 정확도를 얻었다[3].

다음으로 코드 12-16에서, 검증 데이터 50건에 대한 정답과 모델의 예측 결과를 동시에 출력해보기로 한다.

코드 12-16 show_images_labels 함수 호출

```
# 난수 고정
torch_seed()

# 검증 데이터를 사용한 결과 출력
show_images_labels(test_loader2, classes, net, device)
```

50건의 검증 데이터를 사용했을 때 예측이 빗나간 것은, 파란 사각형으로 표시한 데이터 한 장이었다. 이 AI의 분류 결과에 대해 과연 사람이 이길 수 있을지, 각자 시험해보기 바란다.

---

3 이번에는 우연하게도 파인 튜닝의 경우에 충분히 좋은 정확도를 얻었기 때문에, 전이 학습과의 차이를 알기 어렵게 되었지만, 일반적으로 학습 데이터의 수가 적은 경우에는 전이 학습의 경우가 훨씬 좋은 정확도를 내는 것으로 알려져 있다.

12.6 사용자 정의 데이터를 사용하는 경우

마지막으로 필자가 인터넷상에서 직접 수집한 데이터를 사용해서, '시베리안 허스키'와 '늑대'를 분류하는 모델을 만들어보자.

데이터 준비 과정 중에서, 데이터의 다운로드와 압축 해제에 관해서는 12.3절의 과정과 동일하므로 구체적인 설명은 생략한다.

Transforms 정의

남은 데이터 준비 과정으로 Transforms 정의를 설명한다. 구현은 코드 12-17과 같다.

코드 12-17 Transforms 정의

```
# Transforms 정의

# 검증 데이터 : 정규화
test_transform = transforms.Compose([
    transforms.Resize(224),
    transforms.CenterCrop(224),
    transforms.ToTensor(),
    transforms.Normalize(0.5, 0.5)
])

# 훈련 데이터 : 정규화에 반전과 RandomErasing 추가
train_transform = transforms.Compose([
    transforms.RandomHorizontalFlip(p=0.5),
    transforms.Resize(224),
    transforms.CenterCrop(224),
    transforms.ToTensor(),
    transforms.Normalize(0.5, 0.5),
    transforms.RandomErasing(p=0.5, scale=(0.02, 0.33), ratio=(0.3, 3.3), value=0, inplace=False)
])
```

이번에 사용한 학습 데이터는 그림 12-4를 보면 알 수 있듯이, 데이터는 분류 대상을 제외한 부분을 최대한 바짝 깎아낸 상태로 만들었다. 따라서, 이전처럼 사이즈를 256 화소로 Resize 한 다음 224 화소로 잘라내는(Crop) 작업은 하지 않고, 처음부터 224 화소로 Resize만을 실시한다[4].

데이터셋 정의

다음 과정으로, 코드 12-18에서 데이터셋을 정의한다.

코드 12-18 데이터셋 정의

```python
# 데이터셋 정의

data_dir = 'dog_wolf'

import os
train_dir = os.path.join(data_dir, 'train')
test_dir = os.path.join(data_dir, 'test')

classes = ['dog', 'wolf']

train_data = datasets.ImageFolder(train_dir, transform=train_transform)
train_data2 = datasets.ImageFolder(train_dir, transform=test_transform)
test_data = datasets.ImageFolder(test_dir, transform=test_transform)
```

12.3절의 코드 12-6과 비교해보면, 디렉터리명이 달라졌다는 것 말고는 차이가 없다는 것을 알 수 있다. 자신만의 학습 데이터를 준비해서 분류 모델을 만들 때도, 이와 같은 규칙으로 코드를 수정하기만 하면 가능하다는 것을 보여준다.

데이터로더 정의

데이터 준비의 마지막 스텝인 데이터로더 정의에 관한 구현은, 다음의 코드 12-19와 같다.

---

4 예를 들어, 원본 이미지의 화소가 (400, 200)이라면, Resize(224)의 결과는 (448, 224)가 된다. 이 이미지를 (224, 224)로 통일시키기 위해서는 CenterCrop 처리가 추가로 필요하다.

코드 12-19 데이터로더 정의

```
# 데이터로더 정의

batch_size = 5
# 훈련 데이터
train_loader = DataLoader(train_data, batch_size=batch_size, shuffle=True)
# 훈련 데이터, 이미지 출력용
train_loader2 = DataLoader(train_data2, batch_size=40, shuffle=False)
# 검증 데이터
test_loader = DataLoader(test_data, batch_size=batch_size, shuffle=False)
# 검증 데이터, 이미지 출력용
test_loader2 = DataLoader(test_data, batch_size=10, shuffle=True)
```

이번에 사용한 학습 데이터는 훈련용이 분류 대상별로 20장씩 모두 40장, 검증용이 분류 대상별로 5장씩 모두 10장이며, 이전보다 매우 적은 양이다. 이 양을 고려해서 배치 사이즈도 5로 설정했다.

그리고 일반적인 훈련·검증용으로 사용하는 데이터로더와 별개로 이미지를 출력하기 위한 데이터로더를 준비해서, 이 데이터로더로는 용도와 무관하게 전체 데이터를 출력하도록 했다[5].

훈련·검증 데이터 이미지 출력

코드 12-20과 코드 12-21은 위의 데이터로더를 사용해서 이미지를 출력하기 위한 구현이다.

코드 12-20 훈련 데이터 전체 출력

```
# 훈련 데이터(40건)
show_images_labels(train_loader2, classes, None, None)
```

---

5 (옮긴이) 배치 사이즈를 전체 데이터 수만큼 설정했다.

코드 12-21 검증 데이터 전체 출력

```
# 검증 데이터(10건)
torch_seed()
show_images_labels(test_loader2, classes, None, None)
```

다시 한번 정리하자면, 코드 12-20에서 출력한 40장을 훈련 데이터로 사용해서 코드 12-21의 10장을 판단하기 위한 모델을 만드는 것이 목표다. 미리보기 장에서도 언급했지만, 필자는 어느 이미지가 늑대이고 시베리안 허스키인지, 전혀 구별하지 못했었다. 여기까지 모든 데이터가 준비되었으므로, 모델을 정의하고 학습을 시작해보도록 한다.

모델 정의

다음의 코드 12-22가 모델을 정의하는 구현이다.

코드 12-22 전이 학습을 위한 모델 정의

```python
# 사전 학습 모델 불러오기
from torchvision import models
net = models.vgg19_bn(pretrained = True)

for param in net.parameters():
    param.requires_grad = False

# 난수 고정
torch_seed()

# 마지막 노드 출력을 2로 변경
in_features = net.classifier[6].in_features
net.classifier[6] = nn.Linear(in_features, 2)

# AdaptiveAvgPool2d 함수 제거
net.avgpool = nn.Identity()

# GPU 사용
net = net.to(device)

# 학습률
lr = 0.001

# 손실 함수 정의
criterion = nn.CrossEntropyLoss()

# 최적화 함수 정의
# 파라미터 수정 대상을 최종 노드로 제한
optimizer = optim.SGD(net.classifier[6].parameters(),lr=lr,momentum=0.9)

# history 파일도 동시에 초기화
history = np.zeros((0, 5))
```

사전 학습 모델인 VGG-19-BN을 사용해 전이 학습 방식으로 모델을 학습하기 위한 설정이다. 실제 학습과 결과의 일부를 코드 12-23에서 확인할 수 있다.

코드 12-23 전이 학습을 통한 학습 결과

```
# 학습
num_epochs = 10
history = fit(net, optimizer, criterion, num_epochs, train_loader, test_loader, device, history)
```

```
100% |██████████████| 8/8 [00:02<00:00, 3.19it/s]
Epoch [1/10], loss: 0.12345 acc: 0.65000 val_loss: 0.07783, val_acc: 1.00000
100% |██████████████| 8/8 [00:01<00:00, 6.86it/s]
Epoch [2/10], loss: 0.07584 acc: 0.85000 val_loss: 0.04895, val_acc: 0.90000
100% |██████████████| 8/8 [00:00<00:00, 8.10it/s]
Epoch [3/10], loss: 0.03976 acc: 0.92500 val_loss: 0.05762, val_acc: 0.80000
100% |██████████████| 8/8 [00:03<00:00, 2.22it/s]
Epoch [4/10], loss: 0.04213 acc: 0.92500 val_loss: 0.03992, val_acc: 1.00000
100% |██████████████| 8/8 [00:02<00:00, 3.32it/s]
Epoch [5/10], loss: 0.01836 acc: 0.97500 val_loss: 0.02970, val_acc: 1.00000
100% |██████████████| 8/8 [00:01<00:00, 6.61it/s]
Epoch [6/10], loss: 0.02144 acc: 0.97500 val_loss: 0.04182, val_acc: 0.90000
100% |██████████████| 8/8 [00:02<00:01, 7.97it/s]
Epoch [7/10], loss: 0.03019 acc: 0.95000 val_loss: 0.03631, val_acc: 0.90000
100% |██████████████| 8/8 [00:02<00:00, 3.16it/s]
Epoch [8/10], loss: 0.04319 acc: 0.92500 val_loss: 0.03186, val_acc: 1.00000
100% |██████████████| 8/8 [00:01<00:00, 5.98it/s]
Epoch [9/10], loss: 0.01086 acc: 1.00000 val_loss: 0.02766, val_acc: 1.00000
100% |██████████████| 8/8 [00:01<00:00, 7.82it/s]
Epoch [10/10], loss: 0.04419 acc: 0.92500 val_loss: 0.03189, val_acc: 1.00000
```

이번에는 num_epochs(반복 횟수)를 10으로 설정했다. 그 결과, 100%의 정확도를 달성했다[6].

예측 결과

마지막으로 검증 데이터 10장의 이미지에 대해, 전이 학습을 통해 만든 모델을 사용해 분류한 결과를 정답과 함께 출력해보자. 구현은 코드 12-24와 같다.

---

6   이는 지금까지 표준으로 삼았던 난수 시드(123)를 사용한 경우의 결과다. 난수 시드를 다르게 바꿔서 실험하면 10개 중 9개가 정답, 또는 8개가 정답인 채로 학습이 끝나는 경우도 있다.

코드 12-24 show_predict_result 함수 호출 결과

```
# 예측 결과 출력
torch_seed()
show_predict_result(net, test_loader2, classes, device)
```

검증용으로 준비한 10장의 이미지에 대해 모두 정답을 예측해냈다. 과연, 독자 여러분들은 이 모델처럼 10장의 사진을 올바르게 구분해낼 수 있었겠는가? 사람에게는 상당히 어려운 문제라고 생각한다.

이 예시는, 사전 학습 모델을 사용해 전이 학습을 한다면, 상황에 따라서는 사람 이상으로 분류를 정확하게 해내는 모델을 생각보다 간단하게 만들 수 있다는 사실을 시사하고 있다.

이 책을 마치며

수치 미분부터 시작해서 파이토치로 딥러닝 프로그램을 작성해보는 실습까지, 이것으로 대략 끝마치도록 한다. 이제 책의 서두에 소개한 미리보기 장의 실습 코드로 다시 한번 되돌아가 읽어 보기 바란다. 미리보기 장의 실습을 처음 읽었을 때는 대부분이 잘 모르는 내용이었겠지만, 지금에 와서는 각 행의 코드가 어떤 역할을 하는지 다른 사람에게 설명해줄 수 있을 정도로 이해가 되었을 것이다.

이미지 분류 모델에 관해서는 거의 통달한 독자가 다음으로 목표해야 할 고지에는 어떤 것들이 있을까?

이미지 데이터를 다루는 관점에서는 GAN으로 알려진, '위조 지폐를 발행하는 범인'과 그것을 판별하는 '경찰'을 모두 학습시켜, 매우 정교한 가짜 데이터를 만들어내는 모델이 매우 흥미로운 주제다. 그리고 이미지 내부에서 '어느 위치에 무엇이 있는지' 동시에 판단하는 '객체 인식' 모델 역시 '이미지 분류' 모델의 진화형이라 할 수 있다.

이 책에서 다루지 못했던 또 하나의 영역으로 텍스트 분석이 있다. 단어를 100차원 정도의 수치 벡터로 바꿔주는 Word2Vec 기술이나, 문서를 자동 생성해주는 LSTM, 기계번역이 가능한 Seq2Seq 등, 매우 다양하고 흥미로운 모델들이 존재한다.

지금에 와서는 이처럼 발전해온 모델의 적지 않은 부분이 파이토치로 구현·공개되어 있다. 이 책에서 파이토치를 활용한 딥러닝 프로그램 작성의 기초를 마스터한 독자는, 비유를 하자면, 흥미로운 모델을 스스로 해석할 수 있는 일종의 자격증을 손에 넣은 것과 마찬가지다. 독자분들께서 이처럼 앞선 주제에 도전해서 딥러닝이라는 수수께끼 같은 세계를 앞으로도 체험해 준다면, 필자에게 이보다 큰 보람을 느끼는 일은 없을 것이다.

부록

파이썬
입문

파이토치로 머신러닝 프로그램을 작성할 때, 파이썬으로 작성된 코드라 할지라도 사실은 이 다음에 소개할 넘파이(NumPy)나 매트플롯립(Matplotlib)과 같이 표준으로 쓰이는 라이브러리의 기능을 함께 사용하는 경우가 아주 많다. 여기서는 그에 앞서 가장 기본이 되는 파이썬 언어의 문법을 설명한다.

L1.1 자료형의 기본

파이썬에는 다양한 자료형(데이터 타입)이 있지만, 그 대부분은 기본형으로 불리는 자료형으로 구성된다. 일단 기본형에 관해 설명한다. 자주 인용되는 네 가지 기본형은 다음과 같다.

- **정수형** : 정수(integer)를 표현할 때 씀.
- **부동소수점수형** : 부동소수점수(floating-point number)를 표현할 때 씀.
- **문자열형** : 문자열(string)을 표현할 때 씀.
- **논리형** : True 또는 False의 논리(boolean) 값만을 취하는 변수에 씀.

다음 코드에서 각 변수형의 정의를 살펴보자.

코드 L1-1 **변수형의 정의**

```
# 정수형
# 수치 표현이 정수인 경우, 이를 대입한 변수는 자동적으로 정수형이 됨
a = 1

# 부동소수점수형
# 수치 표현에 소수점이 포함되면, 이를 대입한 변수는 자동적으로 부동소수점수형이 됨
b = 2.0

# 문자열형
# 문자열은 싱글 쿼트(')로 감싸서 표현함
# 또는 더블 쿼트로 감싸도 상관없음
c = 'abc'

# 논리형
# True 또는 False 중 하나를 취하는 변수형
d = True
```

print 함수와 type 함수

print 함수는 모든 변수에 대해서 그 내용을 표시해 주는 함수이며, type 함수는 그 변수의 형(정확히는 클래스)을 찾아주는 함수다. 다음 코드에서 이 두 함수의 동작을 위에서 정의한 a에서 d까지의 네 변수를 사용해서 확인해 보자.

코드 L1-2 변수의 값과 형

```python
# 정수형 변수 a의 값과 형
print(a)
print(type(a))

# 부동소수점수형 변수 b의 값과 형
print(b)
print(type(b))

# 문자열형 변수 c의 값과 형
print(c)
print(type(c))

# 논리형 변수 d의 값과 형
print(d)
print(type(d))
```

```
1
<class 'int'>
2.0
<class 'float'>
abc
<class 'str'>
True
<class 'bool'>
```

- a : 대상 변수가 정수이면 type 함수는 <class 'int'>를 반환한다.

- b : 대상 변수가 부동소수점형이면 type 함수는 <class 'float'>를 반환한다.

- c : 대상 변수가 문자열형이면 type 함수는 <class 'str'>을 반환한다.

- d : 마지막으로, 대상 변수가 논리형이면 type 함수는 <class 'bool'>을 반환한다.

L1.2   연산

다음으로 연산에 관한 문법을 설명할 차례다. 다른 프로그래밍 언어와 마찬가지로, 많은 연산이 존재하지만, 여기서는 이 책의 실습에서 주로 사용한 대표적인 연산을 중점적으로 소개한다.

2항 연산

사칙 연산으로 대표되는 2항 연산으로, 구현은 다음과 같다.

코드 L1-3 2항 연산

```python
# 덧셈
a1 = 1 + 2
print(a1)


# 뺄셈
a2 = 3 - 2
print(a2)


# 곱셈
a3 = 3 * 5
print(a3)


# 나눗셈
a4 = 13 / 5
print(a4)


# 나머지 연산
a5 = 13 % 5
print(a5)


# 몫 연산
a6 = 13 // 5
print(a6)


# 거듭 제곱
a7 = 2 ** 5
print(a7)
```

```
3
1
15
2.6
3
2
32
```

어느 연산이 어떤 연산자 기호로 표현되는지 코드의 주석문에 기재되어 있다. 각 연산의 실행 결과로부터 그 의미를 확인해두기 바란다.

논리 연산

다음으로 논리형 변수에 대한 연산(AND, OR 등)인 논리 연산을 설명한다. 파이썬에서 논리 연산은 다음 코드와 같이 and, or 등의 소문자 알파벳으로 표현한다.

코드 L1-4 논리 연산

```
t1 = True
t2 = True
f1 = False
f2 = False

# AND 연산
b1 = t1 and t2
print(b1)

# OR 연산
b2 = t1 or f1
print(b2)

# NOT 연산
b3 = not f1
print(b3)
```

```
True
True
True
```

대입 연산

마지막으로 대입 연산에 대해 설명한다. 다음 코드를 보자.

코드 L1-5 대입 연산

```
c1 = 5

# c1 = c1 + 2와 같음
c1 += 2
print(c1)

# c1 = c1 - 3과 같음
c1 -= 3
print(c1)
```

```
7
4
```

C나 자바의 문법을 아는 독자는 이러한 대입 연산이 익숙할 것이다. 예를 들어, c1 = c1 + 2처럼 어떤 변수에 특정 값을 더한 결과를 같은 변수에 저장하고 싶은 경우 c1 += 2로 표기하는 문법이다. 이 책의 실습에서 정확도를 계산할 때 이 구문을 썼다.

L1.3 리스트

리스트는 여러 값을 순서대로 나열해서, 전체를 하나의 묶음으로 다루는 데이터 구조다. 자바 등의 프로그래밍 언어의 '배열'과도 비슷한 개념이다.

파이썬으로 복잡한 처리를 해야 할 때 리스트를 자주 사용하며, 파이썬 고유의 기능도 몇 가지 있다. 실습을 통해 알아보자.

리스트의 정의

먼저, 리스트를 정의한다. 리스트는 여러 개의 데이터를 콤마(,) 기호를 사용해 나눠서 열거하며, [ ] 기호로 감싼 형태로 정의한다. 다음 코드에서 정의를 확인해보자.

코드 L1-6 **리스트형 변수**

```
# 리스트 정의
l = [1, 2, 3, 5, 8, 13]

# 리스트의 값과 형
print(l)
print(type(l))
```

```
[1, 2, 3, 5, 8, 13]
<class 'list'>
```

이 코드에서는 리스트를 정의한 다음, 리스트 전체를 print 함수로 넘긴다. 이와 같이, 파이썬에서는 print 함수에 리스트를 전달할 수도 있으며, 그러면 리스트에 속한 전체 요소가 출력된다. type 함수의 출력 결과는 'class 'list''다.

리스트의 요소 수

프로그램에서 리스트를 다루다 보면, 그 리스트의 요소 수를 알고 싶을 때가 자주 있다. 그럴 때 사용하는 방법이 다음 코드에 있다.

코드 L1-7 **리스트의 요소 수**

```
# 리스트의 요소 수
print(len(l))
```

```
6
```

파이썬에는 이럴 경우를 대비해 len 함수가 마련돼 있다. 이 함수를 호출하면, 리스트의 요소 수가 6이라는 사실을 확인할 수 있다.

리스트 요소 참조

리스트를 다루다 보면, 리스트의 특정 요소에 접근하는 조작을 자주 하게 된다. 다음 코드에 그 방법을 보였다.

코드 L1-8 **리스트의 요소 참조**

```
# 리스트의 요소 참조

# 가장 첫번째 요소
print(l[0])

# 3번째 요소
print(l[2])

# 마지막 요소(이와 같은 지정 방식도 가능함)
print(l[-1])
```

```
1
3
13
```

특정 요소에 접근하려면 l[2]와 같이 코드를 작성한다. 가장 첫번째 요소의 인덱스는 0이다. 따라서, l[2]는 리스트의 3번째 요소를 의미한다.

파이썬 고유의 참조 방식도 존재한다. 위의 코드에서 세번째 예시인 l[-1]과 같은 작성 방식이다. -1은 '리스트의 마지막'을 의미한다. 따라서, l[-2], l[-3]과 같은 참조 방식도 가능하다. 각각 어느 요소를 의미하는지는 직접 생각해 보고 코드에서 확인해 보자.

부분 리스트 참조 1

리스트의 참조 방식에는 파이썬만이 갖는 독특한 문법이 몇 가지가 있다. 그 전형적인 예시가 지금부터 설명할 부분 리스트 참조다. 이것은 l[(인덱스1):(인덱스2)]와 같이, 콜론을 포함해서 2개의 인덱스 값을 지정하면 그 범위 안의 요소가 모두 참조되는 방식이다.

글로는 이해하기 어렵기 때문에, 코드를 통해 확인해보자.

코드 L1-9 **부분 리스트 참조 1**

```
# 부분 리스트, 인덱스 : 2 이상 인덱스 : 5 미만
print(l[2:5])

# 부분 리스트, 인덱스 : 0 이상 인덱스 : 3 미만
```

```
print(1[0:3])
```

```
# 시작하는 인덱스가 0인 경우, 생략 가능
print(1[:3])
```

```
[3, 5, 8]
[1, 2, 3]
[1, 2, 3]
```

이 코드의 가장 첫 줄의 1[2:5]는, 세번째 요소인 1[2]에서 시작, 6번째 요소 1[5]의 바로 한 개 이전, 즉 1[4]까지의 부분 리스트를 참조하기 위한 코드다.

다음의 1[0:3]은, 1[0]에서 시작해 1[3]의 바로 한 개 이전인 1[2]까지의 부분 리스트를 출력한다. 마지막 예시에서는 가장 처음 시작 요소의 인덱스 값이 생략됐다. 이 경우, 생략된 시작 요소는 자동적으로 1[0]을 의미한다. 따라서, 1[0:3]과 1[:3]은 동일한 결과를 출력한다.

부분 리스트 참조 2

좀 더 다양한 부분 리스트 참조 패턴을 다음 코드에서 살펴보자.

코드 L1-10 부분 리스트 참조 2

```
# 부분 리스트, 인덱스 : 4 이상 마지막 까지
# 리스트의 길이(요소 수)를 구함
n = len(1)
print(1[4:n])
```

```
# 마지막 요소는 인덱스 생략 가능
print(1[4:])
```

```
# 마지막에서 2개 요소
print(1[-2:])
```

```
# 처음과 마지막 인덱스를 생략하면, 리스트 전체를 참조
print(1[:])
```

```
[8, 13]
[8, 13]
```

```
[8, 13]
[1, 2, 3, 5, 8, 13]
```

이번에는 '5번째 요소에서 마지막 요소'까지를 참조 대상으로 하고 싶은 경우를 생각한다. 지금까지 설명한 것처럼, 처음 오는 인덱스는 4이며, 문제는 '마지막' 요소의 지정 방법이다. 이 코드에서 첫번째로는, 리스트의 길이(요소 수)를 반환하는 len 함수를 사용해서 마지막 요소에 해당하는 인덱스를 할당하고 있다.

1[(인덱스1):(인덱스2)]와 같은 작성 방식으로, 처음으로 오는 (인덱스1)과 마찬가지로, 따라오는 (인덱스2)도 생략할 수 있다. 생략할 때는 '마지막 요소까지'라는 의미와 같다. 두번째 코드인 1[4:]는 이 성질을 이용한 것이다. 결과를 보면 확실히 위와 같은 결과를 출력하며, 사실은 리스트의 길이 n을 구할 필요는 없었음을 알 수 있다.

그다음에 이어지는 구현에는 의미를 한 가지 더 부여했다. 이 리스트의 5번째 요소는 뒤에서부터 세면 두번째 요소다. 그런데 뒤에서부터 두번째 요소를 인덱스 값 -2로 나타낼 수 있다. 따라서, 1[-2:]와 같이 작성하면, '리스트의 뒤에서부터 두번째에서 시작해 마지막까지'라는 의미로 참조가 가능하다.

마지막 예시인 1[:]에는 처음 오는 (인덱스1)과 뒤에 오는 (인덱스2) 모두 생략되어 있다. 이런 경우는, 이제 추측할 수 있겠지만, 리스트 전체를 의미한다. 리스트의 인덱스의 경우, 이런 작성 방식은 (원래 변수와 동일하기 때문에) 전혀 의미 없긴 하지만, 다음 부록에서 설명할 넘파이에서는 중요한 의미를 갖는 경우가 있다.

L1.4 튜플

리스트와 많이 닮은 데이터 구조로 '튜플'이라는 것이 있다. 다음 코드에 튜플의 정의 방법과 전형적인 사용 방법을 작성했다.

코드 L1-11 **튜플**

```
# 튜플의 정의
t = (1, 2, 3, 5, 8, 13)

# 튜플의 값 출력
```

```
print(t)

# 튜플의 형 출력
print(type(t))

# 튜플의 요소 수
print(len(t))

# 튜플의 요소 참조
print(t[1])
```

```
(1, 2, 3, 5, 8, 13)
<class 'tuple'>
6
2
```

튜플과 리스트는 정의 방식이 다르다. 리스트는 [ ]로 감싼 형태지만, 튜플은 ( )를 사용한다. type 함수로 형을 출력하면 class 'tuple'이 반환된다.

요소 수를 len 함수로 확인하거나, t[1]과 같이 요소를 참조하는 점은 리스트와 완전히 동일하다.

그러나 리스트와 튜플의 거동에는 결정적으로 다른 점이 있다. 다음 코드에서 그 차이를 확인해보자.

코드 L1-12 튜플의 요소에 대입은 불가능함

```
t[1] = 1
```

```
---------------------------------------------------------
TypeError Traceback (most recent call last)
<ipython-input-5-d6b0ce29b2aa> In <module>
----> 1 t[1] = 1

TypeError: 'tuple' object does not support item assignment
```

이 코드는 미리 정의한 튜플인 t의 특정 요소 t[1]을, 다른 값으로 다시 쓰려고 하는 상황을 보여준다. 그렇게 하면, 위와 같은 에러가 발생한다. 이처럼 한번 정의한 튜플은 값을 수정할 수 없다. 시험해보면 알겠지만, 리스트 변수의 경우는 한번 정의한 내용을 자유롭게 수정할 수 있다.

파이썬에서는 다양한 상황에서 크게 의식하지 않고 튜플이 사용된다. 그 예를 코드 L1-13과 코드 L1-14에서 살펴보자.

코드 L1-13 두 변수의 쌍을 새로운 변수에 대입

```
x = 1
y = 2
z = (x, y)
print(type(z))
```

```
<class 'tuple'>
```

코드 L1-13에서는 변수 x와 변수 y를 (x, y)의 형태로 표현해서 하나의 새로운 변수 z에 대입하고 있다. 새로운 변수 z의 형은 class 'tuple'이다. 크게 특별한 점은 없어 보이는 코드다.

다음의 코드 L1-14는 방금 정의한 새로운 변수 z를 사용한 구현 예시다.

코드 L1-14 두 변수에 동시에 값을 대입

```
a, b = z
print(a)
print(b)
```

```
1
2
```

무려 **a와 b 변수에 동시에 값이 대입**되었다. 어째서 이런 것이 가능한 것인가?

사실은 '**a, b**'처럼 적으면 이 식도 튜플이 되기 때문이다. 파이썬에서는 대입을 의미하는 등식 = 의 우변과 좌변이 서로 요소 수가 동등한 튜플이라면, **여러 개의 변수에 동시 대입이 가능**하다.

L1.5 사전

리스트, 튜플과 더불어 중요한 데이터 구조로 사전(딕셔너리, 프로그래밍 언어에 따라서는 해시 테이블로 불리기도 한다)이라는 것도 있다. 파이썬에서 딕셔너리를 다루는 방법에 관해 간단하게 설명한다.

사전의 정의

처음은 사전을 정의하는 방법이다. 다음 코드에 구체적인 예를 나타낸다.

코드 L1-15 **사전의 정의**

```python
# 사전의 정의
my_dict = {'yes': 1, 'no': 0}

# print문 출력 결과
print(my_dict)

# type 함수 출력 결과
print(type(my_dict))
```

```
{'yes': 1, 'no': 0}
<class 'dict'>
```

이 코드의 가장 첫 부분이 사전을 정의하는 방법이다. 웹 시스템에서 주로 사용하는 JSON 포맷과 동일하게 {}로 감싸며, 그 안에는 '키:값'의 형태를 콤마를 사용해 열거한다.

print 문의 출력 결과는 정의 내용이 그대로 담겨 있다. 그리고 type 함수로 형을 출력한 결과는 class 'dict'다.

사전의 참조

다음 코드에서, 앞서 정의한 사전의 참조 방법을 나타낸다.

코드 L1-16 **사전의 참조**

```python
# 키로부터 값을 참조

# key= 'yes'로 검색
value1 = my_dict['yes']
print(value1)

# key='no'로 검색
value2 = my_dict['no']
print(value2)
```

```
1
0
```

이 코드처럼 사전을 키로 검색하려면 my_dict['yes']와 같이 작성한다. 리스트의 참조와 닮아 있으면서도 복잡해 보이지만, []의 내부가 정수가 아닌 문자열인 경우, 사전의 참조를 의미하는 것이다.

사전 추가

이미 작성한 사전에 새로운 항목을 추가하는 방법을 알아보자. 구현은 다음과 같다.

코드 L1-17 **사전에 새로운 항목 추가**

```
# 사전에 새로운 항목 추가
my_dict['neutral'] = 2

# 결과 확인
print(my_dict)
```

```
{'yes': 1, 'no': 0, 'neutral': 2}
```

my_dict라는 사전에 새로운 키 'neutral'로 항목을 추가하고 싶은 경우, my_dict['neutral'] = 2와 같이 작성하면 된다. 그런 다음, 새로운 항목이 추가됐는지 확인하기 위해, 한 번 더 my_dict 전체를 print 함수로 출력해보자.

L1.6　제어 구조

지금까지 기본형, 리스트, 튜플, 사전 자료형을 중심으로 파이썬 문법을 살펴봤다. 프로그래밍 언어는 자료형과 더불어 제어 구조 역시 중요하다. 지금부터, 대표적인 제어 구조인 '루프 처리', '조건 분기(if 문)', '함수'에 관해 순서대로 설명한다.

루프 처리

파이썬에는 루프 처리를 위한 몇 가지 방법이 있는데, 가장 전형적인 방법은 리스트를 인수로 사용해서, 각 요소를 하나씩 순차적으로 처리해 나가는 패턴이다. 그 구현 예시를 다음 코드를 통해 확인해보자.

코드 L1-18 리스트를 인수로 하는 루프 처리

```
# 루프 처리

# 리스트 정의
list4 = ['One', 'Two', 'Three', 'Four']

# 루프 처리
for item in list4:
    print(item)
```

```
One
Two
Three
Four
```

사전에 준비한 리스트 list4의 변수에 대해 'for item in list4:'와 같이 작성하면, 그 뒤로 이어지는 제어 구조 내부에서는 리스트의 각 요소를 item이라는 변수명으로 참조하게 된다. 코드 L1-18에서는 단순하게 각 요소를 print 문으로 출력하는 처리만을 하고 있지만, 훨씬 복잡한 처리도 이 안에서 할 수 있다.

여기서 매우 중요한 문법상의 포인트가 있다. 그것은, 파이썬의 제어 구조 내부는 행의 들여쓰기 (indent)에 따라 규정된다는 규칙이다. 자바 언어 등에서도, 사람이 프로그램을 작성할 때는 보기 좋고 알기 쉽게 하기 위해, 제어 구조 내부를 들여 쓰는 경우는 흔히 볼 수 있다. 이런 관용적인 규칙을, 파이썬에서는 아예 언어의 문법으로 규정하고 있다. 이에 따른 장점은, 다른 언어에서 제어 구조의 내부를 나타내는 데 필요한 괄호가 파이썬에서는 필요 없다는 것이다. 결과적으로 파이썬은 다른 언어보다 간결한 코드를 작성할 수 있다. 한편으로는 이 문법에 익숙해지지 않으면 (들여쓰기를 잊어버리는 등의 원인으로) 때때로 에러가 발생하므로 주의해야 한다.

코드 L1-18에서 print 문이 애매한(들여쓰기한) 위치에 쓰여 있는 것에는, 이처럼 깊은 의미가 있다.

range 함수를 사용한 루프 처리

이제 코드 L1-18처럼, 루프 처리의 대상으로 리스트를 사용하는 패턴은 이해했을 것이다. 그럼, 자바 등에서 자주 사용하는 (for i=0, i<N, i++)와 같은 정숫값 인덱스로 루프 처리를 하는 경우는 어떻게 해야 할까?

이런 경우 자주 사용되는 것이 range 함수다. 코드부터 살펴보자.

코드 L1-19 range 함수를 사용한 루프 처리

```
# range 함수를 사용한 루프 처리

for item in range(4):
    print(item)
```

```
0
1
2
3
```

이 코드로부터, range(4)의 결과가 [0, 1, 2, 3]이라는 리스트로 작용하고 있다는 것을 알아챘을 것이다. range 함수는 바로 이런 식으로 리스트를 자동 생성해주는 함수인 것이다.

range 함수는 인수 2개를 취하기도 한다. 다음 코드에서 확인해보자.

코드 L1-20 인수 2개를 취하는 range 함수

```
# 인수 2개를 취하는 range 함수

for item in range(1, 5):
    print(item)
```

```
1
2
3
4
```

인수를 2개 지정한 경우, 처음 오는 인수가 리스트의 시작 지점을 의미한다.

사전의 items 함수를 사용한 루프 처리

다음으로 사전의 items 함수를 사용한 루프 처리의 예시를 알아보자. 구현은 다음과 같다.

코드 L1-21 items 함수를 사용한 루프 처리

```
# 사전과 루프 처리

# items 함수
print(my_dict.items())

# items 함수를 사용한 루프 처리
for key, value in my_dict.items():
    print(key, ':', value )
```

```
dict_items([('yes', 1), ('no', 0), ('neutral', 2)])
yes : 1
no : 0
neutral : 2
```

사전 데이터에 대해서는 items 함수를 호출할 수 있으며, 그 결과로 (key, value) 튜플의 리스트가 반환된다.

이 성질을 활용한 것이 코드 L1-21의 마지막 부분의 구현이다. 'for key, value in …'과 같이 작성하면 사전의 key와 value를 쌍으로 받을 수 있다. 이런 방식의 루프 처리는 8장의 데이터셋에서 확인하기 바란다.

조건 분기(if 문)

루프 처리와 더불어 중요한 제어 구조로 if 문을 활용한 조건 분기가 있다. 파이썬에서 어떤 방식으로 구현하는지 다음 코드에서 확인해보자.

코드 L1-22 조건 분기

```
# if 문 예시
for i in range(1, 5):
    if i % 2 == 0:
        print(i, '  짝수입니다') else: print(i, '  홀수입니다')
```

```
1  홀수입니다
2  짝수입니다
3  홀수입니다
4  짝수입니다
```

이 코드에서는 앞에서 설명한 range 함수를 사용한 루프 처리 내부에, if 분기 구조를 포함시켜 이중으로 처리하는 구조를 구현하고 있다.

i % 2는 '정수 i를 2로 나눈 나머지'를 의미한다(L1.2 '연산'에서 설명했다). 나머지가 0이면 i가 짝수이고 나머지가 1이면 i가 홀수이므로, 이 규칙에 따라 요소를 나눠 메시지를 출력하도록 프로그램을 작성했다.

if 문에 따른 분기의 경우에도, 처리 구조 내부는 들여쓰기를 하고 있다. 이렇게 제어 구조가 중복인 경우도 괄호는 필요하지 않으므로, 자바 등과 비교해 파이썬은 간결한 코드를 작성할 수 있다.

함수

프로그래밍 언어의 제어 구조로 루프 처리, 조건 분기와 함께 중요한 함수의 개념에 관해 알아보자. 다음 코드를 통해 파이썬에서 함수를 정의하는 방법과 호출에 관한 예시를 확인할 수 있다.

코드 L1–23 함수의 정의 예시 1

```
# 함수의 정의 예시 1
def square(x):
    p2 = x * x
    return (p2)

# 함수의 호출 예시 1
x1 = 13
r1 = square(x1)
print(x1, r1)
```

13 169

파이썬에서 함수를 정의할 때는, 행의 첫머리에 'def'라고 작성한 다음, '함수명(인수 열거):'와 같은 방식으로 이어 작성한다. 인수가 한 개도 없는 함수도 물론 정의할 수 있는데, 그 경우에는 'def 함수명():'과 같이 작성한다.

함수의 경우에도 내부의 처리는 들여 쓴다. 그리고 값을 반환할 때는 'return 값'을 작성한다.

함수의 호출 방법에 관해서는 특별히 어려운 점은 없으니, 자세한 설명은 필요하지 않을 것이다. 위의 예시에서 square라는 함수는, 수치로 된 인수 하나를 입력하면 그 값의 제곱을 결과로 반환한다. 실제로 13을 인수로 함수를 호출하면, 그 제곱인 169가 반환되는 것을 확인할 수 있다.

파이썬에서는, 앞서 설명한 튜플 구조를 잘만 활용하면, 여러 값을 동시에 반환하는 함수를 만드는 것도 가능하다. 다음 코드에서 그 예를 살펴보자.

코드 L1-24 함수의 정의 예시 2

```
# 함수의 정의 예시 2
def squares(x):
    p2 = x * x
    p3= x * x * x
    return (p2, p3)

# 함수의 호출 예시 2
x1 = 13
q2, q3 = squares(x1)
print(x1, q2, q3)
```

```
13 169 2197
```

여기서 구현한 squares 함수는, 하나의 인수로 수치를 받아서 그 제곱을 계산해주는 것까지는 이전과 동일하지만, 세제곱을 추가로 계산해준다. 그리고 return 문에서 (p2, p3)로 두 요소를 튜플로 반환하고 있다.

이런 형태의 함수의 경우, q2, q3처럼 변수 2개를 미리 준비해 놓으면, 결과적으로 값 2개를 동시에 받아 사용할 수 있다. 파이썬만이 갖는 편리한 함수 정의 방식이라고 할 수 있다.

L1.7 그 외의 기능

여기까지 파이썬만이 갖는 기능에 관해서는, 최대한 자세하게 설명하면서 파이썬의 문법을 기본적인 부분부터 간략하게 설명했다. 이 절에서는, 이 책의 샘플 코드에 나와있는 그 이외의 기능들에 관해서 설명한다.

라이브러리 설치

파이썬이 머신러닝에 적합하고 편리한 이유 중 하나는, 다양한 라이브러리를 사용할 수 있다는 점을 꼽을 수 있다. 이 책의 실행환경이기도 한, 구글 코랩(Google Colab) 등 주피터 노트북(Jupyter Notebook)이 동작하는 환경에서 라이브러리를 사용하는 경우, 두 단계에 걸친 준비가 필요한 경우가 있다.

먼저, 라이브러리를 주피터 노트북이 가동 중인 OS상의 소프트웨어로 설치하는 단계다. 넘파이(Numpy)나 판다스(Pandas)로 대표되는 머신러닝에서 매우 자주 사용되는 라이브러리는 보통, 주피터 노트북과 함께 설치되어 있다. 그러나 그다지 사용되지 않는 라이브러리는 설치되어 있지 않기도 하다. 이런 상황에서 다음과 같이 pip 커맨드를 사용해 라이브러리를 설치한다.

코드 L1-25 라이브러리 설치

```
# 라이브러리 설치
!pip install matplotlib | tail -n 1
```

```
Successfully installed matplotlib-1.1.3
```

!pip처럼 행의 첫 문자열에 !가 붙어 있는데, 이는 노트북 안에서 OS 커맨드를 실행하기 위한 규칙이다. 이 코드로 설치한 matplotlib는 매트플롯립(Matplotlib)이라는 그래프를 출력하는 기능을 포함하며, 이 책의 샘플 코드에서 기본적으로 사용하는 라이브러리다.

코드의 '| tail -n 1' 부분은 유닉스/리눅스만의 독특한 '파이프라인 처리'다. 설치 커맨드를 실행해서 매우 많은 수의 행이 출력되면 번거롭고 알아보기 힘들므로, 마지막 한 행만을 표시하기 위한 목적이다.

라이브러리 임포트

OS상에 라이브러리가 설치된 다음에도, 곧바로 사용 가능한 것은 아니다. 노트북상에서 라이브러리를 사용하려면 '임포트'를 해줘야 한다. 예를 들어 코드 L1-26과 같이 임포트를 해준다. 참고로, 이 코드는 이 책의 샘플 코드에서 공통으로 사용한다.

코드 L1-26 라이브러리 임포트

```
# 라이브러리 임포트
import pandas as pd
```

```
import numpy as np
import matplotlib.pyplot as plt

# 데이터 프레임 표시 함수
from IPython.display import display
```

이 코드는 import로 시작하는 행과, from으로 시작하는 행으로 나눌 수 있다.

import로 시작하는 경우는, **임포트한 모듈에 포함된 함수를 모두 사용할 수 있다는 뜻이다.**

반면, from x import y와 같은 형식이라면, **'x라는 이름의 라이브러리 중 y라는 함수(또는 변수·클래스) 만을 사용한다**'는 선언이다. 따라서, 이 코드의 맨 마지막 줄은 IPython.display 라이브러리에서 'display 함수'만을 사용한다는 뜻이다.

그리고 import pandas as pd는 **'pandas라는 이름의 라이브러리를 pd라는 별칭으로 사용한다**'는 의미다. 처음 세 개의 import 문은, 머신러닝 프로그램에서 관용적으로 사용하는 별칭들로 이해하면 좋으며, 항상 기억하고 있길 바란다.

warning을 출력하지 않는 방법

이 책에서 사용한 공통 처리에 관해 한 가지 더 설명한다. 코드 L1-27이 그 구현이다.

코드 L1-27 warning 출력 무시하기

```
# 필요하지 않은 warning 출력하지 않기
import warnings
warnings.filterwarnings('ignore')
```

여기서는 warning이라는 라이브러리를 임포트하고, 그 안의 filterwarnings라는 함수를 호출했다. 파이 썬에서는 하루가 다르게 라이브러리의 버전이 업데이트되고 있으며, '이 함수는 다음 버전에서 사용할 수 없게 될 예정입니다'라는 경고 메시지를 출력하게 되는 경우가 발생한다. 이런 경고 메시지를 더 이상 출력하지 않게 하기 위한 설정이 바로 코드 L1-27이다.

수치의 출력 형식 지정

마지막으로 수치의 정형 출력(formatting) 방법에 관해 설명한다. 파이썬에서는 지금까지 실습에서 다뤘던 것처럼, 대상 변수가 리스트나 사전 형태일지라도 print 함수로 넘기기만 하면 그 내용을 출력할 수 있다. 한편 부동소수점수형 등의 기본형은 소수점 이하 자릿수 지정 등을 조금 더 꼼꼼하게 가다듬어 출력해야 하는 경우가 있다. 기존에는 이를 위한 몇 가지 방법이 있었으나, 파이썬 3.6부터는 짧은 코드로 출력할 수 있는 새로운 방식이 추가되어서, 이 책의 실습에서는 이 방식을 표준으로 채택했다.

구체적으로는 코드 L1-28과 같은 구현이다.

코드 L1-28 f 문자열 표시

```
# f 문자열 표시
a1 = 1.0/7.0
a2 = 123

str1 = f'a1 = {a1}   a2 = {a2}'
print(str1)
```

```
a1 = 0.14285714285714285   a2 = 123
```

f'xxx'처럼 f로 시작하는 문자열이 파이썬 3.6부터 지원하는 'f 문자열'이라는 특수한 서식이다. f 문자열에서는 변수의 값을 {변수명}처럼 직접 중괄호 안으로 집어넣는다. 이 코드에서는 str1의 식에서 {a1}과 {a2} 두 군데에 변수를 집어넣었다. 그리고 str1을 print 함수를 통해 출력했다.

또한 f 문자열은 각 변수의 서식을 상세하게 지정할 수 있다는 특징도 있다. 구체적인 예시를 코드 L1-29에 나타냈다.

코드 L1-29 f 문자열의 상세 옵션

```
# f 문자열의 상세 옵션

# .4f : 소수점 이하 네 자리 고정소수점 표시
# 04 : 정수를 0을 포함해 네 자리까지 표시
str2 = f'a1 = {a1:.4f}   a2 = {a2:04}'
print(str2)
```

```
# 04e : 소수점 이하 네 자리 부동소수점 표시
# #x : 정수를 16진수로 표시
str3 = f'a1 = {a1:.04e}   a2 = {a2:#x}'
print(str3)
```

```
a1 = 0.1429   a2 = 0123
a1 = 1.4286e-01   a2 = 0x7b
```

처음 예시는 부동소수점수형 데이터에 대해 '소수점 이하 네 자리 고정소수점 표시'로 지정한 결과를 나타낸다. 그리고 정수형에 대해서는 '0을 포함한 네 자리 고정 표시'로 지정했다.

두번째 예시에서는, 부동소수점수형 데이터에 대해 '소수점 이하 네 자리 부동소수점 표시'로 지정을, 그리고 정수형에 대해서는 '16진수 표시'로 지정한 결과를 보여준다. 모두 예상했던 결과가 출력됐다.

서식을 지정하는 자세한 문법에 관해서는 다음 주소의 문서를 참고하기 바란다.

https://docs.python.org/ko/3/library/string.html#formatstrings

넘파이
입문

머신러닝 프로그램은 결국 대부분이 표로 이뤄진 데이터 대한 조작의 연속이다. 넘파이(Numpy)의 특징을 한마디로 말하자면, 표 형식의 데이터 간 계산을 쉽게 할 수 있게 하는 툴의 모음이다. 넘파이 자체는 굉장히 기능이 많은 라이브러리이므로, 설명을 자세히 하자면 한 권의 책이 만들어질 정도지만, 자주 사용하는 기능은 그리 많지 않다.

이번 부록에서는 이 책의 실습에서 사용되는 넘파이의 기능을 대략 설명한다. 넘파이를 처음 사용하는 독자라도 이번 부록의 내용을 이해하면, 이 책의 실습 코드를 공부하는 데 어려움을 겪을 일은 없을 것이다.

라이브러리 임포트

파이썬에서 라이브러리를 사용하려면, 다음과 같이 어떤 라이브러리를 쓸지 import문을 프로그램에 작성해 선언해야 한다.

코드 L2-1 라이브러리 임포트

```
# 라이브러리 임포트
import numpy as np

# 넘파이의 부동소수점 자릿수 표시
np.set_printoptions(suppress=True, precision=5)
```

라이브러리 명칭은 알파벳 소문자로 numpy다. 이 명칭으로도 물론 사용할 수 있지만, 머신러닝 프로그램에서는 np라는 별칭으로 참조하는 사용법이 표준이므로, 이 관례를 따른다. 그다음 줄의 코드에서는 넘파이의 부동소수점 데이터 표시 형식을 지정한다. 기본 설정으로는 자릿수가 너무 많아서 보기 힘들므로, 이 책에서는 소수점 이하 다섯 자리로 통일한다.

L2.1 정의

넘파이 데이터의 몇 가지 정의 방법을 소개한다.

array 함수로 정의

먼저 소개할 것은, array 함수를 통한 정의 방법이다. 다음의 코드 L2-2에서는 벡터(1계 배열) 변수의 정의 방법을 나타낸다.

코드 L2-2 array 함수를 통한 벡터(1계 배열) 변수의 정의

```python
# array 함수를 통한 벡터(1계 배열) 변수의 정의
n1 = np.array([1, 2, 3, 4, 5, 6, 7])

# 결과 확인
print(n1)

# 요소 수 확인
print(n1.shape)

# 또 다른 방법
print(len(n1))
```

```
[1 2 3 4 5 6 7]
(7,)
7
```

array 함수의 인수로 리스트를 넣으면, 벡터(1계(1차원) 배열)가 만들어진다.

넘파이 배열은, 많은 계수로 된 구조를 갖는 배열이라 할지라도 print 함수로 내부를 확인할 수 있다. 코드 L2-2에서는, 대상이 1계인 경우 print 함수로 결과([1 2 3 4 5 6 7])를 출력했다.

넘파이 변수에는 한 가지 더 중요한 shape라는 속성이 있다. 이번 예의 경우, 요소 수가 7개이므로 (7,)이라는 1 요소 튜플이 반환됐다. 앞으로 구현 예에서 보겠지만, shape를 통해 해당 배열의 차원과 요소의 수가 얼마인지 동시에 확인할 수 있다.

코드 L2-2의 마지막에서 요소 수를 확인하는 또 다른 방법으로, len 함수를 사용하는 방법을 나타냈다.

그럼, '행렬'로 불리는 2계 배열의 정의는 어떻게 이뤄지는지, 그 구현 방법을 다음의 코드 L2-3에서 살펴보자.

코드 L2-3 array 함수를 통한 행렬(2계 배열) 변수의 정의

```python
# array 함수를 통한 행렬(2계 배열) 변수의 정의
n2 = np.array([
    [1, 2, 3],
    [4, 5, 6],
    [7, 8, 9],
    [10,11,12]
])

# 결과 확인
print(n2)

# 요소 수 확인
print(n2.shape)

# 또 다른 방법
print(len(n2))
```

```
[[ 1 2 3]
 [ 4 5 6]
 [ 7 8 9]
 [10 11 12]]
(4, 3)
4
```

이번에는 array 함수의 인수로 이중 구조인 '리스트의 리스트'를 사용했다. 이것으로 '행렬'의 정의를 할 수 있다.

주목해야 할 점은, 이 행렬이 담긴 n2를 print 함수로 출력한 결과다. 교과서에서 자주 등장하는 행렬과 매우 닮은 형태가 출력된다. 문법적으로 올바름을 유지한 채, 줄바꿈 등 사용자가 보기 좋은 형태로 출력이 가능하다. shape의 속성은 (4, 3)이며, 4행 3열인 행렬이라는 것을 이 속성으로부터 바로 알 수 있다. 이 경우 len 함수는 4를 출력하는데, 이것은 행렬의 행 방향의 요소 수(shape로 얻은 결과의 첫번째 수)를 나타낸다.

넘파이에서는 행렬보다 계수가 훨씬 큰 배열도 정의할 수 있다. 이 경우에는 array 함수에 넣을 리스트의 계층을 깊게 작성하면 위처럼 정의할 수 있지만, 구조가 복잡해서 알기 어려워지므로, 복잡한 계층의 배열은 지금부터 설명하는 방법으로 정의한다.

zeros 함수, ones 함수 등을 사용

넘파이에서는 zeros 함수나 ones 함수를 사용해서 값을 일일이 지정하지 않고도 벡터나 행렬을 한 번에 정의할 수 있다. 이 방법에 관해 지금부터 살펴보기로 한다.

먼저 코드 L2-4는 zeros 함수를 사용해서 벡터를 정의하는 예시를 나타낸다.

코드 L2-4 zeros 함수로 모든 요소가 0인 벡터를 정의

```python
# zeros 함수로 모든 요소가 0인 벡터를 정의
n3 = np.zeros(5)

# 결과 확인
print(n3)

# 요소 수 확인
print(n3.shape)
```

```
[0. 0. 0. 0. 0.]
(5,)
```

zeros 함수의 인수 5는 요소의 수를 의미한다. 이처럼 하나의 인수로 정수 N을 입력하면, 요소의 수가 N 개이면서 그 값은 모두 0인 벡터가 정의된다.

다음의 코드 L2-5에서는 ones 함수를 사용한 행렬을 정의한다.

코드 L2-5 ones 함수로 모든 요소가 1인 행렬을 정의

```python
# ones 함수로 모든 요소가 1인 행렬을 정의
n4 = np.ones((2,3))

# 결과 확인
print(n4)

# 요소 수 확인
print(n4.shape)
```

```
[[1. 1. 1.]
 [1. 1. 1.]]
(2, 3)
```

이번에는 ones 함수의 인수로 (2, 3) 튜플을 입력했다. 그 결과, 요소가 모두 1이면서 2행 3열인 행렬이 만들어졌다.

마지막으로 소개할 예시는, 정수가 아닌 난수 값으로 넘파이 변수를 초기 설정하는 패턴이다. 여기에는 몇 가지 방법이 있지만, 대표적인 예로 randn 함수를 사용한 예시를 코드 L2-6에서 소개한다.

코드 L2-6 모든 요소가 정규 분포를 따르는 변수인 3계 행렬

```
# 모든 요소가 정규 분포를 따르는 변수인 3계 행렬
n5 = np.random.randn(2,3,4)

# 결과 확인
print(n5)

# 요소 수 확인
print(n5.shape)
```

```
[[[-1.294 1.4833 1.2889 -1.1577]
  [-0.659 0.0941 -0.8249 0.5304]
  [ 0.0407 -1.0613 -0.8609 -0.0092]]

 [[-1.1309 -0.6329 0.4772 -0.6204]
  [ 0.2679 -0.3902 0.2042 -0.4606]
  [-0.8976 0.7191 -0.0544 -0.039 ]]]
(2, 3, 4)
```

print(n5)의 출력 결과를 통해 알 수 있듯이, print 함수의 결과는 3행 4열의 행렬을 2개 표시하고 있으며, 이 안에 3계 행렬의 값이 모두 포함되어 있다. 이 점은, 행렬의 shape이 (2, 3, 4)인 점과도 일맥상통한다. 그리고 **모든 값은 랜덤**으로 출력되고 있고, 이 값들은 **평균이 0, 분산이 1인 정규분포에 따라 생성된 난수**다.

그래프 출력용 수치 배열 생성

머신러닝 코드에서 자주 등장하는 패턴으로, 어떤 함수의 값을 넘파이로 한 번에 계산한 다음, 그 결과를 매트플롯립을 사용해 그래프로 출력하는 경우가 있다[1]. 이 패턴에 대비해 일정 간격으로 x좌표 값의 배열을 계산할 필요가 있다.

---

1 구체적인 예시는 '부록 3'에서 소개한다.

넘파이에서 이와 같은 기능을 제공하는 것이 linspace 함수와 arange 함수다. 각 함수를 사용한 구현 패턴을 설명한다.

먼저 linspace 함수를 사용한 계산을 코드 L2-7에서 확인해보자.

코드 L2-7 linspace 함수로 계산한 그래프 출력용 수치 배열

```python
# linspace 함수로 그래프 출력용 수치 배열을 계산

# 등간격으로 점을 찍음
# 점의 수가 세번째 인수
n6 = np.linspace(-1, 1, 11)

# 결과 확인
print(n6)
```

```
[-1. -0.8 -0.6 -0.4 -0.2 0. 0.2 0.4 0.6 0.8 1. ]
```

np.linspace(-1, 1, 11)을 호출할 때 인수에 관해 설명한다. **첫번째 인수가 구간의 시작점**(최솟값), 그리고 **두번째 인수가 마지막점**(최댓값)이다. 세번째 인수는 **이 구간을 등간격으로 만들기 위한 점의 개수**다. 세번째 인수에 관해서는, **구간을 10등분하고 싶다면 점은 모두 11개가 필요하다**는 점에 주의해야 한다.

다음으로 arange 함수를 사용한 계산을 코드 L2-8에서 소개한다.

코드 L2-8 arange 함수로 계산한 그래프 출력용 수치 배열

```python
# arange 함수로 그래프 출력용 수치 배열을 계산

# 등간격으로 점을 찍음
# 간격의 크기 값이 세번째 인수
# (두번째 인수는 max가 아니라 '미만'이라는 점에 주의)
n7 = np.arange(-1, 1.2, 0.2)

# 결과 확인
print(n7)
```

```
[-1. -0.8 -0.6 -0.4 -0.2 -0. 0.2 0.4 0.6 0.8 1. ]
```

np.arange(-1, 1.2, 0.2)을 호출할 때 인수에 관해 설명하면 다음과 같다.

- 첫 번째 인수(-1): 구간의 시점(최솟값)

- 두 번째 인수(1.2): 구간의 마지막 점(최댓값이나, **'이 값 미만'이라는 의미**인 점에 주의)

- 세 번째 인수(0.2): **점을 찍는 간격**

결과적으로 np.linspace(-1, 1, 11)과 np.arange(-1, 1.2, 0.2)은 동일한 벡터를 정의한다. 지금까지 설명한 내용을 다시 한번 되새기며 각 함수가 의미하는 바를 확실히 기억해두기 바란다.

L2.2 조작

넘파이에는 정의한 벡터나 행렬 등에 대해, 다양한 조작이 가능한 함수들이 마련되어 있다. 그중에서도 이 책의 실습 코드에서 등장하는, 특히 중요한 기능과 함수에 관해 설명한다.

특정 행, 열의 추출

가장 먼저 설명할 내용은, 행렬에서 특정 행이나 열을 추출하는 기능이다. 부록 1에서 파이썬 문법 중 **리스트 변수**에 대해 **'부분 리스트를 참조'**하는 기능을 설명했는데, 이 아이디어를 넘파이 변수로 확장한 것이라고 생각하면 된다. 코드 L2-9가 그 구현 예시다.

코드 L2-9 **특정 행, 열의 추출 1**

```
# 원본 변수
print(n2)

# 모든 행의 0번째 열을 추출
n8 = n2[:,0]
print(n8)
```

```
[[ 1  2  3]
 [ 4  5  6]
 [ 7  8  9]
 [10 11 12]]
[ 1  4  7 10]
```

위의 구현이 이해하기 어렵다면, 그림 L2-1과 함께 참조하면서 이어지는 설명을 읽어 보기 바란다.

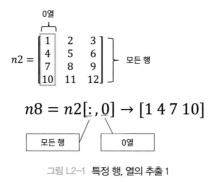

그림 L2-1 특정 행, 열의 추출 1

n2[:,0]라는 코드에서 가장 중요한 것은 콤마다. **콤마를 기준으로 앞은 행의 범위를, 뒤는 열의 범위를** 나타낸다. 코드 L2-9의 예시과 비교해보면,

행 요소 : ':'

열 요소 : '0'

이 된다. ':'은 '**모든 요소**'를 의미하므로[2], 코드 전체를 보면 '**모든 행의 0번째 열**'를 나타내는 것이다.

특정 행, 열의 추출은 중요한 기능이므로, 코드 L2-10에서 그 패턴을 한 가지 더 확인해보자.

코드 L2-10 특정 행, 열의 추출 2

```
# 첫번째 행과 세번째 행을 추출
# True / False 요소의 배열을 지정
n2_index = np.array([False, True, False, True])
n9 = n2[n2_index]
print(n9)
```

```
[[ 4  5  6]
 [10 11 12]]
```

이번에도 그림 L2-2를 통해 이 코드의 양상을 나타낸다.

---

2 이 이유에 관해서는 '부록 1'의 리스트에서 설명했다.

$$n2 = \begin{bmatrix} 1 & 2 & 3 \\ 4 & 5 & 6 \\ 7 & 8 & 9 \\ 10 & 11 & 12 \end{bmatrix} \begin{matrix} \text{False} \\ \text{True} \\ \text{False} \\ \text{True} \end{matrix} \implies \begin{bmatrix} 4 & 5 & 6 \\ 10 & 11 & 12 \end{bmatrix}$$

그림 L2-2 특정 행, 열의 추출 2

이 코드에서는 인덱스에 해당하는 위치(n2_index)에 행과 같은 요소 수(=4)를 가진 True/False 배열을 두고 있다. 이와 같이 작성하면, 그림 L2-2의 규칙에 따라, 'True'에 대응하는 행만을 추출할 수 있게 된다.

reshape 함수

넘파이에는 reshape 함수를 사용해 요소의 순서를 바꾸지 않으면서, 벡터를 행렬로 바꾸는 등, 형상을 변형할 수 있다. reshape 함수를 사용한 형상 변형은 머신러닝 실습에서 매우 자주 등장하는 패턴이므로, 전형적인 몇 가지 예시를 코드를 통해 설명한다.

우선, reshape 함수의 조작 대상으로, 코드 L2-11처럼 24개 요소를 가진 벡터의 배열을 정의한다.

코드 L2-11 조작 대상 배열의 정의

```
# 초기 변수 1계 배열
n10 = np.array(range(24))

# 결과 확인
print(n10)
```

```
[ 0  1  2  3  4  5  6  7  8  9 10 11 12 13 14 15 16 17 18 19 20 21 22 23]
```

코드 L2-11에서 array 함수의 인수로 range 함수의 결과를 사용했다. 샘플용 넘파이 데이터를 만들 때, 이 역시 자주 사용하는 방법이다.

n10은 요소가 24개인 벡터이므로 3행 8열의 행렬로 변환할 수 있을 것이다. 이 변환을 코드 L2-12에서 확인해보자.

코드 L2-12 벡터를 2차원 배열로 변형

```
# 3×8의 2차원 배열로 변형
n11 = n10.reshape(3,8)

# 결과 확인
print(n11)
```

```
[[ 0  1  2  3  4  5  6  7]
 [ 8  9 10 11 12 13 14 15]
 [16 17 18 19 20 21 22 23]]
```

print 함수로 출력한 결과, 새로운 배열 n11이 3행 8열의 행렬로 변환되었음을 확인했다.

다음으로 reshape 함수의 약간 어려운 사용법에 관해 설명한다. reshape 함수에는 인수 한 곳을 '-1'로 설정할 수 있다. 이 경우, '-1'에 위치할 값을 자동으로 계산해준다. 코드 L2-13에서 그 예시를 확인할 수 있다.

코드 L2-13 요소 수의 자동 계산

```
# -1을 지정, 자동 계산
n12 = n10.reshape(2, -1, 4)

# 결과 확인
print(n12.shape)
```

```
(2, 3, 4)
```

n10은 전체 24개의 요소가 있으므로, 2×(x)×4=24로부터 x는 3이 된다. 실제로 shape은 (2, 3, 4)가 출력됐다.

마지막 예시는, 원래 N개의 요소를 가진 벡터였던 변수를 '1행 N열'의 행렬로 변형하는 패턴이다. 머신 러닝에서는 때때로 이와 같은 변형이 필요한 경우가 나타난다. 구현은 코드 L2-14와 같다.

코드 L2-14 벡터를 1행 N열의 행렬로 변형

```
# 벡터를 1행 N열의 행렬로 변형

# 원본 변수(1계 배열)
```

```
print(n10.shape)

# 변형
n13 = n10.reshape(1, -1)

# 결과 확인
print(n13.shape)
```

```
(24,)
(1, 24)
```

이번에도 결과는 shape로만 확인한다. '−1'을 인수로 사용한 reshape 함수를 호출해서, n10을 의도한 대로 1행 24열의 shape을 가진 n13으로 변형했다.

축 교체하기

조금 더 어려운 조작으로 '축의 교체' 방법에 관해 설명한다. 축의 교체에서 가장 이해하기 쉬운 예시로, '행렬'의 행과 열을 서로 바꾸는 '전치 행렬'을 정의하는 조작이 있다. 이에 대한 구현은 코드 L2−15에서 확인할 수 있다.

코드 L2−15 전치 행렬

```
# 전치 행렬
print(n2)

n14 = n2.T
print(n14)
```

```
[[ 1  2  3]
 [ 4  5  6]
 [ 7  8  9]
 [10 11 12]]
[[ 1  4  7 10]
 [ 2  5  8 11]
 [ 3  6  9 12]]
```

행렬의 넘파이 변수에 '.T'라는 속성을 붙이면, 전치 행렬이 자동으로 정의된다.

이 아이디어를 3차원 이상의 행렬에 대해서 일반적으로 확장한 것이 바로 transpose 함수다. 다음의 코드 L2-16은, 3차원 배열인 n12에 대해 (0, 1, 2)인 축의 순번을 (1, 2, 0)으로 교체하는 과정을 나타내고 있다.

코드 L2-16 transpose 함수의 활용

```
# 축의 순서를 교체

# 원본 변수
print(n12.shape)
print(n12)

# 축을 (1, 2, 0) 순서로 교체
n14 = np.transpose(n12, (1, 2, 0))

# 결과 확인
print(n14.shape)
print(n14)
```

```
(2, 3, 4)
[[[ 0  1  2  3]
  [ 4  5  6  7]
  [ 8  9 10 11]]

 [[12 13 14 15]
  [16 17 18 19]
  [20 21 22 23]]]
(3, 4, 2)
[[[ 0 12]
  [ 1 13]
  [ 2 14]
  [ 3 15]]

 [[ 4 16]
  [ 5 17]
  [ 6 18]
  [ 7 19]]
```

```
[[ 8 20]
 [ 9 21]
 [10 22]
 [11 23]]]
```

이렇게 복잡한 처리는 보통 필요하지 않을 것이라고 생각할 수 있으나, 이 함수는 사실 10장의 실습에서 컬러 이미지를 출력할 때 이미 설명했다.

행렬 연결하기

마지막으로 소개할 넘파이 변수 간의 조작은, 행렬과 행렬 또는 행렬과 벡터를 연결하는 함수다.

먼저, 여기에서 사용할 변수 행렬과 벡터를 초기화한다. 코드 L2-17을 살펴보자.

코드 L2-17 연결에 사용할 행렬과 벡터

```
# 변수로 사용할 배열

# 2행 3열의 행렬
n16 = np.array(range(1,7)).reshape(2,3)
n17 = np.array(range(7,13)).reshape(2,3)

# 3요소 벡터
n18 = np.array(range(14,17))

# 2요소 벡터
n19 = np.array(range(17,19))
print(n16)
print(n17)
print(n18)
print(n19)
```

```
[[1 2 3]
 [4 5 6]]
[[ 7 8 9]
 [10 11 12]]
[14 15 16]
[17 18]
```

다음으로 코드 L2-18에서 vstack 함수를 사용해 세로로 연결하는 구현 패턴을 소개한다.

코드 L2-18 vstack 함수를 사용한 세로 연결

```
# 행렬과 행렬의 세로 연결
n20 = np.vstack([n16, n17])
print(n20)

# 행렬과 벡터의 세로 연결
n21 = np.vstack([n16, n18])
print(n21)
```

```
[[ 1  2  3]
 [ 4  5  6]
 [ 7  8  9]
 [10 11 12]]
[[ 1  2  3]
 [ 4  5  6]
 [14 15 16]]
```

행렬과 행렬을 연결하는 경우, 두 행렬의 가로 사이즈가 같다면(이 경우에서는 양쪽 모두 3), vstack 함수에 리스트 형태로 변수를 작성해서 두 행렬을 연결할 수 있다.

그 아래의 예시는 행렬과 벡터의 연결이다. 이 경우, 벡터의 요소 수(이 경우에서는 3)와 연결할 행렬의 가로 사이즈와 같다면, 동일한 방식으로 연결할 수 있다. 이 예시는, 이 책의 실습에서 학습의 과정을 로그로 기록하는 변수(history)에 저장할 때 항상 사용했던 방법이다.

다음으로 가로 연결 패턴을 알아보자. 구현은 코드 L2-19와 같다.

코드 L2-19 hstack 함수를 사용한 가로 연결

```
# 행렬과 행렬의 가로 연결
n22 = np.hstack([n16, n17])
print(n22)

# 행렬과 벡터의 가로 연결
# 벡터의 shape을 (N, 1) 형태로 변형
n23 = n19.reshape(-1, 1)
```

```
n24 = np.hstack([n16, n23])
print(n24)
```

```
[[ 1 2 3 7 8 9]
 [ 4 5 6 10 11 12]]
[[ 1 2 3 17]
 [ 4 5 6 18]]
```

행렬과 행렬의 가로 연결의 경우, vstack 함수가 hstack 함수로 바뀐 것 말고는 모두 같다. 연결이 가능할 조건은, 세로 사이즈(이번에는 2)가 모두 같을 때이다.

코드 L2-19에서 행렬과 벡터를 연결하는 예시도 볼 수 있는데, 이 경우에는 주의가 필요하다. 벡터를 그대로 연결하려고 하면 에러가 발생하므로, 반드시 reshape 함수를 사용해서 먼저 (N, 1) 형태로 변환해주어야 한다. 이 점이 세로 연결의 경우와 다른 부분이다.

L2.3 연산

이제 넘파이 변수를 사용한 연산 기능을 설명할 차례다. 크게 넘파이 변수끼리의 연산, 그 확장인 브로드캐스트 기능, 유니버설 함수, 집계 함수가 있다. 이들을 순서대로 설명한다.

넘파이 변수끼리의 연산

넘파이의 편리한 점 중 하나는, 루프 처리를 거치지 않고도 벡터 혹은 배열끼리의 계산이 가능하다는 것이다. 그 예시를 다음의 코드 L2-20에서 살펴보자.

코드 L2-20 넘파이 변수 간 연산

```
# 원본 변수
print(n16)
print(n17)

# 행렬 간 연산
n25 = n16 + n17

# 결과 확인
print(n25)
```

```
[[1 2 3]
 [4 5 6]]
[[ 7 8 9]
 [10 11 12]]
[[ 8 10 12]
 [14 16 18]]
```

두 변수 n16과 n17은 모두 2행 3열의 행렬이다. n25 = n16 + n17과 같은 연산은 같은 위치에 있는 요소끼리의 덧셈을 통해, 그 결과를 동일한 형태인 2행 3열의 행렬로 반환해준다.

브로드캐스트 기능

넘파이 고유 기능인 브로드캐스트 기능에 관해서 설명한다. 다음의 코드 L2-21을 살펴보자.

코드 L2-21 **브로드캐스트 기능**

```
# 브로드캐스트 기능

# 원본 변수
print(n1)

# 모든 요소에서 같은 값을 뺌
n22 = n1 - 4

# 결과 확인
print(n22)
```

```
[1 2 3 4 5 6 7]
[-3 -2 -1 0 1 2 3]
```

n1은 일곱 개의 요소를 가진 벡터다. n1 - 4와 같은 계산은 요소의 수가 서로 달라서, 원래대로라면 에러가 발생할 것이다. 그러나 넘파이는 이처럼 사이즈가 서로 다른 변수끼리 연산을 할 때, 값을 복사해서 상대 변수와 사이즈를 맞추도록 도와준다. 지금의 예시에서는, **4를 복사해서 [4, 4, 4, 4, 4, 4, 4]라고 하는 벡터가 만들어진다.** 이와 같은 수단으로 연산하려는 상대와 사이즈가 같아지면, 그제서야 계산이 이뤄진다. 이처럼 **복사를 통해 자동으로 연산 상대와 사이즈를 맞추는 기능을 브로드캐스트 기능**이라고 부른다. 이 기능을 활용하면, 넘파이에서는 복잡한 계산을 매우 간단한 코드로 표현할 수 있다.

유니버설 함수

넘파이에는 변수 간의 연산뿐만 아니라, 함수를 호출할 때도 간단한 표현이 가능한 기능을 가지고 있는데, 이를 유니버설 함수라고 부른다. 그 구체적인 예시를 다음의 코드 L2-22에서 볼 수 있다.

코드 L2-22 **유니버설 함수**

```python
# x 배열 준비
x = np.linspace(0, 2*np.pi, 25)
print(x)

# y=sin(x) 계산
y = np.sin(x)
print(y)
```

```
[0. 0.2618 0.5236 0.7854 1.0472 1.309 1.5708 1.8326 2.0944 2.35619 2.61799 2.87979 3.14159 3.40339
 3.66519 3.92699 4.1887 9 4.45059 4.71239 4.97419 5.23599 5.49779 5.75959 6.02139 6.28319]
[ 0.  0.25882 0.5 0.70711 0.86603 0.96593 1. 0.96593 0.86603 0.70711 0.5 0.25882 0. -0.25882 -0.5
 -0.70711 -0.86603 -0.96593 -1. -0.96593 -0.86603 -0.70711 -0.5 -0.25882 -0. ]
```

코드 L2-22의 앞부분에서는 linspace 함수를 사용해 구간 $[0, 2\pi]$를 24등분(15도 간격)하는 배열을 계산해서 변수 x에 대입한다. 여기서 처음 등장한 np.pi는 원주율을 의미하는 넘파이의 정수다.

그다음으로, y = np.sin(x)라는 행이 유니버설 함수의 호출에 해당한다. 여기서는 삼각 함수 sin을 호출하고 있다.

유니버설 함수가 호출된 경우, 넘파이 변수의 각 요소에 대해 그 함수가 하나씩 적용되고, 계산 결과는 같은 사이즈를 가진 넘파이 변수로 반환된다. 이 구조에 의해, x가 넘파이 벡터라 하더라도, 모든 점에 대한 결과가 루프 처리를 거치지 않고도 동시에 계산된다. 실제로 print(y)로 결과를 확인하면, $\sin(30°)$ $(=0.5)$나 $\sin(90°)(=1)$이 동시에 얻어졌음을 알 수 있다.

유니버설 함수도, 넘파이 연산을 간단하게 실현해주기 위한 기능 중 하나다. 넘파이에서는 삼각 함수 이외에도 np.log(로그 함수)나 np.exp(지수 함수)와 같은 함수가 마련되어 있고, 이것들은 모두 유니버설 함수로 사용할 수 있다.

집계 함수

유니버설 함수는, 넘파이 변수의 각 요소에 대해 작용하는 함수였다. 반면, 집계 함수는 배열을 하나의 묶음으로 보고, 배열 전체에 대해 하나의 결과를 반환하는 함수다. 구체적인 기능으로는 '합계', '평균', '최대', '최소' 등이 존재한다. 구현은 코드 L2-23과 같다.

코드 L2-23 집계 함수

```python
# 집계 함수

print(f'원본 변수 : {n1}')

# 합 계산, sum 함수
n23 = np.sum(n1)
print(f'합 : {n23}')

# 평균 계산, mean 함수
n24 = np.mean(n1)
print(f'평균 : {n24}')

# 최댓값 계산, max 함수
n25 = np.max(n1)
print(f'최댓값 : {n25}')

# 최솟값 계산. min 함수
# 이런 방식도 가능
n26 = n1.min()
print(f'최솟값 : {n26}')
```

```
원본 변수 : [1 2 3 4 5 6 7]
합 : 28
평균 : 4.0
최댓값 : 7
최솟값 : 1
```

이 코드를 통해 합을 계산하는 sum 함수, 평균을 계산하는 mean 함수, 최댓값을 계산하는 max 함수, 최솟값을 계산하는 min 함수를 확인할 수 있다. 이 외에도 표준 편차를 반환하는 std 함수 등이 있다.

함수를 호출할 때는 np.sum(n23) 또는 n23.sum()과 같은 두 가지 방식이 있다.

L2.4 응용 예시

지금까지 넘파이의 주요 기능에 관해 대략 살펴봤다. 이 부록을 마지막으로, 지금까지 기능을 조합해서 구현할 수 있는 전형적인 패턴에 관해 소개한다. 이 패턴들은 이미 실습에서 사용된 것들이다.

두 변수를 비교해서 일치하는 개수로 정확도를 계산

먼저, 0 또는 1을 예측하는 모델에서, 이미 알고 있는 정답과 예측 값의 일치율(정확도, Accuracy)을 계산하는 방법이다.

예를 들어, 정답 yt와 예측 값 yp가 아래의 코드 L2-24와 같은 결과였다고 가정한다.

코드 L2-24 정답 yt와 예측 값 yp

```
# 2개의 넘파이 배열 준비
# 정답
yt = np.array([1, 1, 0, 1, 0, 1, 1, 0, 1, 1])
# 예측 값
yp = np.array([1, 1, 0, 1, 0, 1, 1, 1, 1, 1])

# 내용 출력
print(yt)
print(yp)
```

```
[1 1 0 1 0 1 1 0 1 1]
[1 1 0 1 0 1 1 1 1 1]
```

이때, 코드 L2-25처럼 yt == yp 연산을 통해, 각 요소의 일치 여부에 따라 True 또는 False 값을 갖는, 같은 길이의 벡터(matched)가 정의된다.

코드 L2-25 각 요소가 일치하는지 확인하는 계산

```
# 배열의 각 요소를 동시에 비교함
matched = (yt == yp)
print(matched)
```

```
[ True True True True True True True False True True]
```

이 코드의 결과를 보면, 사각형으로 표시한 요소 하나만 일치하지 않았고, 나머지는 모두 예측에 성공한 경우임을 알 수 있다. 이제, 변수 matched의 결과로부터 정확도를 계산한다. 구현은 코드 L2-26과 같다.

코드 L2-26 정확도(Accuracy) 계산

```
# 이 결과에 sum 함수를 적용함
# 대상 변수가 논리형인 경우, True → 1, False → 0 으로 변환됨
# 정답 수를 세는 방법
correct = matched.sum()

# 전체 수는 len(matched)로 계산
total = len(matched)

# 정확도 계산
accuracy = correct/total
print(f'정답수 :{correct} 전체수 :{total} 정확도 :{accuracy:.3f}')
```

정답수 :9 전체수 :10 정확도 :0.900

코드 L2-26에서는, 먼저 matched.sum() 계산을 수행하고 있다. matched는 True 또는 False를 값으로 갖는 벡터이나, 집계 함수인 sum 함수가 호출되면 True → 1, False → 0으로 변환이 먼저 이뤄지며, 그 결과로 나온 정수에 대해 sum 함수가 적용된다. 그 결과, 정답수의 합계인 '9'를 값으로 얻는다. 전체 건수인 '10'은 len 함수를 통해 얻을 수 있으므로, 이 두 값의 비율을 구하면 그것이 정확도가 된다.

벡터 값을 1차 함수로 변환해서 [0, 1] 범위로 제한

다음 예시에서는 1차 함수를 활용해, 원래 벡터의 값이 [0, 1]의 범위에 포함되도록 했다. 넘파이의 기능으로 말하자면, 집계 함수와 브로드캐스트 기능을 조합한 예시다.

다음의 코드 L2-27에서는, 원본 벡터 n1에 대해, 그 최댓값 n1_max와 최솟값 n1_min을 집계 함수로 계산한다.

코드 L2-27 최댓값과 최솟값

```
# 모든 값을 [0, 1] 범위에 포함하도록 변환

# 원본 변수
```

```
print(n1)

# 최댓값과 최솟값을 집계 함수로 얻음
n1_max = n1.max()
n1_min = n1.min()
print(n1_max, n1_min)
```

```
[1 2 3 4 5 6 7]
7 1
```

그리고 코드 L2-28처럼 1차 함수를 사용해 변환한다.

코드 L2-28 1차 함수를 사용한 변환

```
# 변환(브로드캐스트 기능 사용)
n27 = (n1 - n1_min) / (n1_max - n1_min)
print(n27)
```

```
[0. 0.16667 0.33333 0.5 0.66667 0.83333 1. ]
```

이 코드에 나와있는 계산식은, 다음과 같은 성질로부터, 우리가 원하는 변환에 적합한 식임을 알 수 있다.

- n1_min과 n1_max는 정수이므로, 식 전체는 n1에 관한 1차 함수다.

- n1에 n1_max를 대입하면 결과는 1이 된다.

- n1에 n1_min을 대입하면 결과는 0이 된다.

실제로, 변환 이후의 n27을 print 함수로 출력해 보면, 모든 값이 0부터 1 사이에만 존재하고, 따라서 목표로 했던 수치 벡터를 얻었음을 알 수 있다. 코드 L2-28에서 n1 이외는 모두 스칼라 값(벡터가 아닌 정수)이며, 내부에서는 반복적으로 브로드캐스트 기능이 사용된 것이다.

특정 조건을 만족하는 행을 추출

마지막 응용 예시로, 어떤 행렬 n2가 존재할 때, 이 행렬로부터 특정 조건을 만족하는 행을 추출하는 것을 생각해보자. 이와 같은 패턴은, 예를 들어, 학습 데이터를 사용해서 산포도를 그릴 때, 정답에 따라 마커를 바꿔서 출력하는 등의 응용에서 사용할 수 있다.

여기서는 '원본 행렬의 0번째 열의 값이 짝수'라는 조건을 설정한다.

이 조건은 코드 L2-29와 같이 구현할 수 있다.

코드 L2-29 'n2의 0번째 열이 짝수'임을 판단

```
# n2의 0번째 열이 짝수임을 판단

# 원본 변수
print(n2)

n28 = n2[:,0] % 2 == 0

# 결과 확인
print(n28)
```

```
[[ 1 2 3]
 [ 4 5 6]
 [ 7 8 9]
 [10 11 12]]
[False True False True]
```

이 코드의 n2[:,0] 부분은, L2.3.절에서 다뤘던 '특정 행, 열의 추출' 패턴이다. 그리고 그 뒤의 n2[:,0] % 2 == 0은 '브로드캐스트 기능'을 사용한다. 그 결과, n28로 '[False True False True]'라고 하는 네 개의 논리값을 요소로 하는 벡터를 얻었다.

다음의 코드 L2-30은, 지금 얻은 n28을 사용해서 원본 행렬로부터 특정 행을 추출하는 구현이다.

코드 L2-30 n28이 True를 만족하는 행을 추출

```
# n28이 True인 행을 추출

n29 = n2[n28]

# 결과 확인
print(n29)
```

```
[[ 4 5 6]
 [10 11 12]]
```

이와 같은 지정 방식으로 원본 행렬에서 특정 행을 추출할 수 있다는 사실도 '특정 행, 열의 추출'에서 설명한 내용이다. 이 응용 예시는 '특정 행, 열의 추출'의 두 패턴을 모두 사용하는, 조금은 어려운 구현이다.

부록
3

매트플롯립
입문

부록 3은 파이썬에서 그래프를 출력하기 위한 라이브러리인 매트플롯립(Matplotlib)에 관한 설명이다. 넘파이와 마찬가지로, 이 라이브러리 역시 자세하게 설명하면 끝이 없으므로, 여기서는 기본적인 사용법에 관해서만 설명하고자 한다. 이 책의 실습을 이해하는 데 필요한 기능을 위주로 설명한다.

L3.1 설치

그래프를 그리기 위한 주제를 설명하기 전에, 이 책의 노트북에서 공통으로 포함된 매트플롯립 설치와 관련된 부분을 알아보자. 우선 코랩에서 다음 코드를 먼저 실행한다.[1]

코드 L3-1 한글 폰트 사용을 위한 사전 설치

```
!sudo apt-get install -y fonts-nanum*
!sudo fc-cache -fv
!rm -rf ~/.cache/matplotlib
```

폰트를 설치한 뒤에는 **런타임을 다시 시작**해야 한다.

그다음에 코드 L3-2를 실행한다.

코드 L3-2 라이브러리 임포트

```
# 라이브러리 임포트
import matplotlib.pyplot as plt
# 폰트 관련 용도
import matplotlib.font_manager as fm

# 나눔 고딕 폰트의 경로 명시
path = '/usr/share/fonts/truetype/nanum/NanumGothic.ttf'
font_name = fm.FontProperties(fname=path, size=10).get_name()
```

이어지는 코드는 필수는 아니지만, 더욱 깔끔한 그래프 출력을 위해 기본값을 변경하는 코드다.

---

1 (옮긴이) 일본어의 경우 일본어 폰트만을 위한 패키지가 존재하지만 한글은 그렇지 않기 때문에, 한글 출력을 위한 코드를 코랩에서 테스트해본 뒤, 적절한 설치 방식으로 내용을 대치했다. 따라서, 모든 노트북의 초반부에 이 설치 과정이 수록되어 있다.

코드 L3-3 매트플롯립 기본 설정값 변경

```python
# 기본 설정값 변경

# 기본 폰트 설정
plt.rcParams['font.family'] = font_name

# 기본 폰트 사이즈 변경
# 필요에 따라 설정할 때는, plt.legend(fontsize=14)
plt.rcParams['font.size'] = 14

# 기본 그래프 사이즈 변경
# 필요에 따라 설정할 때는, plt.figure(figsize=(6,6))
plt.rcParams['figure.figsize'] = (6,6)

# 기본 그리드 표시
# 필요에 따라 설정할 때는, plt.grid()
plt.rcParams['axes.grid'] = True

# 마이너스 기호 정상 출력
plt.rcParams['axes.unicode_minus'] = False
```

한 가지 코멘트로는, 명시적으로 값을 지정해서 그래프를 그릴 때, 어떤 함수를 호출하면 좋은지 각 주에 기재해 두었다. 이 책의 실습에서는 위와 같이 설정해두었으므로, 그래프를 그릴 때마다 `plt.figure(figsize=(6,6))`와 같은 설정을 하지 않아도 된다.

정상적으로 한글 폰트를 출력하고 싶을 때 한 가지 불편한 것은, 런타임을 다시 시작해줘야 한다는 점이다. 일반적으로 그래프 출력은 노트북의 후반부에서 수행하는 경우가 많다. 따라서 코드가 길고, 결과 데이터를 내기까지 오랜 시간이 걸린다면, 노트북을 실행하기 전에 반드시 런타임을 다시 시작하거나, 반드시 필요하지 않다면 한글 폰트를 포기하는 것도 고려해보기 바란다.

L3.2 plt를 사용한 간이 도식화

매트플롯립을 사용한 그래프 출력은, 일반적인 함수의 호출과 조합해서 출력하는 간이 패턴과, 객체 지향 프로그래밍의 관례에 따른 구현 패턴이 있다. 이 책의 실습은 '최대한 코드는 짧게' 작성하는 것이 우선이었으므로, 결과적으로 거의 모든 그래프는 간이 패턴으로 출력됐다. 이 패턴에 관해서 지금부터 설명한다.

이 책에서 이와 같은 방식으로 출력한 것은 scatter 함수를 사용한 산포도와 plot 함수를 사용한 함수 그래프 출력이 전부다.

산포도

먼저 산포도를 출력하는 구현에 관해서 설명한다.

그래프를 출력할 때, 먼저 데이터가 반드시 준비돼 있어야 한다. 다음 코드에서는 산포도를 출력하기 위해 사용할 데이터를 준비한다. 구체적으로는, 코랩에 기본으로 내장된 pandas 라이브러리를 사용해서 변수 xs와 ys에 1차원 넘파이 배열을 저장했다.

코드 L3-4 산포도 출력용 데이터 준비

```
# 데이터 준비
import seaborn as sns
df_iris = sns.load_dataset("iris")

# 결과 확인
print(df_iris.head())

# 산포도의 x좌표용 배열
xs = df_iris['sepal_length'].values

# 산포도의 y좌표용 배열
ys = df_iris['sepal_width'].values
```

	sepal_length	sepal_width	petal_length	petal_width	species
0	5.1	3.5	1.4	0.2	setosa
1	4.9	3.0	1.4	0.2	setosa
2	4.7	3.2	1.3	0.2	setosa
3	4.6	3.1	1.5	0.2	setosa
4	5.0	3.6	1.4	0.2	setosa

먼저 붓꽃 데이터셋을 불러온 다음, 변수 xs에 sepal_length 열의 값을, 변수 ys에는 sepal_width 열의 값을 저장한다. 이렇게 준비한 다음, 코드 L3-5와 같이 산포도를 출력한다.

코드 L3-5 **산포도 출력**

```python
# 산포도 그리기
plt.scatter(xs, ys)

# 출력
plt.show()
```

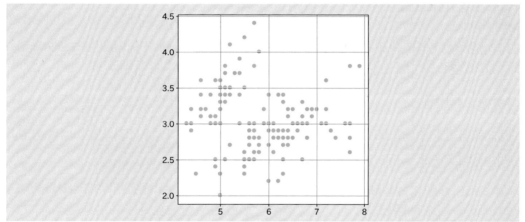

코드 L3-5에서 알 수 있듯이, 데이터만 준비되어 있다면 산포도를 출력하는 것은 아주 간단하며, scatter 함수를 호출하는 것으로 마무리된다. 마지막 줄의 plt.show()는, 데이터를 출력하는 함수 호출이 모두 끝나고, 그리기만 하면 되는 상태에서 호출하는 함수다. 단 두 줄의 코드로 위와 같이 깔끔한 그래프를 그릴 수 있는 것도 파이썬의 특징 중 하나다.

함수 그래프

scatter 함수를 통한 산포도와 함께, 머신러닝에서 자주 사용되는 그래프가 plot 함수를 사용한 함수 그래프의 출력이다. 그 구현 예시를 몇 가지 살펴보도록 하자.

이번에도 그래프를 그리기 전, 코드 L3-6과 같이 데이터를 준비해야 한다.

코드 L3-6 **그래프를 그리기 위한 데이터 준비**

```
# 데이터 준비

# 시그모이드 함수 정의
def sigmoid(x, a):
    return 1/(1 + np.exp(-a*x))

# 그래프를 그리기 위한 x좌표 리스트
xp = np.linspace(-3, 3, 61)
yp = sigmoid(xp, 1.0)
yp2 = sigmoid(xp, 2.0)
```

위 코드에서는 머신러닝에서 자주 등장하는 시그모이드 함수를 정의했다. 교과서에서 주로 등장하는 시그모이드 함수는 이 식의 정의에서 a=1을 대입한 형태지만, 수학적으로는 이처럼 a라는 파라미터를 가진 형태가 정확하다.

다음으로, 구간 [−3, 3]을 60등분한 형태의 배열 x를 계산하고, a=1인 경우의 시그모이드 함수의 값을 yp에, a=2인 경우의 시그모이드 함수의 값을 yp2에 대입했다.

이제 준비된 데이터를 사용해서 그래프를 출력해보자. 구현은 코드 L3-7과 같다.

코드 L3-7 **단순한 패턴의 그래프 출력**

```
# 그래프 그리기
plt.plot(xp, yp)

# 출력
plt.show()
```

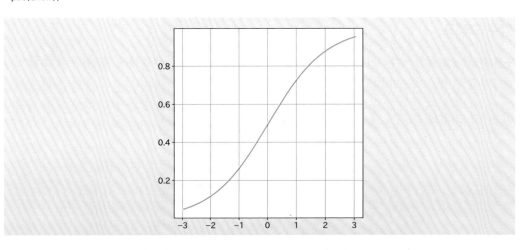

이처럼, 데이터만 준비되어 있다면, 그래프를 출력하는 것은 매우 간단하다. x값의 배열 xp와 y값의 배열 yp를 인수로 plot 함수를 호출하면 그래프가 완성된다.

다음으로, 약간 복잡한 패턴의 구현 예시를 코드 L3-8을 통해 알아보자.

코드 L3-8 복잡한 패턴의 그래프 출력

```
# 라벨을 포함한 그래프 출력 #1
plt.plot(xp, yp, label=' 시그모이드 함수 1', lw=3, c='k')

# 라벨을 포함한 그래프 출력 #2
plt.plot(xp, yp2, label=' 시그모이드 함수 2', lw=2, c='b')

# 범례 표시
plt.legend()

# 축 표시
plt.xlabel('x 축')
plt.ylabel('y 축')

# 출력
plt.show()
```

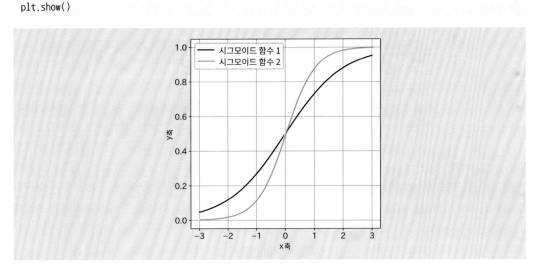

앞서 본 코드 L3-7과 비교해서 다음과 같은 점들이 다르다.

- 두 그래프가 겹쳐진 채로 출력되었다. plot 함수를 두 차례 연속으로 호출하면 겹쳐 그리기가 가능하다.

- 범례 표시가 있다. plot 함수를 호출할 때 label 파라미터를 지정하고, legend 함수를 호출하면 범례가 표시된다.

- 그래프가 색으로 구분되었다. 명시적으로 색을 지정하고 싶은 경우, plot 함수에서 c 옵션을 지정한다. 예를 들어, 'k'는 검정, 'b'는 파랑을 의미한다.

- x축과 y축 라벨을 표시했다. xlabel 함수와 ylabel 함수를 사용한다.

그래프를 예쁘게 출력하기 위해 여러 가지 옵션을 지정했으며, 따라서 코드 L3-7과 비교하면 복잡해 보이지만, 한 줄씩 의미를 이해하면, 절대 어려운 프로그램은 아니다.

L3.3   subplot을 사용한 그래프 동시 출력

plt를 사용한 간이 출력 방식은, 모든 함수가 plt.xxx()와 같은 형태를 취하고 있어서 이해하기 쉽다. 반면, 지금부터 설명할 subplot 함수를 사용하는 방식은 조금 복잡하다.

그 이유는, 한 영역에 여러 개의 그래프를 그리는 목적으로 사용하는 함수이기 때문이다. 구체적인 예로, 다음의 그림 L3-1과 같이 출력하는 경우다. 이것은 숫자 인식을 주제로 한 8장에서 실제 등장했던 그림이다.

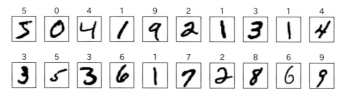

그림 L3-1 한 영역에 여러 그림을 출력

이런 경우는 어느 위치에 어느 이미지를 표시할지 지시하기 위해서, 위치를 일종의 '주소'처럼 지정해야 한다. 그 지정의 역할을 담당하는 것이 subplot 함수이며, 구체적으로는 다음과 같이 파라미터를 지정해서 주소를 결정한다.

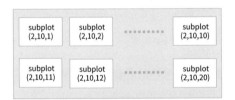

그림 L3-2 subplot 함수로 주소를 지정

이 개념을 생각하면서 아래의 구현 코드를 살펴보기 바란다.

처음 구현해야 할 것은, 지금까지와 마찬가지로 데이터를 준비하는 과정이다.

코드 L3-9 손글씨 숫자 데이터 불러오기

```
# 데이터 준비

# 손글씨 숫자 데이터
from sklearn.datasets import fetch_openml
mnist = fetch_openml('mnist_784', version=1, as_frame=False)

# 이미지 데이터
image = mnist.data
# 정답 데이터
label = mnist.target
```

이 부분은 매트플롯립과 관계없는 부분이므로 설명은 생략한다. 변수 image에 여러 건의 이미지 데이터
가 올라가 있고, 변수 label에 각 이미지와 대응하는 숫자 데이터가 있는 형태다.

화면상으로 출력을 위한 코드는 다음과 같다.

코드 L3-10 subplot 함수를 사용한 그래프 출력

```
# 사이즈 지정
plt.figure(figsize=(10, 3))

# 20개 이미지를 표시
for i in range(20):

    # i번째 ax 변수 취득
    ax = plt.subplot(2, 10, i+1)
```

```python
# i번째 이미지 데이터를 취득한 다음 28×28로 변환
img = image[i].reshape(28,28)

# img를 이미지로 표시
ax.imshow(img, cmap='gray_r')

# 정답 데이터를 타이틀로 표시
ax.set_title(label[i])

# x, y 눈금 표시하지 않음
ax.set_xticks([])
ax.set_yticks([])

# 인접 객체와 겹치지 않도록 함
plt.tight_layout()

# 출력
plt.show()
```

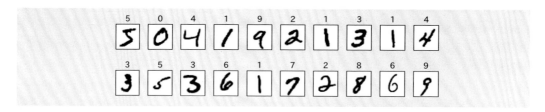

코드 L3-10에는 매트플롯립에 관련된 중요한 코드가 두 군데 존재한다. 그중 하나는 다음 행이다.

```python
ax = plt.subplot(2, 10, i+1)
```

for 루프의 range 함수의 범위로부터, 루프 처리 중 변수 i는 0부터 19까지 값을 취한다. 이 경우에, 위의 subplot 함수 호출을 통해 그림 L3-2와 같은 범위로 '주소 지정'이 되고 있는 것이다.

또 한 가지 더 중요한 것은 다음 행이다.

```python
ax.imshow(img, cmap='gray_r')
```

imshow 함수의 호출을 통해 ax로 지정한 위치로 이미지가 표시된다. 이와 같은 구조로 인해 20개의 손글씨 숫자 이미지가 각 위치에 표시되는 것이다.